U0946708

东盟公共政策研究丛书

丛书主编：许晓东 黄栋

东盟公共政策研究丛书

丛书主编：许晓东 黄栋

- 华中科技大学文科双一流建设项目基金资助成果
- 华中科技大学自主创新基金项目“城市住房政策体系及改革研究（项目批准号：2017WKYXQ006）”相关成果

东盟国家土地政策研究

Research on Land Use Policies in ASEAN Countries

李菁◎著

華中科技大學出版社
http://www.hustp.com
中国·武汉

内容提要

东盟各成员国土地资源禀赋多样，经济发展水平与国情也不尽相同，东盟各国依据其资源禀赋、经济发展思路及国情设计了差异化的土地政策。东盟各国土地政策各有特点，却都为其经济发展与土地资源开发和保护提供了重要的支撑。本书在参阅了东盟各国大量文献资料与法律法规的基础上，构建了一个较为完整的土地政策分析框架，对东盟各国土地制度的历史沿革进行了回顾，总结了各国现行土地制度的内容和特点，并围绕土地利用、土地市场、土地金融与税收、征地与纠纷解决等方面的内容进行了较为系统全面的分析与研究。同时，将土地政策与FDI发展、粮食安全和保障性住房建设等热点问题相结合，进一步挖掘各国土地政策的内涵。

图书在版编目(CIP)数据

东盟国家土地政策研究/李菁著.—武汉：华中科技大学出版社，2019.7
(东盟公共政策研究丛书/许晓东，黄栋主编)
ISBN 978-7-5680- 5443-0

Ⅰ.①东…　Ⅱ.①李…　Ⅲ.①东南亚国家联盟-土地政策-研究　Ⅳ.①F333.011

中国版本图书馆CIP数据核字(2019)第152632号

东盟国家土地政策研究
Dongmeng Guojia Tudi Zhengce Yanjiu

李　菁　著

策划编辑：周晓方　钱　坤
责任编辑：封力煊
封面设计：原色设计
责任校对：李　弋
责任监印：周治超
出版发行：华中科技大学出版社（中国·武汉）　电话：(027)81321913
武汉市东湖新技术开发区华工科技园　邮编：430223
录　排：武汉正风天下文化发展有限公司
印　刷：武汉科源印刷设计有限公司
开　本：710mm×1000mm　1/16
印　张：19.75　插页：2
字　数：363千字
版　次：2019年7月第1版第1次印刷
定　价：88.00元

总序

General Preface

2013年，习近平总书记提出共建“丝绸之路经济带”和“21世纪海上丝绸之路”的倡议。倡议提出后得到了国际社会的高度关注和沿线国家的积极响应。在“和平合作、开放包容、互学借鉴、互利共赢”的丝路精神指引下，中国不断加强与一带一路沿线国家的友好交流与合作，推动“一带一路”由理念向行动，由愿景向现实转变。

作为“21世纪海上丝绸之路”沿线的重要区域，东盟国家同中国或山水相连，或隔海相望，彼此之间拥有着深厚的历史渊源。东盟不仅是我国开展对外经贸合作的重要伙伴，同时也是我国周边外交的优先方向。近年来，中国同东盟的关系正呈现出良好的发展势头，双边经贸合作持续稳步推进，民间文化交流日益频繁。在新的历史时期，“中国将与东盟携手建设中国-东盟命运共同体”。

特殊的历史发展背景与地理区位造就了东盟经济社会发展的独特特征，使得东盟国家在宗教、文化、历史、种族、民族、政治制度上呈现出多元化的特点，同时也造就了东盟内部较强的异质性。长期以来，大国争雄与小国博弈、经济发展与社会进步、民族矛盾与宗教冲突、领土争端与领海争议、贫困与减贫、能源安全与环境保护等交织在一起，使东盟地区成为世界上形势十分错综复杂的地区之一。随着全球形势日渐复杂多变，东盟国家也面临着越来越多的问题和挑战，变革和不确定性持续在这一地区上演。为应对经济社会发展过程中遇到的诸多问题，东盟及其成员国通过出台一系列公共政策，加强了政治、经济和军事领域的合作，并采取了切实可行的发展战略，使得东盟逐步成为一个有一定影响力的区域性组织、东盟国家成为经济较快增长的国家。

当前，国别和区域研究方兴未艾。作为近邻，我国学术界较早就开始了针对东盟问题的研究，一些学术机构和学者在这方面作出了突出的成绩。从研究领域来看，我国学术界主要聚焦在东盟的国际关系和国际经贸方面，东盟的民族学、人类学、语言学、宗教学等方面的研究也成果斐然。而对于东盟国家的国家治理问题、公共政策问题的研究却显得不够系统、不够深入。譬如，东盟国家的治理理念与手段有什么特点？关注的主要是哪些议题？不同领域内的公共政策现状如何？ 其政策体系如何构成？ 公共政策的运行取得什么样的效果？ 等等，在这些方面，目前我国学术界的知识存量还是明显不够的。

为配合国家重大战略，华中科技大学于2014年成立了“东盟研究中心”，依托本校交叉学科平台，积聚相关学术力量，努力开展东盟公共政策问题的研究工作。 本套丛书是本校在东盟研究领域阶段性成果的集中体现，涵盖东盟的若干公共性议题，包括应对气候变化政策、土地政策、科技政策、电子政务、环境政策、产业发展政策、教育政策等等。 通过出版这套丛书，我们不揣浅陋，尝试对东盟的公共治理和公共政策相关议题进行梳理，力图深入了解东盟国家公共政策的内涵和特点，从而加深对东盟国家治理与公共问题的认识。

在东盟问题研究方面，华中科技大学算是一员新兵，由于水平有限，丛书的写作肯定存在诸多不足和疏漏之处，恳请各位方家和读者不吝指正。

华中科技大学副校长，公共管理学院教授、博士生导师

许晓东

2019年4月于武汉喻家山

东盟各成员国一览表

国家	中文全称	英文简称
文莱	文莱达鲁萨兰国	Brunei
柬埔寨	柬埔寨王国	Cambodia
印度尼西亚	印度尼西亚共和国	Indonesia
老挝	老挝人民民主共和国	Laos
马来西亚	马来西亚	Malaysia
缅甸	缅甸联邦共和国	Myanmar
菲律宾	菲律宾共和国	Philippines
新加坡	新加坡共和国	Singapore
泰国	泰王国	Thailand
越南	越南社会主义共和国	Vietnam

(注:本表按照国家英文名称首字母顺序排列)

Contents

第一章

东盟土地资源概况

东南亚国家联盟(Association of Southeast Asian Nations),简称东盟(ASEAN)。截至2018年成员国共10个,它们依次是:印度尼西亚、文莱、新加坡、马来西亚、菲律宾、越南、柬埔寨、老挝、泰国、缅甸。其前身是由马来亚(现马来西亚)、菲律宾和泰国于1961年7月31日在曼谷成立的东南亚联盟。东盟国家位于中国的南面,北接中国内地,南望澳大利亚,东濒太平洋,西临印度洋,并与孟加拉国、印度接壤,连接三大洲(亚洲、非洲、大洋洲)、两大洋(印度洋和太平洋),处在"十字路口"的位置,全区由中南半岛和马来群岛组成。东盟十国里,印度尼西亚、菲律宾都是千岛之国,马来西亚西部在马来半岛,东部与文莱、印度尼西亚(部分)同处于世界第三大岛——加里曼丹岛,新加坡地处马来半岛南端。东盟其他五国位于中南半岛,除老挝是内陆国之外,其他各国均有海岸线。东盟总面积约450万平方千米。①

东盟十国的土地资源比较丰富,总的来说,从自然资源禀赋看,除新加坡属自然资源比较匮乏的国家外,东盟其他国家自然资源条件都比较优越,气候为雨热同期,土壤肥沃,水源充足,交通便利和劳动力资源丰富都是其发展的有利因素。

农用地方面,东盟的可耕地面积潜力大,其中在经济作物上,东南亚主要的热带经济作物是:天然橡胶、椰子、蕉麻、油棕。目前,东南亚是世界上橡胶、油棕、椰子和蕉麻等热带经济作物的最大产区。马来西亚是世界最大的棕油生产国和出口国,泰国的橡胶生产居世界首位,菲律宾是世界上生产椰子最

① 本章数据来源:国际统计年鉴和东盟统计年鉴。

多的国家。在粮食作物上，水稻是东南亚的主要粮食作物，种植历史悠久，主要分布在肥沃的平原。

森林资源方面，东盟的土地资源尤其是森林资源尤为丰富，东南亚的林地木材是其一大特色，出口全世界。2015 年，东盟十国的森林覆盖率全部高于20%，其中一半的国家森林覆盖率在 50%以上，其森林资源集中于热带雨林气候区，主要分布在马来群岛的大部分地区、马来半岛和菲律宾岛的南部。

水域资源方面，东盟十国中除了老挝其他全部是临海国家，河流众多，水域面积广阔，水能资源丰富，渔业和水能资源开发对东盟经济发展有着重要的贡献。

本章将从三个方面来详细介绍东盟的土地资源分布状况：农业用地资源、森林资源、水资源。

第一节　农业用地资源

东盟位于亚洲东南部，东盟十国地处热带，主要有热带雨林气候、热带季风气候和热大气海洋性气候，高温多雨。东南亚农业资源禀赋优越，主要农产品在全球市场占据重要战略地位。东南亚稻谷产量占全球总量近 30%，大米出口贸易占全球出口的 50%以上，天然橡胶种植面积占全球总量的 90%，棕榈油产量占全球总量的 86%以上，木薯产量占全球总量的四分之一左右。此外，东南亚也是全球重要的甘蔗种植基地和经济林木生产基地。

东盟国家经济发展水平相差悬殊，农业发展水平参差不齐，从事农业的人口也有很大的差异。一般而言，经济发展水平低的国家其农业人口比例相对较大，不过在农业用地比例和耕地比例上，比重较大的是泰国、菲律宾和越南，这和其农耕传统是分不开的。老挝、缅甸作为典型的农业国虽然农业人口多，但是其农耕技术落后，农业用地稍低于泰国等国。东盟各国农业用地资源的具体情况如表 1-1 所示。

表 1-1　东盟各国农业用地资源

国家	农村人口比例/(%)	农业用地比例/(%)	耕地比例/(%)
新加坡	0	0.9	0.8
文莱	22.8	2.7	0.9
马来西亚	25.3	23.9	2.9
印度尼西亚	46.3	31.5	12.972

续表

国家	农村人口比例/(%)	农业用地比例/(%)	耕地比例/(%)
菲律宾	55.6	41.7	18.7
泰国	49.6	43.3	32.9
越南	66.4	35.1	20.7
老挝	61.4	10.3	6.6
柬埔寨	79.3	30.9	21.5
缅甸	65.9	19.4	16.5

资料来源:世界银行数据库(最新数据是2014年)。

依据农业在国民经济的地位和作用,我们可以将东盟国家分为三个层次:越南、柬埔寨、老挝、缅甸为第一层次,这些国家是传统的农业国家,农业在这些国家的比重比较大,几乎一半以上人口为农业人口;菲律宾、马来西亚、泰国、印度尼西亚为第二层次,农业在这些国家地位比较重要;新加坡、文莱为第三层次,农业在这两个国家的作用微小。

一、第一层次:传统的农业国——越南、柬埔寨、老挝、缅甸

越南国土面积约为33万平方千米,是一个多山的国家,属热带季风气候。越南是传统的农业国家,2015年统计数据显示,越南农业人口约占总人口的66.4%,农业用地比例为35.1%,耕地占比20.7%。农业是越南国民经济的命脉,粮食作物包括稻米、玉米、马铃薯、番薯和木薯等,经济作物主要有咖啡、橡胶、腰果、茶叶、花生、蚕丝等。

柬埔寨国土面积约为18万平方千米,属热带季风气候。农业是柬埔寨经济的第一大支柱产业,可见农业在国民经济中占重要地位,主要农产品有稻谷、玉米、豆类、薯类等。尽管存在基础设施和技术落后、资金和人才匮乏、土地私有制问题等制约因素,但柬埔寨农业资源丰富、自然条件优越、劳动力充足、市场潜力较大、农业经济效益良好。此外,柬埔寨历届政府都高度重视农业发展,将农业列为优先发展的领域。2015年,柬埔寨全国水稻种植面积305.1万平方米,稻谷总产量933.5万吨,同比增长0.12%。

老挝国土面积23.68万平方千米,属于热带季风气候,老挝是一个农业国,地广人稀。经济以农业为主,工业基础薄弱。主要农作物是稻谷,稻谷种植面积占全国农作物种植面积的85%,咖啡是老挝重要的出口农产品。

缅甸国土面积67.6578万平方千米,在东盟国家中仅次于印度尼西亚,位居

第二位。缅甸国土面积大部分在北回归线以南，属于热带季风气候，雨量充沛。农业在缅甸国民经济中长期处于主导地位，在2014—2015年，缅甸的种植面积达12平方千米，还有57000平方千米可用于种植，人均土地面积在2.6万平方米左右，农业资源相对丰富，其农村人口高达65.9%(2015年)，农业占国民生产总值的60%，可以看出，农业是缅甸国民经济的命脉。缅甸主要农作物有水稻、玉米、小麦、棉花、花生等，缅甸曾一度是世界上最大的稻米出口国，橡胶是缅甸重要的出口创汇产品。

总的来说，越南、柬埔寨、老挝和缅甸为传统农业国家，大部分人以农业为生，教育相对落后。

二、第二层次:重视农业生产的国家——菲律宾、马来西亚、泰国、印度尼西亚

菲律宾国土面积29.97万平方千米，有大小岛屿7107个，被称为“千岛之国”。菲律宾地貌复杂多样，其中山地面积占总面积的三分之二。著名的吕宋平原有“菲律宾粮仓”的美称。菲律宾属热带海洋性气候，菲律宾全国约有55.6%的人口在农村，农业用地主要以粮食用地和食物用地为主，粮食作物主要是稻谷、玉米，全国70%的人口以大米为主食，不过菲律宾的水稻种植基本上属于小农生产，生产技术水平低，适用农业机械耕种的非常少，玉米是菲律宾的第二粮食作物，其中，椰子生产的面积最大，位居世界第一。虽然菲律宾农业资源丰富，但是其比较落后的农业技术在一定程度上阻碍了其农业的发展，如农业机械化发展缓慢、栽培技术落后、优良品种缺乏、病虫害的防治不足等。

马来西亚国土面积约为33万平方千米，全境分为东马来西亚和西马来西亚两部分，属热带雨林气候，全年无明显季节变化，马来西亚的森林覆盖率很高，全国土地约有五分之四是热带雨林。农业在马来西亚经济中曾占有很重要的地位，但从20世纪70年代以后，由于马来西亚政府采取了工业化的发展战略，农业在国民经济中的地位逐步下降。水稻是马来西亚的主要粮食作物，大米是主要粮食。马来西亚大力发展以棕榈油为首的经济作物，盛产各种热带水果，马来西亚农业主要是发展经济作物，粮食生产比较薄弱，长期不能自给，每年需要进口大量的农产品。在农业技术方面，马来西亚水稻单产较低，但是，机械化水平较高。

泰国国土面积为约51.3万平方千米，泰国地形以平原为主，泰国地处热带，绝大部分地区属于热带季风气候，常年温暖而潮湿。泰国盛产柚木、稻米，被称为“亚洲米库”，泰国也是橡胶的主要产地，还是著名的热带水果之乡，榴梿就是泰国的特产。农业是泰国的传统经济部门，农业出口是泰国出口创汇的一个重要项目，特别是大米、天然橡胶、木材等农产品。泰国全国耕地面积为2070万公顷(1

公顷=1 万平方米)，占全国土地面积的 32.9%(2015 年)，主要生产稻米、玉米、木薯、橡胶、甘蔗等。稻米产业在泰国农业具有重要的地位，泰国是著名的大米生产国和出口国。泰国大米出口额约占世界市场稻米交易额的三分之一。

印度尼西亚(简称印尼)是东盟国家中面积最大的国家，也是东盟最大的经济体，陆地面积约为 190.4443 万平方千米，农业是印度尼西亚传统支柱产业。印度尼西亚自然条件得天独厚，气候湿润多雨，日照充足，属热带海洋性气候，印度尼西亚是仅次于巴西的世界第二大热带作物生产国，主要经济作物有棕榈油、橡胶、咖啡、可可。2015 年，印度尼西亚棕榈油产量约 3200 万吨，成为全球最大的棕榈油生产国。粮食作物主要有水稻、玉米、木薯、甘薯。印度尼西亚农业发展的最主要特点是比较成功地改造了殖民地农业，实现了粮食自给，不过由于气候不宜种植小麦，所以，面粉需依赖进口。印度尼西亚农业生产技术总体落后，农业机械化水平低，农业劳动力水平低，水稻生产的病虫害及鼠害严重，农田水利设施缺少配套。

三、第三层次：农业是非主流产业的国家——新加坡、文莱

新加坡属热带海洋性气候，国土面积 714 平方千米，全国由新加坡岛及其附近 63 个小岛组成，新加坡是一个单一的城市国家，土地和水资源有限，农业资源匮乏，具有显明的非农生产的特点。新加坡是以工业生产为经济主体的新兴工业化国家，由此，政府对农业及农业发展不是特别关注，不过新加坡政府强调发展高附加值农业，虽然新加坡农业资源匮乏，但是农业技术先进，生产方式先进，新加坡农业的另外一个特点是发展都市农业，花卉产业是都市农业的标志性产业，现代化、集约化的农业科技园就是发展都市农业的一个重点模式。总的来说，新加坡农业的特点就是农业比重不大、资源不丰富，但农业技术发达。

文莱属热带雨林气候，国土面积 5765 平方千米，耕地面积只占文莱国土面积的 0.9%(2015 年)。文莱是东南亚一个富有的石油国，石油和天然气开采业是其支柱产业，农业总产值很低，大部分文莱人不喜欢从事农业生产，导致劳动力匮乏，另外，文莱的农业生产基础设施薄弱、技术落后，不过文莱政府已经意识到依靠石油、天然气这些非再生资源使经济繁荣是难以维持的，因此，文莱政府已经开始调整单一的经济结构，对原有的农业发展政策进行改革，如重视发展现代农业等。

新加坡和文莱两国从事农业的人非常少，但是新加坡的劳动力素质高，教育水平发达，文莱的大多数人如前文所说不喜欢从事农业生产，文莱的农业基础薄

弱,农业技术人才缺乏,农业物资依赖进口。

总之,东盟国家的土地资源丰富,可耕地面积潜力大,但是,这些国家人力资源相对不足,农业技术方面落后,阻碍了其农业的发展进步。因此,中国可以利用农村劳动力资源丰富的优势,以及农业技术水平较高的优势,与东盟国家展开合作。同时,中国人口众多,是巨大的农产品消费国,需要大量进口农产品,东盟可以抓住中国这个巨大的市场,同中国在农业各方面合作。

第二节 森林资源

东盟地理位置特殊,处于热带地区,雨量充沛,光照充足,大多数国家森林覆盖率高,所以,林业资源非常丰富。马来西亚作为半岛国家,森林覆盖率高达 67.6%;老挝森林资源十分丰富,是世界各国中森林面积所占比重大、珍贵木材多的国家之一,老挝森林覆盖率更是高达 81.3%(2015 年),丰富的森林资源为东南亚产业的发展提供了资源基础,东南亚的林木出口到全世界,一定程度上带动了东南亚的经济发展。但是,随着森林资源的过度采伐和破坏,东南亚木材资源处于日益萎缩的局面。2015 年发布的全球森林资源评估报告显示,高居全球毁林率前三位就有两个是东盟国家:印度尼西亚和缅甸。东盟各国森林资源情况如表 1-2 所示。

表 1-2 东盟各国的森林资源情况

国家	森林面积/万公顷	森林覆盖率/(%)	近十年年森林平均消失率/(%)
印度尼西亚	9169	50.2	0.56
缅甸	2959	44.5	1.11
马来西亚	2218	67.6	−0.19
老挝	1857	81.3	−0.9
泰国	1637	32.1	0.24
越南	1464	47.6	−1.73
柬埔寨	958	53.6	1.21
菲律宾	780	27	−0.96
文莱	38	72.1	0.29
新加坡	2	21.3	—

数据来源:2016 年国际统计年鉴(最新数据为 2015 年)。

根据东盟各国森林资源的丰富程度:森林面积和森林覆盖率以及近十年年森林平均消失率等几方面可以将东盟十国森林资源分为以下三个层次。

第一层次:印度尼西亚、马来西亚、缅甸、老挝,这些国家森林资源丰富,虽然森林遭到采伐和破坏,但其森林资源总量相对于东盟其他国家而言更丰富。

第二层次:泰国、菲律宾、越南、柬埔寨,这四个国家的森林面积都在700万—1800万公顷之间,其森林资源的丰富程度在东盟十国中处于第二等级。

第三层次:新加坡和文莱,这两个国家的国土面积本就狭小,所以,森林资源也不足。

一、印度尼西亚、马来西亚、缅甸、老挝

印度尼西亚、马来西亚、缅甸、老挝,这些国家森林资源丰富,森林面积都在1800万公顷以上。其中,印度尼西亚国土面积广阔,森林资源也非常丰富,2015年森林面积高达9169万公顷,是其他东盟国家的好几倍;缅甸的森林面积(2959万公顷)居东盟第二位,缅甸虽然因为丰富的森林资源得到了快速发展,但是,经济发展的同时森林资源遭到了破坏,其森林正在经历快速被砍伐。1990年到2015年之间,缅甸的森林覆盖率从约39.2万平方千米减少到约29万平方千米,因而受到国际社会的批评。近年来,不管是作为环境财富还是作为经济财富,各国都认识到森林资源的重要性,以可持续森林经营为目标制定森林政策。印度尼西亚在国家开发5年计划基础上又大规模推进造林计划。

二、泰国、菲律宾、越南、柬埔寨

泰国、菲律宾、越南、柬埔寨这四个国家的森林面积都在700万—1800万公顷之间,其森林资源的丰富程度在东盟十国中处于第二等级。

其中,泰国和柬埔寨的森林覆盖率处于不断减少的趋势。20世纪初,泰国的森林覆盖率高达75%,2015年泰国现有森林面积1637万公顷,森林覆盖率32.1%,森林平均消失率为0.24%(2015年),由于森林资源的减少,泰国已从木材出口国变为现在的木材进口国。柬埔寨虽然在2015年森林覆盖率仍达53.6%之高,但是其森林面积却不到1000万公顷,加上柬埔寨由于战乱根本没有森林政策,柬埔寨的森林资源同样丰富,但是,由于缺乏资源保护意识,多年来的乱砍滥伐严重破坏了森林体系。

菲律宾由于马科斯政权时代的政治混乱,森林资源长期得不到管理已导致枯竭,现仍未得到改善,造林政策落后,有可能成为东南亚木材严重不足的国家。森林的急剧减少,已经使菲律宾由热带木材主要出口国变成了木材进口国。越南有

四分之三的面积是山区和林地，故森林覆盖率必须达50%以上才能保持生态平衡，但由于森林长期遭受严重破坏而日渐枯竭，覆盖率大大下降。但是，越南和菲律宾在不断加强其森林保护，越南2015年森林覆盖率47.6%，处于东盟十国的中间水平，目前森林覆盖率以1.73%的增长率在增长，菲律宾的森林增长率为0.96%。

三、新加坡、文莱

新加坡国土面积小，森林覆盖率仅仅21.3%，是东盟十国中森林覆盖率最低的国家，文莱的森林覆盖率虽然高，但是，总的森林面积也才38万公顷，且文莱的土壤质量差，林产品基本上处于进口状态。

东盟丰富的森林资源促进了其木材产业的发展。东南亚是全球重要的甘蔗种植基地和经济林木生产基地，其林产品种类齐全丰富，对外贸易出口量大。

东盟的热带木材蓄积量占世界总量的20%，主要热带木材有龙脑香、花梨木、紫檀、柚木等，仅柚木就占世界蓄积量的80%以上。2015年，林产品出口额在总出口额中所占比例是：印度尼西亚50.47%，马来西亚18.29%，缅甸38.28%。印度尼西亚是拥有热带雨林量较大的国家，同时也是世界最大的胶合板和藤条出口国，印度尼西亚和泰国的人造板分别占全球林产品出口量比例的4%和5%(2013年)。马来西亚拥有"弧形地带"棕榈油和天然橡胶种植区，储量较大的有柚木、乌木、檀香木、沉香木、红豆杉、花梨木等。老挝的沙湾拿吉和甘蒙两省是花梨木、柚木、红木等名贵木材的可开发集中地，也是未来开展林木资源合作的重点区域。缅甸的木材生产在全国产业占有重要位置，世界60%的柚木储量和国际市场上75%的柚木均产自缅甸，但是，其林业开发和木材生产加工技术比较落后。历史上，泰国曾是森林资源丰富的国家之一，特别是柚木吸引了世界各地木材商人。东盟林产品进出口贸易情况以2015年为例，如表1-3所示。

表1-3　东盟林产品进出口情况表(根据林产品出口值排序)

国家	林产品进口值/1000美元	林产品出口值	林产品净出口值/1000美元	出口贸易额/1000美元	林产品出口占总出口贸易额百分比/(%)
印度尼西亚	1904767	7583966	5679199	1502.52	50.47
马来西亚	1785399	3324711	1539312	1818	18.29
泰国	2309722	2811053	501331	2143.75	13.11
越南	2631686	1949667	−682019	1624	12.01

续表

国家	林产品进口值/1000 美元	林产品出口值	林产品净出口值/1000 美元	出口贸易额/1000 美元	林产品出口占总出口贸易额百分比/(%)
老挝	21819	178924	1767428	33.05	54.14
新加坡	1374346	1523368	149022	3467	4.4
缅甸	151721	422242	270521	110.3	38.28
菲律宾	827157	259608	－567549	586.48	4.42
柬埔寨	109851	55645	－54206	89.9	6.18
文莱	15771	1289	－14482	76.79	0.17

数据来源：根据联合国粮食和农业组织(2015 年数据)和东盟统计年鉴计算并整理。

从表 1-3 可以看出，在林产品出口方面，前三位是印度尼西亚、马来西亚和泰国，越南已超过菲律宾在东南亚国家中居第四位。越南林产品现已出口到世界 120 多个国家和地区，主要市场为美国、欧盟和日本。目前，世界上占领木器市场份额的竞争较为激烈。老挝的林产品出口总额 2181.9 万美元，占其出口总额高达 54.14%，其林产品出口额占总出口额比例仅次于印度尼西亚。由此可见，木材工业为东盟的经济做出了很大贡献，林木资源在东南亚各国经济发展中所占地位日益重要。

为了保护现有的森林资源，东盟各国政府纷纷采取措施，比如，完善森林保护条例、停止天然林的采伐作业，建立国家森林公园，加强对林地承租人的管理，进行国际森林保护合作等等。此外，印度尼西亚政府还出资将流动农民从保护林和商品林中迁出，防止他们盗伐林木。

第三节　水　资　源

东南亚位于中南半岛和马来群岛(南洋群岛)之间，河流众多，有丰富的水资源，贯穿了印度洋与太平洋，海域面积辽阔，海岸线绵长而曲折，港湾众多，国际航线穿插于此，为东南亚地区经济开发奠定了重要基础。

在海域资源方面，东盟十国中，除了老挝是唯一的内陆国，其他国家都临海，有广阔的海域，东南亚联结着亚洲和大洋洲，马六甲海峡沟通了印度洋与太平洋。在河流资源方面，东南亚河网稠密，中南半岛山河相间，纵列分布，半岛北部同中国山水相连，河流大多发源于中国西南地区，上游奔腾在崇山峻岭之中，水流湍急，蕴藏着丰富的水力资源；下游河道变宽，水流变缓，泥沙沉积，形成广阔的冲积平原和三角洲。而马来群岛位于太平洋和印度洋之间的广阔海域，共有 2 万多个岛屿，其中面积大于 10 万平方千米的有 6 个。

东南亚的主要河流有五大河流：湄公河、伊洛瓦底江（缅甸）、湄南河（泰国）、萨尔温江（缅甸）、红河（越南）。其中湄公河（Mekong River）是东南亚最大的河流，干流全长 4908 千米，是亚洲最重要的跨国水系，世界第七长河流，流域总面积 81.1 万平方千米，流经中国、老挝、缅甸、泰国、柬埔寨和越南，于越南胡志明市流入南海，主要支流有南塔河、南鹑江、南康河、南俄河、南屯河、邦非河、色邦亨河、蒙河、桑河、洞里萨河等，其中蒙河为最大支流。

与河流众多成鲜明对比的是，东南亚的天然湖泊并不多，大部分湖泊面积也不大，但分布有规律。平原湖泊仅柬埔寨的金边湖、泰国的母拉碧湖与半岛马来西亚的珍尼湖，皆与大河相通，有不同程度的蓄洪作用，其余皆为山地湖泊，以地堑湖与火山口湖占多数，主要分布在印度尼西亚，如苏门答腊岛的达滑尔、多巴、马林爪，巴厘岛的巴都、勃拉顿、布扬湖，龙目岛的阿纳克湖，苏拉威西岛的多武蒂、腾比等湖；山地遗迹湖或堰塞湖有马来西亚的比勒湖，缅甸的茵莱湖及因道歧湖。

总的来看，东盟大部分国家的水资源都非常丰富，根据水资源的丰富程度可以将东盟十国分为两类。第一类为水资源丰富的国家，主要有印度尼西亚、马来西亚、缅甸、菲律宾、泰国、柬埔寨、越南、老挝等。第二类为水资源较为缺乏的国家，主要有新加坡和文莱，它们由于国土面积小，水资源总量不占优势。

一、水资源丰富的国家

印度尼西亚为世界第五大水资源国，水资源丰富但分布不均，水利基础设施合作潜力巨大。印度尼西亚作为世界上最大的群岛国家，海岸线绵长，全长 8.1 万千米，水域面积 580 万平方千米，包括领海渔业区 270 万平方千米，专属经济区 310 万平方千米，印度尼西亚每年产水量约 3.9 万亿立方米，仅次于巴西、俄罗斯、加拿大、美国，排名全球第五位，其海洋资源蕴藏丰富。

缅甸国内河流密布，主要河流有伊洛瓦底江、萨尔温江、钦敦江和湄公河，支流遍布全国。其中，伊洛瓦底江是缅甸最大的河流，全长 2714 千米，流域面积 41 万平方千米，约占缅甸全国面积的 60%。萨尔温江（Salween）又名丹伦江（流经中国的部分称怒江），是亚洲南部大河，同时也是缅甸最长河流，河长 1660 千米（未含中国境内 1540 千米），流域面积 20.5 万平方千米（不含中国境内 12 万平方千米），干流流径缅甸东部，深切掸邦高原及南北向纵列山谷，谷深流急，是典型山地河流。

菲律宾的水能资源很丰富,共有河流 132 条,但由于山地陡峭,河流虽遍布各岛,但多半源短流急,不利于航行。棉兰老河全长 400 千米,是菲律宾的第一大河,河槽曲折,河边多沼泽,可以通航的地段不长,第二大河卡加延河全长 352 千米,第三大河阿古桑河全长 150 千米。其他较著名的还有巴拉望岛的地下河,长约 4380 米,除尾部的 30 米外,其余河段均可通航。菲律宾的湖泊也很多,吕宋岛的内湖是最大的湖泊,面积约 922 平方公里。

柬埔寨、泰国、越南、老挝水资源同样也很丰富。柬埔寨拥有丰富的环境资源,主要水体是湄公河、洞里萨湖(大湖)和洞里巴萨克河。洞里萨湖是东南亚最大的天然淡水浴场,柬埔寨的海水养殖具有很大的潜力。湄南河是中南半岛大河,是泰国最大的河流,又称昭披耶河,被誉为"东方威尼斯",源于泰国西北部的掸邦高原,在分出支流后,流经泰国西南部,于曼谷附近入曼谷湾,注入太平洋。湄南河全长 1352 千米,流域面积 17 万平方千米,是泰国主要农业区,下游形成广阔平原和三角洲,成为著名的稻米产区,河渠纵横交错,灌溉、航行便利,航程约 400 千米,海轮可达曼谷。老挝全国 200 千米以上的河流有 20 余条,水电资源充沛,湄公河水能蕴藏量 60%以上在老挝境内;越南主要有红河(在中国境内称元江),是越南北部最大河流,在越南境内长 508 千米(全长 1280 千米),流域面积 75700 平方千米。

二、水资源相对匮乏国家

新加坡和文莱相对于其他东盟国家水资源较为缺乏。新加坡国土面积小,自然资源并不丰富,水资源比较匮乏。相比之下,文莱虽然国土面积也很狭小,但是境内河流较多,其中,较大的是白拉奕河、都东河、淡布伦河和文莱河,白拉奕河为文莱第一大河,全长 32 千米。

水资源作为基础性的自然资源和战略性的经济资源,对经济建设有着重要作用。在水资源能源开发方面,东盟各国积极建设水电站,将水资源转化成电能等。比如,柬埔寨计划在湄公河和洞里萨河流域的拉达那基里省、国公省等地区建设多个水电站,并提出到 2020 年建成覆盖全国电网系统的目标。

第二章

土地产权制度

第一节 典型国家土地产权制度改革历程

一、越南

越南土地产权制度是伴随着经济体制改革而逐步形成的(见图 2-1)。土地产权制度改革大致可以分为四个阶段:起始阶段、探索阶段、稳定阶段与完善阶段。

(一) 起始阶段:废除地主所有制,建立土地集体所有制(1945—1975 年)

1945 年 8 月,越南取得了革命的胜利,为发展落后的农村经济,越南进行了一系列的土地改革,废除了越南北部的封建土地制度,逐步过渡到土地集体所有制阶段。1945—1953 年,越南制定了限制封建剥削的土地政策,至 1953 年年底,资本主义压迫形式被彻底消灭,地主土地所有制转变为农民所有制。1957—1975 年,越南北部完成了从互助组、初级社到高级社的农村土地集体经济的所有阶段,为后来 20 世纪 80 年代的家庭承包经营制改革,奠定了农业经济基础。

(二) 探索阶段:土地全民所有,试行家庭承包经营制(1975—1985 年)

1975 年,越南实现国家统一,废除一切原有的土地制度,允许私人拥有土地,保障农民和国内资本家的土地所有权,并

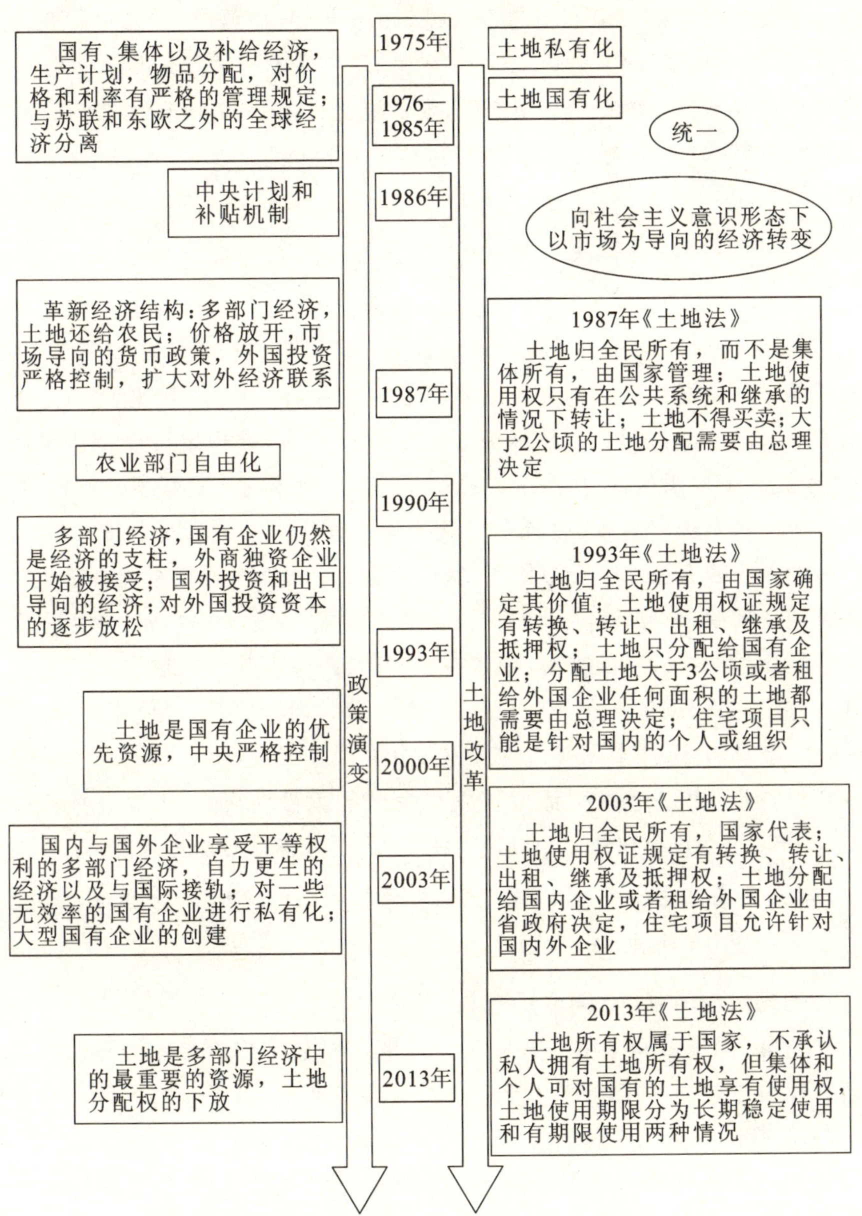

图 2-1　越南土地产权制度形成过程

（据《越南土地制度的变迁、现状及展望，经营与管理》与 2013 年越南《土地法》整理。）

"以华为师"拉开了土地制度改革的序幕。1979年，越南共产党（以下简称越共）四届六中全会提出推行家庭承包经营制，1980年，越南修改宪法，规定土地归全民所有，实行土地国有化，随后1981年4月，越共在农村试点分田承包的基础上，允许合作社成员在上缴一定提留之后，剩余粮食归自己，实际上为1988年推行农业生产承包制吹响了号角，这极大地调动了农民的生产积极性，解放了农村生产力。

（三）稳定阶段：稳定农村承包经营制，确立新型土地关系（1986—1993年）

1986年，越共六大的召开，标志着越南走向以农村改革为起点的革新时代，拉开了集中的计划经济迈向开放的市场经济的序幕。1987年，越南制定了独立之后的第一部《土地法》。该法保障土地的全民所有，并规定可以转让土地使用权，但不允许土地买卖，并从法律的角度宣告集体化农村土地管理时代的结束，由此确立了土地全民所有、政府统一行政管理的官僚式土地管理制度。1987年的《土地法》禁止所有土地进行租赁和交易，无法满足当时土地关系向市场化机制转化的需求。随后，1988年4月，越共政治局10号决议颁布《更新农业管理条例》，进一步细化《土地法》实施细则，规定在坚持国家所有权不变的前提下，将生产资料还给农民，实行承包到户，允许农民自主经营，延长承包土地使用期限，由原来2年延长至15年。同时，还确认了土地使用权具有价值，并允许自由流转土地使用权获得收益。该决议大大激发了农民生产的积极性，促进了农业粮食稳定增产，1989年，越南首次扭转了粮食进口的局面，实现粮食自给且首次出口大米。

（四）完善阶段：确立土地全民所有制，土地流转市场形成（1993年至今）

1. 明确土地国有，保障农民权益

1993年，越南国会颁布了第二部《土地法》，确定了以市场化为导向的一系列土地管理和交易规则，明确了土地所有权为国家所有，扩大了农民的土地使用权范围，从法律上保障了农民的土地使用权，以满足农业生产需求。《土地法》规定，农业用地和居住用地可进行交换、转让、继承、抵押、出租；土地使用期限由原来15年延至20—50年；土地使用者可申办土地使用证书，还可将土地作为对外合作的投入；可将土地转租他人，但期限不超过3年；首次实行土地作价，便于国家与土地使用者进行交易；国外组织和个人、国际组织、在国外定居的越南人都可租用土地。国家交付土地使用权的方式包括：①交付土地，不需支付使用费；②交付土地，需要支付使用费；③租用土地，支付租金等。交付土地的对象主要是农民，

租用土地的对象主要是城镇居民。

《土地法》主要内容还包括：①赋予农民长期稳定的土地使用权，颁发土地使用权证；②赋予农民在土地使用期限内的转让、交换、出租、继承和抵押5项权能；③明确农民的土地权利主体地位，增加赋予农民将土地作为投资的资本权利，鼓励农民投资农业生产；④承认农民土地的市场价值，由政府确定土地的基准价，用于土地交换、出租和征收，可以按照市场价计算土地财产价值以及上缴土地使用权转让税费，对农民被征用土地进行市场化、程序透明化补偿，土地流转市场的雏形基本形成。

2. 扩大土地使用权，延长土地使用期限

1998年，《土地法》扩大了土地使用者的出租权，以及土地使用权入股等权利，明确规定可转换、转让、继承、抵押、出租、作价土地使用权，为建立土地交易市场创造了条件，将土地使用期限最长延至70年。

3. 建立和健全适应土地市场发展的土地产权制度

2001年，《土地法》进一步明确土地价格以市场为基准，以此作为征收土地转让税、变更土地用途手续费、土地租金、国家征用土地补偿金等税费的基础；简化土地使用权履行程序和步骤；规定因国家或公共安全、利益而征收土地的赔偿程序和步骤；赋予农民土地赠与权，规定土地发生变化变更情形及变更登记程序；允许回国投资并长期居住的越侨、对国家做出贡献的人、长期在越生活并致力于越国家建设的文学家和科学家、希望在越长期居住的人等购买房屋和相连土地的使用权，以吸引越侨和有专长的人才在越投资建设；允许将土地使用权抵押给国内外在越经营的机构。越南经过十几年的以市场化为导向的改革，社会经济发生了翻天覆地的变化，先前制定的《土地法》已无法满足目前土地市场的需求。

4. 完善土地管理体系，丰富土地使用权内容

2003年，越南国会对原有《土地法》进行全面的修改与补充，此次修改幅度较大。该《土地法》进一步强化了国家对土地的统一管理，实行四级管理体系。国会作为最高权力机关，可以决定全国土地的使用规划，行使最高监督权。政府作为最高行政机关，决定各省、直辖市土地使用规划，以及国防和安全用地规划，负责配置土地资源，并由资源环境部具体负责。各省、直辖市、县人委会在职权范围内行使土地管理权。乡镇设立土地办公室，负责处理土地行政事务。企业、农户和个人可通过向政府申请租赁、接受转让或参与土地拍卖等方式获取土地使用权。将土地使用者的使用权提到一个更高的高度，规定土地使用者的基本权利并详细规定了9项权利，即出让、转让、出租、再出租、继承、赠送、抵押、担保和投资的权利。此外，确定了各种农业用地的分类和用途，尤其重视粮食种植用地的保护，绝对禁止其转为其他用途,并且制定了不同土地价格的框架。

5. 稳固土地国有产权地位,完善土地使用年期规定

2013 年,越南国会颁布第四部《土地法》。越南现行《土地法》规定,土地所有权属于国家,不承认私人拥有土地所有权,但集体和个人可对国有的土地享有使用权。国家统一管理土地,制定土地使用的规章制度,规定土地使用者的权利和义务。土地使用期限分为长期稳定使用和有期限使用两种情况,对于有期限使用的土地,其使用期限分为 5 年、20 年、50 年、70 年、90 年不等。

二、缅甸

1. 封建王朝时期:土地国王所有

雍籍牙王朝(又称贡榜王朝)是缅甸最后一个封建王朝,缅王对全国土地享有绝对所有权,并直接保有相当大的土地作为王田,包括名为勒达的灌溉王田和名为阿雅达的王田。缅王可以将任何土地划归为王田,也可随意没收和夺取臣民占有或使用的土地。臣民没有土地的所有权,只有对土地的占有权和使用权。缅甸在被殖民统治之前土地所有制为国有制或王有制。

2. 殖民时期:地主土地所有制

缅甸沦为英国的殖民地后,其土地制度迅速发生了一系列变化,逐渐形成了以土地私有权为基础、以租佃关系为特征的地主土地所有制。殖民者占领上缅甸以后,规定一切耕种者就是其所耕土地的所有者。对广大农民来说,土地的私有就意味着土地可以转让,为了增加生产和摆脱贫困,广大农民通过借贷筹措农业发展资金,又由于各种苛捐杂税,债务越滚越多,最终只好把土地转让给债权人抵债,因此,土地逐渐集中到了少数高利贷者手中,以齐智人为代表的外国人在缅甸占有大量土地是缅甸地主土地所有制的另外一个特点。

3. 独立后:国家终极所有,地主与农民私有

1948 年,缅甸摆脱英国的殖民统治,获得独立。独立伊始,缅甸颁布宪法宣布:国家是一切土地的最高所有者;国家有权调整、变更或取消任何土地所有权,收回任何土地并分配给集体农业、合作制农业或佃户。任何私人都不得拥有"大量的土地",情况允许时,以法律规定私有土地的最大限额。1948 年,缅甸颁布了第一部土地改革法,即《1948 年土地国有化法令》,该法令规定,国家以赎买方式收回"非耕作者"地主全部的和"耕作者"地主部分的稻田、水泛地、旱地和蔗地。根据土地等级的不同,允许"耕作者"地主保有一些地段。原土地所有者可保留其菜园、果园、橡胶种植园和棕榈园,且所有属于佛教寺院、慈善组织和宗教组织或宗教团体成员的土地,一概不予征收。该法令实际上旨在消灭外国人(如齐智人)

和本国"非耕作者"地主对土地的占有，并在一定程度上限制"耕作者"地主对土地的占有。根据此法令，以赎买方式向原土地所有者征收的土地和先前原为国家拥有的农业土地应无偿地分配给需要土地的农民和农业工人，但土地领受者须参加国家的合作社组织。同时法令规定分配土地的原则，人口不超过4个成年劳动力的农户，应获得大约为一头耕畜一次耕作完毕的土地，缅语称这种地段为"塔东通"，它的面积大小因地区条件的不同而异，超过4个成年劳动力的农户可得到双份这样的土地。尽管《1948年土地国有化法令》规定并没有彻底消灭地主的土地占有，然而，实施此法令可缓解农民的土地荒。但是，实际上这个法令并没有实行。

1953年9月，缅甸又通过了新的土地改革法令，即《1953年土地国有化法令》。这个法令的主要内容是：每个土地所有者必须耕种自己的土地，即将"非耕作"土地所有者变为"耕作"土地所有者，但法令并没有区分自力耕作土地者和亲自监督农田经营而取得基本生活费用者，而是将他们都归入"耕作"土地所有者。根据1953年的法令，原"非耕作者"若变为"耕作者"，则有权保留8公顷稻田（实际上在下缅甸），4公顷旱田（实际上在上缅甸），2.4公顷水泛地，2公顷蔗地。

同1948年的法令一样，新法令规定，"耕作者"的家庭中大部分成员属缅甸联邦公民的，可保留不超过20公顷的稻田（实际上在下缅甸），不超过10公顷的旱地（实际上在上缅甸），不超过10公顷水泛地。此外，"耕作者"也可保留不超过4公顷的蔗地。所有橡胶种植园、棕榈园、果园和菜园的土地以及所有属于佛教寺院、慈善组织和宗教组织或宗教团体成员的土地，不论其面积多少，一概不予征收，其目的在于保留佛教寺院的封建占有。

不同于1948年法令的是，新法令规定，凡有4个以上成年劳动力的"耕作者"地主的家庭，除这4个人以外，每个成年劳动力补加保留5公顷稻田，2.5公顷旱地，1公顷水泛地，1公顷蔗地。地主的已婚儿子已分别居住而作为户主的，有权保留法令所规定每户所能保留的全部地段。这就使地主有可能保留大量土地。

《1953年土地国有化法令》规定，国家征收地主土地时，不仅要向地主支付征收土地的赎金，而且还要支付土地上的"建设性的改善"（修筑堤围、修建灌溉网、铺设道路等）的额外赎金。事实上，这些建设工作通常都是由佃农完成而不是地主完成的。若被征土地所有者拥有的土地面积少于"非耕作者"地主或少于齐智人的"耕作者"地主，在确定征收土地赎金时，他可获得优先权。法令规定的优先权旨在实现经济的资本主义化。1954年3月17日通过的1953年法令的修正案确定了征收土地赎金数额。国家不考虑原土地所有者获得被征土地的过程，当被征土地面积超过40公顷时，第一个40公顷的土地赎金为该面积土地税的12倍，第二个40公顷的土地赎金等于11倍土地税数额，以此类推。据1953年的法令，向地主征用的土地，应无偿地分配给佃农、小自耕农和农业工人，而且可以分给各种农业组织。此外，国家还可以保留一部分土地备用。

《1953年土地国有化法令》实施后，缅甸农村出现了三种不同类型的土地所有者。一种是在土地改革时没有获得土地的土地所有者，他们所拥有的土地是根据法令保留的部分土地。土地所有者在土地改革以前便已占有超过规定标准的土地，则在改革时无法获得额外土地。这些农户的经济完全以土地改革前就属于他们的土地为基础。另一种是在进行土地改革时获得全部土地的土地所有者，主要包括过去的佃农和农业工人。最后一种是既在过去拥有土地又在土地改革过程中获得土地的土地所有者，这类主要是土地改革以前占有不到规定标准的土地的小农户。根据缅甸的《1953年土地国有化法令》，在土地改革后的农村，一切土地所有者都必须经营和耕种自己的土地。该法令实际上并不是土地国有化法令，因为它的目的不是没收一切地主土地，将土地的私有制变为国家所有制，而是将地主所有的土地变为劳动农民私有，以保证消灭国内的封建残余。

经过1948—1954年的土地改革，缅甸出现了两种类型的地产：一类是未被国家征收的保留地产；另一类是由国家征收后再分配给农民的地产。这两类地产之间的差别不大，国家宣称对它们拥有最高所有权，土地拥有者享有有限的产权，只要在法定的限额以内，这些土地可以由家人继承，也可以出售。它们之间唯一的区别是，分配的国有土地不得抵押和出租，保留土地暂时还允许出租，但根据以前的租佃法案对租金作了限制，并保障了佃农的长期租佃权。

1962年3月，奈温政府成立，为稳定国内局势，赢得农民的支持，解决缅甸农村依然严重的土地问题，政府迅速采取了更为彻底的土地改革措施。1963年3月，奈温政府颁布了《土地租佃法》，该法规定农民租赁土地以及主佃关系等有关问题，均应交由乡村委员会处理。乡村委员会由当地政权的代表和农民代表组成。这样，地主的有关权利就被剥夺了，使他们不能利用土地所有权任意驱逐佃农或提高租金。同月，奈温政府又颁布了《农民权利保护法》，废除了农民欠地主和高利贷者的全部债务，给地主和高利贷者一次致命的打击。继这两个法令之后，1965年4月5日，奈温政府进一步采取措施，通过了一项《土地租金法》，宣布国家是土地的主人，废除全缅甸的地租和租佃关系。继1965年法案之后，奈温政府又在各种场合以不同的形式重申了国家对全国土地的所有权。1974年1月，奈温政府颁布新宪法，即《缅甸联邦社会主义共和国宪法》，新宪法再次强调了土地国有的原则。经过这一系列土地改革，缅甸的土地关系发生了重大的变化，长期以来造成严重土地危机的地主土地所有制被废除了，缅甸的土地所有制进入了一种新的形式。

2008年《缅甸联邦共和国宪法》第37条规定“国家是所有土地以及地上和地

下、水上和水下、空中的一切自然资源的最终所有者”。2011—2012 年，缅甸又颁布了四部与土地相关法律，包括 2011 年《经济特区法》(2014 年修订)、2012 年《农业土地法》、2012 年《空地、闲地和荒地管理法》和 2012 年《外国投资法》。这些法律对小农户产生了深远影响，规定农户需向地方农业土地管理机构申请以获得土地使用许可证。

三、菲律宾

(一) 殖民时期：巴朗盖村社土地公有制转变为地主所有制

殖民地统治时期菲律宾土地产权制度是以土地私有为基础、以半封建性的租佃关系为特征的地主土地所有制。主要分为两个阶段：西班牙统治时期的菲律宾地主土地所有制和美国殖民统治时期的菲律宾封建地主土地所有制。

在西班牙殖民入侵前，菲律宾社会正处于原始社会向阶级社会的过渡阶段，土地产权制度是以巴朗盖村社土地公有制为主。西班牙殖民者占领菲律宾以后，将欧洲大陆的封建地主土地制度带入菲律宾，巴朗盖村社土地制度逐步瓦解，菲律宾开始了土地私有化的进程。殖民政府一方面直接把土地封给殖民官员、士兵和教会集团，另一方面保留了菲律宾传统的巴朗盖村社，对村社土地进行调整，建立封建主庄园。西班牙殖民者推行的封建土地制度使巴朗盖村社土地制度彻底瓦解。首先，巴朗盖村社的公有土地逐渐转变为私人财产，土地私有价值观成为社会的主流价值观；其次，西班牙国王赐封的封建主凌驾于巴朗盖村社之上，并赋予村社上层贵族一定的特权，即监督土地上的农民承担殖民政府或西班牙殖民封建主的各种义务，此举彻底改变了巴朗盖村社古老的传统——农民向他们的主人或酋长纳赋；最后，殖民统治者强化村社组织，把农民束缚在土地上，将土地及土地上的农户一起赐封给封建主。殖民者在菲律宾推行西班牙宗主国的土地制度，即以土地私有为基础的封建性生产关系的土地制度。随着殖民者对菲律宾的开发，在西属中期，出现了一群因商业而积累一定财富的“美斯提索人”，他们将商业资本转化为高利贷资本投资于土地，进行攫取土地所有权、兼并公有土地和农民份地的高利贷活动。以“美斯提索人”为代表的菲华混血后裔占有大量的土地是殖民地时期菲律宾地主土地所有制的一个特点。

1898 年，美西战争爆发，美国取代西班牙，开始对菲律宾进行长达半个世纪的殖民统治。为了消除西班牙天主教会的势力，美国殖民者奉行分化和瓦解教会大地产的土地政策，先后颁布《组织法》和《教会土地法》等法令，政府初步计划以 7239784 元购买 41 万英亩 (约 166000 公顷)教会土地，然后再将这些教会土地出售给 6 万佃农。同时，美国殖民政府进行土地调查、土地登记和颁发土地证等，承认大地主兼并土地的合法性和地主的土地所有权，这为美国资本占有菲律宾土地提供了法律上的依据和保障。另外，殖民政府优先保障美国人对菲律宾土地的占有，将无人认领的公有土地和没收的土地分给美国移民，将土地优先出售或出租给美国公司和美国人。美国殖民政府为了彻底铲除西班牙在菲岛的经济基础，打击教会大地产的同时，又扶持"美式"的大种植园。外来资本(特别是美国资本)对土地的渗透和外国私人资本与公司对土地的控制以及用资本主义方式经营的大庄园构成了美治时期菲律宾地主土地所有制的另一特点。

（二）独立后：向土地私有制过渡

1946年，菲律宾宣布独立，建立起两党制衡的民主共和制。将"公民私有财产神圣不可侵犯"的美国产权制度写入了本国宪法，私有土地被立法确权。然而，菲律宾独立后的土地私有制，仍然是建立在土地主要集中于大地主、封建家族和大资本家手中这一基础之上，因此，土地被法律确权给了本就拥有绝对所有权的大地主、封建家族与大资本家，并没有改变几个世纪以来的农民无地的状况，佃农依旧是佃农，农民的生活依旧困苦不堪，剥削并没有随着国家的独立而消除，反而变本加厉。土地私有法制化使得统治者对农民的剥削成为宪法认可的合法行为。为了改变这种状况，独立后的菲律宾进行了多次土地改革，直到现在，改革仍在进行中。

1. 麦格赛赛政府时期(1953—1957年)

1953年，麦格赛赛上台，开始推行土地改革。1954年，颁布了《农业关系法》，该法赋予农民比以往更多的权利，但仍然承认地主拥有驱逐佃农和收回土地的权利。1955年，菲律宾颁布了历史上第一部土地改革法律——《土地改革法案》，将所有地主的土地纳入土地改革范围，但地主保留的土地面积过大，此外设置地权委员会。按照该法规定，个人拥有的地块必须在300公顷以内，法人拥有的地块必须在600公顷以内，超过该规模的地块才被列入征收范围，因此，此举未能打破大庄园制度。从1955年土改开始实施到1958年1月底，全国几十万户佃农中只有3000多户取得由国家赎买并转卖给他们的土地。

2. 马卡帕加尔政府时期 (1957—1965年)

1963年，马卡帕加尔总统颁布了《农业土地改革法》，旨在建立一种以家庭占有土地为基础的自耕农土地所有制。该法对土地改革作了较为详尽的规范，将地主保留土地从300公顷降为75公顷，废除分成佃耕制，设置土地局，由总统直接管辖和监督，设置土地银行，为政府和农业承租人提供资金支持。首次提出对农民的权益给予保护和援助，但是土改范围有限，只涉及水稻和玉米种植区域，且由于资金匮乏实施困难。

3. 马科斯政府时期 (1965—1986年)

该阶段的前期仍推行1963年《农业土地改革法》，这一阶段土地改革的中心是将分成租佃农转变为定额租佃农，但成效并不显著，原预定分配 64 万公顷的土地，实际仅分配了 5340 公顷，只达到目标的 1%。1971 年，菲律宾以总统法令形式颁布《土地革命法》，后开始实行军管制度，将土地改革范围扩大至全国。土地改革强调将定额租佃农转变为自耕农，佃农为自由人，可在 15 年内等额偿还后成为土地主人，地主保留土地降为 7 公顷，限额以上的土地必须转让给佃农。出身大地主阶级的马科斯本人改革决心并不彻底，土地改革在一定程度上只是为了消除异己势力，达到稳固政权的目的。但军管制度的实施使土地改革推行具有一定的强制性，因此推行较为顺利。这是一次大规模的土地改革，其中最为瞩目的是与土地改革政策相配套的“绿色革命”，很大程度上解决了国内粮食自给问题，但与之相伴的贫困问题也不容忽视。由于马科斯政府忽视农民利益，农村基层组织仍为地主所把持，制度创新的滞后严重阻碍了农村土地改革和农业发展。

4. 阿基诺政府时期（1986—1992 年）

1988 年，阿基诺政府颁布了《综合土地改革法》，将马科斯时代主要限于水稻和玉米用地的土地改革范围扩大至经济作物种植园，包括椰子、甘蔗等用地和商业农场等。土地改革形式也有所创新，首次出现以直接支付、自愿出售、自愿转让、强制收购等方式获取土地。政府加大灌溉水利等基础设施建设，阿基诺政府时期修建了 3000 千米乡村道路，建立了 15600 公顷农田灌溉区，提出了 130 亿比索农村信贷，并明确规定，至少有 25%的土地改革预算须用于支持服务。但之后阿基诺总统迫于大地主的压力同意股票和分红计划，导致不再重新分配地主土地，地主仍然拥有土地所有权，而将农民转化成股东。此外，用自愿出售代替强制收购的土地转让方式，纵容了当地土地改革部官员和土地所有者抬高土地价格，土地购买价格从每公顷 320 万比索上升到每公顷 6270 万比索。由于政府腐败，菲律宾存在大量的海外债务，一半的政府支出用于债务还本付息，导致农业支出大幅缩减。尽管如此，这次改革仍是菲律宾独立后规模最大、范围最广、受益者最多的一次土地改革，它有利于减少租户和无地农民的贫困，并增加他们的收入。1987 年 7 月到 1992 年 6 月间，土地改革部共分配了 85 万公顷私人土地和再安置地，环境与自然资源部共分配了约 100 万公顷土地。

5. 深化推进《综合土地改革法》时期

拉莫斯政府(1992—1998 年)、埃斯特拉达政府(1998—2001 年)、阿罗约政府(2001—2010 年)和阿基诺三世政府 (2010 年至今)都在继续实行《综合土地改革法》，并在土地分配、资金、技术和农业基础设施建设方面做出努力。

拉莫斯政府取得的成就较高，在六年任期内，持续稳定开展了土地改革任务，且土地改革不仅仅局限于土地的重新分配，而且还注重农业生产率的提高。改革过程中形成了“非政府机构—私人机构—政府机构”三者协调发展的局面，这成为拉莫斯时期综合土地改革计划（Comprehensive Agrarian Reform Program, CARP)的重要步骤。

1998年6月30日，埃斯特拉达出任总统，他重视农业和农村的发展，提出优先发展农业，加快土地改革步伐，增加资金投入，注重农业基础设施建设，加强农业科技研究和推广等等，此时期农业取得较好成效。

阿罗约政府于2009年8月7日颁布了《综合土地改革计划延长与改革》法案，旨在强化和改进《综合土地改革法》的实施。该计划实施5年，即从2009年7月1日至2014年6月30日，确定土地改革预算为1500亿比索。各部门继续强制性并购和分配土地，但要充分照顾政府部门、农民和地主之间的利益；在菲律宾众议院设立土地改革监督委员会，以监督、检查和评价《综合土地改革法》的实施进展。此外，该法案还规定不得随意变更土地用途，在支持服务上优先照顾妇女。根据该计划，土地并购和分配主要分3个阶段实施。第一阶段：2009年7月1日—2012年6月30日，土地改革范围包括所有超过50公顷的私有农地、废弃地、撂荒地和自愿参加分配的农地，以及第27号总统令涵盖的水稻地和玉米地。第二阶段：2012年6月30日前分配完所有下达过“征收通知”且面积在24—50公顷或2008年12月10日前未分配完的土地；2012年7月1日至2013年6月30日分配完所有面积超过24公顷仍未完成分配的私有农地。第三阶段：2012年7月1日—2013年6月30日完成面积在10—24公顷土地的分配，2013年7月1日—2014年6月30日完成面积超过10公顷土地的分配。

本尼格诺·阿基诺三世于2010年6月正式就任菲律宾第十一届总统。该届政府上台后大力实施《综合土地改革法》，在其任期内完成菲律宾的土地改革，并承诺政府将投入大量资金帮助土地改革受益者，为其提供推广服务，兴修乡村道路和灌溉设施。然而，在最初的两年时间里，阿基诺三世政府各项工作平平，土地改革没有多大进展。其中，2010年土地并购和分配实际完成107180公顷，占原计划的53.6%，占修正计划的76.28%。2011年，完成面积为111889公顷，占原计划的54.6%。照此进度，阿基诺三世政府根本不可能兑现承诺在6年任期内完成剩余109.3万公顷土地的并购和分配。由此，菲律宾农民的愤怒和不满情绪爆发，游行示威不断，社会各界也纷纷指责本届政府在土地改革方面做得最差。在与教会和农民领袖对话后，阿基诺三世政府做出如下承诺：第一，加快实施《综合土地改革法》，最迟于2014年6月30日完成所有土地的分配。为此，要求土地改革部2012年12月前向超过25公顷农地所有者发出“征收通知”，2013年7月前向超过10公顷农地所有者发出“征收通知”。第二，紧急拨付10亿比索，为农民受益者提供支持服务，在今后两年内，政府再向“综合土地改革计划”增加资金300亿比索；同时要求国家土地银行评价现行政策，考虑多向农民提供信贷支持。

第三，成立由教会、非政府组织、社会团体、农民代表组成的委员会，监督《综合土地改革法》的实施工作，要求内政部在地主抵抗较强的地方出警，维护改革成果。

菲律宾经过几十年的土地改革，取得了一定的成效。目前，菲律宾土地以私有制为主，国内土地主要由国家所有土地(包括全部公共领土)与私人所有土地组成，菲律宾禁止外国人拥有土地，具有双重国籍的菲律宾人可以100%拥有地产权，但必须在菲律宾出生后，移民到其他国家并取得他国身份的。由于土地私有，因此土地可以自由买卖，土地交易也必须遵循一定的法律程序。

菲律宾的土地改革仍存在一些问题。一是进展缓慢，计划任务迟迟不能完成。二是配套措施如农田基础设施建设、信贷支持、农业技术推广等不到位，农业生产仍然十分落后，农民生活普遍贫困。三是改革成果倒流，一些农民由于生计困难，只好把到手的土地卖给地主，导致土地重新集中在地主手中。因此，菲律宾土地改革仍需继续推进，使更多的土地分配到农民手中，减少无地失地农民，以维护社会稳定。

四、印度尼西亚

(一) 封建时期：封建土地国有和私有并存

印度尼西亚封建社会的统治者是由国王、贵族、官吏和僧侣组成的封建主阶级。封建主阶级的统治基础是土地所有权和对农民的一定占有权，这种土地所有制的主要特征是封建国有制。到了封建社会后期，土地买卖不断发生，土地私有化日渐加速，出现了封建土地国有制和封建土地私有制并存的局面。印度尼西亚封建土地制度另一个重要的特征是，几乎所有土地都在村社(“农村公社”，原始社会末期公有制向私有制过渡的社会经济组织)的基础上进行占有和使用，国王分封、赐予和赠送给各类封建主的土地大都以村社为单位计算，各类封建主向农民征税派役也都以村社为单位进行，村社是封建国家的基层行政单位和经济基础。

(二) 殖民时期：殖民地-半封建土地关系

自1602年3月荷兰殖民者入侵印度尼西亚到1949年12月把政权移交给印度尼西亚联邦共和国，当中除1807—1810年、1811—1816年和1942—1945年这三个较短时期先后由法国、英国和日本殖民者统治过外，印度尼西亚一直是荷兰的殖民地。荷兰在印度尼西亚长达三个多世纪的殖民统治，破坏了印度尼西亚传统的土地制度，建立起殖民者所需要的殖民地-半封建土地关系。荷兰的殖民统治对印度尼西亚土地制度的影响，大致以1870年为界分为两个时期。

在1870年以前，荷兰在印度尼西亚奉行的是有利于荷兰商人和贵族利益的重商主义政策，如实行垄断贸易制度、定额纳税制度、强迫供应和强迫种植制度等。这些政策进一步榨取和奴役了处在封建主义剥削制度下的印度尼西亚人民。虽然这种商业资本的掠夺方式不要求改变旧的土地关系，但随着殖民统治制度的确立，印度尼西亚土地关系发生了重大的变化。首先，殖民制度的确立，使荷兰殖民者攫取了昔日印度尼西亚封建王国的政治权力，成为最高统治者，也成为土地的最高支配人。其次，由于殖民者强行赐赠和拍卖土地，印度尼西亚出现了真正属私人所有的土地——“私领地”。最后，东印度公司还规定了所谓“表功地”，用以奖励给协助公司征服印度尼西亚有功的人。

1870 年至第二次世界大战前，印度尼西亚土地关系发生了极大变化。其一，外国资本种植园占有的土地急剧增加。其二，地主土地大量集中。1870 年，荷兰国会通过了《土地国有法令》，该法令最基本的原则是：在爪哇，“一切不能证明其所有权的土地皆属国家所有”；在外岛，“一切荒地全属国家所有”。根据这条基本原则，该法令对各种土地所有者的权限作了规定，确立了以下 4 种土地占有制度。

1. “自由国有地”

这是指印度尼西亚人没有占有权和使用权，殖民地政府可以自由处理的土地。该法令规定，荷印殖民政府可以借“无主的土地”之名，将大片荒地、矿山和森林、农民放弃的或暂未耕种的土地以及村社共同占有的公用地，均宣布为“自由国有地”。只有荷兰臣民，即在荷兰或印度尼西亚享有居住权的人，或者在印度尼西亚设立的公司，才享有租借这类土地的权利，租期最长可达 75 年，租地面积在爪哇最大可达 350 公顷，在外岛最大可达 3500 公顷。

2. “不自由国有地”

这类土地包括两种：一是村社公共占有地；二是个人世袭占有地。村社公共占有地有的定期分配给村社成员轮换使用，有的固定分配给村社成员终身使用。个人世袭占有地除本人享有占有权外，还可以转让和传给后代。该法令也规定了荷兰人向印度尼西亚人租用这类土地的办法，租借水田期限为 3 年半，旱田期限为 12 年，最长可达 20 年，租借水田的面积不得超过村社水田总面积的八分之一，但经村长同意者不在此限。

3. “土侯自治领地（或称藩属土邦）”

该法令规定，爪哇土侯自治领地属苏丹所有，外岛土侯自治领地属外岛土侯所有。荷兰殖民者出于在政治上与印度尼西亚封建主阶级建立联盟的需要，在法律上正式承认这类土地的存在；同时为了便于荷兰资本家获得农场土地，该法令同时规定了外国资本租借土侯自治领地的方法，租期可达 50—75 年，租借面积可达 3500 公顷。

4. 私有地，包括“私领地”和“表功地”

为了把这些封建主变为荷兰殖民统治的忠实的代表，该法令确认这两类土地的存在，并以法律形式保护这两类土地占有者的封建特权。

（三）独立后：土地人民所有制

印度尼西亚独立后，1950 年 2 月在当时的首都日惹设立了土地委员会，该委员会废除永久性土地所有权原则，承认根据“习惯法”确立的村社土地所有权；加强所谓“土地所有权法”（指有关原住民土地所有权的法令），赋予其成文法的内容，并建立以此类土地为信用担保的抵押典当制度；用法律明文规定土地占有面积的最高限额和最低额标准；但尚未规定外侨的土地使用权范围等等。这样，印度尼西亚以原有的村社土地所有权为基础，试图建立一个统一的土地产权制度。

但是，由于印度尼西亚国内政局不稳定，对外限于和荷兰签订的“圆桌会议协定”，根据这个协定的“有关财政和经济的附属协定”，印度尼西亚要承认荷兰的各种权利，因此，订立一个统一的土地法令，十分困难。1956 年，印度尼西亚单方面宣布废除“圆桌会议附属协定”，接着由于西伊里安问题于 1957 年 12 月制定了《荷兰企业国有化法令》，决定接管荷资种植园和企业，这样，除了欧美籍的种植园以外，具备了制定统一的国内土地制度法令的条件，但要进行土地改革在内政上仍十分曲折。

1. 政治改革时期：确立基本土地制度

在开始实行“武斯德”（作为印度尼西亚政治改革的原则）时期，印度尼西亚政府颁布了“恢复 1945 年宪法”（1959 年），制定了《农业（土地）基本法》（Basic Agrarian Law，1960 年第 5 号法令）和“八年全面经济建设计划”（1961—1969 年）等一系列的重要政策，并加以实施。

1960 年 9 月 24 日，印度尼西亚政府宣布废除荷兰所制定的各种土地法令，宣布凡是在印度尼西亚领土以内的一切土地、河流、空间以及其中所蕴藏的天然资源概属印度尼西亚人民所有，并制定了《农业（土地）基本法》，对有关土地的各种权利作出了明确规定。该法令规定只有印度尼西亚籍公民才可以拥有土地所有权（第 21 条）；根据印度尼西亚法律在印度尼西亚成立的法团，可以拥有“经营用地权”、“建筑用地权”、“土地使用权”和“租地造物权”。“经营用地权”可用于农业、渔业或畜牧业，最长期限为 25 年，可申请延期 25 年，但未规定最高的土地面积；“建筑用地权”的最高期限为 30 年，必要时可延长 20 年。外国资本可通过“经营用地权”或“建筑用地权”取得其投资活动的场所，但资本部分或全部为外资的法团必须根据国家全面建设计划的法令，必要时才可以获得经营用地权和建筑用地权，这在一定程度上，可以限制外资对这些权利的取得。政府法令允许那些根据殖民地时代的法令取得土地的外资种植园提出申请，将以前的土地租让权和租借权转为经营土地权，最长的剩余期限为 20 年。政府已于 1961 年 6 月底起，根据《农业(土地)基本法》有关条文开始处理现存的外资占有的土地。1961年6月2日土地部发布通告，要求外侨、办事处不设在印度尼西亚的法团或不是根据印度尼西亚法律而成立的法团，将其拥有的建筑土地权，或由转让而来的企业土地权等，在9月2日之前，转移给印度尼西亚籍公民或设在印度尼西亚的法团；如果拥有土地权者是居住在印度尼西亚境内，则在某种情况下，可在9月24日之前，放弃其建筑土地权而向土地事务部长申请土地使用权。7月1日土地部再次发出通告，要求外侨及不根据印度尼西亚法律或不是在印度尼西亚设立的法团，将其拥有的农园永租权、土地建筑权，过去的土地私有权和其他权益，在9月24日以前，转让给印度尼西亚籍公民或根据印度尼西亚法律且在印度尼西亚设立的法团。这一系列的通告旨在将土地权利收归印度尼西亚人民所有。

后又颁布《收成分配合同法令》(1960年第2号法令)来规范有关灌溉地和干旱地的租赁做法。当土地所有者由于某种理由不耕种自己的土地时，通常是和其他农民(多数是没有土地的农民)达成一种工作上的合同，即在确定的条件下把土地交给农民耕种，自己则取农作物的一部分作为租金。政府认为，土地所有者和无地农民之间由于经济地位的差异，在进行收成分配时容易产生分配不平均的现象。为此，政府认为有必要颁布《收成分配合同法令》，这项法令包括以下几项原则：

(1) 在土地所有者和无地农民之间主持公正；

(2) 保障经济能力比较薄弱的佃农的利益不受经济能力较强的土地所有者的损害；

(3) 向佃农灌输增产的思想，加强对他们的鼓励。

根据此法令，二级自治区的首脑有权在他管辖的区域内确定土地所有者和佃农双方在每项农作物收成上的分配额。同时，他们也有权根据一些条件制定合乎上述目的的合同。为了防止佃农的处境比目前更坏，农业部长已经发出指令，规定佃农在其耕作的灌溉地上所分得的收获物不得少于产量的50%，而从旱地所分得的收获物则不得少于三分之二。为了方便公众的监督，《收成分配合同法令》规定，土地所有者应将他每一块土地的收成分配合同送交乡政府登记，违反此规定者须进行罚款，罚金最高额为1万盾。法令还规定，只有个体农民以及乡村或农民合作社所签立的收成分配合同才算合法。每份合同的土地面积最大不得超过3公顷，灌溉地的期限至少为3年，旱地至少5年。

2. “新秩序”时期：林地收归国有，土地市场化改革

1967年，苏哈托通过选举成为印度尼西亚总统，他的统治被称为“新秩序”(1967—1998年)，在他统治时期，印度尼西亚土地制度发生了重大的变化。具体而言，颁布了林业和矿业租赁法律，其中包括1967年《森林法》，该法为未来30年的森林管理设定了框架。《森林法》剥夺农村人民拥有森林资源的权利，而传统的机构仍可拥有。该国约70%的领土被归为林业部管辖的国有林地。《森林法》通过时，国有林地还包括许多当地人已经用于农业种植的未注册地块，且政府不承认1967年以后非法转化的林地上的农户的土地权。然而，即使没有官方承认，当地农户仍然继续在林地上进行作物生产，声称拥有实际所有权。农户坚信这种事实上的权属在村社内是安全。到20世纪80年代，印度尼西亚农村几乎没有土地市场交易发生，部分原因是只有很小一部分土地进行了正式登记。1981年，印度尼西亚政府推出了国家(农业)土地经营项目，该项目旨在降低土地所有权登记交易成本。但到20世纪末，只有不到20%的可登记地块(农村地区约为10%)登记完毕。20世纪90年代初，政府加大力度建立可靠的非林地土地登记制度。国家(农业)土地经营项目在很大程度上被世界银行和澳大利亚政府资助的土地管理项目(Land Administration Project ，LAP)所取代。LAP的目标是到2020年在印度尼西亚的所有(农业)土地完成登记。

苏哈托经济政策中的开放市场政策，吸引了许多来自本国和外国私人企业的直接投资。这项政策也直接影响了土地制度，即允许政府或私人将土地卖给本地私企。事实上，许多外国公司会联合当地公司购买土地，因此，对爪哇附近城镇的土地需求明显增加。大部分与外国联合的当地私人开发商购买土地建高尔夫球场、购物中心、五星级酒店和办公楼，这种模式被称为“集团”。集团成为苏哈托统治时期首要的经济规划。在苏哈托的统治下，农业用地很快就转变为非农用地，尤其是爪哇地区的土地，这些最肥沃的土地原本是国家粮食生产的首选地。这种新兴的集团力量在各行各业都盛行起来了，尤其是在鲍勃·哈桑(Bob Hasan)被任命为苏哈托内阁政府的林业部长之后。在苏哈托统治时期出现了许多土地纠纷，但总是集团或商人获胜，因为他们受到了军队或苏哈托亲信的支持。许多人被迫选择苏哈托政策中的轮回项目，迁到人口密度较小的地区开始新的生活，人们被强制驱逐，离开他们的土地，却只能获得非常少的补偿，并且由于苏哈托发展经济的规划，许多文化遗产也遭到了破坏。

3. 改革时期：土地私有

1998年5月23日，苏哈托统治结束，印度尼西亚进入改革时期(1998年至今)。从土地上被驱逐的大部分农民，受到了保护，他们可以拿回在苏哈托时期被强制夺走的土地或没有受到合理补偿的土地，这种情形使许多大型农业公司受到影响，许多外国公司也受到了重创。考虑到这种情形，印度尼西亚颁布法律恢复1960年《农业(土地)基本法》的地位。印度尼西亚现行土地制度也是以1960年的《农业(土地)基本法》为基础的。

五、马来西亚

1. 15世纪初至19世纪末：苏丹、严端或罗阇终极所有

马六甲王朝建立之前的马来亚[①]，各个部落联盟酋长拥有土地所有权，僧侣集团在马来亚的土地占有中具有重要地位。15世纪初到19世纪末的马来亚，苏丹、严端或罗阇[②]是最高统治者，他们将土地封赐给土侯，此时土地的主权就转移到土侯的手中，土侯有权向境内的农民征收产品的十分之一作为地租，这种地租称为什一税。除此之外，土侯还可以强迫封区的人民进行无偿的劳役，这称为克蜡制。通常，当土侯要修建住宅，修葺居所，修铺道路，挖水渠、壕沟或防栏时，就会下令调配境内的农民前来服役，农民不仅得不到报酬，还要自带工具和口粮，如有人不来，则要罚款或者刑拘。有权势的土侯都会拥有数十到数百名的奴隶和债奴，大部分奴隶和债奴会被驱使到田野中从事生产，成果全部被土侯占有。

马来人关于土地占有权与所有权的习惯法和缅甸、泰国等国家的习惯法大同小异。习惯法规定，由于马来亚土地辽阔，林地众多，人口稀少，所以林地开辟与占有并不受限制，只要开辟一块土地就可拥有该地的所有权。一些被开垦出来但被荒弃并且没有留下任何占有痕迹的土地被称为"死地"，死地不存在所有权。凡通过开辟、耕种、建造等方式使死地"复活"的人可拥有此地块的所有权，只要占有人继续使用该地或在该土地留有占有的标记，就对该地具有绝对的权利。虽然古代马来人为了耕种目的而允许其自由选择与占有林地的习惯是不容干涉的，但土侯不会严格按照马来习惯法处理，对于荒废的土地或无人继承的土地，土侯有权要求耕种者缴纳一部分产品。对于马来耕作者来说，占有权和收益权才是真正重要的，只要这些它们一直被承认，耕作者就不会关心到底谁拥有土地最原始的与最高的权力。

2. 殖民时期：地主土地所有制

英国殖民者在19世纪末和20世纪初先后占领了霹雳、森美兰、雪兰莪、彭亨、吉打、吉兰丹、丁加奴、玻璃市和柔佛等9个马来亚土邦组成的马来亚基本领土。占领之后，英国殖民者首先掠夺大量土地，宣布为英国皇家所有；又把征收农业税的权利收归殖民政府，并强迫马来亚农民为他们承担一系列义务。他们还采用以前苏丹和小封建主用来奴役和剥削农民的劳动制度——克蜡制。

---

① 马来亚(Malaya)，为该地区在独立前的称呼，之后成立自治领，并在1975年独立，称马来亚联合邦。在1963年9月16日，连同沙巴、沙捞越及新加坡联合组成马来西亚(Malaysia)。

② 在马来土邦中，吉打、霹雳、雪兰莪、柔佛、彭亨和吉兰丹的统治者都称为苏丹，而森美兰和玻璃市两邦的统治者则不同，前者称为严端，后者称为罗阇。

在20世纪20年代颁布了《土地法》，规定了各土邦的土地所有制，这些法律直到马来亚联合邦时仍然有效。《土地法》规定土地的最高所有者是英帝国。尽管英国总督是代表苏丹管理土邦的全部土地，但这只是一个没有任何意义的说辞，英国总督可以代表苏丹征用任何土地。事实上，各个土邦的土地所有者所使用的一切土地都是向英国租来的，需每年交地租，土地的租赁照例是永久性的租赁，凡不按时交纳地租者，就没收其土地。此外，《土地法》还规定了各种使用土地的限制，凡违反这种限制的，便没收其土地，这给马来亚农民带来了非常恶劣的影响。为了强制执行土地法，殖民当局四处设立管理机构。各土邦的土地管理机构的主管人是英国总督，管辖许多管理各地区的官员，这些官员则管辖许多收税人。无论是各地区的官吏，或是征税者，大部分都是英国人。下级官吏主要是由马来亚人担任，他们管理穆墓姆（相当于乡镇），穆墓姆是由各管区（相当于一个县）划分而成，管理穆墓姆的官吏称为宾古鲁，是从富裕农民中挑选出来的。管理最小的行政单位——杰萨（相当于村）是殖民统治时期马来亚的最基层的组织，由在宾古鲁底下的一层官吏——克工阿领导。殖民者主要靠其在马来亚建立的这种制度对马来亚农民进行殖民统治。

在此时期，英国殖民政府完全独占马来亚社会的土地所有权。这种占有的方式大致可分为三种：①海峡殖民地的土地是皇家领土；②马来属联邦的土地，虽然宣布为国有，但土地的让与权和租借权是操控在联邦总监（海峡殖民地的总督）的代理人土地局的手里，至于马来人保有的土地十分少；③马来属邦的土地，苏丹虽然为原住民保有一部分土地权，但实际上，在英国殖民者操控一切的情况下，土地的让与和租借是随着殖民者的需要而处置的。

英国殖民者剥削马来亚农民主要的方式是"分成制地租"和"固定制地租"，而最为普遍的是分成制地租制。分成制是指土地所有者出租土地，有时也提供部分种植或相关费用，佃农用自己的牲畜、农具去耕种土地，产品由土地所有者和佃农按一定比例分成，分成制地租在马来亚的不同地区有不同形式，主要被称为帕瓦佃租制和对分制。固定制地租是指土地所有者在出租土地时就规定一定数量的产品作为地租，无论收成如何，佃农都必须上交规定产品，这种预先规定实物数量的地租主要是受马来亚传统的什一税的影响。由于分成制地租广泛存在，大部分佃农变为了无地农民或少地农民。

3. 独立后：土地私有制

独立后，马来西亚政府并没有像东南亚一些国家进行土地改革或没收外资，而是对原农业中的私人所有制结构采取保护政策。为缓和农村阶级矛盾，发展农业生产，采取了一些改良措施来削弱农村封建势力。例如，把少量"政府公地"分给无地的农民，在农村组织官办的信用合作社、购销合作社。限制农民把大米卖给活跃在农村的中间商人，从而减弱了高利贷、商业资本对农民的剥削。与此同时，扶植个体稻农、小胶农等，使他们在农业生产中发挥作用，在政府扶植下，个体小胶农的经济有所发展，作用逐渐加强。小胶农户数从1953年的38.5万户增至1976年的40.8万户，其拥有的土地从44.5万公顷增至83.7万公顷，他们生产的橡胶约占总产的40%。1970年新经济政策推行后，政府设立了许多由马来官员经手的“公共企业”(如小胶园主发展局、土地复兴局、各州经济发展局等)，由国家出资办农业。十年来，这些机构通过移民，开辟了60多万公顷土地种植油棕、橡胶等经济作物，还建立了许多加工厂。随着这些机构直接参与农业，农业中的国家资本主义所有制逐渐成长起来。此外，人数不多的本国私人大资本的存在，使土地也进一步集中。民族资本与外资在种植业的实力已发生了变化。1953年，外资支配一切，而至1978年，外资的橡胶种植面积仅占22.1%，产量占30%。1973年，外资的油棕种植面积还占总面积的60%，到1978年已降至47%。从种植业的占有关系看，民族资本已超过了外资。

《1965年国家土地法》确定了联邦政府与州政府的权限，对土地用途的分类，土地所有权转移，土地的买卖、没收、划分及抵押等内容作出了规定。同时规定，无论何种用途的土地，都必须在地契注明的规定时间内开发，如果违反，将无条件收回土地。《1976年城镇与乡村规划法》及1995年修正案规定，申请取得土地以及更改土地用途的方案必须呈报审批，只有在不违反地方政府规划原则与目标的情况下，方可获得批准。《1960年土地征收法》规定，政府部门、企业或个人不得随意征收土地，只有州政府有权征收州内土地及改变土地使用性质，联邦政府征收土地也要通过州政府进行，并向后者支付费用。凡征收土地，必须公布征收理由和确定补偿标准，《马来人保留地法》将约四分之一的土地总面积划为“马来人保留地”，并规定除非获得州政府批准，否则不能出售、出租或抵押给非马来人。

六、泰国

1. 封建时期：萨迪纳制度

萨迪纳制度是泰国封建制度的核心，它既是一种等级分封的政治制度，又是一种按等级封田的土地制度。在泰国古典社会中，社会成员主要分为昭、坤囊、派、塔四种(见图2-2)。

昭是王族的总称，在蒙固王时期(1851—1868年)分为5个等级，其中，最高一级可获土地10万莱(1莱=2.4亩，1公顷=6.25莱；1平方千米=625莱)，最低一级可得500莱。王族等级并不世袭，而是逐辈降级，直至降为平民。坤囊即贵族，在蒙固王时期分为6级，最高一级可获授田3000莱，最低可授田400莱。坤囊等级也不是世袭，后裔须另行请求国王颁受。昭和坤囊又被合称为“乃”，是泰

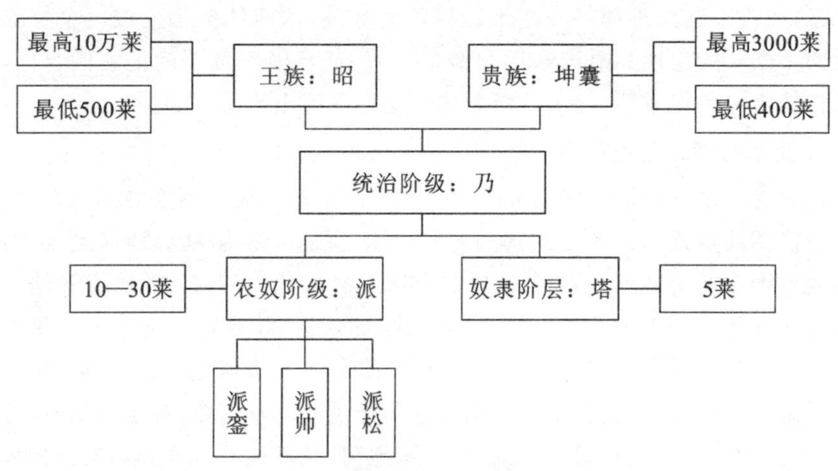

图 2-2　泰国封建时期按等级封田图

国封建统治阶级的总称，他们各自的授田等级又是社会政治等级，国王根据这一等级授予相应的官职。中央最重要的官职，由品秩最高的王族成员担任，授田 400 莱以上的官员，均由国王直接任命。官员们不享有俸禄，而是依靠占有封地上农奴和奴隶的劳动维持生活和享受。

泰国封建农奴阶级被称为“派”。曼谷王朝时期，他们构成了社会人口的绝大多数。派的授田等级在 10—30 莱之间。在他们与贵族之间，还存在一个授田面积为 100—400 莱的阶层，这些人几乎都是村社头领和低级小吏，属于统治阶级（乃）的最底层。派大体可分为三类，即派銮、派帅和派松。按照规定，他们都必须向乃登记，服从乃的管理。若遇战争，乃就成为率领他们作战的军事首长。派銮是直接隶属于国王的家奴，他们在成年后分得 10—15 莱份地，结婚后增为 20—25 莱。他们每年必须为国王服 6 个月劳役，主要是修城筑路、营造宫室、开挖运河等公共工程。此外，他们还得把份地收获物的 10%作为租税上缴国库。当然，他们常常也不得不为管辖他们的乃提供一些无偿劳务或产品。派帅是派銮中隶属于国王的工匠，他们每年以规定数量的手工业或养殖业产品代替劳役，这些产品的很大部分成为王国对外贸易的商品。派松与派銮领有相同的份地，但他们是隶属于某一封建主（乃）的私属农奴，他们无偿为乃服各种劳役，还要将份地上生产的相当数量产品缴纳贡赋。他们的人身依附性很强，属于封建主的私产，可被买卖或转让。无论哪一类派都没有迁徙的自由，他们以村社的形式束缚在自己的份地上，他们的身份、份地和不多的私产可以世袭，且封建主无权将他们随意处死。塔是泰国社会中的奴隶阶层，塔的授田级别为 5 莱。

此外，泰国的僧侣似乎处于萨迪纳制度之外。为了以宗教作为统治国家的意识形态，历代泰国国王都将一些土地捐赠给寺院，从而使僧侣变成一个特殊的领主集团。赠予的土地和财产永远归僧侣所有，甚至国王也不能把它们收回，再加上僧侣的土地不得重新分配，从而形成广泛的寺院土地所有制。

2. 改革时期：土地私有化

西方资本主义经济的强大冲击和却克里改革使萨迪纳制度受到致命冲击，华人的经济活动也逐步瓦解了泰国的农村经济，促进了泰国社会商品经济大发展，使得封建国家的土地所有制逐渐被地主所有制取代。1867 年，政府开始发放一种具有法律效力的土地凭证，作为征收田税的依据，并规定在无主或新垦土地上连续耕作三年即可获得此证。土地私有权的承认大势所趋。1888 年，鉴于私人占有土地日益增多的现实，朱拉隆功顺应历史潮流发布诏令，规定凡耕种 25 莱土地者，只要缴纳 6 铢地契费，便可获得一张地契，其耕地不再视为国有。国库因此在一年内收入的地契费相当于当年地税收入的 80%以上。在泰国五世王时期曾派遣官员前往新加坡学习托伦斯登记制度，并于 1892 年开始绘制地图，为颁发土地登记权证和土地私有化改革做基础工作。1901 年 5 月起实施《土地权证颁发公告》，在全国范围内开展了土地地籍调查登记和发放土地证工作。这一工作于 1909 年结束，标志着近代土地私有制度在泰国的基本确立。

从 1901 年至 1954 年期间，泰国没有法律明文规定私人享有占有权的土地所有权归属，直至 1954 年，《土地法典》才明确规定私人未享有所有权的土地归政府所有，土地使用人只需要按照《土地法典》的规定通知相关政府部门，政府部门查实土地使用人是合法占有，没有侵占政府保有土地和他人合法占有土地，就可以颁发所有权证或土地使用权证。

1968 年，泰国颁布《生活保障土地分配条例》，该条例规定政府有职责将政府土地分配给无地或少地且没有其他谋生职业的农民进行居住和农业生产。该条例的主要内容有：①在政府土地上建立自助村或合作社，由政府挑选并分配土地给符合法定条件的会员，并以家庭为承包单位，会员是承包家庭的代表；②自助村或合作社会员按照法律和政府规定利用土地进行农业生产，当会员期限届满 5 年，分期付清会员应承担的政府建设自助村或合作社所用经费后，可按照《土地法典》申请颁发土地所有权证或土地使用权证；③会员在获得土地权利证书之日起 5 年内不得转让土地，且每户家庭承包的土地不得超过 8 万平方米。由于该法没有严格禁止农民转让土地，因此并没有很好地解决农民缺地问题，农民在土地限制转让期限届满后或届满前就转让土地，又成为缺地农民，等待政府的救济，受限于财力和土地资源，泰国政府无法持续地解决少地或缺地农民问题。

1975 年，泰国颁布了《农业土地改革条例》，该条例经过两次修订后一直沿用至今，成为每届政府分配土地资源和出台土地分配政策的主要依据。泰国农业土地改革的主要内容有：土地分配的对象是农民，该条例 1989 年第三次修订确定了农民的范围，是指从事农业生产的人，也包括贫困者、农业专业毕业生及无农用地且打算从事农业的农民子女；成立土地改革基金，在农业与合作社部及各府下设农业土地改革办事处负责农业土地改革工作；对每户的农业土地面积进行限制，从事农业种植的，每户不超过 8 万平方米，从事大型动物养殖的，每户不超过 16 万平方米，农业生产机构的土地面积由委员会确定；农民在土地上的权利主要包括农民可以租赁或租买土地，当农民付清租买合同规定的租金后，可以申请土地所有权证或土地使用权利证书，该土地禁止自由转让，但可继承、给贷款提供担保、卖给农业土地改革办事处或农业生产机构。在初始阶段，政府主要是从私人手中购买土地，分配给农民，分配的土地面积约 480 平方千米；其后，土地价格上涨，政府从私人手中购买土地成本过高，政府开始分配弃用的公共用地、为特殊目的保有的属于国家公共财产的土地（如军队保有地）以及属于国家公共财产的荒地；到 1989 年后，开始分配国家保有林地。由于政府将保有林地分配给农民，很多在此之前就侵占国家保有林地的人提出强烈的反抗，政府不得不在一定范围内承认 1989 年前侵占人的权利，其可直接根据《土地法典》申请政府颁发土地所有权证或使用权证，而根据《土地法典》确认的权利没有转让期限限制和租金费用，这导致人们更愿意直接侵占林地而不愿意请求政府分配土地，结果导致侵占林地的问题更加严重，最后政府不得不把重心转向治理侵占林地问题上，使得《农业土地改革条例》的实施效果大打折扣。

泰国 110 多年的农用地改革，可以说是建立在逐步完善农用地登记制度，逐步将农用地的使用权利证书转为所有权利证书的基础上，实现具有用益物权或债权性质的农用地使用权的转变，实现所有权的私有化，实现农用地上权利的“一次确认，两次转变”。在土地登记制度未建立之前的土地上，私人不能享有所有权，仅能享有占有权或租赁权，该类土地由政府享有所有权；当土地登记制度建立完善后，政府才可颁发土地所有权证。在政府颁发给私人土地所有权证的土地上，实现了权利的两个转化，原来的土地政府所有权转变为私人所有权，原来政府土地上的私人占有权或租赁权转化为私人所有权。

七、柬埔寨

1. 封建时期：土地国（王）有制

柬埔寨历史上，经历了一个漫长的封建社会阶段。柬埔寨的封建社会实行土地国（王）有制，封建农奴主阶级在土地国有制的形式下，垄断了全部土地的所有权，对农奴进行残酷的政治统治和严重的经济剥削。土地属于国王所有，土地里的一切财物也归国王所有。古代柬埔寨实行采邑制度，即国王与农奴间有着一个贵族、官僚阶层，他们通过国王的分封占有大量土地，而大部分农奴从他们那里获得土地。除了贵族和臣仆的领地外，寺庙也占有大量领地，但他们都没有土地的所有权，他们所拥有的只是在一定时期内土地的占有权或领有权。

2. 殖民时期：地主土地所有制

1863 年，柬埔寨沦为法国的殖民地，前后长达约 90 年（除了第二次世界大战中被日本帝国主义占领过很短的时间以外）。沦为法国殖民地以后，柬埔寨的土地制度发生了深刻变化。传统的以土地村社共有制为基础的封建土地王有制逐步瓦解了，土地成了个人的私有财产。土地私有化后出现了大量的土地兼并，且在法国殖民当局的有关政策的扶植下，迅速形成了一种新的地主土地所有制。1865 年，法柬协定议案规定法国籍国民享有在柬埔寨王国领土内“购置土地”的权利。这一要求是对土地国有原则的破坏，后来，由于各种原因，柬埔寨国王拒绝签字，该协定未能生效。1884 年 6 月 17 日颁布的条约中止了不可转让的国王土地专有权。否认国王的土地专有权，承认土地可以转让，意味着允许土地买卖。1884 年 10 月 28 日，由交趾支那总督颁布的法令明确规定柬埔寨土地的国王专有权转为国家的所有权。所谓“国家的所有权”，即法国殖民者的所有权。从此，法国殖民者成为柬埔寨最高的大地主。可是，柬埔寨的封建统治者并不甘心，仍在继续进行着明争暗斗。到 1889 年，法国殖民者最终获得掌握柬埔寨全部土地的最高权力。此后，一直到 1953 年，法国殖民者在柬埔寨推行一系列促使土地私有化的政策，政策实行后，一些法国资产者、柬埔寨王室、旧贵族、旧官吏、宗教团体、商人以及一些农村富户很快便通过“租让”和高利贷兼并积累了大量的私有地产，柬埔寨很快便形成了一种新的地主土地所有制。

3. 现行土地制度的形成：以土地私有为主的土地产权制度

1975—1979 年，红色高棉获得柬埔寨执政权，改变了传统的社会结构和法律结构，私有产权被废除。1976 年 1 月 5 日，柬埔寨王国颁布了民主柬埔寨宪法，宪法规定“柬埔寨的主要生产资料一般归全民所有或者人民集体所有”，即土地公有。同时，民主柬埔寨在农村开始了农业合作化运动，人们每年按照国家统一的标准留口粮、种子和储备粮 320 千克，其余粮食全部上交国家。国家把上交粮食中的一部分作为生产资料统一发放给合作社用于购买农具，另一部分作为合作社与国家交换工业消费品。这一时期，柬埔寨共产党领导人消灭了人们的私有观念，将土地规定为公有。1979—1989 年越南侵占了柬埔寨，所有土地归国家所有，进行集体农业生产；1993 年柬埔寨王国建立，颁布柬埔寨王国宪法，宪法规定“柬埔寨国籍的法人和自然人，才能拥有土地所有权”，至此恢复了土地私有产权。

柬埔寨现行的土地产权制度是 2001 年的土地法所规定的。2001 年颁布的

《土地法》规定：1979年以前的任何不动产所有权制度不予承认；任何在本法生效之后通过任何手段占有公共和私有的财产均无效；承认自1989年以来的不动产持有，可以构成对不动产的控制权，并可能使财产持有人获得所有权；在本法颁布之前，任何人享有至少5年的、无可争议的和合法的不动产的权利，有权要求拥有最终所有权；法律生效后，任何没有不动产产权证书的新的占有者均应视为非法占有者；任何不动产所有权的转变过程都必须是明确的、非暴力的、众人皆知的、持续和真诚的；产权证书是占有的证据，但并不是无可争议的。所有权证书只有在土地登记册创建时，财产所有权不存在任何争议的情况下，才构成确定的和无可争议的所有权。如果存在争议，应根据所有相关证据的追加调查确定财产的合法拥有者。财产所有权是一种证据，但本身并不具有决定性。

第二节　东盟各国现行土地产权制度

东盟十国土地产权制度根据土地所有权形式，大致可分为3类，即土地国（公/王）有、国有与私有并存以及3种或3种以上组织所有（见表2-1）。

表2-1　东盟土地所有权形式

土地所有权形式	代表国家
土地国（公/王）有	越南、缅甸、老挝、文莱
国家（政府）所有与私有并存	新加坡、菲律宾、印度尼西亚、马来西亚
3种或3种以上组织所有	泰国、柬埔寨

一、越南

1. 土地所有权

越南宪法规定：土地是全体人民共同拥有的财产；个人不包括（外国人）、家庭和组织可以持有土地并流转使用土地。越南的土地属全民所有，国家作为所有权代表，实际上不占有和使用土地，而是交付土地和出租土地，国家享有土地收益，并服务于国家战略和全社会公共利益。在越南，国会颁布土地法律和决议，并决定国家土地使用规划和计划，对全国土地的管理和使用实行最高控制；各级人民代表大会行使批准本地用地分区和规划的权利，依照《土地法》规定的权限，制定地价单，实施土地复垦和社会经济发展项目，以维护国家和社会的公共利益，以及监督当地土地立法的执行情况；各级政府和人民委员会依照《土地法》规定的权限代表土地所有者行使权利。

国家作为土地所有人拥有以下权利:编制土地利用规划;决定土地使用的目的;设定土地使用面积和土地使用期限;征地;确定土地价格;将土地使用权移交给土地使用者;决定土地财务政策;界定土地使用者的权利和义务等。同时,还必须承担以下责任:颁布有关土地管理和使用的法律文件,并组织实施这些文件;确定行政边界,制定和管理行政边界档案,进行行政区测量;制作地籍图、土地利用图和土地利用规划图,进行土地资源的调查和评估,制定地价;土地利用规划和计划的管理;管理土地分配和租赁,土地复垦,土地使用用途变更;在土地恢复时管理补偿和安置;登记土地,编制和管理地籍档案,发放相关证书;土地统计;建立土地信息系统;土地和地价的财务管理;管理和监督土地使用者的权利和义务的行使;对违反土地立法的行为进行检查、审查、监督和评估;宣传土地立法;解决土地纠纷,处理土地管理和使用方面的投诉和谴责;管理土地上的服务活动。

2. 土地使用权

越南的土地使用权和土地所有权相分离,变成了一种具有相对独立性的权利,《土地法》赋予农民长期稳定使用土地的权利,包括住宅用地、农用地、保护林地、自然生产林地、特殊用途林地、机构办公用地、非营业性组织的非营业性公益事业建设用地、宗教场所用地、灌溉用地、交通用地、历史文化古迹、风景名胜区和其他非经营性公共建设用地和墓地坟场等。农民拥有的农地使用权具有两个特点:一是长期稳定性;二是确定性、排他性和流转性。土地使用者拥有土地交易、互换、合资、继承、抵押、出租、再出租和赠予的权利。在越南,土地使用权是土地所有权在经济方面的表现,或者说是赋予公民有限制的土地所有权。

土地使用者拥有以下权利:有权获得土地使用权证明;享有土地上的劳动成果和投资成果;享有国家对农用地采取保护或改造措施带来的收益;国家指导帮助改造农用地,增加地力;当自己合法的土地使用权受到侵犯时,国家予以保护;对于侵犯自己合法使用权的行为可进行起诉、控告;在土地出让、转让、出租、再出租、赠送、继承、担保、抵押、投资以及国家收回土地时,享有获得补偿的权利;享有土地分配、租用形式上的选择权。公民和家庭的土地使用权是一项重要财产权利,可以和其他财产权利一样进行交换、转让、抵押、租赁和继承等。土地使用权的转移必须在国家主管部门办理相关手续。土地使用权的转让主要通过交换、租赁、买卖或抵押等方式进行,按规定须交纳土地使用权转让税。

3. 农地分配

越南是按户发放农村土地使用权证的。早在 1999 年,94%的农村土地就已经分配给农民,土地部门规定土地使用者工作年龄,并以此为依据详细规定在岗或不在岗农民以及男性、女性、儿童所能得到的土地份额。因此,家庭人口及其人口性别和年龄结构是越南农地分配的重要指标，青壮年男性多的家庭会分得相对更多的农地。不同类型用途农地的分配，也遵循一定原则。

（1）从事农业生产的每户农民种植一年生作物，水产养殖业和盐业的土地的配额分配如下：①东南地区和湄公河三角洲地区的省份和中心城市，每个土地类别不得超过 3 公顷；②其他省份或中心城市每个土地类别不超过 2 公顷。

（2）对每户或者每个人分配多年生的林地的也有配额：低地公民，不得超过 10 公顷；内陆和山区的公社，不得超过 30 公顷。

（3）每户的土地分配的保护林地和/或生产林地不得超过 30 公顷。

（4）如果家庭户和个人分配了不同的土地类别，也有一定的限制。例如：年度水产养殖用地或盐生产用地，总分配限额不得超过 5 公顷；家庭户或个人用地种植多年生树木，三角洲的地区常年种植的土地面积不得超过 5 公顷，中部和山区不超过 25 公顷；增加生产性林地的情况下，生产性林地分配限额不得超过 25 公顷。按照农、林、牧和渔业生产经营规划，可将未利用的空地、裸山、水面用地分配给家庭户和个人使用，但不得超过上述规定的土地出让限额。

4. 土地使用期限

农户和个人的农用地租赁期限不得超过 50 年，土地租赁期满后，国家应当根据实际情况考虑后续的土地租赁。农业生产、林业、水产养殖和盐业生产的用地项目，商业或服务用途的用地项目，家庭和个人的非农业生产基地项目以及越南侨民和外商投资企业在越南开展投资项目等使用土地的期限，应当根据项目或土地出让、租赁申请进行审批，不超过 50 年；投资资本大且资本回收缓慢的项目和在社会经济条件较差的地区或社会经济条件极其困难的地区投资项目，其土地使用期限不得超过 70 年。对于商业房屋出售或用于租赁购买相关的销售项目，土地分配给投资者的期限根据项目的持续时间确定；与土地使用权有关的房屋买家有权获得稳定和长期的土地使用权，一旦到期，如果用户想继续使用，国家应考虑土地使用延期，但不得超过规定的期限。有外交职能的外国机构办公用地的土地租赁期限不得超过 99 年，到期时，外资机构如果需要使用土地的，国家应考虑土地租赁延期，每次延期不超过规定的期限。用于多个用途的地块，按照主要用途的期限确定用地期限。土地分配或者土地租赁期限，自主管国家机关出具土地出让决定书之日起计算。

越南虽然实行土地自由流转，但农地不能轻易改变土地种养殖用途，更不能发展农产品加工业，农地买卖要先申请农转非，经批准成为建设用地后才能出售，因此，土地买卖也并不完全自由。同时，银行的抵押贷款业务主要针对有农转非预期或者收益较高的农地和农业庄园，利息也很高，官方利息每个月不低于 1.7%。可见，越南农地流转市场化制度框架已基本形成，但市场化运作的深度和广度受到产业和经济发展水平的制约。

二、缅甸

1. 土地所有权与土地使用权

《缅甸联邦共和国宪法》规定，国家是“所有土地和全部自然资源的最终所有者”，并“监督国有自然资源的开采和利用”，同时承认私有财产权。在缅甸，土地至少可以分为14类：永久持有地、授予地、农地、牧草地、城镇用地、农村用地、军用地、宗教用地、空地、闲地、荒地、保有林地、保护国有林地和国有林地。

缅甸共有30多部土地管理法律，其中一些法律可以追溯到19世纪的英国殖民时期。至少有20个政府机构参与土地管理，在国家（联盟）和省（州）层面上都有不同结构的复杂体系。农业灌溉部实施国家农业政策，由13个部门组成，其中6个分别负责规划、水资源、灌溉、机械化、安置和土地记录。农业灌溉部最大的部门是缅甸农业服务局（Myanmar Agricultural Services, MAS），负责开荒、研究土地使用，种子繁殖和植物保护有关的农业操作。农业灌溉部下的灌溉部负责灌溉设计、施工、运行和维护等各个方面的工作。其他主要部门是安置和土地记录部门（the Settlement and Land Records Department, SLRD）和几个国家经济企业。SLRD监管土地管理，管理土地税收制度，并在种植期间进行全国农业调查。随着《2012年农业土地法》和《空地闲地和荒地管理法》的颁布，SLRD负责记录和登记农地和空地、闲地和荒地的权属，并向农田管理机构批准使用权的农民颁发土地使用许可证。代替原土地委员会的农田管理机构（the Farmland Management Body, FMB）由农业灌溉部和SLRD的官员组成。在少数民族地区，地方政府和军事指挥官对土地政策有重大影响，例如，克伦民族联盟有自己的土地使用政策和登记程序，虽然这不被国家政府承认。2016年1月，议会批准了新的“国家土地使用政策”（National Land Use Policy, NLUP），新的政策旨在协调现有的法律，指导新的土地法律的制定，该政策保证了小农户和无地人平等的土地权利，并考虑到习惯权属和性别平等。习惯法规定的土地权利在新的“国家土地使用政策”中首次得到正式承认，该政策重复提及习惯法和土地使用权，但没有明确界定条款的含义。NLUP还指出，“合法的土地所有权”由当地社区负责，且应当得到法律的认可、保护和注册。

2. 土地登记

在政治过渡之前，缅甸大部分土地是通过多种习惯或非正式的土地使用权安排来进行的。在乡镇办事处登记了一些契约，但只有不到一半的人拥有契约。记录和地图经常是过时的、不完整和不准确的。《2012年农业土地法》是世世代代种植稻米地区农民的转折点，此法规定农民可以获得土地使用证，可以转让、继承和抵押土地。据相关研究发现,在伊洛瓦底三角洲取样的土地所有者中有71%获得了土地证,而在干旱地区80%的土地所有者获得土地证,但是,其他地区的土地登记的覆盖率较低。缅甸的土地集中度高,20%的农户占有69%的农田,20公顷以上的大户数量在增加。据估计,各个地区的无地农户占20%—60%。土地登记只适用于耕地,林地不符合资格,通过习惯权属权利继续持有,大部分牧草或牧场都没有绘制或登记。在高地地区,由于中央政府和武装民族之间的内部冲突,使得土地分类变得更加复杂,导致许多人多次流离失所,生活在高地的人们因此获得土地的可靠性比三角洲和干旱地区的低。

三、老挝

(一) 土地所有权

老挝实行土地公有制,国家是各类土地的真正所有者。禁止土地所有权交易,地产市场的交易仅为土地使用权交易。老挝《土地法》根据老挝《宪法》的规定将土地归国家所有的权属制度确立为国家唯一的土地制度,即国家作为土地唯一的所有者对其所有的土地依法享有的占有、使用、收益和处分的权利。

国家按照法律和规划统一管理全部土地,保证有目的和有成效地使用土地。老挝《土地法》规定,政府在全国统一范围内集中管理土地,政府授权有关管理部门,如农林部、工业和手工业部、交通运输邮电建设部、新闻文化部、国防部、内政部,并授权财政部为集中管理者。以上管理机关按国家经济社会发展规划,进行土地登记,发放土地证,出租土地并直接管理建筑用地。土地管理局拥有以下权利和义务:研究土地管理政策、法律、法规和草案;监督、分配和制定地方、省级和国家土地使用计划;协调有关部门和地方有关部门规划,使用、保护、开发土地、进行土地分类、土地评估、确定土地面积和监测土地利用情况;划定土地使用权、租赁权、特许权和土地使用权;进行土地普查,评估土壤肥力,登记土地,颁发土地所有权和收集土地统计资料;收取土地费用;解决土地冲突;进行国家土地管理和环境保护;制定管理、组织和出让土地使用权的政策;建立土地信息系统;制定政策和程序,管理检验人员、评估人员、经纪人和代理人等与土地相关的专业人员以及履行政府指定的权利和其他职责。

(二) 土地使用权

由于国家不能亲自行使占有、使用权能,所以老挝《土地法》规定个人、家庭及组织、经济组织、武装部队、国家机关、社会及政治组织都可以成为土地的用益权人。土地使用者可通过转让、转移和继承等方式获得土地使用权。土地使用者有权使用土地,有权获得土地收益和有权转让土地等。土地使用者必须合理使用土地，不应使土壤表面变质，不应造成不利的环境或社会影响，不侵犯他人权益的，实际用途必须符合法律的要求，支付土地费用，履行土地义务和遵守其他土地规则。

（三）不同用地类型的使用权管理

1. 农业土地使用权

农林部是农业用地的管理者。规定各种农业用地，研究制定有关土地使用、保护、开发的管理规定，然后向政府提议，以便审议通过。

政府批准个人和家庭按分配计划和目标，长期有效地使用农业用地，具体内容如下：从事种植和水产养殖的人，每户每一个劳动力最高不得超过 1 公顷；从事果园的人，每户每一个劳动力最高不得超过 2 公顷；利用各种荒地或草地进行种植的人，每户每一个劳动力最高不得超过 15 公顷。在把农业用地面积批给个人使用时，政府将根据生产的实际规模、能力、特点、条件以及当地的农业用地分配计划，分不同情节予以考虑。如果当事人有条件和具有生产的实际能力，一个劳动力可以获得多种农业用地使用权。如果谁需要使用的农业用地，超出本人已获土地类型的使用权，也可以向政府提议租赁。至于批准的农业用地面积，应视该组织的实际能力，组织进行生产。

2. 林业用地使用权

农林部是林业用地管理机构。该机构负责研究制定有关土地的使用、开发、保护管理规定，包括环境保护，然后向政府提议，以便审议通过。

政府允许个人和家庭按目标，长期有效、合理地使用荒山荒岭或退化林地，按照规定，每户每一个劳力不得超过 3 公顷；当需要使用的面积超过此标准的，可向政府部门申请租赁林业用地。至于批准的林业用地面积，应根据生产的实际能力批复使用。林业用地使用权的确定一般由县级政府配合村权力机构以出具使用权证明，把农业部门管辖的林业用地审批授权给个人和组织使用。该土地证明有效期 3 年，如果在上述规定的期限内，土地按计划和规定正确合理使用，无任何争执或该争执已解决，方可有权向省、市或特区土地管理办公室申请长期土地使用权证。

3. 建筑用地使用权

财政部是建筑用地的管理机构。该机构负责研究制定有关土地使用、开发、保护、管理规定，然后向政府提议，以便审议通过。

建筑用地使用不得触犯他人的利益并保障认可的真实状态。各种建筑必须获得城建规划机关的批准并严格按城建规划规则执行，必须获得有关职权机关的批准，完善技术标准包括环保。政府允许个人和家庭按目标，长期稳定且有效正确地使用土地。其数量每户每人不得超过800平方米，如果需要使用的建筑用地面积大于该标准，亦有权向政府租赁。至于批准的建筑用地，则应视其使用的实际情况而定。

4. 工业用地使用权

工业手工业部是工业用地的管理机构。该机构负责研究制定有关工业土地使用、开发、保护、管理规定，然后向政府提议，以便审议通过。

使用工业用地的个人和组织，必须遵守如下条款：获得工业手工业部门的批准；获得城建规划机关的批准；不对他人、公益或环境造成损失；租赁使用后的矿产土地，应修复地面并恢复原状。

5. 交通用地使用权

交通运输邮电建设部是交通用地的管理机构。该机构负责研究制定有关交通用地的使用、开发、保护、管理规定，然后向政府提议，以便审议通过。交通用地的使用必须按有关部门制定的专项规定执行。

6. 文化用地使用权

新闻文化部是全国范围内文化用地的管理机构。该机构负责研究制定有关文化用地的使用、开发、保护、管理规定，然后向政府提议，以便审议通过。

使用该文化用地的个人和组织，必须按有关文化用地使用和保护管理规定执行。

7. 国防、治安用地使用权

国防部和内政部是国防、治安用地的管理机构。该机构负责研究制定有关国防、治安用地的使用、开发、保护、管理规定，然后向政府提议，以便审议通过。

把其他类土地用于国防、治安事务一旦有必要，武装部队可以把任何个人或组织的其他类土地按政府的规定用于国防、治安事务。使用结束后，必须把上述土地物归原主。在使用中，如果给获得该土地开发使用权的人造成损失，应考虑给予适当的损失补偿。

8. 水域用地使用权

农林部是水域用地的管理机构。该机构负责配合水域用地所辖地政府研究制定有关土地使用、开发、保护、管理规定，然后向政府提议，以便审议通过。

水域用地的使用由水域所在地的村权力机关研究，并向县级政府提议，把上述有关土地交给个人或组织保护或适当使用。如果在使用期内，任何个人或组织使用权管辖范围内出现不负责任的情况，需经水资源管理机关和科技环境机关检查，并认定使用行为的正当性，以便作出能否继续使用该水域的决定。

四、文莱

文莱《土地法》规定，土地国有，国王是土地的所有者，所有森林、废地、无人占用或未经耕作的土地（包括抛荒地、闲置地等），应按照《土地法》规定的要求登记为“国有土地”，公民可以购买使用。但是，土地使用需要经过土地规划管理部门的规划，经过规划的土地方可使用。土地规划的有效期满后，使用者是否可以继续使用该土地，须由法院裁定。任何人无权在任何国有土地上占用或建立任何建筑物、清除围墙或耕种和砍伐任何木材。

在 1907 年之前由文莱政府当局签发的任何土地证书，其有效性已经按照规定得到证明，可在相关法律规定下换取新的土地证书，新的土地证书应包含之前土地证书的所有条款除非土地权人同意其变更。任何得到证明的土地占用人，其土地得到有效的耕种，经土地管理处主管人员同意，可就已被占用和耕种的土地取得权利证书。所有土地均应登记在登记册上，而向土地持有人签发的证书应为该登记册的摘录。

任何人如欲转让、抵押、出租或转租土地，须向土地办公室提交相关规定文件，若土地办公室同意该项交易，则须将每项转让、抵押、租赁或转租进行登记，未事先经陛下书面同意的转让、抵押、出租或分租无效，不得登记。

苏丹通过公告将文莱划分为不同的区，且可通过公告，宣布任何地区为乡镇，并对这一地区进行标定或调查。

五、新加坡

1. 土地所有权

新加坡是一个国有土地占主体的国家，实行的是土地国有与私有并行、所有权与使用权分离的混合产权制度。

新加坡大约 90％的土地属于国家所有，约 10％的土地属于私人所有。国有土地的来源有两个：一是从私人业主手中征收；二是填海造地（新加坡历年填海造地面积超过 150 平方千米）。在国家所有的土地中，大约有 67％的土地由土地局代表国家持有，其余 33％的土地根据用途不同分别由陆路交通局、建屋发展局、国家公园局等法定机构代为持有并维护经营。因为绝大部分土地属于国家所有，居民与社会法人大多只拥有土地使用权，所以政府在土地利用、土地规划和土地经营上具有绝对权威。由于新加坡在独立以前是英联邦政府统治下马来西亚共和国的属地，因此，土地的所有制和使用制，基本上是由英国联邦政府规定的。新加坡规定，私人保有的土地可以买卖，但必须报经国家土地管理部门审查，如不涉及有关问题的，可办理登记发证手续。如果出售的土地，被购买者用于建设的，土地管理部门需转请城市建设规划部门审查其是否违反建设规划的具体规定，如有违反的行为，出售活动将会受阻，土地管理部门不予办理登记、发证手续。同时规定国有土地的所有权不准出售，但是土地使用权可以定期出租，租方除按法律规定交付相应的土地租金外，还应根据法律规定向国家按期缴纳比较低的土地使用费额，以此象征地体现国家的土地所有权。

2. 土地使用权

土地使用权主要分为三种类型：一是永久使用权，数量很少，这部分业主大多是当地的土豪和岛上的原住民，这类土地主要位于城市核心地带的周边，以豪华小别墅的形式存在。二是 999 年的土地使用权，此类土地因历史原因形成，数量也极少。在历史上此类土地属于英联邦，土地的名义上的所有者是英国女皇，而目前其产权已给新加坡政府。三是面向社会出让的土地使用权，按照不同用途分为不同使用年期。一般而言，住宅和商业用途为 99 年，工业、教育、宗教和社会福利等用途为 30 年，农业用途为 10—20 年。新加坡土地使用的供给方式通常为招标、竞投、出租和买卖等，公共福利事业和政府机关用地的，采取划拨分配。

3. 土地登记

新加坡主要采用英联邦的托伦斯登记制度，即实行登记生效而非契约生效制度。政府建立中央登记系统，具体职能由土地局承担，登记内容包括权利人、土地面积、地块位置、边界及其相关权益等，其产权效力由政府担保。与此同时，为方便居民与企业，新加坡政府建立了较为健全的产权查询系统，支持以房查人。

4. 有限时空产权

新加坡土地产权制度另一个显著特点是有限时空的土地产权。新加坡对土地的精细化管理，基本上已达到了四维（三维空间＋时间）层面。新加坡将土地权属定义为分层的空间权属，土地的开发明确了地下空间、建筑高度等相关指标，在确立权属时，也相应地明确地下或地上空间的权利界限，时间就是出让的年期。

六、印度尼西亚

1. 土地所有权和土地使用权

在印度尼西亚，一般来说，土地分为两类：国有土地和私有土地。私有土地是指已登记或尚未登记属于私人所有的土地。国有土地是指没有任何附加权的土地。土地占有权的通常形式是：完全保有权、租借占有权和租赁协议确定的占有权。土地的完全保有权可以通过转让、授予国有土地或租借国有土地获得。租借占有权可通过转让或授予国有土地获得。

1960年《土地基本法》确定了印度尼西亚土地权利的两种特定的体系。一种是首要体系，即国家授予他人土地权利，可授予的土地权利主要有4种：所有权、建造权、经济权和使用权。所有权只能由印度尼西亚人获得，土地可以用于所有私人经济目的，并且是无限期的，但国家可以剥夺这项权利。建造权是可以在国家或当地人土地上建造的权利，期限最长为30年，期满后可以再续20年。经济权是开发土地上所有自然资源用于任何合法商业的权利，期限为25年，可延长至35年，到期后可续25年。使用权是当地人和外国人使用土地的权利，居住用途的期限为25年，可续20年。另一种是次要体系，即私人授予他人土地权利，土地私有者可授予的权利主要有两种：建造权和使用权。大多数城镇或郊区市民建造房子出租给他人，富有的市民建造办公楼出租给甚至卖给当地的公司。对于居住在农村的居民来说，这项权利直到农村地区变为郊区时才能用。

2. 土地登记

已在土地管理机关进行了注册登记的土地，由土地管理机关颁发土地权利证书，相应的权利由《农业(土地)基本法》及其后续相关政府法规确定。未在土地管理机关登记的土地以世袭土地为主，世袭土地属于一种特殊类型的土地，一般属于某一家族或部落集体所有。在印度尼西亚大部分省区，尤其是西巴布亚、巴布亚和亚齐等较为偏远的自治省普遍存在。构成世袭土地权利的三个要素是：一个可以清晰界定的家族、一个明确的家族首领以及一块由家族控制的土地。世袭土地不仅是一个家族集体拥有的财产，更是家族存在和繁衍发展的基础，是一个家族的精神家园和情感依托。该注册文件是由土地契约官员注册土地契约时创建的。注册所支付的费用理论上被控制在1%的范围内，事实证据显示，实际费用可能会达到7%，甚至更高。

目前，有两种方式可获得(农业)土地正式登记：①系统的登记，通常不同使用者的大量连片地块可以以补贴价格登记；②零星的登记，单个土地所有人申请登记。国家(农业)土地经营项目(National Agrarian Operation Project, PRONA)主要涵盖零星的登记，土地管理项目(Land Administration Project, LAP)旨在推行系统的登记。在LAP(1994—2001年)的第一阶段，印度尼西亚大约完成了200万块土地的登记，大部分位于西爪哇。虽然系统登记通常被认为是更安全的，但申请程序需要土地所有者的大量文件，因此这个过程往往是耗时的。另一方面，农户使用系统登记的地契进行抵押，获得正式信贷的机会显著增加。虽然零星的登记被设计为土地认证过程中的中间环节，但是许多农户现在认为其是方便的替代品，不需要国家土地局的任何确认。

习惯性的土地权利，不容易被个人化和进行登记。因此，习惯性的土地权利在印度尼西亚的许多地区仍然适用，并可能被排除在土地市场的制度范围之外。此外，州法允许土地所有者通过民事协议转让所有权，即使没有地契。

七、马来西亚

1. 土地所有权与土地使用权

马来西亚现行的土地制度，基本上是由1965年国会通过的《国家土地法典》确定的。法律规定，土地包括地面、地下、地上生长的植物，所有永久性地附在土地上的东西以及水淹盖着的土地。马来西亚规定土地私人所有，土地所有权也是生产方式的所有权，城市土地是居住的场所，农村土地是粮食生产的基础。

根据《国家土地法典》，马来西亚的土地可分为两大类。一是政府土地（包括联邦政府土地和州政府土地），二是私人土地。政府土地，是指那些仍未授予（类似于"批租"）给任何私人的土地；私人土地，是指那些政府根据某种条件授予给了私人的土地。私人要占有或使用政府土地必须向政府申请，批准后，才能占有使用，否则在法律上就被视为是非法的。私人向政府申请土地的程序如下：首先，必须确定要申请的地段，提交申请书；然后，由县长转呈州政府，州政府批准通过后，由县长发放地契。政府授予土地给私人时，发放的地契分为多种。通常有暂时居住的地契、永久性的地契、有限期的地契、小段土地的地契和大段土地的地契等等，其中最主要的是前三种地契。暂时居住的地契，期限一般不超过一年，且必须年年更换，每年期满时，若没有更换，政府有权收回土地。同时，不能继承也不能转让。暂时居住的土地一般附有条件，例如，如果是农业地，则只能种短期农作物，不可种长期性农作物；如果是屋地，只能建造木板屋之类的临时住房，不可建造砖瓦房。永久性地契的土地使用期限一般为999年。有限期地契的期限为30年、45年、60年和99年不等，期满后将土地交还政府，一般情况下政府会重新估价再授予租地者。这种有限期的租地可以转让，但政府另有限制。

在马来西亚，森林地和矿地属政府土地。私人可向政府申请森林地的采伐权，木材采伐权是有限期的，通常是8—10年不等。木材采伐完成后，或采伐权期满后，土地由政府收回。工矿企业主可向政府申请矿地上的采矿权，由政府颁发采矿租约或采矿证明书，期限也是8—10年不等，期满或采矿完成后，需将土地交还政府。马来西亚将土地分为农业地、工业地和屋地等。农业地只允许种植农作物，如橡胶、椰子、油棕和咖啡等。但是《国家土地法典》允许一块农业地上建造一间或多间住屋，以供地主或耕种者居住。屋地是用来建造房屋的，工业地是用来建造工厂的。农业地如果位于发展区域内，可以向政府申请将其转为屋地或工业地。但是，这种申请首先必须得到市容局、水利局、工程局和卫生局等批准，然后由土地局上报到州行政议会批准。批准后还要缴纳地契费及转换条件的费用，才会得到屋地或工业地的地契。根据联邦宪法规定，政府可依法征收或征用私人土地，只需要给予合理的补偿。

2. 土地登记

马来西亚采用的登记制度是托伦斯制度，法律保证在土地登记处标题上显示的是登记的所有人。登记册是确凿的证据，其中登记人，作为土地权益的所有人，是该利益的合法所有者。土地权益只能通过登记创建、变更或更改。马来西亚的托伦斯制度的两个基本原则可概括为镜面原则和幕帘原则。镜面原则确保登记册反映了土地权利人的合法权益。幕帘原则意味着，一旦进行登记，未登记利益者无法影响土地所有者的利益。登记完成后，土地所有者持有土地登记证，土地登记处有相关登记文件，但随着土地登记的电子系统逐步应用与普及，纸质形式正在逐步淘汰。地籍的编制通常是以现场的地块测量为基础，并在土地登记册中记录相应的土地所有权。

八、泰国

1. 土地所有权与土地使用权

泰国土地所有形式一般有三种：皇室所有、国家所有和私人所有(约占全国的40%)。根据泰国《土地法》规定不归任何人所有的土地，视为国家财产。在《土地法》生效之日前依法取得土地所有权的，依照《土地法》规定、依照产权证书取得土地所有权的，或者根据习惯法或其他法律获得土地所有权的均有效。

泰国土地主要包括永久保留土地与批租土地。永久保留土地指的是政府拥有的土地、皇室拥有的土地和私人拥有的土地。财政部负责管理政府所拥有的土地，主要包括政府办公室和国有企业用地部分；农业部负责管理农业用地；教育部负责管理宗教用地；皇室产业局及国王财产办事处负责管理国王土地财产，而国王土地财产亦可通过批租形式批租给任何人。私有土地则只可由泰国公民和企业拥有。批租地属于私人土地，泰国公民和海外人士均可自由承租的土地称为批租土地。批租土地的使用年限通常较长，一般介于30—50年之间，租期届满后还可以进行续租。承租人在签署土地租用协议时一般需要预付部分定金，租金可以按年支付，土地租用的条件由出租方与承租方协商决定，承租人可在出租人同意的情况下再次出租土地。

2. 土地产权管理

总干事有权安排无人占有的国有土地和不属于共用公有土地的使用。这种安排可能包括购买、出售、交换、租赁或租购，安排使用必须遵循相关的程序和规定。但是，出售、交换或租购必须得到部长的授权。在安排使用时，应考虑为子孙后代保留土地，也可按照相关规定，分配给另一个公共机构用于国家或地方发展。总干事处置土地时，有权按照部门规章规定的规则和程序进行出售或租购，并有权收取不超过销售价格的5%的费用。如果总干事在两年内无法处理土地，经部长批准，则有权在10年内分期出售土地，并且总干事可以将土地划分为他认为合适的地块进行处置。总干事使用其权力处置土地时，应与土地权利人就处置土地达成协议，如果无法达成一致，应将该事项提交给委员会决定。总干事决定处置土地时，主管机关应当提前30天以上通知相关土地权利人。上述期限届满后，主管机关应当就价格方面与土地权利人达成协议。如果不能就土地价格达成一致，则根据征收不动产的法律，通过仲裁对不动产进行估价的规定应比照使用。仲裁协议约定或者仲裁确定的地价，应当反映主管部门通知土地使用权人有权使用处置权的当天的市场价格。自主管机关发出通知之日起，总干事有权占有土地，土地权利人包括租客和占用人等在一年内应当离开土地。在主管当局告知土地权利人总干事有权使用处置权的那一天，任何土地的租用均不再有效。总干事在处置任何人的土地时，可通过分期付款的方式支付给有权收取款项的人，款项应在一定期限内完成。如果出售或租用土地，买方或租购方不遵守合同中的条件，总干事有权收回土地。

任何人如果希望将土地的权利交给国家，应根据相关规定向主管当局提出请求。自委员会公告执行之日起，根据土地权利证书或者土地使用权证明书的规定，任何土地权利持有人放弃土地或者离开土地，使土地成为废弃土地的时间超过取得土地权证书后连续10年或取得土地使用权证明书后连续5年，该人被认定有意遗弃土地或者放弃部分特定的土地权利。总干事向法院提交索赔说明，法院命令撤销此类土地上的权利后，此类土地成为国家公有领域。根据采矿和林业法律，无权拥有这些土地或未经主管当局许可禁止：进入、占用或者拥有包括建筑物或者森林在内的土地；以任何方式破坏或造成政府宪报刊登的封闭范围内的土地、石块、沙砾或沙土状况恶化；做任何危害土地资源的事情。

在得到部长许可的情况下，佛教、寺庙、罗马天主教会、基督教会或穆斯林可以获得土地，但土地面积不超过50莱。在适当情况下，部长可以允许获得比上述更多的土地。《土地法》生效后获得比上述规定更多土地的法人，应当在5年内处置。如果土地在这段时间内没有被处置，则总干事有权强制出售土地的规定做出必要的变通处理。

3. 土地登记

任何拥有土地的相关权利人均需进行土地登记，颁发优先权证书，使用证书，土地审查证书或地契，相关规则和程序应遵循相关规章制度。在发放地契或者使用证时，若登记地块毗邻、侵占国家土地或与国家土地重叠，主管人员则需在政府部门检查和核实最早的航空地图或照片，确认无误后进行发放。地契或使用证书中应当有以下信息：姓名、姓氏、地权人的地址、土地位置、土地面积等。地契及使用证明书均须一式两份，其中一份送交土地权利持有人，另一份送交土地办事处。为保存记录，可以通过信息通信技术将土地局的文件复制成图像或其他形式。

泰国有一项为期20年的土地登记项目（Land Titling Program，LTP），已经向全国大部分人口发放了土地所有权证书，从而有助于保证产权安全和发展强劲的土地市场。但是，在城市和城郊地区迅速增长的非正式住宅区（年均增长率达20%），土地登记还需进一步完善，国家林地占有人的权利问题也尚待解决。

九、柬埔寨

1. 土地所有权与土地使用权

柬埔寨王国宪法规定，只有具有柬埔寨国籍的自然人或法人才有资格成为土地所有权人。法律保护合法的个人所有权。任何人所有权的撤销，只有在法律上有规定且事先提供适当及公正赔偿，并为公共利益所必需的情况下才可以进行。据柬埔寨王国《土地法》可知，柬埔寨土地所有权主要可以分为4种，即私人所有、公共所有、国家所有（包括国有公有土地和国有私有土地）和集体所有，只有通过合法的占有才可以获得所有权，获得所有权的方式主要有销售、继承、交换和赠与，一切所有权的转让或变更应按照销售、继承、交换、赠与或法院判决的要求进行。国有土地占柬埔寨土地总面积的75%—80%，国有私有土地可以出售给私营机构，也可以通过租赁和特许转让给他人，国有公有土地应转为国有私有土地，才可以通过租赁或特许出让或转让。所有权主要有3种形式：不可分割的所有权、共同所有权和共有所有权。不可分割的所有权是指几个人拥有一个特定财产的所有权，这些人被称为不可分割的所有者，每个不可分割的业主都有一部分财产，但是这个财产不能分割。共同所有权是属于几个人的不动产所有权，每个人都有一部分私人财产，另一部分是共同财产。共有所有权是适用于分割两个相邻所有权的墙（沟、围墙和堤坝）的一种共同所有权的形式。

自然人和组织有权拥有私人土地所有权，即柬埔寨公民、公共区域的集体、公共机构、协会、社团、公共企业、民商企业和任何法律视为法人的柬埔寨组织都有权拥有土地所有权。土地所有者享有收益权，可以依法进行土地（不动产）租赁（租赁包括不定期租赁与定期租赁，定期租赁包括短期附加续租选择权的租赁和15年以上的长期租赁）、抵押（只有在土地登记机构注册的不动产才可抵押）、质押和典当。当拥有者以外的人享有财产时，其获得的是有限产权。

国家和公共法人的财产主要包括属于任何自然资源的财产，如森林、自然湖泊、航道、堤坝、河流和海岸；任何交通运输使用的财产，如港口、码头、铁路、火车站和机场。任何供公共使用(无论是自然形成的还是建造的)财产,如道路、公园和保护区;任何公共服务的财产,如公共学校、教育学院、行政建筑和所有的公共医院;任何依法成为自然保护的财产;建筑的、文化的历史遗迹;属于皇家但不是其私有财产的不动产。执政的国王管理皇家的不动产。国家公共财产是不可分割的,且这些财产的所有权不受法令的约束。当国家公共财产失去公共利益时,可以依法将国家公共财产转为国家私有财产。属于国家和公共法人实体的私有财产可依据法律规定进行销售、交换、分配或转让。涉及国家和公有法人实体的私有财产的销售和管理的条件和程序,应当由分法决定,国有私有财产中的土地可以作为特许的对象。国家私人领域的空置土地可以按照法令规定的条件分配给需要土地的人用于社会目的。

集体所有权主要包含两部分:寺庙不动产所有权和土著不动产所有权。佛教寺院内的土地和建筑物等不动产属于永久分配给佛教的财产,在佛教委员会的监督下可供教徒使用。寺庙不动产不得出售,交换或捐赠,不受法令约束。但寺庙不动产可以出租或者分摊,条件是这种出租或者分摊只能用于宗教事务。佛教委员会的代表确保此类不动产得到保护,保护寺庙不动产的佛教委员会及其代表由宗教部决定。其他宗教信仰的宗教场所和财产不受上述内容的约束,这些财产应由法律规定的这些宗教人士组织管理。土著是指居住在柬埔寨王国境内的一群拥有着相同的种族、文化和经济的人,他们实行传统的生活方式,按照习惯集体耕种他们拥有的土地。社区法律确定其合法地位之前,目前实际存在的土著集体,依照其传统习俗继续管理社区和不动产,并受《土地法》规定约束。大多数土著团体可将符合土著的种族、文化和社会标准的个人认定为团体成员,个人接受分级,并被土著社区接纳,就有资格享受本法提供的权利,得到法律保障和保护。土著社区内的土地是土著人建立其住所和开展传统农业的土地。土地不仅包括实际耕种的土地,而且还包括为目前从事的农业所要求的,并得到行政当局承认的种植转移所需的预留地。土著社区不动产边界的划定和测量,应当按照社区声称的实际情况,与其邻居协商一致,按照《土地法》的相关程序进行。土著不动产所有权是国家给予土著社区的集体所有权。这种集体所有权享有与私人所有权同等的权利并得到同等的保护。但是,社区没有权利处置任何集体所有权。与社区不动产有关的一切所有权和特定条件下的土地使用权,应当由其传统的权力机关和社区决策机关根据其风俗行使,并遵循与不动产有关的执法法律,如环境保护法。为了促进土著社区成员的文化、经济和社会发展,并为了让这些成员能够自由地离开该组织或从约束中解放出来,个人将拥有社区转移给他们的足够份额的土地。属于私人所有的不动产不属于国家公共财产。社区外的机构不得享有属于土著社区不动产的权利。

2. 土地登记

国家为明晰土地产权，地籍管理部门在土地管理、城市规划和建设部的监督下，有权明确产权，建立地籍指数图，颁发所有权证书，登记土地，并告知所有人土地位置、性质、大小、土地所有者以及有关该地块的任何产权内容。柬埔寨王国政府为了更好地保障柬埔寨居民的土地使用权，建立了两种登记方案：①系统的登记方案；②零星的登记方案。根据土地管理城市规划与建设部的意见，对于农村用地，零星土地登记的正式费用是 12.5 美元，对于金边、西港和暹粒省的城市用地其费用是 87.50 美元，还有调整费和勘测费等。每块地的系统登记费约为 10 美元，这并不包括土地划界的费用。这些费用本身对很多柬埔寨公民来说已经是一个很难承受的负担，而这笔费用还只是一部分。有很多官员常常要求申请者另外支付金钱贿赂他们，申请人的申请才得以批准。这也意味着在现实中，申请人常常要支付超过土地价值 25%的费用。而且，有些地块由于本身过于复杂，身份不明，如常常是邻近国家土地，又没有标明界限，或者是有多个申请人申请对该地的所有权，这样，这些地块就会从系统土地登记方案中被排除。由于缺乏法律的明确定义，最终只能由国家行使自由裁判权。

第三章

土地利用政策

第一节　典型国家的土地利用政策

东盟多数国家的土地利用政策随着经济社会的发展处于不断变革之中。大部分国家土地利用政策体系虽然还不完善，但在规范或推动土地高效利用的实践中还是发挥了重要的作用。本书将选取几个较典型的东盟国家，介绍他们现有的土地利用政策。根据我国学者罗华艳和劳燕玲的研究，可将东盟十国的土地利用效率进行分类：第一类，土地集约利用程度最高，典型的代表国家是新加坡；第二类，越南、印度尼西亚、泰国、文莱等，土地集约程度相对较高；第三类，马来西亚、菲律宾、老挝、缅甸、柬埔寨等，土地集约程度相对较低。本书从各等级中共选取 7 个典型国家，从土地分类、土地利用规划、土地开发、土地用途管制等方面进行详细介绍。

一、新加坡

新加坡国土面积狭小，政府十分重视土地的集约节约利用，通过一系列政策措施保障土地的高效利用，其土地集约节约利用程度在东盟十国中处于第一等级。新加坡的土地利用政策体系较为完整，主要包括：土地利用分类、土地利用规划、土地开发政策、土地集约利用政策、土地保护政策以及土地用途管制等。

（一）土地分类制度

按照土地用途，新加坡土地分为居住用地、商业用地、工业用地、交通用地、空白用地等类型。新加坡遵循“节约优先”的原则，将全岛土地细分为31个小类，包括住宅、商住混合商业、商业园、酒店、白地、医疗卫生、公共机构、社区中心、交通附属设施、宗教和自然保护区等。根据联合早报2010年的统计数据，从大类看，新加坡国防用地约133平方千米（占19%）、住宅用地100平方千米（占14%）、工商业用地97平方千米（占13%）、陆路交通系统83平方千米（占12%）、公园与自然保护区57平方千米（占8%）、社区、机构及休闲设施54平方千米（占8%）、蓄水池37平方千米（占5%）、港口与机场22平方千米（占3%）、公用设施18.5平方千米（占3%）、其他100平方千米（占15%）。

1. 居住用地

新加坡土地资源十分有限，人口密度高居世界前列，但是，新加坡拥有着非常好的居住条件，是较适合人类居住的国家之一。

1964年，新加坡总理李光耀提出“居者有其屋”计划，由政府组织的建屋发展局具体实施，如果需要建组屋，可以在任何地方征用土地，并且远低于市场价格。从1995年开始新加坡政府规定必须按照市场价格征用土地，建屋发展局必须向土地管理局购买土地，但是拿地价格远低于开发商，这样不仅降低了政府建造组屋的成本，而且保证了政府建屋所需的大规模土地，防止土地投机买卖。对于需要拆迁安置的贫民窟和私人地域，土地清理和住房建设工作同时进行，以保障拆迁居民有房可住、变动较少和住上条件更好的房屋。对于危房、高龄房和楼层较低旧房，在拆迁之前先在附近建好新的组屋，居民可以选择搬入新组屋代替原来的房子或者领取政府按照市场价格给予的补偿金。

2. 商业用地

新加坡商业园是新加坡经济发展的重要支撑。商业园内包括三种主要经济活动，即无污染的高新技术工业生产、普通办公（科技研发）和商业销售。在土地利用上，这三种形式的经济活动，可以分配在同一座建筑和同一个地块中，极大地节约了商业用地面积。

3. 工业用地

新加坡工业用地的基本目标是在企业可承受的成本范围内，充分保障工业用地的供应，从而提高企业成本方面的竞争力。其工业用地政策的核心是政府垄断工业用地供应，通过实施一整套“统一开发”加“政府管制”的组合模式，使工业用地配置更加合理。工业用地的供给主要采用租赁的方式，按照企业的条件确定租赁期限，一般为30年，以确保投资者的基本权益和产业升级。工业用地年租制的政策不仅抑制土地投机性需求，促进了土地集约利用，而且可以减轻承租人的负担，降低工业用地土地成本，加强了招商引资的竞争力，防止国有资产流失，使国家的土地资产增值收益逐年增加。

4. 交通用地

新加坡以其健全且高效的道路交通网络、合理的交通管理与协调战略、前瞻性的土地使用与城市扩展政策成功地实现交通用地绿色集约利用。新加坡的交通规划首先由都市重建局对指定规划的区域进行总体设计，然后陆路交通管理局通过数学模型和大型仿真软件对未来交通状况进行模拟、评估和测试，确定交通用地是否合理、交通容量是否可行，并将信息反馈给都市重建局，重新修改和完善总体设计，从而减少路网建设的盲目性和冗余度，提高土地使用率。

5. 白地

白地（White Site）就是在土地规划中没有确定具体用途的土地，其具体用途、容积率、建筑高程等完全交由市场确定，是由新加坡市区重建局（Urban Redevelopment Authority of Singapore，URA）于 1995 年提出并开始试行的新概念，是土地混合利用的一种典型模式。新加坡白地主要是给予用地在功能上更有弹性的发展空间，也给未来不可预测的功能留有发展空间。除污染性用地外，空白用地可容许多种土地类别。它被设于重要节点，在组屋区附近，宁可在限定范围内建设高密度区域，将周边空出作预留地，也不鼓励将整个地块一次性开发完成。白地制度是新加坡土地规划的一大亮点。

（二）土地利用规划

1. 土地利用规划体系

新加坡土地规划主要分为概念规划、总体规划和详细规划，其土地利用规划大致分为 3 个层次。

第一层次是概念总蓝图，对应城市的概念性规划，主要着眼于未来 30—50 年的长远发展，明确土地利用的方向、结构和重点，为城市的中长期发展确立指导原则、政策和总体城市定位，将土地利用规划和交通规划相整合，为制定有效的法定总体规划提供基础。每 10 年根据经济社会发展变化情况修订一次，至今已经颁布实施 1971 年、1991 年、2001 年和 2011 年的 4 个版本。

第二层次是发展总蓝图，对应城市的总体规划，明确全国不同规划区土地的开发密度、容积率和建筑高度等具体指标要求，平均每 5 年根据土地利用状况调整一次，迄今已进行过多次修改。

第三层次是区划具体方案，对应城市的控制性详细规划，明确更为具体的土地开发要求、土地利用标准、建筑形式风格、城市风貌设计等专业技术指标，一般包括微型区划计划、行业土地使用计划、实体开发与建设计划等不同类型方案。政府将全国土地划分为 900 多个小区，并对每一个小区土地使用进行规划，包括公共配套设施、交通网络、产业布局都有明晰的标记和详细的预算，对容积率也有详细的规定。

新加坡土地利用规划的编制需要经市区重建局、土地管理局、陆路交通管理局等多个政府部门的衔接和协商，反复征求企业、社会组织、民众等不同社会群体的意见，综合考虑产业、人口、技术、生态等多方面因素，具有综合性规划的特征，注重土地利用与环境、经济、社会发展的平衡。

2. 土地利用规划的特点

(1) 多规融合。

新加坡不存在专门的、多级的土地利用规划、城市规划，其土地利用规划与城市、交通、住房、环境等相关领域的规划融为一体，具有典型的“多规融合”特点。第一，其土地利用规划综合协调了土地使用与交通规划，最大限度地提高了道路网通行能力，减少路网建设的盲目性和冗余度，建立完整有效的道路交通网络。第二，运用经济手段控制私有机动车数量与其对道路的需求，提供可选择的高质量公交系统。第三，积极推广公共交通，发展以公共交通为导向的交通系统。

此外，新加坡还采用了另外两项特别的土地和人口管理措施来改善交通效率。一是把交通结点建设成综合公交转换站和多功能活动中心。把交通的结点(较大的地铁站)建设成小型的交通枢纽在交通管理中是很自然的土地利用模式。新加坡在所有的22个市镇中心都设置了综合地铁、公共汽车、轻轨、出租车的综合公交转换站。在外围三个较大的区域中心设置大规模的综合转换站。通过这样的人口、交通和综合服务中心的空间布局，大大减缓路面交通的压力。二是在商业中心设置高密度住宅区。新加坡在中央商业区和所有区域商业中心内部和附近设置了大量的住宅区，特别是设置大量的公共住房区。这样的安排可以让大量服务于市区中心的各种从业人员就地居住，对缓解市区中心的交通压力非常有效。

(2) 严格规划和实施。

严格务实地实施规划，其严格性主要体现在：一是规划编制修改的制度化，如上述的概念规划10年自我检讨修改一次，总体规划5年自我检讨修改一次，在规定修编期间概念规划确定的土地功能或总体规划规定的各项用地指标一般不得随意变更和突破；二是申请变更规划功能和指标程序严格，尤其是对概念规划确定的土地功能更改，更改申请要获国家议会批准。其务实性主要体现在对土地总体规划的实施中，土地使用者如对具体地段或地块有好的开发方案或建议，属于微调范畴的，只需得到市区重建局批准即可。

(3) 新加坡土地规划的一大亮点是空白用地。

“白地”概念的提出和实施，目的是增加土地利用的兼容性和规划变更的灵活性，促进产业结构转型升级，并为将来提供更多灵活的建设发展空间。这是新加坡土地利用规划的一大特色。

一是土地预留。在区位条件优越、周边环境成熟、发展潜力巨大的区域内，因短期无法明确最优用途而划定的功能留白地块，待条件成熟后向高附加值用途转换。

二是混合利用。土地用途分类规定了“白地”的主导用途、附属用途、允许混合的各类功能及其占总建筑面积的比例，体现“工作、生活、娱乐”一体的空间开发理念。

三是用途转换。政府通过招标技术文件，将地段位置、用地面积、混合用途建议清单、许可的最大总建筑面积和总容积率上限、建筑高度上限、租赁期限共六项重要指标固化。开发商在“白地”租赁使用期间，可以在招标合同规定范围内，视市场环境需要自由变更使用性质和功能比例，且不必缴纳土地溢价。这一特色管理模式，一是实现了规划刚性控制和弹性调整并举，发挥了规划的引导、调控、规范和拉动作用；二是发挥了市场调节资源配置的决定性作用，保障土地使用功能最优化；三是加大了土地综合利用，促进节约集约用地。

总的来说，新加坡虽然国土面积不大，但是其土地利用规划做得很好，很值得借鉴。其主要的成功经验是在土地规划编制上，综合考虑交通、环保等因素，做到土地节约集约利用，土地利用综合效益最大化。

（三）土地开发政策

新加坡注重土地立体开发利用，基本思路是把物流、制造等不同的但却有一定关联的工业集中在一处，进行立体式开发，既提高土地利用效率，又降低物流成本，缩短运输货物的时间。具体做法是，在工业区采用类似乐高积木的 Plug-and-Play 建筑设计，把厂房、货仓、工人宿舍、物流支援等设施综合在一起，打造“一站式”工业大厦。把仓库和物流建在大厦中央，然后在这个“骨干”上增建停车场、工人宿舍等设施，之后再兴建标准厂房。此外，充分挖掘地下空间，争取土地空间利用最大化。新加坡政府规定地下 30 米以上空间属于土地产权人，30 米以下属于国家所有，政府的土地总体规划对各个地段或地块的土地租售的“容积率”指标中，都已包含对地下空间的开发使用。

为了创造更多的土地和发展空间，从 20 世纪 70 年代末到 80 年代初开始，新加坡一方面通过填海造地，规划成东部和西部不同的工业园区。另一方面还通过建设堆叠式厂房向空中拓展，建设地下储油库，创造更多的空间。虽然它们的造价比较高，但是相对于土地价格还是值得的。此外，现代建筑强调多功能，垂直整合，裕廊开发的纬壹科技城就是一个典型的例子。

（四）土地节约集约利用

新加坡经济发达、人口密度很高，但有限的土地并没有制约新加坡经济社会发展。为促进土地集约化利用，新加坡在城市总体发展布局方面，采取多中心组团式开发模式，避免了人口和城市建筑过度集中于主城区，有效地防止了“大城市病”的产生；在居住和产业空间布局方面，采取高层高密度的组屋开发模式和集约式的产业园区建设模式，既节约了土地资源，又实现了可持续发展；此外，新加坡创新土地利用方式，比如兴建供密集区储存饮用水的地下储水池；将食品制造、电子、印刷业等轻工业区设置在靠近生活区以方便市民的日常生活；将金属装配、航空与工程支援、机械等普通工业园区设在郊区地带，把造船、石油化工等重工业园区则设在远离生活区的外岛，以减少这些工业所需的缓冲土地面积，充分合理利用每一寸土地。

新加坡严重短缺的国土资源决定了其必须充分利用土地，提高土地利用率。然而，土地利用涉及居住、农业、工业、商业、基础设施、特殊用地等多方面内容，并与道路交通和城市规划紧密相关。只有协调好了这些方面的关系，合理并高效利用土地才能成为可能。

（五）城市土地管理

新加坡专门委托私人产业公司负责日常的管理工作，每一块地段也要在呈报土地管理局审批后才能发出地契给地主使用。此外，该局按照发展概念蓝图，拨出土地供住宅、教育、商业、社会和其他用途。总之，土地管理局以土地利用的公开、公正、高透明度和依法办事为准则，并独立于各个业务部门，避免从属于某个部门而产生的容易弄权行事的弊端，同时也适应土地管理涉及面广、政策性、科技性和综合性都较强的特点。另外，新加坡将土地利用和环境保护结合起来，在废物的处理和回收等方面采取更加有效的措施，比如，废物处理可以遵循临近性原则，即就近处理和回收生产，以减小垃圾对交通造成的压力和对环境的破坏。在绿化建设方面，新加坡把建设“花园城市”作为基本国策，循序推进、科学实施、依法管理，系统地建设了优化的城市生态环境。

（六）土地用途管制

新加坡通过经济手段对土地用途进行管制，土地用途转换的管制是通过收取发展税的方式实现的，土地用途发生变化时，政府对增值收益征收高额发展税，当税收的比例达到土地增值收益的70%以上，降低了土地增值的预期，也大大降低了投机者囤地炒地的动机。但是，新加坡在特定区域允许土地的混合利用或一定比例的用途变更弹性，如新加坡为促进产业转型升级，允许在“白色地带”和“商务地带”内，随时变更土地用途，以更好地适应市场需要。“白色地带”计划规定，在政府划定的特定地块，允许包括商业、居住、旅馆业或其他无污染用途的项目在该地带内混合发展，发展商也可以改变混合的比例以适应市场的需要，在项目周期内改变用途时，不必交纳额外费用。

二、印度尼西亚

印度尼西亚土地集约节约利用程度处于较高的第二等级，集约利用程度较高，是除了新加坡之外土地集约利用程度最高的，但是，其土地内涵挖潜程度还有待提高。印度尼西亚由于国土面积广阔，政策推行速度慢，目前各项土地利用政策正在努力完善当中，主要包括城市空间计划、土地开发政策、农地保护政策、土地储备政策以及土地用途管制制度。

1. 城市空间计划

印度尼西亚政府制定了国家空间计划（NSP）。印度尼西亚的空间规划的分析方法比较个性化，它是将空间使用适宜性分析与土地利用计划匹配、结合起来，用以分析土地利用的适宜性。空间分析是通过叠加现有的土地利用空间格局和规划图来完成的，根据叠加土地利用空间图和规划图，找到二者的差异，再针对差异来绘制空间格局图，进一步核查每个不同的用法，并用一般的术语将其映射到空间计划模式图上进行分区，再审查这样使用土地是否符合分区的各项规定，进而获得空间利用适宜性分析的结果布局。也就是说，通过查看规则来使用“if”逻辑函数公式分区，这样在分析空间利用适宜性的同时完成空间计划。①

印度尼西亚的城市空间计划的问题在于其详尽程度和复杂性。城市空间计划的目的和设计要求非常详细地控制城市发展。这显然不能由地方政府充分执行，因为实施计划的资源有限，并且各种阻碍和限制非常多。这是发展中国家城市发展规划的一个共同问题。城市空间规划一般应该提供并专注于指导城市发展的长期战略性要素的安排，而不是提供城市的物理设计图。

印度尼西亚的城市土地利用规划基本上是自上而下的，忽视了将公众作为利益相关者。城市空间规划应该向公众开放，以激励他们积极参与城市土地开发管理。在印度尼西亚许多城市其城市计划没有对公众及时开放，有的甚至存在隐瞒的现象。城市空间计划的隐瞒已经导致某些群体的土地投机特权进入城市规划体系。与大多数发展中国家一样，印度尼西亚城市土地开发和管理的问题之一，是缺乏关于土地事务的规划、决策以及公共服务的充分数据和信息。另外，由于印度尼西亚地方政府新立法规定，地方政府对自身发展具有较大的自主权，地方政府应在其管辖的城市土地开发中发挥非常重要的作用，而中央政府应该减少干

① 资料来源：印度尼西亚空间审计指南，国家土地局，2017年17号文件。

预，只关注城市发展的宏观政策框架。然而，为了有效实现地方政府对当地土地和空间的管理，地方政府，特别是市和区规划委员会，还需要不断改进其规划和管理城市的手段和方法。

2. 土地开发政策

印度尼西亚的土地开发政策较为核心的内容是土地开发许可证制度。过去，印度尼西亚的土地开发许可证制度是一个自上而下的进程，其中被管理的主体几乎全部是被批准的开发商。该制度授予开发商以低价从土地所有者那里购买土地的垄断权。这个制度忽视了土地所有者的权利。简而言之，这个土地开发许可证的审批流程不仅导致少数开发商手中"拥有"城市土地开发特权，并容忍其低效率使用城市土地，更可怕的是这种做法还会引发土地的投机交易。现行的土地流转机制给了发展商过大的权力，而土地所有者无权选择土地购买方。即使有一定的价格谈判机制，大多数情况下，土地所有者仍处于弱势地位。

由于种种弊端，从 1999 年开始，印度尼西亚政府改革了土地开发许可证制度。新的规定只允许开发商在一个省份获得不超过 400 公顷土地的工业用地和住房项目的土地，在全国范围内可以获得的土地数量最多不超过 4000 公顷；如果征地达到计划数量的一半以上，许可证可续签一年。土地开发许可证制度为印度尼西亚的城市发展和建设作出了积极贡献，是一种有效的城市开发的控制手段，但许可证的颁发必须是符合城市发展进程的。当前许可证的颁发的主要依据是城市土地使用计划(RUTR)。城市的建设和发展离不开大量私人开发商的有序竞争，应予以鼓励。但是，政府必须为市场化的运作提供法律保障。同样，金融机构的参与也十分重要，为这些业务提供必要的贷款，特别是对于中小型开发商。同时，主要的建筑行业以及建筑部件的供应商也是重要的参与主体。因此，印度尼西亚的城市土地开发和城市建设主要依靠的是私人部门力量，私人部门发挥了主导作用，未来进一步规范私人部门的行为，完善市场环境是实现城市良性开发建设的关键。

3. 农地保护政策

印度尼西亚一直以来坚决保护农田，鼓励开垦新土地。印度尼西亚政府在保护、增加农业用地这一根本问题上，多年来锲而不舍，十分重视如下两件事：第一，整治乱征农田现象；第二，坚持向外岛移民。印度尼西亚政府本着能不征用的坚决不征、能用荒地的不用农田、能缩小合并征地规模的就不多批等原则，严格农田征用的审批程序，坚决杜绝那些假借经济建设却搞房地产开发的项目。同时，对征用农田的建设项目，实行严格的审核和监管制度。中央政府还要求各地在征用农田的同时，保证开垦同样面积的荒地作为替代，并防止新建项目对周围村庄及农田造成生态环境的破坏。为了促进农业可持续发展，保证粮食生产，印度尼西亚政府制定了相关条款进一步保护粮食农业土地，确保土壤和水的质量，促进农业和粮食土地的可持续发展，其可持续性包括强化和扩展土地。同时，印度尼西亚的城市空间计划确定了粮食农区，发展可持续农业和可持续畜牧业，进行可持续粮食作物储备。

4. 土地储备制度

印度尼西亚政府自20世纪80年代后期以来，计划建立土地储备制度，但迄今为止，取得的进展甚微。考虑到大城市边缘的“闲置土地”规模庞大，印度尼西亚政府认为这是建立公共土地储备制度的适当时机，有必要建立一个土地流转机制，可以从业主那里获得土地所有权。政府采用土地整理的方法，运用这种方法将一些零碎的地块合并为一个整地块、街道和空地的布局，出售一些地块用于回收成本，并将其他地块分配给原来的地主。项目的成本与收益可在土地所有者之间分享。这些办法已经在几个东亚国家和地区成功实施，其中，中国的台湾地区、韩国等都取得了显著效果，印度尼西亚也逐步开始推广。

土地储备有时也可称为土地银行。由印度尼西亚私人实体和国有企业广泛参与，还有代表国家的法人实体或土地银行本身进行土地储备。如果在三年之内没有有效利用土地，则闲置的地块被宣布为“放弃”地块。在印度尼西亚，被疑似为放弃的土地首先会给予警告，警告期一次三个月，如果超过警告期限，还没有按照许可证的配置使用或开发，则该地块被宣布为废弃土地，并由国家控制。

在实践中，土地银行应作为预防地价炒作的主要手段，规定银行不得从该土地的销售价格差额中获利，因此，从逻辑上讲，在技术管理中有两种选择。

(1) 土地银行不得利用价格差异牟取利益。从某种意义上讲，土地银行出售该地块，应该按照购买时的价格进行交易。在这个过程中产生的所有成本，可由印度尼西亚土地银行的运营机构通过APBN(国家收支预算)提供资金进行回收。

(2) 土地储备确定一定的价格差异。在这个过程中，出于土地银行组织的运作需要，利润是有限的，最多5%，利润必须充分用于融资。此外，还可以为了公共利益的发展提供储备的土地。

但是，随着发展需求的不断增长，在土地储备的过程中出现很多问题，同时有限的土地供应导致了更多的困难和障碍，尤其是为了落实公共利益所需土地的时候，印度尼西亚政府往往会遇到十分棘手的事情，特别是收购土地和融资的成本越来越高，有时甚至非常昂贵，这些在长期征地的过程中经常发生。正如1945年宪法所述，这与私人土地供应的做法是相互矛盾的，所以潜在的福利得不到物化，同一块土地上的各方之间发生利益冲突，难以优化土地利用。随着商业实体对土地的控制，土地储备实际上成为一种炒作，从某种程度上说，大规模的土地储备不是企图促进经济发展，有时往往被投机对象利用。因而，在建立土地储备的框架内,有必要起草“土地银行法”作为土地储备的合法保护。[①]

5. 土地用途管制

印度尼西亚土地转换发生的范围非常大,农地转为城市土地面积大部分不受控制,这使开发商成为寻租者和土地资本获得者的投机者,导致土地价格上涨。换句话说,土地被视为可交易商品。许多长期被征用的土地面积尚未开发,因此,存在相当大的一部分被忽视的土地。土地转换发生的范围非常大,涉及数千公顷的灌溉的主要农业用地。更糟糕的是,这种用途转用不仅发生在城市边缘的主要农业用地,而且也发生在雅加达北部的万隆等保护区的土地上,这可能会对环境也造成不利影响。与此同时,农地非农化还会威胁粮食安全,因此,农地转换的控制在印度尼西亚显得非常的迫切。

三、越南

越南的土地集约利用在东盟十国中处于第二级别。作为农业大国,越南的经济虽然在东盟不占优势,但是在农业方面投入很多,产出较高,集约利用水平在东盟各国中处于较高水平。越南的土地利用政策体系跟我国较为贴近,也相对完整,主要包括土地利用分类、土地利用规划、土地规模化经营、农地保护政策以及土地用途管制。

(一)土地利用分类

越南政府制定并签署了关于管理和使用都市土地的规定,把都市土地分为公共目的用地、国防安全用地、居住用地、专用土地、农业土地、林业土地和未使用土地等。

1. 使用都市土地有下列规定

(1)国家在都市规划的基础上,审查并将土地交给各组织、家庭用户及个人供其长期而稳定地使用,并通过地方政府了解土地的使用情况。

(2)获得土地应办理地籍登记手续,遵守法律规定并履行应尽义务,如土地是供营业使用,则按其营业性质以及相关财税条例予以规范。

(3)至于在都市使用农、林用地的组织、个人,还须遵守关于保护都市环境卫生和维护市容美观等的各项规定。根据规定,有关转让都市土地使用权手续可在省辖市、省会、郡、县人委会办理;至于转让多人拥有的都市土地使用权,须征得全体土地所有人的书面同意才能办理;对于违反有关规定者,将施以技术、行政处分或追究刑事责任。

---

① 资料来源:印度尼西亚土地管理政策白皮书,2013年。

2. 更新土地分类系统

按照新的土地分类方法，根据土地使用目的可以分为农业用地、非农业用地和未利用土地。因此，分类强调使用土地的目的，监督使用者按照规划符合目的开发土地，每一大类可以根据各种使用目的重新划分成不同的许多类型，从而使土地的分类更加科学，更加有利于最大限度地发挥土地这一国家重要资源的价值。

3. 各类土地使用规则

(1) 土地使用期限。它分为长期稳定使用和有期限使用的土地。其中，有期限使用的土地有5年、20年、50年、70年、90年期限不等。

(2) 农业用地。对于使用农业用地情况，越南土地法进行了严格限制，不但在数额上采用限额分配制度，而且在使用原则上对不同种类的农业用地加以区别。

(3) 非农业用地。根据越南土地法的规定，非农业用地的使用须遵循以下规则。

① 土地的利用应与公共设施、事业工程规划相符，保证便利人民的生产、生活，并有利于环境、社会的进一步发展。

② 由省、直辖市人民委员会负责分配管理。

③ 土地使用者应当按照已确定的用途使用土地，严禁作其他用途。视不同情况，有些还可发给土地使用权证明且拥有相应的权利和义务。

④ 对于定居在国外的越南人、外国组织、个人使用土地的，大多需要支付租金。

(4) 未利用土地。未利用土地由乡、镇、省、直辖市人民委员会负责管理，并根据审批的土地利用规划、计划予以利用。因此，使用土地人享有通过自己的土地使用权进行抵押、担保、投资的权利。

(二) 土地利用规划

1. 土地利用规划基本情况

越南土地利用规划顾名思义是国家组织和管理土地的政策系统。该政策系统是在按全国各地和各级行政单位进行划分土地的基础上，为有效使用土地资源和其他自然资源，保护环境，持续发展等目标而成立的。土地利用规划经过主管机构的批准后将成为国家管理土地的工具。各级部门将通过该工具按每一阶段的要求进行调整及管理土地使用和开发，处理不足之处和违反土地利用管理法。

越南土地利用规划的建设在土地法及有关法律文件明显规定。土地利用规划的任务就是划分土地以满足经济、社会发展及环保的要求；同时确保合理、节省、有效地使用土地。越南土地管理的法律法规指出,每个土地规划方案都要考虑到与经济、社会及环境相关的关系,同时也要支持各级基层的直接承受影响的对象对每个规划方案积极提出意见。越南的土地利用规划分为 4 个层次:全国(区域领土)、省(直辖市)、县(市、地区)、乡(乡镇)。按照行政单位,土地利用规划系统可分为以下几级。

(1) 国家级的土地利用总体规划、计划。

(2) 省级的土地利用总体规划、计划。

(3) 县级的土地利用总体规划、计划,在省级土地利用规划的基础上解决用地关系的矛盾。

(4) 乡级的土地利用总体规划、计划要与乡级经济社会发展目标紧密地相结合(土地利用详细规划)。

各级土地利用规划的任务不一。国家级负责协调各部门、省、中央直辖市的用地关系;省级(中央直辖行政单位)将国家土地利用规划与省级经济社会发展需求相结合制定省级土地利用规划;县级是在省级土地利用规划的基础上解决用地关系的矛盾;乡级是具体解决,与乡级经济社会发展目标紧密地相结合(土地利用详细规划)。

2. 土地利用规划特性

(1) 土地利用规划的历史性和社会性:促进生产力量及社会关系,所以土地利用规划作为生产方式的一部分。

(2) 综合性:综合全部土地利用的需求,协调各行业领域的矛盾。

(3) 长期性:根据有关经济社会发展的长期预测,从而布局符合于经济社会发展阶段的土地利用。

(4) 可变性:一旦经济社会、科学技术等因素变化时,土地利用规划需要重新调整。

3. 土地利用规划的影响

(1) 积极方面。

越南土地利用规划、计划工作早已得到政府的关注,现在已形成一个完整、配套的土地利用规划文档系统,及时满足了落实土地法的要求。土地利用规划的规则系统为土地收回、土地分配、土地出租和土地使用目的转换等土地管理工作打下了基础。

(2) 消极方面。

在市场经济体制、经济融入的条件下,土地利用规划、计划的规定非常复杂,尚未满足管理工作的要求,关于土地利用规划的指导及规定也还很少。具体表现:缺乏土地利用规划、土地利用规范的标准过程;进行土地利用规划所需要的费用;审查及公开指导的标志;从事土地利用规划工作的条件及手续;规划依据缺乏科学实践基础;建设人和审批人的水平有限;建设规划的方法革新缓慢;建设规划只依据上级制定的计划目标,还存在着强迫性。土地利用规划还缺乏各部门及土地使用对象的配合,因此尚未满足各地政府的发展要求。

（三）土地规模化经营

从20世纪90年代中后期开始,越南政府采取了一系列措施积极推动庄园经济[①]的发展。2000年2月,越南政府专门颁布了关于庄园经济的决议,对庄园经济的性质和地位,土地、投资与信用、财政、农业商品销售等问题从政策上作出了明确规定。越南政府还给予了庄园合法的法律地位。根据越南的法律,庄园具有法人资格,它们可以从国家获得一定的土地、森林或海面的使用权,以此为基础进行各种农业生产活动,庄园实质上是“较大的以户为单位的商品生产单位”。在越南政府的鼓励和支持下,庄园经济获得了快速发展,并衍生出多种类型,如农户家庭庄园、国家办庄园、股份制庄园、合作制庄园、私人庄园等。从经营模式上看,既有同时从事农林、牧、渔等生产和经营活动的综合性庄园,也有仅从事某一领域生产和经营活动的单一性庄园。实践充分表明,越南的庄园经济对于调动广大农民的生产积极性发挥了较大作用,对于越南农业发展产生了积极的促进作用。

庄园经济土地的来源,除了庄园主自身拥有的承包地和购买其他农户土地使用权外,还有庄园主承包和租用国家和集体的农场和林场的土地、雇人开垦的荒地、荒山、沿海滩地和农村没有利用的水面等。如越南东南部有53%的庄园土地是来自开垦的荒地,胡志明市郊区大部分庄园的土地是承包国家农场和林场的土地。另外,庄园由有资金、技术或管理能力的人开发经营,土地集中到他们手里,不仅能发挥更大的经济效益,而且那些不善于种地的农民把土地使用权出卖后,既可以从事非农产业,如服务业、乡镇企业、进城打工等,也可以受雇于庄园,能更好地解决生活出路。

庄园经济的主要特点是突破了小农经济的框架,集约化、专业化和市场化程度较高,主要经营农业、畜牧业、林业和水产养殖行业等。庄园经济不仅大量吸收了农村剩余劳动力,每年创造产值上亿美元,而且庄园经济的发展壮大为农业实现工业化和社会化大生产提供了前提条件,对于越南农业向现代化过渡具有重要意义。首先,庄园经济实行土地连片经营,集中开发,产品直接面对市场,突破了

① 庄园经济是越南农民的创造,也是越南农村发展和改革进程中的一大特色。在越南革新开放初期,越南部分农民在增产、增收方面面临着诸多制约,无法满足他们生产和生活的需求。在这种情况下,越南部分地区的农民开始突破自给自足的小农经济框架,摸索出一种新的农业生产和经营的组织形式,即庄园经济。

小农经济的框架，集约化、专业化、市场化程度较高，克服了家庭承包经营带来的土地经营过于分散的局限，符合农业发展趋势。其次，庄园经济不仅自身实现了规模化、集约化经营，而且还带动了一些农户专业生产，从而产生了专业种植带，如橡胶带、咖啡带、胡椒带、椰子带等。这些专业种植带又与农产品加工业、销售网络相互联系，又产生了大量类似于中国“公司 + 农户”和“合同农户”的经营组织。但是，越南有一些人对庄园经济的发展尚有种种疑虑，所以一些庄园主不敢大量投资；另一方面，一些庄园的土地经营规模超出了越南土地法规定的“限田”标准，引起了一些不良影响。

（四）农地保护政策

在农地保护方面，越南通过制定和完善法律法规来进一步保护农业用地。越南土地法明确提出了土地用途转换的有关规定，严格保护农用地，控制农用地转为建设用地，保护稻田用地和特种林木用地。另外，越南采取了特殊的稻田保护政策越南土地法专门对水稻田的使用与管理进行了规定。越南政府在红河平原、湄公河平原等主要的平原地区划定了约 400 万公顷水稻田保护区（约占土地总面积的 12%），水稻田保护率约 55%，禁止将保护区内的稻田转为其他类型的农业用地和非农用地。

（五）土地用途管制

越南实行国家土地用途管制，越南以土地利用规划为依据，禁止随意违反规定用途使用土地的行为。越南的土地规划一般为长期规划，规划期通常为 10 年。另据越南土地法规定，投资者不按要求用地、毁坏土地等行为将受到严厉处罚。同时，也规定各个省可以根据当地的实际情况，对土地的使用目的进行调整，土地利用规划实施的弹性较大，可以适应经济社会发展的要求。

越南由于实行土地自由流转，没有类似中国大陆地区的耕地红线的规定，但农用地不能轻易改变土地用途，更不能发展农产品加工业，农用地买卖要先申请“农转非”，经批准成为建设用地后才能出售，因此土地买卖也并不完全“自由”。同时，银行的抵押贷款业务主要针对有“农转非”预期或者收益较高的农用地和农业庄园，利息也很高，官方利息每个月不低于 1.7%。变更土地用途，需经有关的法定手续方为有效，凡属于下列变更土地用途情况的，必须经过相关的国家机关批准：

(1) 将水稻种植专用地转换成多年生作物种植地、林地、水产养殖地；

(2) 将特用林地、防护林地转向其他用途；

(3) 将农用地转换成非农用地；

(4) 将国家分配的不收取土地使用费的非农用地转换成国家分配的收取土

地使用费或租金的非农用地；

(5) 将不是宅基地的非农用地转换成宅基地。

对于变更土地用途不属前面 5 种情形的，土地使用者不用向相关权利的国家机关申请许可，但应在登记土地使用权的办公室或者土地所在地的乡人民委员会进行登记。在变更用途之后，按照土地类型缴纳租金。

四、泰国

泰国的土地集约节约利用程度处于较高的第二等级，集约利用程度较高，土地开发利用十分注重效益和效率，土地管理严格，尤其是对城市的工业用地，政府从规划到管理制定了一系列严格的管理条例。泰国的土地利用政策主要包括土地利用规划、土地开发政策、土地规模化利用政策、土地整理等。

（一）土地利用规划

在泰国，土地利用规划、政策制定及相关决策在某种程度上仍然显现出分层，或不连贯的特征，利用公共土地也是如此，包括北部高地的森林保护区。在土地政策方面，泰国土地利用、规划和开发有关的法案主要是 1983 年的《土地开发法案》和 2001 年的《土地法典》，此外，在《渔业法案》中有少量涉及为水产养殖而利用土地和水域的政策。其土地利用规划和土地管理的目标是为了减少土地资源的损失，充分利用土地，避免浪费和污染，持续使用土地资源，促进可持续发展。

泰国的土地利用规划在城市的工业用地表现得尤为明显。泰国早在 1972 年就已成立了泰国工业开发区管理局(IEAT)，对各开发区统一规划、指导、管理和协调，IEAT 负责管理泰国所有的工业开发区。泰国政府给予的土地多为荒山、海滩，泰国土地开发十分讲究效益与效率。IEAT 采取全国统一立法、统一规划、统一管理的办法，颁布的《泰国工业开发区管理条例》，对开发区的规划、组织机构、运转操作、奖励处罚都作了严格且详细的规定，开发规划一经批准，就有法律效力，不管哪届政府，均要严格执行。IEAT 统一负责所有的工业开发区的开发管理，在各开发区均有 IEAT 的派出机构。各工业开发区不另设分支管理机构，而是通过各工业开发区开发公司进行统一开发和经营管理。开发公司负责开发工业用地和建设公共配套设施，为投资者创造良好的环境。

（二）土地开发政策

1. 土地开发组织结构

在组织结构层面，泰国土地发展委员会(以下简称委员会)由农业和合作社部长担任主席。土地发展委员会的权力与职责主要有：

(1) 考虑土地分类、土地利用规划，确定土地开发和利用的领域，提交部长理事会批准，由各机构执行；

(2) 规定水土保持措施，并通知农民；

(3) 批准为土地开发为提供直接技术援助。对农民在土地、土地改良措施和委员会规定的水土保持措施中提出示范和建议，通过推广方法给予农民技术支持；

(4) 开展其他工作，法律规定给委员会的职责或部长理事会的委托。

在履行本节规定的职责时，委员会可指派土地开发署进行或筹备，并向委员会提交建议供审议。

开发部应负责对土壤进行分析，以确定土地利用的肥力和适宜性，申请对土壤、土地改良和水土保持的分析时，申请人应当按照部长级条例的规定支付费用。例如，一个农民要在土地开发部门进行土壤样品分析，费用将由土地开发部门通知。土地开发部门在合理时间内对土壤样品进行分析，分析结果包括土壤或土地改良对农业的影响。土地开发部门若要对土壤样品进行分析，应当向其所在地的地方土地开发机构提出申请，如果没有这样的机构，申请将提交给上级地区。

为了调查土地的肥力和土地利用的适宜性，委员会可以组织进行土地调查。在任何情况下，在任何地区进行调查时，应在政府报纸上刊登一则明确土地调查范围的公告，并附有一张显示该地区测量结果的地图。主管官员有权在白天进入该地区进行调查，对适宜的和非必要的土地或水域的作调查标记。任何人造成损害、破坏、改变主管官员所作的调查标记，司法机关可以依法进行处罚。

2. 高地开发

泰国境内大部分为低缓的高原和山地，高地开发是泰国土地开发的一个重要组成部分。在泰国，高地是指一年中大部分时候处于水分不饱和状况的土地(排水中度至过度的土地)，主河道支流与山脉基部之间侵蚀地上的梯地，以及海拔500米以下、坡度在3%—35%之间的土地。山地是指海拔500米以上的土地。

泰国的第6个五年计划十分强调通过农业生产的多样化降低农民的风险，提出了以下对策：

(1) 通过多学科合作研究寻求持续性好、成本低的保护性技术，特别是利用当地自然资源作为生产投入的技术；

(2) 通过适宜的种植制度提高土地利用强度；

(3) 开发综合农作物系统以充分利用农场资源，生产营养平衡的食物和提高农民收入；

(4) 鼓励农民多种果树、树木及速生薪炭林以恢复退化的自然环境；

(5) 通过研究、推广和开发部门的合作以及在农户中进行试验示范和信息反馈提高实用技术的针对性和促进农民积极参与高地开发和技术推广；

(6) 鼓励私人投资，建立小规模农村工业以均匀使用劳力、提高农民收入。

泰国的土地开发在恢复和改善土壤上做了很多努力，通过各种农业投入来解决农业中的土壤问题。同时，通过土地利用分类调查、土地利用规划、土地资源管理与土地利用，考虑物理、经济和社会因素来提高土壤生产力。此外，公民参与意识很强，土壤医生、农民、当地社区、政府、教育机构和私营部门和利益相关者均参与土地开发，形成了优良的土地开发组织网络，他们传播有关土地开发的学术知识，成为驱动土地发展的中坚力量。

（三）土地规模化利用

自然资源的差异对土地制度、农业经营规模和经营组织形式的形成有很大的影响。泰国气候条件较之海岛地区更适合人类居住，因此人口稠密，人多地少的国情形成了小规模经营的家庭生产组织形式，即以家庭经营为主的家庭农场制度。

泰国70%的农民参加了农业、土地、渔业等专业合作社。合作社是由农民自愿组织的，实行民主管理，政府对合作社进行指导、监督和扶持。合作社提高了农民的政治和经济地位，弱化了市场风险，为农民进行商品生产提供了有效的组织载体。泰国有大量具有相当规模的家庭农场。家庭农场覆盖面广、商品量大，在农村商品生产中发挥着举足轻重的作用。随着经济的发展，泰国农业规模经营的格局正在形成。

（四）土地整理

泰国的土地整理是指通过重新规划、改进或建设基础设施，实施多块土地的开发，各部门共同承担责任，公平分配收益。为此，私营部门和私营部门之间及私营部门与公共部门之间应进行合作。土地整理项目是指为土地整理而启动的项目；协会是指为调整土地用途而设立的协会；土地委员会是指土地整理委员会；省委员会是指省级土地整理委员会，包括曼谷市政府土地整理委员会。

1. 土地委员会组成人员

(1) 地方主管机关。

(2) 曼谷大都会管理局负责人，负责曼谷大都会行政区。

(3) 省级行政组织负责人，负责省以下行政组织工作。

(4) 直辖市市长。

(5) 分区行政组织的主席。

(6) 地方行政机关的行政主管部门。

(7) 地方行政机关在当地行政区域内依法指定的地方政府机构。

2. 省级土地整理委员会由下列人员组成

(1) 土地整理委员会主席。

(2) 省级农业和农业合作社主管、地方政府财政部部长、省工业主管、省自然资源和环境负责人、省检察厅主任、路政署代表等。国家住房管理局的代表和省级行政管理机构的代表担任委员会委员,公共工程和城乡公共事务办公室主任应担任委员会委员和秘书长。

(3) 泰国法律学会代表、省商会代表(在一个省没有省级工业区的情况下)、省工业委员会或泰国工业委员会。

(4) 由省政府指定的三名符合条件的有关人员和调整人员。

3. 委员会有以下权利和义务

(1) 制定政策,制定土地整理的目标和重要措施。

(2) 根据建议批准土地整理总体规划和重点领域。

(3) 制定土地整理标准。

(4) 规定申请土地调整使用的标准和程序,并为省委编制项目审批程序。

(5) 建立招标会员的标准和程序。

(6) 规定土地调整基金或贷款的相关管理主体:政府机关、国有企业等应提供土地调整所需的公共事业或公共设施经费。

(7) 规定基金的发行条例。

(8) 规定经费必须作为赔偿,损害赔偿或者其他方式支付的款项,土地补偿费用由基金支付。

(9) 确立房地产估价专家必备的资质条件,以及应保留的专家数量,建立评估土地财产的实施标准。

(10) 制定基金的、支出、保管和索取利益的标准。

(11) 制定公共土地利用的管理办法,包括其他类型土地的公共土地置换和土地整理领域的土地征用。

(12) 制定协会登记的规定。

(13) 对土地整理问题作出最后决定。

(14) 提出关于土地整理的意见。

(15) 其他涉及土地整理的活动。在履行以上职责时,委员会可指派公共事务部审核并采取进一步行动。

五、马来西亚

马来西亚经济发展水平虽然在东盟国家中处于较高水平,但是其土地集约利用度在东盟十国中处于第三级别,土地集约利用度相对较低,土地集约利用水平有待提高。马来西亚的土地利用政策主要包括土地利用分类、土地利用规划、土地开发政策以及土地用途管制。

（一）土地利用分类

马来西亚土地根据海陆位置可以分为海岸线以上的土地、海滨和海床。其中，海岸线以上的土地分为城镇土地和村级土地，按照1965年马来西亚土地法的规定，凡是为城镇所有的土地就是城镇土地，国家任何地区被申报为农村土地的就是村级土地，海岸线以上的土地如果不是城镇土地那么就是村级土地。

根据土地用途可以分为农业用地、建筑用地和工业用地等。转让土地所有权文件应有核准的过程，由国家机关出具有效力的通知，在没有任何通知的情况下，国家主管机关可以根据其规定的明示条件，登报公示区域土地用途，批准土地利用。

（二）土地利用规划

1. 国家发展规划框架

马来西亚土地政策是融合在国家发展规划中的。从新经济政策伊始，为了落实新经济政策和国家发展规划总体框架，政府希望通过提升参与度的方式协调城市发展与城市规划。政府协调发展规划框架的主体主要有以下几个层面。

第一个层面是政府、国会、内阁和国家行动委员会（一个协调和评估机构），这一层面负责制定政治、社会、经济政策。

第二个层面是国家发展规划委员会。该委员会由来自各部和自治团体的代表组成，该委员会就国家政策制定、评估、修改和国家预算制定等方面向国家土地委员会提供咨询意见。国家土地委员会（土地管理最高决策机构），成员包括马来西亚13个州的元首或州长及有关部长（秘书处设在土地及合作社发展部）、国家财政委员会、联邦和州政府。

第三个层面是各部和自治团体，负责准备部门战略和计划并就其提出建议。经济规划部门评估这些部门提出的建议，然后向国家发展规划委员会提出建议。国家发展规划委员会在较高的政府层面和较低的执行层面之间充当协调人的角色。

第四个层面是州、联邦直辖区和地方当局。在这一层面制定部门政策和计划。

马来西亚为了争取2020年进入发达国家行列，提高在世界上的竞争力，有效地利用和管理土地资源，实现区域均衡发展，促进土地可持续利用，正在全面制定2020年国家宏愿政策（National Vision Policy，NVP）、国家空间规划、国家土地利用规划、州结构规划和都市圈规划。

2. 土地利用规划现状

马来西亚土地政策由许多连贯的法律文件组成的，但缺少明确成文的国家土地政策。在马来西亚的资源综合规划管理体系下，联邦政府提出国家空间发展框架，州政府对土地拥有高度的自治权，自行制定土地利用规划。

这种中央和地方各自立法情况造成了土地利用规划层面各机构之间的冲突和矛盾，在马来西亚，土地用途开发的规划和管理主要由联邦政府进行，土地管理和城镇规划由土地办公室和地方当局负责，每个市镇都有自己的规划，地方政府在制定规划决策时，必须考虑到中央和地方的规划政策，所有的市政当局都受到中央和地方政府管理的土地使用规划控制。然而，各州政府对土地的利用倾注了大量心血，对于联邦政府制定的土地利用整体规划基本上不采纳，各自为政，导致国家总体的土地利用政策形同虚设。

在马来西亚，土地政策是以书面法律为形式指导解决土地问题，土地管理主要是根据 1965 年“国家土地法”和 1976 年的“乡镇规划法”对土地进行管理。这两套有关土地利用和发展管理的立法由各管理机构分开负责，但其可能产生的冲突控制，也削弱了土地管理的效果。另外，在土地利用规划执行方面，1976 年的“乡镇规划法”对乡镇规划起到至关重要的作用，但是，由于规划法和土地法被不同的权力机关用于土地管理的不同方面，导致地方规划当局和地方办事处之间责任重叠，规划无法顺利推进。

值得一提的是，马来西亚是一个海洋国家，有其颇具特色的沿海土地利用规划。

（三）土地开发政策

1. 城市地下空间开发

2008 年，马来西亚对 1965 年国家土地法典进行修改，增加了对地下空间的开发管理。地下空间的开发对于城市来说非常重要，因为城市地下空间可用于多种方式，包括公路和公用隧道以及商业和基础设施建设。地下空间利用的战略规划以前在土地开发中并不常见，因为在大多数国家，地下空间只是作为交通和隧道发展的基础。在马来西亚，地下土地开发通常用于发展公用事业，如轻便铁路(轻铁)、雨水管理及隧道(SMART)，以及正在建设的大众快速公交(MRT)。尽管马来西亚缺乏开发地下土地的经验，但是这些尝试证明马来西亚正在寻求一种新的发展可能。SMART 隧道的建设表明，马来西亚成功地挑战了地下土地开发。这是因为 SMART 隧道是第一个成功建成的拥有双重功能的隧道，既有作为吉隆坡地区替代路线的交通功能又有预防洪水的功能。SMART 隧道由 KL-芙蓉高速公路、联邦高速公路、Besraya 和东西环线进出市中心可分为三大部分，第

一、第二部分是单向的高速公路，第三部分是暴风雨隧道。根据马来西亚地下土地开发情况，开发商面临的主要挑战是如何从地下土地所有者手中获取土地。此外，缺乏地下空间的深度立法和规划框架也是地下土地开发的制约因素之一。

2. 农业土地开发

马来西亚的农业土地开发令人瞩目，原因是马来西亚的耕地面积基本上是逐年增加的。马来西亚农业土地开发的主要做法是由政府向无地或缺地的农民提供生活津贴和低息贷款，并组织其到指定的山区伐材造地。农地土地开发虽有私人机构参加，但以国家机关为主。为此，政府成立了联邦土地局。

（四）土地用途管制

马来西亚实行土地用途管制，农业用地只许种植农作物，如橡胶、油棕、椰子、咖啡等。不过，《国家土地法典》允许一块农业用地上建起一间或多间住屋，以供地主或耕种者居住。屋地是用来建房屋的，工业用地是用于建工厂的。农业用地如果坐落在发展区域内，可以向政府申请将它转为屋地或工业用地。但是，这种申请首先必须得到水利局、电火局、工程局、卫生局等部门批准，然后由土地局呈到州行政议会批准。批准后还要缴地契费及土地用途转换费，才能得到屋地或工业用地的地契。《1976 年城镇与乡村规划法》及其 1995 年修正案规定，申请取得土地，以及更改土地用途的方案必须呈报审批，只有在不违反地方政府规划原则与目标的情况下，方可获得批准。

六、菲律宾

菲律宾的土地集约节约利用度在东盟十国中也处于第三级别，土地集约利用度较低，呈现出"高投入、低产出"的现象，土地产出潜力欠缺，未来应着重提升单位面积土地产值。菲律宾土地改革正在推进当中，各项土地利用政策也在不断改进。菲律宾的土地利用政策主要包括土地利用计划、高地开发政策、土地规模化利用、农地保护政策以及土地用途管制。

（一）土地利用计划

菲律宾的土地利用计划比较连贯且相对全面。国家土地利用委员会是菲律宾重要的土地利用协调机构，主要负责制定和协调国家和区域一级的土地利用规划。

1. 土地综合利用计划

对于土地利用方面的规划，菲律宾实施土地综合利用计划。1991 年，地方政府法规（LGC）规定地方政府单位（LGUS）应在符合现行法律的条件下，继续制定地方土地用途综合计划。地方政府法规（LGC）在编制土地综合利用计划时要考虑到人类居住地和工业用地的扩张，进一步细化对粮食产地的要求。住房和土地使用管理委员会（HLRB）负责制定土地使用计划的标准和指导方针，并审查、评估和批准城市的土地使用计划，监测计划的执行情况，对土地利用规划和区划方案的争议进行裁决和解决。马尼拉行政命令第72号，根据1991年地方政府法典和其他相关法律，为地方政府的土地综合利用计划的编制和实施提供依据，具体有以下几个方面。

（1）制定或更新土地利用计划。

① 地方政府应继续制定或更新各自的土地利用总体规划作为地方政府的政策建议机构，有关市或市发展局（CDC/MDC）应与社区的有关部门进行协商，开始制定或更新其土地使用计划。

② 各城市、直辖市应当继续制定或者更新各自的土地利用总体规划。

③ 各省根据国家标准和指导方针，制定和更新各自的土地利用总体规划。作为该省的政策建议机构，省发展理事会（PDC）与有关部门协商，开始制定或更新其土地使用计划。为此，它可能寻求在该省的任何省级官员或外地官员的协助，省级规划和发展协调员（PPDC）及省级农学家（PA）应提供技术支持服务。

（2）在各省设立一个省土地使用委员会（PLUC），协助省议会对部分城市和城市的综合土地利用计划进行审查，确保部分城市和直辖市的土地利用规划符合省级综合利用规划和国家政策。

（3）省土地使用委员会由省规划和发展协调委员会主席、省农业专家、非政府组织的代表组成。该区域土地利用委员会（RLUC）应审查各省、各城市的综合土地利用规划，以确保它们与区域的物理框架计划（RPFP）和国家政策制定的土地利用计划的一致性。全国范围内的所有综合性土地利用规划将被高级别委员会审查和批准，以确保符合国家标准和准则。

土地使用管理委员会设计并安装了一个信息系统，以监控土地资源在实际使用中的变化和LGUS实施土地综合利用计划的情况。此外，国家经济发展管理局（NEDA）将以技术和其他形式援助过渡省份，以确保他们的土地使用计划与相关的国家政策、标准和指导方针是一致的。总之，LGC的实施细则和条例规定各市要继续做好各自的准备工作，在遵守法律法规的基础上分区制定综合土地利用计划①

2. 土地规划领域的优先事项评估

为了保护主要农业用地及为政府优先项目提供便利，菲律宾确立了土地规划

① 1993年马尼拉第72号行政令，该政令规定根据1991年地方政府法典和其他相关法律编制地方政府单位的土地综合利用计划。

领域的优先事项评估程序，即在土地利用规划过程中对用途转变的地块应考虑其供地的项目的优先级。[①]

（二）高地开发政策

在菲律宾，自然资源部对高地的定义是：高地是指坡度大于18%的丘陵山地，包括处于海拔较高、通常不适宜种植水稻（除非修筑梯田并存在地下水）的台地和高原。这些土地通常是公有土地。菲律宾农业部则把不益于灌溉的地区统称为高地。针对高地开发，菲律宾提出以下几项要求。

（1）生态和经济的多样性。

（2）以当地传统的知识和经验为基础制订开发计划。

（3）发动农民积极参与。

（4）通过水土和营养元素保持、生物保护以及防止环境污染等提高土地生态功能和持续性。

（5）促进部门之间的合作，实施合理的土地利用规划，促进高地和低地之间的协调。

（6）对土地使用权和使用期、个体决策及地方自治给予适当的政策支持。

高地开发是菲律宾经常发生泥石流的重要原因，因此，菲律宾在高地开发时应考虑下列几个方面的因素。

（1）应该提供整套技术以供农民选择采纳，而不能强制推广某项或几项技术。

（2）高地开发技术必须同时具备水土保持和养分保护的作用。

（3）推广技术不能操之过急，应分步进行。

（4）与特定地点的社会文化条件相适宜。

（5）具有立竿见影的效果并能满足农民的基本要求。

（6）要十分重视对当地高地开发技术的评价、改良和推广。

（7）建立合适的服务体系。

（8）与国家土地利用的总体规划相适宜。

（三）土地规模化利用

自16世纪末西班牙人将欧洲封建地主土地私有制与农业生产种植园模式植入菲律宾开始，菲律宾的土地私有产权制度与农业规模化经营模式便以形成，但这种土地私有制与种植园式的农业规模化，并非真正意义上的现代私有产权制度与适度农业规模化经营模式。这种被迫于西班牙、美国枪炮镇压下的

① 马尼拉行政令第124号，确定了区域农业中心、区域工业中心、旅游开发区和社会化住房用地的优先事项评估程序。

产权制度与经营模式，从一开始便背离了菲律宾的基本国情，违背了现实的生产力发展水平，土地私有制的确立也是建立在农民无任何土地基础上的私有产权制度。这种农业规模化既不符合农业生产力水平与农村劳动力就业结构，也不是高度机械化的产业链式现代农业生产经营模式，而是为满足殖民统治国家工业发展原料需求所形成的大种植园、大农场生产模式。土地私有制与农业的过度规模化，无疑成为阻碍菲律宾三农发展的经济根源。

后期，菲律宾土地私有制与农业规模化生产基础上的农业机械化水平的提高，不仅没有减轻农民的负担，反而进一步恶化了农民与土地及土地所有者之间的关系，农民所能拥有的土地不增反减，生活成本骤增，贫困加剧。在菲律宾农村，土地所有者有着绝对的主动权与威慑力，农民迫于生存受制于严重的剥削与压迫。这种不平衡在土地所有者的控制和极力维护下，历经几个世纪都无法打破。在土地所有者极力反抗的情况下，菲律宾政府的各项改革在缺乏民主自治的农村区域几乎没有推行的可能。因此，土地私有制与农业过度规模化，导致菲律宾农民的贫困，阻碍菲律宾农业的现代化建设与发展，禁锢了菲律宾农村民主化治理进程。仅以 NIPA 和 SUA 地区为例，绝大多数农民不但没有土地、无经济实力租种土地，即使少部分农民所拥有的少量土地也最终因难以与规模化、机械化的农业大生产相抗衡，而被地主、封建家族和资本家蚕食。大量失地和失业农民被迫涌进城市。在城镇化与工业化发展水平有限的背景下，失地、失业农民演变为城乡流民，失业问题也迅速转化为社会问题和政治问题，而政局不稳、社会动荡，使得经济进一步走向衰退，反过来加剧失业，形成了恶性循环。

菲律宾为此进行了改革，规定了农场规模的上限，限制土地租赁市场，但这些措施实际上进一步延缓了农场规模的转变。菲律宾 1988 年的综合土地改革计划(CARP)从概念上规定了 5 公顷的土地所有权上限。菲律宾的平均农场规模因此从 1981 年的 2.85 公顷下降到 2002 年的 2.01 公顷，相应的生产力下降了大约 8%。也有人认为，这种政策限制非农经济的增长和多样化，以及限制土地从较富裕但效率低下的家庭转移到较贫穷但效率较高的家庭，对贫困生产者产生负面影响。

（四）农地保护政策

菲律宾高地农业土地退化现象被科学家和决策者视为重大环境问题。二十多年来，为了解决这个问题并推广保护性耕作制度，已经实施了包括台阶梯田和轮廓树篱或胡同耕作在内的许多高地开发项目。这些项目都是由政府和非政府机构承担的，其中很多都有大量的国际资金。这些项目都支持社区的可持续发展原则，强调地方团体参与设计和实施改善自然资源管理的措施。此外，为了保护农地，菲律宾在 20 世纪 70 年代就开始进行生态农业的实践，建立生态农场，其中以马雅农场较为典型。在生产过程中应用生物之间的生产、消费、分解关系实现封闭循环，禁止或减少化肥、农药、生长剂的投入，通过“清洁生产”来生产健康产品。设在菲律宾的国际水稻研究所 30 年前就培育出了点燃绿色革命火种的“神奇水稻”品种，既可提供健康食品，又可节省土地资源和水资源，减少耕地退化。

（五）土地用途管制

1987 年，菲律宾农业部改革（DAR）被授权批准将农地转为非农业用途的转换、重组或调整的权利。1991 年的地方政府法典（LGC）规定，城市和市政当局可以将农业用地重新分类到各自管辖范围内的非农业用途，但是受 LGC 的限制和其他条件的规定，在下列情况下农地可能会被重新分类：

(1) 农业部门根据指导标准和规则确定土地不再具有经济可行性时。

(2) 农地具有较大的潜在经济价值的。

(3) 当公共利益有此需要时，总统可以接受国家经济发展局的建议（NEDA）授权一个城市或市政府将土地重新分类，NEDA 在此指示颁布管辖权力的实施准则，城市和市重新分类超过限额的土地。

但是，下列类型的农地不得包括在上述重新分类内。

(1) 分配给农业土地改革受益人的农业土地。

(2) 农地已经发布了既定的用途通知或被涵盖在农业土地综合改革下。

(3) 根据“土地管理法”确定的农地，以下土地不可以转换用途。

① 所有可用于水稻种植的灌溉土地和其他作物生产的土地；

② 所有不能供水稻灌溉的水稻种植土地，但是农业发展部门和国家灌溉管理局（NIA）对灌溉设施已经进行的修复的土地；

③ 所有已经被灌溉工程覆盖或重新分类的灌溉土地。

由相关的 LGU（地方政府单位）提交重新分类，人大常委会收到申请后应当进行初审，审查以确定是否符合有关市、县有全面的土地使用计划，当确定上述条件已经满足时，由 HLRB（住房和土地使用管理委员会）根据要求与相关机构进行磋商认证。HLRB 应通知相关机构他们的审查和咨询的结果。如果土地重新分类超过限额的，应当提交申请至 NEDA（国家经济发展局）。若 HLRB 和 NEDA 自收到之日起 3 个月内没有采取行动则视为批准申请。（若法令将农地重新分类，即使农业部没有采取行动，法令公布 30 日后，也将视为已执行。）重新分类的农地仍然具有商业价值的，农业部应向有关的 LGU 推荐替代发展用途，LGU 需要对土地重新分类进行监测和评估。①

---

① 资料来源：马尼拉 54 号备忘录通告。该通告规定了关于 7160 RA 第 20 条的指导原则，被称为 1991 年的地方政府法典，授权市政重新分配农业用地的非农用途。

七、老挝

老挝的土地集约利用度在东盟十国中处于第三级别，土地集约利用度低，为了用最少的土地投入获得最大的土地产出，老挝在现有土地面积的基础上通过调整农业经济生产结构、生产力的地域分布，使基础设施、粮食产量等不断提升与加强。其土地利用政策主要包括土地利用分类、参与式土地利用规划、土地规模化利用以及土地用途管制等。

（一）土地利用分类

老挝土地法规定，全国范围内的土地划分为以下几种类型：农业用地，林业用地，建筑用地，工业用地，交通用地，文化用地，国防、治安用地和水域用地。中央政府在全国范围内分配和划分各类土地，然后向国会提议和审批。地方政府在自己负责的范围内规定各类土地的范围，使之符合政府制定的土地类型范围的规定，然后向自己的上级政府提议和审批。

1. 农业用地

农业用地是指规定用于种植、养殖和农业试验研究的土地和水域。

2. 林业用地

林业用地是指所有被森林覆盖，或没有被森林所覆盖，但已明确被国家森林法确定为林地的土地。

3. 建筑用地

建筑用地是指规定用于住宅、楼房、工厂、办公楼、机关、公共场所的建筑土地。建筑用地的种类划分：公共利益的建筑用地；住宅建筑用地；工厂建筑用地；办公楼、机关建筑用地。政府必须保留用于公益的建筑用地。只有为公益服务并且事先征得有关部门的许可才能改变上述土地使用目标。

4. 工业用地

工业用地是指国家规定作为工厂、工业园、工业科技研究所、污水处理站、工业废料处理站、能源原料源、输电线路、能源和天然气管道、自来水管道线路用地、矿产区和用于其他工业目标的土地。

5. 交通用地

交通用地是指已经被确定或储备用来新建公路、便道和水渠、桥梁、通信线路、电讯站，以及机场、码头、货物站和旅客运输站、隧道、铁路、仓库等其他运输用途的土地。

6. 文化用地

文化用地是指建有文化遗产的土地和具有历史价值的自然景观、文化建筑以及其他国家确定为文化和旅游点的土地。

7. 国防、治安用地

国防、治安用地是指用于国防、治安工作的土地，如哨所、军队办公楼、营房、培养军区技术的学校和训练场地、警察局、炮兵阵地、军用机场和码头，以及其他用于国防、治安工作的土地。

8. 水域用地

水域用地是指被水淹没或包围的土地，如被水淹没的土地、河流源地、河岸、岛屿土地，水退去时形成的新土地，或由水路变化或转移所形成的土地。

（二）参与式土地利用规划

20 世纪 90 年代初，老挝政府启动了全国"土地利用规划和土地分配"(LUPLA)，旨在通过明确最佳土地利用方式和分配土地使用权给当地居民，达到促进社会经济发展同时保护环境的目的。LUPLA 主要包括三步：划定村庄边界；将村庄土地划分为不同的土地利用类型；向农户分配农田。

尽管 LUPLA 有着雄心勃勃的目标和潜在的收益，但长期以来一直因为对农村生计的负面影响被诟病。有案例说明，当项目带来"大钱"并代表政治或经济强大行为者的利益时，农村社区面临更加艰难的谈判。

（三）土地规模化利用

老挝的政府为促进农业的发展，改变国内农业生产的现状，引进农业发展程度较高国家的经验出台了一系列政策。例如，逐步改变农村所有制结构，推行自主经营，鼓励多种经营，推动家庭农场的形成；改革农业税收，发展自由贸易，调动农民生产的积极性；改善农业生产的基础条件，包括设立专门为农业的生产提供资金的农业发展银行，增加政府对农业投入，支持发展重点农业项目，积极寻求国际援助，提高农业生产经营技术等，为家庭农场的发展提供了资金、技术上的支持；将农村发展与消除贫困进行战略结合，强调发展农业的重要性。虽然这些措施对老挝农业的发展起到了促进作用，但具体到家庭农场上，还是稍显不足。另外，地形崎岖的特点，也阻碍了老挝实行规模化农业。

（四）土地用途管制

老挝土地用途管理制度规定比较粗略，土地法没有对土地转变类型作出严格限制，仅规定了改变的程序和允许改变的标准，即必须事先征得有关部门的许可并且不得对自然环境和社会造成不良影响。土地用途管制是为了保障土地安全，维护公共利益，优化生态环境，充分发挥土地特性和职能，以满足人们生活生产的需求。因此，土地用途管制权和限制权是土地行政权的重要内容之一。

第二节　土地生态保护政策

一、土地生态问题

东南亚国家经济增长速度较快，人民生活水平有了很大提高，但随着工业化、城市化水平的提高，资源消耗量的增加，人口的膨胀，在发展过程中也出现了一系列问题，如环境污染，生态平衡受到破坏。东南亚目前面临的土地资源方面的生态环境问题主要有：森林面积锐减、土壤侵蚀和土地退化、水资源破坏。

（一）森林面积锐减

东南亚曾经是一个森林覆盖率非常高的地区，其热带雨林面积在世界上仅次于亚马孙热带雨林，居世界第二位。但随着人们对热带雨林的无节制的砍伐，大规模的毁林造田，战争破坏，加之传统的刀耕火种农作方式，森林的消耗量急剧增加，栽种林木的速度远远跟不上森林被砍伐的速度，东南亚热带雨林的消失速度令人震惊。现在马来西亚是 14 个主要的砍伐森林国家之一，每年砍伐森林面积超过 25 万公顷，此外还有缅甸、老挝、越南等国森林覆盖率下降了许多。

（二）土壤侵蚀和土地退化

土壤侵蚀或肥沃表土的流失在东盟各国的高地表现得比较明显，水土流失的问题是泰国资源退化的严重问题之一。据观测，几大流域的土壤侵蚀率最大值远远超过世界平均值，平均侵蚀率高于亚洲地区平均值，泰国东北部地区由于大面积毁林活动侵蚀率最高。根据“全球人类造成土地退化状况评估”（GLASOD），世界 65％的土地资源在一定程度上退化。GLASOD 的最新续集“南亚与东南亚人为土地退化状况评估”指出，在东南亚，几乎所有的土地都因农业和森林砍伐而退化，此外，还有高地农业土地退化，比如老挝，老挝 70％以上的森林集中在陡坡上（倾斜角度＞20％）。高原地区比该国其他地区更生态脆弱，更易土壤侵蚀。

（三）水资源、湿地、海岸破坏

东南亚沿海生态系统（如红树林、海草床、珊瑚礁）为其渔业的发展提供了重要环境。然而，随着水产养殖的过度开发、气候变化以及各种人为水污染，生态系统遭到破坏。人们对自然资源的大规模开发利用致使资源消耗量大大增加，加上工业化和城市化的迅速发展，水资源也不同程度地遭到破坏：水污染严重，水质恶化，水土流失加剧。

森林减少、土壤侵蚀和土地退化、水资源破坏等一系列环境的恶化带来了深远的消极影响。

一是东南亚水土流失严重，河流泥沙沉积量增多，降雨量减少，进而影响农作物的产量和质量，造成经济损失。在菲律宾，由于高地森林砍伐后引起土壤侵蚀所造成的巨型水库的泥沙沉积，使水力发电的水库的使用寿命缩短了一半或一半以上，菲律宾供电不足、经常停电无不与这些情况有关。

二是森林减少，使蓄水能力下降，洪水、干旱、森林大火等自然灾害频繁发生，这对东南亚国家的经济发展和居民生活造成了不可估量的损失。近年来，东南亚毁林地区的洪水和泥石流已夺去了成千上万人的生命，数以万计的人无家可归。由于湄公河流域的森林和山地被不断地开垦和破坏，水土流失使沿河地区洪水和泥石流经常发生。而处于南部群岛的国家，热带雨林遭严重破坏后，水土流失也相当严重，经常发生自然灾害如中南半岛的洪水、干旱和泥石流。

二、土地生态保护政策

随着东盟各国逐渐意识到这些生态问题的严重后果，各国逐步开始开展各项保护政策，从国内的法律法规制定到森林保护区、海洋保护区建设，再到具体的森林认证、发动社区参与保护，最后扩大到国际合作。这些政策在一定程度上阻止了生态环境的恶化，体现了生态环境保护与建设优先理念，事实证明，东盟的环境和森林政策在世界中占有重要的地位和作用。

（一）森林保护政策

1. 法律法规

在法律法规方面，东盟各国针对各国情况制定了森林保护的政策规定，尤其是老挝、缅甸、菲律宾等国。

近年来，老挝推行了多个重要的森林政策，并成为当今的立法性文件。1975年后推出的第一个综合性的森林立法是1979年7月17日内阁(CM)第74号指令《森林保护法》，该法规定了国家对资源的所有权、森林转化和采伐许可、流域地区禁止游耕以及促进植树恢复森林。但是，由于设备、财政和人力资源短缺，其实施效果十分有限。在森林砍伐日益严重的背景下，老挝于1989年5月召开了国家森林会议，指明了森林政策的总体方向。1993年，政府制定和发布了两项重要法令：总理法令第164号《建立国家生物多样性保护区(NBCA)》和总理法令第169号《森林和林地的管理和使用》。其中，总理法令第164号是老挝保护生物多样性的立法性标识，该法令设立了18个国家保护森林，占总土地面积的12%，后来又增加2个，至今，该法令仍然是老挝保护生物多样性的重要基石。1996年以来，国民议会批准和发布了多个森林相关法律，其中包括1996年的《林业法》、

1997年的《土地法》、1999年《环境保护法》和1999年《加工行业法》。《林业法》比较全面，对林业众多方面给出了较为明晰的方向。2001年国家议会通过了2010年、2020年社会经济发展战略计划，5年计划设立了2005年、2010年和2020年的发展目标。

菲律宾自20世纪80年代后半期森林政策的范式开始转变。森林不再仅仅被视为经济发展的引擎，也是生态系统、濒危野生动植物、濒危文化、土著社区的重要保护者。此外，越来越强调民间社会参与森林资源管理有关的决策过程的概念，这些变化在“国家综合保护区系统法案”中被提及(或称为“国家保护区法案”)。历史上，美国国会在菲律宾联邦时代颁布的1904年“林业法”被认为是菲律宾森林政策的支柱。1992年菲律宾“国家综合保护区法”(NIPAS)为“权力下放的社区管理战略”提供了框架，也为森林保护提供了保障。NIPAS法案列出了菲律宾200多个正式保护区，包括大型自然公园、景观和海景、野生动物保护区以及小流域。NIPAS法案是环境与自然资源部(DENR)重组后制定的第一个法律，通过建立保护区来举例说明人们的参与和森林保护。

缅甸长期以来在大力发展林木产业同时亦竭尽所能地实现着对各类林业资源的可再生保护，迄今为止，该国已经逐渐形成了由现行《缅甸联邦森林法》为核心，《缅甸联邦林业章程》《国家森林采伐实施细则》《缅甸社区林业细则》《缅甸21世纪议程与环境政策》及《国家环境法框架》等一系列政府行政规章和政策文件为具体补充的森林法律制度体系。

以上法律法规的制定在一定程度上对土地生态环境起到了保护作用，但是，在具体的执法过程中面临着许多难点。例如：当地政府为了自身经济利益使得很多非法采伐行为合法化；监管难度大和政府反应机制缓慢导致了非法采伐的猖獗。此外，不是所有的法规都能起到积极的促进作用，也有一些法律政策缺乏科学性，反而激起了更大的矛盾，政府在制定相关林业政策的时候应该考虑到当地土著居民的权利，才能促进使林业政策的有效执行。

2. 建立保护区

东盟很多国家为了保护森林，广泛地建立了森林保护区，严格划定保护区范围，推行有效的保护措施。

2015年，印度尼西亚的森林大火将世界的目光再次聚集到印度尼西亚的森林保护问题上。印度尼西亚80%的雨林被划为永久性林区，482880平方千米被划为国家公园和自然保护区，永远保持其原始热带森林的美貌和生物的多样性。同时，印度尼西亚加强了对林地承租人的管理，要求其严格按照林业合同中的采伐规定作业，否则将予以重罚，或取消其采伐许可证。泰国政府从1989年起几乎停止了全国所有天然林的采伐作业，将原来的天然林伐区改为防护林区，并建立了 60 个国家公园，50 个森林公园，31 个野生动物保护区，46 个禁猎区，总面积达 611 万公顷；马来西亚政府根据国家林业政策，将 1270 万公顷林地划为“永久性森林种植园”以便更好地规划和管理这片森林，保证其永续利用，并将 150 万公顷天然林划为国家公园、自然保护区和野生动物保护区。还有文莱森林保护区，首府附近的巴都阿波森林保护区有面积巨大的国家森林公园，堪称全球较完善、妥当的森林保护区之一。

森林保护区的建立在一定程度上保护了森林资源，但是，在具体的管理方面，还要有更加高效的管理措施。以缅甸的保护区（PA）系统为例，为了配合联合国粮农组织开发署的自然保护和国家公园项目（1981—1985 年），缅甸在森林部下设自然和野生动物保护部门，并将其作为负责管理 PA 的机构。因此，缅甸公园数量从 14 个增加到 33 个，其中 5 个公园（15%）大于 1000 平方千米，大多数公园都保护陆地栖息地，包含内陆湿地、红树林和海洋栖息地，但是，公园数量和规模还都比较有限。自 1996 年以来，对公园的预算支持增加了 11%，但不足以满足公园需求，特别是在人员不足的偏远公园，有限的教育和培训 PA 工作人员是限制公园有效管理的一个主要因素。所以，确保森林保护区的有效运行，需要加强有效管理。

3. 进行木材认证

印度尼西亚是第一个执行全球认证标准的东盟成员国，根据与欧盟的森林执法、治理和贸易（FLEGT）的自愿合作协议（VPA）进行。政府在 2004 年 9 月和 10 月分别颁布法令，禁止出口原木与粗锯木。2008 年，印度尼西亚政府开始采用木材合法鉴定系统（SVLK）对木材公司的采伐源头进行严格检查以确保木材的合法性。林业部还指定独立的审计单位开展采伐实地检查，对木材产销监管链进行认证，以确保木材来源的合法性。其他东盟成员国，如马来西亚、越南、泰国和老挝跟随印度尼西亚的步伐，并与欧盟进行积极谈判。目前，印度尼西亚政府已制定出一系列保障其木材合法开发的管理制度，然而，印度尼西亚、马来西亚、德国、欧盟以及美国等都希望能够在此领域为本国争取更多利益，不过，他们都采取了一种比较隐晦的方式，通过推行木材开发的管制，以达到本国获取更多权益的目的。东盟的木材认证过程比较单一，印度尼西亚打算积极改变当前较为单一的东盟木材认证程序，而欧盟则希望通过单一的过程，简化程序，提高效率，在区域层面提供坚实的木材认证系统。

4. 发动社区参与森林保护

在社区参与森林保护方面，东盟各国中以泰国和菲律宾为典型。20 世纪 90

年代，泰国知识界提出“社区林业”概念，产生了较大的国际反响。社区林业，是指社区居民参与并承担责任，在保护森林资源的前提下从事可持续的林业经营活动，以发展乡村社会与经济，改善乡村的生态环境和农民生产生活条件。

从泰国国家经济与社会发展的“七五”计划（1992—1996 年）开始，社区林业作为消除贫困和乡村社会可持续发展的重要措施备受关注。近几十年来，社区林业已逐渐为泰国政府和社会认可，被认为是可持续的森林利用模式，泰国的森林管理从单一的国家管理模式走向社会参与模式。泰国的营林村是其社区林业的典型代表，泰皇室、泰国皇家林业厅和泰国森林工业组织（国有企业）都开展了营林村项目。泰国林场主协会和泰国人口及社会发展协会也单独或与林业部门合作实施了社区林业项目。1995 年，泰国政府开始起草《社区森林法案》，联合国粮农组织认为这是具有里程碑意义的事件。该法案的宗旨是鼓励居住在社区内的公民参与到环境的保护和发展中来，让社区公民可持续地管理和利用森林资源，鼓励他们与政府合作保护生态系统和环境，减少森林退化。

菲律宾把社区林业作为其森林经营管理的重要战略，并于 1974 年开始了小规模的社区林业实践。1982 年，政府把一系列的社区林业项目加以合并，统称为“综合社区林业规划”，由国家自然资源部的森林发展局负责领导实施，在实施过程中，得到了诸多部门的通力配合与协作，如农业与粮食部、土地改革部、公共事务与公路部、文化与体育部、健康部、教育部、国家经济发展局和各省政府。菲律宾造纸公司在棉兰老岛进行的社区林业项目也很有特色。公司组织农民种树，并派出技术人员向农民传授农林间种植技术，使农民不仅获得了粮食、薪柴、饲料，而且通过向公司出售纸浆材获得了现金收入。

社区林业在世界范围内迅速发展并产生了显著影响，引起了国际社会的广泛关注。为了适应社区林业在乡村发展中的作用及其变化，联合国粮农组织成立了社区林业处，并在发展社区林业方面开展了积极的工作，粮农组织于 1978 年正式开始参与社区林业的实践，从那以后，社区林业逐渐成为粮农组织的优先领域之一。

5. 加强林业保护的国际合作

森林的快速减少是世界上很多国家面临的严峻挑战，而打击非法采伐的问题解决起来十分复杂和棘手，仅靠一个国家的能力打击非法采伐是远远不够的。东盟长期以来在其组织机构决策方面实行的是协商一致，不干涉内政的原则，但在东南亚金融危机、1997 年印度尼西亚森林大火后，这条原则受到了挑战。许多国家公开批评印度尼西亚政府未能有效地处理火灾事故。这场森林火灾后，东盟国家在解决共同的环境问题上加快了步伐，东盟国家已充分认识到了环境污染对经济发展和公众健康的严重影响。为了保护森林资源，东盟国家开始寻求国际合作，吸引了全球和区域社会林业资金。例如，2011—2014年间东盟地区的红树林生态系统保护与可持续利用项目，还有东盟地区和东南亚泥炭地森林可持续管理战略也被纳入2006—2020年东盟泥炭地管理战略（APMS）的框架内。

在加强国家林业合作方面，印度尼西亚表现得最活跃，为了打击非法采伐，保护森林资源，印度尼西亚和周边国家及世界上主要的经济体都签署了相关协议。2003年，印度尼西亚和英国签署了应对非法木材采伐谅解备忘录，2006年，印度尼西亚和美国签署了谅解备忘录，双方的目的在于寻求合作以进一步提高各国打击非法采伐及相关贸易的能力，内容主要涉及在打击非法采伐方面的信息共享、执政能力建设和执法方面的合作。2010年，中国国家林业局与印度尼西亚林业部共同签署了《中华人民共和国国家林业局与印度尼西亚共和国林业部关于林业领域合作的谅解备忘录》，2011年，印度尼西亚与欧盟签署了自愿伙伴关系（VPA）协议。此外，印度尼西亚还加强了与非政府组织的合作，至此，印度尼西亚在国际森林保护网络中越发具有影响力。

老挝在林业发展的许多方面也扮演了关键的角色，这些方面包括人力资源发展、体制强化、法律框架的发展、森林管理机制的发展以及树木种植园开发投资等。《老挝TFAP》指出从1990年到2000年，需要2.3亿美元投资以及4000万美元技术支持。《老挝TFAP》得到了国际组织，双边支持机构，发展银行以及非政府组织（NGO）的强烈响应。

总之，东盟各国政府在制定措施时必须考虑到同时有利于发展中国家和发达国家的社会、经济和环境发展，而政治的透明性和法律体系的完善对保护森林生态系统至关重要。政府不能只注重提高执法能力，更应该制定相关政策根治腐败，并提高公众生活水平，以消除导致非法采伐的潜在动机。此外，加强林业社区参与和国际合作也是保护森林的有效措施。

（二）水土流失保护政策

水土流失的问题是东盟各国的高地面临的严峻问题，泰国是水土流失较严重的国家之一。在过去的几十年里，由于干旱、洪涝和土地利用不合理，加之山区1000万居民的活动和不注意水土保持工作的农作方式造成许多地方林地退化和水资源短缺。尽管泰国皇家政府采取引进乡村发展项目的手段来解决这些问题，但未见成效，侵占森林和不合理利用土地的现象依旧存在。这种不注意山区流域生态系统功能的乡村发展框架造成了现有森林大量损失、水资源平衡被破坏、土壤肥力和环境恶化、山体滑坡、河道淤塞、旱灾严重、洪灾频繁和土地资源不合理利用等后果。

为此，泰国重新制定了流域管理的总体计划，规定居民有参与流域资源管理的权力，并建议成立国家级、大流域、小流域和乡村流域管理发展委员会，制定出包括森林、土地和水源等要素的集约化管理方案。为了实现这个规划，在20年内要为258个流域管理单位培养1290名有关乡村土地利用规划和推广的专业人才。据估计，这个计划需要花费770亿泰铢。鉴于泰国国家环境总局下设的土地利用委员会同水资源委员会在流域资源管理方面缺乏联系这一现状，有关单位和专家建议尽快成立国家级、地区（流域）级和地方性“流域发展委员会”，其应由土地管理委员会、水资源委员会、农村发展委员会和其他相关委员会联合组成，并下设秘书处，负责有关政策和规划的制定及各委员会的协调。各级委员会成员包括流域董事会、流域网络委员会和乡村流域委员会。

（三）沿海侵蚀保护政策

海滩侵蚀在海域面积广阔的国家表现得比较明显，尤其是马来西亚、印度尼西亚和菲律宾。

马来西亚是一个多岛屿与半岛的海洋国家，具有很长的海岸线，马来西亚近30%的海岸线正在遭受侵蚀。马来西亚有很多环境和生态问题，主要问题是海滩侵蚀、资源枯竭、环境恶化和自然栖息地被破坏。沿海土地利用变化对马来西亚的影响是非常深远的，因此，该国处于对沿海地区进行保护或改造的关键路口。然而，该目标的实现却受到联邦政府和州政府宪法权力下放的阻碍。这项宪法规定了州政府的权力，从而限制了联邦政府在各州执行环境保护法的能力。认识到沿海管理的重要性之后，马来西亚政府已经提出了很多关于如何保护沿海地区发展的初步举措和指导方针，然而，但目前为止，仍然缺少具体的国家沿海立法、管理制度或专门处理马来西亚半岛沿海海岸侵蚀的问题沿海开发部门。马来西亚的沿海管理（CM）有各种经营部门的机构参与，复杂化的组织结构造成部门间的利益冲突，比如，跟沿海问题有关的部门有灌溉和排水部（DID）环境部（DOE）、乡镇规划部（TCPD）和渔业部（DOF）。在马来西亚对环保政策的重视度仍然落后于其他问题，公众对环境问题缺乏认识，他们倾向于把所有的责任留给政府。

菲律宾对水域生态环境的保护主要体现在建立海洋保护区，大多数海洋保护区由社区和地方政府建立和管理。在菲律宾建立的海洋保护区，其目标、保护水平和管理模式各不相同。该国已经有60多个沿海地区和岛屿被确定为菲律宾旅游局管辖的旅游区和海洋保护区。然而，由于政府提倡渔业和水产养殖业的发展，这种趋势与建立海洋保护区的冲突导致了沿海环境和资源的退化。为了发动各方力量保护海洋生态环境，农业部和渔业与水产资源局组建了地方政府联盟（以下简称联盟）。联盟是社交网络的一个例子，主要是邀请邻近的市政府和共同渔场的社区讨论与海洋和渔业有关的管理问题，联盟可以通过共享巡逻责任和管理成本来缓解执法问题，联盟成员可以邀请其他邻近城市参与。政府机构、非政府组织和学术机构已经启动并资助了沿海管理方案并推动利益攸关方参与。

印度尼西亚为了有效加强沿海管理，实施了权力下放，同时发动社区民众的积极参与。自 1998 年以来，印度尼西亚的海洋和沿海管理权力下放到地方基层一级。例如，保护海洋资源的责任落实到村长一级，然而，在实践过程中，村政府和不同类型的非政府组织之间往往存在利益冲突。因为一些村干部并没有积极应对或禁止破坏性捕鱼的动力，而执法方往往没有及时处置违反环境立法的行为，并对有些重大违法行为置若罔闻损害海洋环境的行为每天都在发生。所以，印度尼西亚政府建立了当地社区参与沿海管理的机制，使岛民在既定权利和责任的基础上积极参与环境和社会监测计划的制定实施。

综上所述，为保护海域免受由地方的进一步损害，有必要使公共资金提供的资源、物资及其相关信息在岛内居民之间更加平均分配。海洋渔业保护需要当局共同解决，跨部门融合尤为重要，政府各部门间应相互协调，共同努力。

第四章

土地市场政策

第一节　土地交易制度

东盟的土地交易市场呈现多样的特点，整体来说并不十分发达。重视交易制度建设的国家，土地交易相对活跃；那些制度建设相对不完善的国家，规范土地交易成本较高，土地交易的活跃程度较低。目前，根据其土地权属性质可将交易市场可分为以下几类。

第一类是土地使用权交易市场。在土地公有制为主的国家，土地所有权属于国家且禁止土地买卖，只允许土地使用权的交易，因而土地交易市场只是土地使用权交易市场。代表国家有：新加坡、缅甸、越南、老挝。

第二类是土地自由交易市场。在土地私有制为主的国家，土地属于私人所有，允许自由买卖交易，因而形成了土地自由交易的市场。代表国家有：马来西亚、泰国、印度尼西亚、菲律宾。

第三类是受限的土地所有权交易市场。公私并存制的国家，土地所有权和使用权均可在市场上流通，但是国家公有土地所有权禁止买卖。代表国家有柬埔寨。

接下来将根据以上分类对东盟各国的国内土地交易制度进行介绍，关于外商的土地交易制度请参见第六章。

一、土地使用权交易市场

（一）新加坡

新加坡采用的是公有制和私有制共存的混合型土地制度。新加坡85%以上的土地属于国有，因此，从土地资源的角度来看，国有和公有的土地占主导地位。新加坡政府一开始就明确以计划为主，市场为辅的定位，广泛地干预和管制土地使用及城市规划。

1. 土地交易主管部门

鉴于新加坡国土资源稀缺，作为管理国家土地和建筑物的中央主管机关，新加坡土地管理局（SLA）负责土地管理的相关事务，其核心功能是为新加坡经济和社会发展提供最优化的土地资源。SLA作为国有土地的管理人负责土地的出售，同时也以政府代言人的身份来管理所有土地出售计划，SLA必须保证土地招投标过程符合法定程序。国家发展部负责住宅及商业土地出售，具体由下属机构市区重建局（URA）和新加坡建屋发展局（HDB）来负责。而贸易与工业部则负责工业土地出售，具体由下属机构裕廊工业区管理局（JTC）负责。

2. 土地交易制度概述

土地的“二次出让”模式促进土地合理有序流转。新加坡土地管理局代表国家管理全部国土资源，重点对占国土面积85%以上的国有土地进行分类管理。

“一次出让”是指土地管理局根据土地利用规划确定的不同用途土地，以象征性价格出让给不同法定机构。住宅用地出让给建屋发展局，产业用地出让给裕廊镇管理局，交通用地出让给陆路交通局，公用设施建设用地出让给公用事业局。出让期限根据不同的土地用途存在差异，一般不超过99年。对于少量纯公益性项目建设用地，土地管理局会无偿划拨给国家有关部门进行分配、使用和监管。

“二次出让”是指获得土地使用权的法定机构，代表政府向企业、社团和私人出让土地，出让方式包括出售和租赁，出让价格由财政部的土地估价师根据市场价格确定，每6个月公布出让土地计划及价格变化。

在新加坡，国有土地主要采取出让的方式供应，政府为发展公共、公益事业需要使用国有土地，采取分配划拨和招标出让的方法。国家出让土地，视不同的使用对象采取不同的政策，其中国有土地供应是主流，实行划拨与招标出让双轨制，简而言之，是以划拨和公开招标、拍卖为主；直接出售、闭门招标为辅。

3. 土地交易方式

总的来说，新加坡的土地出让方式包括土地出让、土地出售、土地出租。

1）土地出让

（1）客体。国有土地的使用权。

（2）主体。以国家机构和社会团体为主。

① 对政府部门用地和公用设施用地，基本上是无偿划拨，但也要计算价格备案。

② 对一些社会团体、慈善机构仍要确定使用年限和年租金。

③ 对国家所属的大型建设用地，一般是法定机构，如裕廊工业区管理局的工业用地、建屋发展局公共住屋的用地、市区重建局进行城市更新开发用地等，采用有价方式，即有偿方式，由 SLA 将土地直接卖给他们，然后由这些机构作为政府国有土地的代言人来发售国有土地。国家对于面积大、可供单独开发的国有土地，一般只考虑直接出让给这些法定机构或国有单位作特定的开发用途。

（3）出让方式。

① 无偿划拨。各政府部门需要用地的一般采取公地拨用的方式分配土地。新加坡各公共部门需要国有土地时，是由新加坡土地管理局为主体，以无偿方式，提供政用部门用地和公用设施用地。按照发展概念蓝图，拨出土地供住宅、教育、商业、社会和其他用途，原则上为无偿拨用。

② 有偿出让或是收取少量费用。只要符合国家发展的要求，国有土地可直接出售给法定机构等建设单位，以协助公共功能的实施，如市区重建局（URA）进行都市更新开发用地，建屋发展局（HDB）公共住屋的用地和裕廊工业区管理局（JTC）的工业用地，新加坡对于 URA 、HDB 和 JTC 开发土地的取得，采用有价方式，即有偿出让的方式，由土地管理局根据土地市场价格收取国有土地出让费，以示土地国有。国有土地直接出售给法定机构，前提是其土地发展用途必须符合法定的职能，同时其出售的价格也要符合首席估价官所定的价格。

再者，国有土地可以直接出售给各类社会自治团体或福利组织，但是这种方式必须获得政府高层领导的批准。另外，对于那些没有明确所有权人的、孤立且荒芜的国有土地，如果不具备独立发展的潜能，也没有其他毗邻地所有权人，或即使有其他毗邻地所有权人，毗邻地所有权人也没有意向出价购买此土地，则转让给毗邻地主，这样处理的理由是可确保土地资源得到最有效的利用。

（4）年限。出让期限根据不同土地用途存在较大差异，一般不超过 99 年，原则上产业用地出让年限为 30—50 年；住宅用地、公用设施用地可以长达 99 年。出让后的土地可以自由转让、买卖和租赁，但年限不变。使用期满后，政府无偿收回土地及其地上附着物；若要继续使用，必须经政府批准，再获得一个规定年限的使用期，但须按当时的市价重估地价并第二次购买地。

（5）程序。所有国有土地批出的申请都必须严格按照规定的程式和步骤向地税征收官申请,任何土地的转让都要经过总统的批准。个人向政府申请国有土地或出让,如果申请人属于以下任何一种情况,地税征收官可以根据《国有土地规则》的规定否定其申请:未清偿债务的破产者;任何正在或未停止过清盘的法人团体;任何违反合约或规定不上缴租金、抵押金、财产税或其他费用的组织或个人。按《国有土地规则》的第 4 条规定,如果同一地段获得 2 个或 3 个以上申请书,国有土地的出售必须在公开招标后以拍卖形式进行,除非部长另行决定以其他方式进行的。

2) 土地出售

(1) 客体。用于土地出让后剩余的国有土地,即没有被出让的国有土地。

(2) 主体。私人或私有单位。私人也可以向政用购买土地,地价根据不同用途、容积率来确定。

(3) 出售方式。国有土地大部分被出让给法定机构或国有单位,对剩余土地的出售,则采取直接出售或闭门招标两种方式进行。

① 直接出售。实际上,新加坡国有土地的出售,无论采用公开招标、拍卖、直接出售或闭门招标等何种方式,并不发生土地所有权的变更,而仅仅只是土地使用权的变化,土地最长的使用年限一般为 99 年。实质上,这只是土地使用权的交易市场,国有土地的所有权并不出让,均为以定期租赁的方式出租土地的使用权,承租方除按法律规定交付相应的土地租金外,还应根据法律规定向国家按期缴纳土地使用费,以此来体现国家的土地所有权。土地使用者租到土地后,其租赁期限依土地用途的不同从 10 年至 99 年不等。年期届满政府即收回土地,地上建筑物原则上无偿收归国家所有,由土地管理局负责管理,采取拍卖、招标办法出让给新的使用者,并依据新的社会及经济需求确定新的发展用途,同时仍可保有其国有土地的所有权。到期后,如用地者要继续使用,必须向政府申请,经批准后,可以再获得一个规定年限的使用期,但要有估价师对土地重新估价,按新价购买。

② 闭门招标。闭门招标是针对剩余土地而采用的一种招标方式。剩余土地是指开发后所剩余的细碎、狭小及形状不规则的土地,因其面积和形状的原因,它们的使用范围非常有限,无法独立开发或建筑使用,或者尽管能独立开发,但面积过小,只有与相邻的私有土地一起综合开发。但是,这种土地具有提高毗邻土地的使用及经济价值的潜力,在适当的时候,毗邻地主如果有意买进土地,可参与闭门招标。为优化剩余土地的资源利用,政府可能鼓励私人土地所有者、开发商购买,从而与他们自己的私人土地一起使用。在某些情况下,政府还可能强性要求土地所有者、开发商购买这类土地。

对私有公司和个人申请购买国有土地的则主要通过投标招标程序,以确保公平竞争,客观及透明地分配土地资源。私有土地所有权人欲购买邻接的剩余土地,可以向新加坡国有土地管理局申请。如果国有土地只是毗邻一处地产,可以直接销售给毗邻地所有权人。如果土地有其他毗邻地所有权人出价购买,则实行闭门招标,最后由出价最高者得。对于能作独立开发的剩余土地,须批给邻接土地作共同开发,其批给期限与其邻接土地年限相同。

(4) 价格。私人可以向政府购买土地,地价根据不同用途、容积率来确定。财政部设有土地估价师,先确定标准价格,然后由土地局公开招标拍卖。一般商业用地比住宅用地价格高 10 倍以上。用户若改变土地用途,政府将收取溢价费。

(5) 相关规定。国家明确规定,无论哪个单位需用一块私有土地,都须报请土地局审查,呈总统批准后方能征用;任何个人需要使用一块国有土地,必须依法规定向土地局申请,并经审查和同意后办理手续。任何单位和个人如需改变某块国有土地的用途,必须报经土地局审查,并由土地局征得城市发展部规划局的同意。

3) 土地出租

(1) 客体。空置的国有土地的使用权。使用范围:工地、办公场所、在国家海陆地的临时搭建、小型交易会、嘉年华会、办事处、学校、医院、礼拜场所等。

(2) 主体。有意租用国有土地及建筑物者。

(3) 出租方式。新加坡土地管理局主要是通过临时使用证和租赁协议来出租空置的国有土地。除了采用临时使用证和租赁协议的方式之外,使用者还可以通过直接租用计划和构思投标计划来短期使用国有土地或建筑物。

① 临时使用证。临时使用证(TOL)是赋予使用人支付一定的费用而暂时占有或使用国有及附属建筑物的权益,不赋予其土地所有权,签发的对象是私有财产所有权人或开发者。TOL 允许所有者短期使用国有土地及建筑物,以每月或每年为期更新。未经地税征收官的书面许可,TOL 在任何情况下都不可转让和委派,并可自动终止 TOL 所有者的权利。

② 租赁协议。有意租用国有土地及建筑物者可通过租赁协议租用,一般定期最长为 3 年,地税征收官有自由裁量权,有时延长不超过 3 年的续期,但最多通常不超过 10 年。按《国有土地规则》的规定,临时使用证和租赁合约的签发也是通过拍卖或招标进行的,租金计算一般是采用市场标准,多以竞价方式标租。

③ 直接租用计划。直接租用计划是新加坡自 2005 年 3 月 31 日开始实行的,针对建筑物只有间断性或稀少的需求,允许企业界直接向 SLA 提出租用要求,它所针对的对象是已有经商场所的商家,如创始公司或特殊领域的经营者。直接租用计划的目的是让具备经营许可权的商家直接租借闲置的国有建筑。假如出现求过于供的现象,招标还是最好的选择。直接租用计划的优点是既保留竞争性招标的因素,同时又可以帮助商家以更快的速度和更大的确定性来开创他们的事

业。该计划目前只是试行，范围只涵盖5种国有产业，一般有效期不超过3年，如果试点成功，计划将会推广至更多的产业。

④ 专项投标计划。类似普通的申请租用国有土地或是建筑物的招标，有意申请者必须提交专项投标计划申请（ITS）。在专项投标计划项目施之前，企业在投标租用空置的国有土地和建筑物时，只能进行“获得批准”的活动。如果有关企业的商业活动不在“获得批准”的范围内，他们的投标申请将会被自动回绝。当企业投标申请租用国有土地或是建筑物的时候，也可提出新用途的建议。ITS针对的对象是有意投标租用国有产业，以落实新颖商业专项计划的企业，目前只是在试行。

（二）越南

越南规定土地是属于国家所有，土地使用者只能转让土地使用权。所以越南的土地交易其实是土地使用权转让市场，所有权属于国家。

1. 土地交易市场概况

土地出售、转让是不动产交易中最早形成的交易形式。1993年，越南土地法明确规定土地归全民所有、国家统一管理土地，确认了农民长期使用土地的权利和经济主体的地位，并借此形成了一个初具规模的土地流转交易市场，确立了土地的“一元”国有制。同时，规定在土地国有制的前提下，获得土地使用权的总原则是：以经营为用途的土地分配需收取土地使用费，反之则不收取。企业、农户、个人可通过租赁向政府申请、接受转让、参与土地拍卖等方式获取土地使用权。

2. 土地使用权交易制度

在越南，土地属于国家所有，公民家庭户只有土地使用权，土地可以像其他财产权利一样进行交换、转让、抵押、租赁、继承等发生转移。公民家庭户可以在根据民法典和土地法规定，在可以转移土地使用权的范围内，对国家土地主管部门依照土地法的规定颁发土地使用权证书的土地进行转移，前提是使用期限尚未届满且没有争议的土地。

(1) 主体。不是所有土地使用主体都被法律给予土地使用权的转让权，根据2003年越南土地法，各个组织、家庭户、个人按照以下的几种土地使用形式才可以进行转让土地使用权。

在越南，土地使用组织主要有两种：一种是由国家分配土地不收取土地使用费的组织，另一种是由国家分配土地收取土地使用费的组织。其中，收取土地使用费的组织又按资金来源分为土地使用费来自国家财政的经济组织与土地使用费不是来自国家财政的经济组织。除了土地使用费不是来自国家财政的经济组织，其他经济组织由于自身性质，相应的权利和义务都受到了不同程度的限制。

主要体现在不能行使越南土地法规定的出让、转让、出租、再出租、继承、赠送、抵押、担保、投资等权利。

(2) 客体。不是所有土地的种类都可以经营，其交易需要符合法律的规定，如土地使用的目的、土地使用的主体、对国家的财政义务、使用的形式等。2003年越南土地法规定，土地使用者被转交并缴纳使用费的土地、租赁土地并支付一次的地租、在市场上受转让使用权的土地都可以进行转让，包括盖房子的土地、建设生产经营基础的土地、建设以经营为目的的土地、农业使用的土地等。按照规定，可以进行交易和经营的不动产包括土地使用权、住房、建筑工程(工业工程、交通工程、水利工程、技术设施工程)。

但是，法律也明确规定了使用者在市场上可以及不可以进行交易的土地。2003年越南土地法规定：已经分配给组织并没有收费，或者费用是由国家支付的土地则不能转让土地使用权，包括建设国家机构设施的土地、国防安防用地、为服务公共集体利益的土地(如建设文化、教育、医疗的土地，交通、水利土地、森林等)。

(3) 土地使用权交易形式。越南土地使用权的转让主要通过交换、租赁或抵押等方式进行。

① 交换。土地可以进行交换，土地使用权交换合同是各方之间订立的关于各方依照民法典和土地法的规定转移土地使用权的条件、内容、形式，互相转移土地使用权所达成的协议。土地使用权交换合同必须以书面形式订立，土地使用权的交换必须依照土地法的规定到有管辖权的地方人民政府办理手续并进行登记。

② 租赁。土地使用权租赁合同是当事人依照民法典和土地法规定的土地使用权转移的条件、内容、形式订立的，关于出租人交付土地给承租人在一定期限内使用，承租人必须按规定目的使用土地。支付租金并在期限届满时返还土地的合同。土地使用权租赁合同必须以书面形式，且依照土地法的规定到有管辖权的地方人民政府办理手续并进行登记。企业、农户、个人可通过租赁向政府申请、接受转让、参与土地拍卖等方式获取土地使用权，租用土地以及国家承认长期稳定使用土地，按年或一次性缴纳租金。

③ 抵押。在越南，土地使用抵押合同是各方之间依照本法典和土地法规定的土地使用权转移的条件、内容、形式订立的，关于土地使用人用自己有使用权的土地担保民事义务的履行的协议。抵押人在抵押期间可继续使用土地，经国家主管部门按照土地法的规定发给土地使用权属证明文件的家庭户(公民)有权依照民法典及抵押土地使用权相关规定使用农业土地。用于种植林木的林业土地的家庭户公民在借贷生产资金时，可在国家批准成立的越南银行或越南信用机构抵押土地使用权；使用宅基地的家庭户(公民)因生产、生活需求可以将宅基地的土

地使用权向国内的越南经济组织公民抵押，土地使用权可部分抵押，也可全部抵押，家庭户（公民）抵押土地使用权时，只有在双方达成协议的情况下，抵押土地的抵押人所有的住宅及其建筑工程、林木果树及其他财产才能随土地使用权一起抵押。土地使用权抵押合同必须以书面形式订立，土地使用权的抵押必须依照土地法的规定到有管辖权的地方人民政府办理手续并登记。

（4）期限。越南的农地主要用于生产粮食作物和水产养殖，2013 年越南土地法将农用地使用期限延长到了 50 年。使用期内没有违法行为的可以续约，也就是说土地使用权可以是终身的、安全的、有保障的权利。另外，用于多年作物种植的农地使用期限是 50 年。根据 2003 年越南土地法的规定，越南农民分配到的土地有土地使用期限，但期满时，如果土地使用者有继续使用的需求并在使用土地的过程中正确执行土地法者，国家可交其继续使用。

（5）合同。土地使用权转让合同是各方之间依照民法典和土地法规定的土地使用权转让的条件、内容、形式所订立的，关于土地使用人（称为土地使用权转让人）向被转让人（称为土地使用权受让人）交付土地使用权，被转让人向转让人支付价款的合同。土地使用权转让合同必须以书面形式订立。

（6）相关规定。土地使用权的转移必须在国家主管部门办理手续并进行登记。依照民法典和土地法的规定，交换、转让、出租、抵押土地使用权必须通过合同的形式进行转移。土地使用权的转让必须经国家主管部门批准，必须按照土地法的规定到有管辖权的地方人民政府办理手续，并进行登记，土地使用权转让人有权获得土地使用权转让费。土地使用权的价格由当事人商定，但应在省直辖市政府，根据中央政府规定的框架内所制定价格幅度的基础上商定，土地使用权的转移自在有管辖权的地方人民政府获准登记时发生效力。在符合相关规定的条件下，国家可以收回土地[①]用于国防安全、国家利益、公共利益，用于发展经济，等等。在一定条件下，国家收回土地时还给予补偿或扶持。例如：对于收回直接用于生产的家庭、个人的土地而没有补偿直接用于生产的土地的情形，除了用钱进行补偿外，被收回土地者还可以获得国家的扶持以稳定生活，进行培训再就业，然后安排新的工作。

尽管从 1993 年起越南土地法允许农地买卖，但实际上越南农地使用权交易并不活跃，农地交易市场在越南农地分配中作用很小。据统计，越南农户的土地仅有 8%左右是在农地使用权交易市场中购买获得的，大部分由政府行政划拨方式取得。越南农地交易市场不活跃的原因之一是农地行政划拨挤出了大量的农地交易需求，另一个重要原因则是买卖农地一直是当地社会习俗的禁忌，农户普

① 土地的收回是国家作出行政决定收回土地使用权或者收回依法交给组织，乡、坊、镇管理的土地。

遍不愿意买卖农地，尤其是越南的南部地区。

（三）老挝和缅甸

1. 老挝

老挝是土地公有制，国有土地不能买卖，土地所有权禁止交易，只能租用；私人土地由政府发放土地地契，可以买卖、租用。老挝私有土地的使用权是永久性的。因此，老挝的土地市场属于土地使用权租赁市场，目前土地交易市场尚不完善。

老挝土地法根据老挝宪法的规定，将土地国家所有权制度确立为国家唯一的土地所有权制度，即作为土地唯一所有者的国家对于自己所有的土地依法享有的占有、使用、收益和处置的权利。老挝在1975年革命成功后，宣布统一实行社会主义土地公有制度，城乡土地实行一元化管理，城市和农村的老挝人都有权继承先人的和获得政府依法分配的土地使用权，同时也规定使用土地的人应向政府按时缴纳地租。得到分配土地的老挝公民享有土地使用权和土地租赁权，所以老挝的土地市场主要是二级市场，即土地使用权的租赁市场。

(1) 主体。土地法规定本国个人、家庭及组织享有土地使用权和土地租赁权。而外国人、无国籍人仅仅享有土地租赁权。外国投资者和外国籍人士不允许在老挝拥有土地。对于外国企业和外国人来说，需要购买老挝的土地，只能购买私有土地，但外国企业必须投资成立老挝落地公司，外国人必须办理移民手续，成为老挝籍人，具体要求是外国人投资100万美元可以移民老挝，申请老挝国籍。

(2) 客体。老挝的土地。

(3) 交易形式。出租、抵押。

(4) 期限。老挝土地法规定，国家将土地租赁权交给老挝公民，最高期限为不超过30年的，可根据情况延长期限，但须经所在地的行政机关批准，实际租赁期应根据使用土地的经营特点和规模需要来确定。

(5) 相关规定。国家在建设中如果需要占用已经出租于个人的土地，则必须按法规给予其损失的补偿，因为老挝的土地法规定每个老挝公民都拥有所分配土地的使用权，所以老挝人如果原来的土地失去以后，也有权从政府的储备土地中得到另一块土地的使用权。而外国人租用的土地一旦租约到期被政府停租，他就无权要求政府另外租给他一块地。

2. 缅甸

缅甸的土地属于国有，其土地交易市场即土地使用权市场，土地所有权归国家所有，由国家在全国范围内集中统一管理并赋予个人、家庭及组织、经济组织、武装部队、国家机关、社会及政治组织有效使用并让外籍人、无国籍人和外国人租赁。个人或组织不能用土地作商品交易。因此，虽然土地是国有的，国民可以获得政府赠地或拥有自由保有土地的权利，但国民可以长期持有土地，并可以较为容易地更新、出售或是继承。在农村也是如此，土地是国有的，但是农民可以长期使用土地。

老挝和缅甸的都是土地国有，所有权属于国家，公民只有使用土地的权利。二者的土地市场均不发达，尚未形成成熟的土地交易市场，土地交易制度尚不完善。

以上四个国家均属于土地使用权交易形式的国家，其中新加坡的土地交易制度最为完善，其经济发展为土地交易提供了基础。缅甸和老挝由于其土地制度发展尚不完善，土地交易市场还不发达，土地市场管理方面也有缺陷，有待进一步发展，需要进行规范化管理。

二、土地自由交易市场

马来西亚、泰国、印度尼西亚、菲律宾均属于土地私有化国家，土地允许自由买卖，属于土地自由交易市场。但是，这些国家的土地市场都不是很完善，私有制的背后存在着大量的土地问题。比如：土地分配不均，大地主和庄园主控制了绝大多数的土地，而大量的小农生产者只拥有少量的土地，佃农普遍存在。泰国、马来西亚、印度尼西亚、菲律宾等国曾进行了土地改革，但收效甚微。

（一）马来西亚

马来西亚宪法规定了包括土地在内的财产私有制的原则，马来西亚现行的土地制度，基本上是由 1965 年马来西亚国会通过的《国家土地法典》(NLC)[①]确定的。根据《国家土地法典》的规定，马来西亚的土地大约可以分成两大类。一类为政府土地，另一类为私人土地。政府土地，是指那些仍未颁发(类似于“批租”)给任何私人的土地。私人土地，则是指那些政府根据某种条件颁发给了私人的土地。私人要占用、使用政府土地必须向政府申请，批准后，才能占用，否则在法律上就被视为非法。

1. 交易主管部门

马来西亚的土地制度由国家土地委员会负责，各州也可自行决定。马来西亚土地政策是由许多连贯的法律文件组成的，但没有一个明确成文的国家土地政策。

---

① 1965 年“国家土地法”于 1966 年 1 月 1 日生效，管理马来西亚半岛和纳闽联邦直辖区的所有土地事宜，而沙巴州和砂拉越州分别继续使用 1930 年“沙巴土地条例”和 1959 年“砂拉越土地法”。

2. 交易方式

主要有两种:永久地契和批租地契。

(1) 永久地契。

得到永久地契就拥有无限期的永久使用权,除在购买土地时一次付清地价外,每年向国家交纳少量的地租手续费。永久性的地契一般都有限期,期限有30年、45年、60年、99年不等,期满后土地交还给政府。一般情况下,政府会重新估价后再颁发给租者。这种有限期租地可以转让,但是,政府另有限制条件。永久性的地契一般是指999年,马来西亚至今还没有那么长的历史来鉴定到期后的处置。

(2) 批租地契。

批租地契一般为99年期,期满后,土地连同地上产业无偿收归国有。当然,也可以申请续延租期。暂时居住的地契,一般不超过一年,必须年年更换,不能转让,也不能继承,且暂时居住的土地一般附有条件。例如:如果是屋地,只能建造木板屋之类的临时住房,不可建造砖瓦房;如果是农业地,则只能种短期农作物,不可作长期性农作物。一般每年期满,若没有更换,政府有权收回。

私人向政府申请土地,通常要办理以下手续。

首先,必须确定要申请的地段,提交申请书,然后由县长上报州政府,州政府批准后,就由县长发出地契。政府颁发土地给私人时,发出的地契分为许多种。通常有暂时居住的地契、有限期的地契、永久性的地契、小块土地的地契、大块土地的地契等,其中最主要的是前三种。

从实践看,当今世界上很多国家都实行土地批租制度。例如,美国、英国、澳大利亚、新加坡、马来西亚、新西兰等国家,批租地契一般为99年期,期满后,土地连同地上产业无偿收归国有。

(二) 泰国

泰国是君主立宪制国家,实行的民主政策、法律系统和社会制度基本上全部借鉴英国,十分重视私人财产产权。泰国的土地制度发展相对较慢,直到20世纪初,泰国的土地私有制才基本完成。泰国现行的土地制度以私有制为主体,全国土地分为皇室所有、国家所有和私人所有3类。私人土地的90%以上集中在10%的泰国人手中。泰国土地可分为永久保留土地与批租土地。

1. 永久保留土地

永久保留土地包括政府拥有、皇室拥有和私有土地。财政部负责管理政府所拥有的土地,如政府办公室和国有企业用地部分,农业部负责管理农业用地,教育部负责管理宗教用地,皇室产业局及国王财产办事处负责管理国王土地财产,而国王土地财产亦可通过批租形式批租给任何人。私有土地只可由泰国公民和企业拥有，非泰国公民或组织如希望拥有永久保留土地，必须投资不少于4000万泰国铢，或与泰国企业组成合资企业并至少占51%股权，才能向国家申请拥有永久保留土地。

2. 批租土地

批租土地属于私人土地，泰国公民和海外人士均可自由承租的土地称为批租土地。获得批租土地的使用年限通常较长，一般介于30—50年之间，租期届满后还可获得续租。承租人在签署土地租用协议时一般需要预付部分定金，租金可以按年支付，土地租用的条件由出租方与承租方共同协商决定，承租人可在出租人同意的情况下再次出租土地。

泰国的土地使用权转让经历过不同时期的改革。1968年，泰国颁布的《生活保障土地分配条例》规定，农民在获得农地权利证书之日起5年内不得转让农地，且每户家庭承包的农地不得超过8万平方米，但是，许多农民迫于生活压力在5年期满后转出农地，大部分失地农民只能租用富裕地主的农地。1972年，修订的《土地法典》规定农地使用权与农地所有权的转让规则一样，要先办理登记才能转让，但是，泰国法院判例认可农地使用权以交付方式转移，且使用返还请求权期限为一年。1975年，泰国颁布的《农业土地改革条例》规定，农民的土地权利主要有可以租赁或购买土地，当农民付清租赁合同的租金后，可以申请土地所有权证或土地使用权利证书，但该土地禁止自由转让，不过可以继承、给贷款提供担保，能卖给农业土地改革办事处或农业生产机构。泰国政府负责农地原始登记和确权，农地流转和交易则以市场调控为主，土地所有权允许所有者买卖、转让和抵押，具有完全的权益；包括农地使用权规定所有者在期限内有使用土地的权利，允许买卖、转让和抵押。

（三）印度尼西亚

印度尼西亚是土地私有制国家，土地可以自由买卖。但是，当前印度尼西亚的土地市场很大程度上是非正式的，土地交易往往缺乏适当的文件和登记。

印度尼西亚独立以后，大体上继承了荷属东印度的法律体系，于是，在土地制度上，就存在两种类型的土地，即西方（荷兰）法土地（基本上和现代意义上的私有制土地一样）和习惯法土地（在不违反国家利益的前提下得到承认，习惯法即私人产权的转让，它产生于社会习惯，合法但是不正规）。一般来说，印度尼西亚的土地所有类型有两种：国有土地和私有土地。私有土地有的已经登记，有的尚未登记。国有土地是没有任何附加权的土地。当前，印度尼西亚农村土地产权制度仍是以1960年颁布的土地基本法为原则，农村土地以私有制为主。

1. 交易主管部门

国家土地局根据具体的规定和行政要求管理土地交易市场，土地交易条例由国家的BAL(Basic Agrarian Law)规范控制，即农业基本法。这部法律是1960年的第5号法律，所以也称为UU 5/1960。

2. 交易方式

(1) 交易主体。土地所有者只能是印度尼西亚公民；法团可以拥有所有权及其赋予的权利；外国籍公民可以取得获得耕种权、兴建权或使用权等形式的次要的土地权，即在法定的时间和土地规模以内可以租赁和利用土地；若一个人既具有印度尼西亚国籍，又具有外国国籍，他不可以拥有土地所有权。

(2) 交易客体。交易客体是国家土地所有权和使用权。

(3) 交易形式。交易形式是出让、转让、租赁。土地占有权的通常形式是：完全保有权、租借占有权、租赁协议。土地的完全保有权可以通过转让、授予国有土地或租借国有土地获得；租借占有权可通过转让或授予国有土地获得。

其中，农村土地使用和经营权，从土地所有者转手的主要表现形式有三种：

第一种是典当形式，即由于农民无经济能力经营，把土地典当给富裕农民或城镇工商界经营，土地所有者可以根据双方共同商议的期限、款项等条件把土地赎回。然而实际上，一旦土地典当出去，农民根本再无经济能力去赎回。印度尼西亚政府明文指出，禁止以典当形式把土地占用权让给别人，但许多地方特别是贫困地区农村典当土地的现象仍严重存。

第二种是租用形式，即农民把土地租给其他农民，一般是临时性的周转，少则一个季节，多则一年，有些地方可以以产品折价的方式缴纳租费。

第三种是分成形式。这是由于农民缺乏劳动力，把部分土地让给别人耕作，耕作者承担全部劳力和生产费用，其收获按《分成合同法》规定分成，即土地所有者和土地耕作者之间的分成比例为：水田产量净收入50%∶50%；旱田产量净收入33%∶67%。

(4) 交易流程和合同。对于未登记的土地，交易过程几乎没有手续，即使是口头交易也是可行的。一些地区根据合同的标准手续，然后签订销售/买卖契据。对于价值较高的城市土地，则使用更为正式的书面合同，特别是对于房屋交易，1995年的法令已规定了房屋交易的开发商义务。比如：按照销售采购协议的规定，真实地完成房屋建设，并提交建筑草图和技术建筑规范等；在房屋出售之前，需持有下列授权的有关交易许可证：地方政府授权的地方许可证、国土局关于征地的函件、建筑许可证等；房屋转让后，通过授权的土地和房屋必须进行登记；如果因为开发商的疏忽导致延期交付土地，开发商则会被处以一定数额罚款。

值得一提的是，印度尼西亚的交易费用非常高，包括物业登记费用、法律费用、房地产代理费等，印度尼西亚的销售税和转移税均高于亚洲其他国家。克鲁兹(2008)估计印度尼西亚的土地交易总成本可以高达物业价值的47%，同时，开发商在获得发展许可证后才获得土地是很常见的增大了时间成本。印度尼西亚监管费用往往高于土地本身的价格。对此，1981年印度尼西亚政府推出了国土资源运行项目(PRONA)，该计划旨在降低涉及土地所有权的交易费用。印度尼西亚的土地交易总成本高的另一个原因是印度尼西亚还有很多土地没有确权，从而导致交易费用较高。目前，印度尼西亚的土地管理项目(LAP)目标就是到2020年在印度尼西亚给全部土地确权，所以，印度尼西亚目前的土地市场发展比较缓慢。

（四）菲律宾

菲律宾以土地私有制为主，土地制度仍处于大地主庄园制的初级形态。菲律宾土地市场以土地租赁市场为主，土地租赁市场是农业交易市场的重要组成部分。

目前，菲律宾的土地使用权制度可以分为三类：全资拥有的土地、共享租赁土地和租赁土地。全资拥有的土地是指以持有人的名义拥有所有权的土地。共享租户土地是指租赁土地，其中租赁安排是以产品或收获的份额的形式。最后，租赁土地是指由承租人种植的土地，属于或合法拥有的另一家出租人，这个类别还包括借款、典当、抵押、租用的土地。

一般农业租借契约，农业出租人和承租人只要不违背法律、道德或社会政策，可以在租借契约中订立任何条件或条款。但在租借契约中订立下列条件或条款被认为违背了法律、道德或社会政策。

(1) 要求承租人付给超过法律规定的租金。

(2) 要求农业承租人因使用属于农业出租人或其他任何人的耕畜和(或)农具而付给超过法律规定的合理租金。

(3) 把下列规定作为条件强加在租借契约中。

① 要求农业承租人租用农业出租人或第三者的耕畜或农具，或要求他使用出租人或第三者经营的任何商店或服务设施。

② 要求农业承租人完成法律规定的职责和义务之外的任何工作或提供任何服务。

③ 要求承租人承担任何罚金、扣除额或摊派款。要求农业承租人接受一笔实物贷款或用实物偿还贷款的任何契约同样违背法律、道德或社会政策。

在租借期间如未订立任何协议，则租借契约中的条款和条件应持续有效，直到双方加以修改时为止。但是，对条款和条件所作任何修改，均不应损及农业承租人对该土地的租借权。此外，如契约规定租借期限，则在期满时除法律规定的情形外，农业出租人不得增加租金。

值得注意的是，尽管有占有土地期限或将来放弃土地的协议，但是农业承租人仍有权继续享用和占有他持有的土地，除非在法院审理后，发现有下述情况而经法院最终判决批准可以剥夺其土地。

(1) 农业出租人兼业主或其直系亲属自己想要耕种该土地或将该土地变为居住地、工厂、医院或学校用地，亦或其他非农业用途时，农业承租人在根据法律规定获得的权利以外，还有权获得相当于其土地 5 年租金的侵犯赔偿费，除非农业出租人拥有和出租的土地不超过 5 公顷。

(2) 农业承租人实际上未能履行契约或本法典规定的义务，除非这一情况是由偶然事件或不可抗拒的力量所引起。

(3) 农业承租人不按照先前一致同意的意见，在持有土地上种植其他作物或将土地作其他用途。

(4) 农业承租人未能采用法律规定的已经过检验的农业生产惯用方法。

(5) 由于农业承租人的过错或疏忽，使土地或土地上其他永久的设施遭到实际损害或破坏或已不合理地恶化。

(6) 农业承租人到期不付租金。

(7) 承租人违反法律规定而在持有土地上雇用转租人。

目前，菲律宾的土地市场还在建设之中，土地市场面临诸多阻碍。

一方面，土地分配的改革还没有成功，权属不清成为其土地市场发展最大的障碍，菲律宾是发展中国家土地所有权问题较为严重的地区之一。1987 年 7 月，阿基诺宣布全面土地改革方案(CARP)，国会于 1988 年通过了 CARP。土地改革方案的主要目的是将土地转让给实际的耕作者，将公共和私人农业土地重新分配给失地农民和农场工人，让公民公平地拥有土地所有权，超过 7 公顷的土地由政府购买，出售给无地农民。此外，该方案禁止任何形式的转让 CARP 授予的土地。Gordoncillo(2012)报道说，CARP 是影响菲律宾农村发展的主要干预措施。但是，由于目前土地所有权和登记的问题，CARP 尚未得到充分实施。土地改革仍在继续，通过土地并购与分配，将会有越来越多的农民拥有自己的土地。

另一方面，高昂的费用和烦琐的登记程序也导致土地交易受阻。一是约 2500 万块土地中只有 1000 万块得到产权注册登记，其余土地都没有进行产权注册，如果按目前注册登记速度，完成这些土地的登记注册需要 75 年。二是在菲律宾，土地权、房产权、销售权都需要注册登记，注册登记程序非常复杂。比如：菲律宾房屋建筑与销售法律规定国家房产局负责房屋的建筑和销售，如果在已注册的土地上建筑房屋，必须事先向该局提供房屋建筑申请及建筑计划，然后该局根据国家房产法案的有关规定如果认为该建筑计划符合条件，则对该建筑予以注册并批准申请人建设房屋。取得注册证明的所有人或经营者还必须在注册后的两星期内向该局申请房屋出售许可证,无许可证者无权出售房屋。三是土地交易成本奇高,各种税费共占房屋实际价格的35%左右。

以上四个国家均属于土地私有制国家,目前的土地交易制度基本上处于自由买卖的状态,但是,由于殖民历史,这些国家基本上跟过去差不多,农业种植园经济发达,大地主占有的私有土地份额高,对现在的土地改革造成了一定的阻碍,尤其是菲律宾,土地分配改革至今尚未成功,还有很多无地农民,土地流转交易不畅。而印度尼西亚目前的土地交易市场发展也还很缓慢,因为高昂的注册和许可费用,被称作是亚洲极具限制性的土地登记和建筑许可证制度的国家之一。

三、受限制的土地所有权交易市场

柬埔寨的土地市场所有权和使用权交易并存,所有权的交易比较广泛,属于受限制的土地所有权交易市场,所以单独做一类进行说明。

据柬埔寨王国土地法可知,柬埔寨的土地可以分为国有土地、私人土地和集体土地(寺庙和土著土地)。国有土地分为国家公有土地和国家私有土地。国家公有土地不能买卖,国家私有土地进行出售、转让、出租或其他合法契约交易,但国家私有土地不提供公共服务或受制于任何国家公有土地的用途分类。私人土地除非法律禁止,不动产所有者有使用、享受和处置其财产的广泛的排他的权利。财产所有者不可以伤害、妨害或干扰第三方(尤其是其邻居)使用其财产。正常合法的使用财产不视为妨害,除非法律禁止,土地的所有者可以自愿种植、开发和建筑任何事物。集体土地包括僧院的不动产和山地社会的不动产。在宗教委员会的照管下,僧院中已存的土地和建筑等不动产归其宗教和其继承者永久性所有。僧院的不动产可以出租或佃租,只要其收入专用于宗教事务。山地社会指居住在柬王国境内,其宗教、社会、文化和经济自成一体,以传统方式生活,按集体使用的习惯规则在其拥有的土地上耕作的群体。山地社会无权处置属国家公共财产的集体所有权给个人和团体,该社会之外的机构不可以取得属于山地社会的不动产的权利。

(一) 土地所有权交易制度

柬埔寨土地分为三种形式:私人所有、公共所有和集体所有。只有通过合法的占有才可以获得所有权。

1. 交易主体

柬埔寨王国宪法规定,任何人不论是个人还是团体,均有权是所有权的主人(业主)。只有具有柬埔寨国籍的自然人或法人才有权作为土地所有权的主人。具体来说，包括下列自然人和组织：柬埔寨公民、公共区域的集体、公共机构、社团、协会、公共企业、民商企业和任何法律视为法人的柬埔寨组织。合法的个人所有权被置于法律的保护下，任何人所有权的撤销，只有在法律上有规定、事先提供适当及公正赔偿，并为公共利益所必需的情况下才可以进行。

2. 交易客体

交易客体是国家私有土地和私人土地。属于国家和公共法人的私人财产可以依法享有出售、交换、分配和转让权。但是以下土地不可转让：属于国家和公共法人的财产的有任何原始自然的财产，如森林、航道、自然湖泊、堤坝、河流和海岸；任何供一般使用的财产，如码头、港口、铁路、火车站和机场；任何供公共使用（无论是自然形成的还是建造的）的财产，如道路、公园和保护区；任何供公共使用的财产，如公共学校、教育学院、行政建筑和所有的公共医院；任何依法成为自然保护的财产、建筑的文化历史遗迹；属于皇家但不是其私有财产的不动产；执政的国王管理皇家的不动产，且国家公共财产不能转让给外国人。

3. 交易方式

交易方式主要有销售、交换和赠予。

1）销售

不动产销售合同是允许卖家向买家转让不动产所有权，买家向卖家支付不动产购买价格的合同。只要不动产销售合同以书面、主管机构规定的格式且在注册机构注册，其所有权的转让是可执行的并可对抗第三方。销售合同本身不是所有权转让的充分法定条件，有能力签署合同的柬籍人可以出售或购买不动产。但是，以下人不可出售：不是提供出售财产的所有人；未经其他共有所有人同意的不可分财产的共有所有人；其财产被没收的人。以下人不可购买：监护人不可购买被监护人的财产；管理人不可购买其管理的财产；法官或政府官员不可购买其管辖或其负责出售的财产；财产被取消赎回权的人不可再购买其财产。

合同在注册机构登记的出售合同其所有权转让应视为有效。合同应记载售价，否则应视为无效，只有各方已证明支付所有财产税时，不动产销售合同才可登记。

2）交换

不动产的交换是当事人同意交换彼此不动产的合同。不动产的交换使不动产所有权转让，交换应按出售的条件一样执行。

3）赠予

赠予是赠予人将财产所有权转让给被赠人，被赠人接受的合同。只有书面、法定格式并在登记部门注册的不动产赠予才可对抗第三人。不动产可在生者间赠予、死亡赠予、委托赠予。如果赠予是相互赠予则构成交换。国家只可以由于社会原因将不动产授予自然人居住或进行维持生存的耕作。

(二) 土地使用权交易制度

土地使用权交易制度的客体是柬埔寨法人和外国投资者获得的国有和私有土地使用权，其交易形式主要是通过特许、租赁、转让、抵押等方式取得。

1. 特许

柬埔寨特许土地分为特许经济地和特许社会用地。

1) 特许经济地

自1993年柬埔寨开始推行自由市场经济。为了实现经济发展目标，柬埔寨政府通过准许国家私有土地(不使用的土地)以经济特许地的形式来促进国内外私人投资。

(1) 交易客体。交易客体为国家私有土地。柬埔寨政府2007年第114号令规定，土地可以通过特许的方式租借或授予以获得使用权。国有土地可以被私人团体收购或通过租借和特许的方式转移使用权，但土地类型必须为国家私有土地，国家公用土地只有被转化为国家私有土地后方可，长期租借或特许经营获得的土地均可进行抵押。

(2) 交易主体。交易主体为国内外投资者。对于国外投资者，法律仅允许外国投资者或者外国投资者51%以上控股的合资或独资公司以特许地、无限期长期租赁或可续期短期租赁等方式使用土地。该法律对于想投资有机农业、资源型林业的外国投资者是一种限制。

特许经济地被许可权的转让包括两个层面：一是土地的转让，即受让方和转让方达成一致后，再提交政府主管机构批准，但是土地转让是否需要支付对价，这个问题仍待解决；二是地上建筑物的转让，这仅需要转让方和受让方达成合意即可实现，但是这一层面的转让的前提是已完成第一层面的转让，否则无法实现，与我国的“房随地走”原则是一致的。由于特许经济地被许可权不是一种完整的所有权，而是一种他项权，故其转让需要受到一定的限制。

(3) 期限。居住、农业自用或工业化农业开发的土地许可授予程序应由法规确定。土地许可的最长期限为99年。

(4) 相关规定。特许经济地交易的相关规定有以下几项。

① 土地许可必须基于特定的法律文件，在占有土地前由授予土地许可的所有者，如国家或公共集体或公共机构这类主管机构颁发。此许可必须在土地管理、城市规划与建设部注册。

② 必须符合本法公共秩序的规定，当不符合法定条件时，土地许可是可被政府撤销的。被许可人有权依法定程序对此决定上诉，如被许可人不遵守合同规定

的特殊条款，法院可撤销该许可，在许可期内被许可者的权利是所有者的权利；被许可者有权要求主管机构保护他的权利。被许可者可以针对任何形式的侵害，捍卫被许可的土地；被许可者可以按许可的目标获得土地的收益并进行农业开发，被许可者不可以变更土地目标而破坏自然结构或在许可尾期进行毁坏性的开发。

③ 被许可的土地不能通过转让而转让。被许可土地的转让只能由主管机构为新许可权利持有人的利益创立新的许可合同。如果被许可人死亡，其继承人愿意可继续在剩余的许可期限内行使权利。

④ 工业化耕作的土地许可必须在颁发许可后 12 个月内开发，否则，该许可将被撤销。任何长于 12 个月，无适当理由的不开发行为将成为撤销许可的依据。本法生效前所有 12 个月内未开发的许可在本法生效后应被撤销。被许可人未交许可费应成为撤销许可的依据。

2）特许社会用地

和经济特许地不一样的是，特许社会用地可以免费拨给特许权所有人，而且到最后特许权所有人有可能获得土地所有权。如果特许合约持续了 5 年，那么受让人有权把特许社会用地转换成个人所有的土地，也可以要求获得房产证。在这 5 年期间，特许社会用地本身不能用作出售、出租或捐赠。

2. 租赁

柬埔寨王国土地法关于不动产租赁作了明确的规定：所有者可以向其他人租赁不动产。租赁合同是不动产所有者临时将财产交予他人，以规定的租金、租期为对价的合同，不动产租赁合同也称租赁协议。

（1）主体。主体是柬埔寨人和外国投资者。允许外籍华人以多种方式使用土地包括特许、15 年或以上长期租赁及可展期短期租赁，土地使用权包括承租人在合同规定期限内对建筑物、装备及土地改良所拥有的权利，使用土地方式需符合现行法律规定。

（2）客体。客体是国有土地或私人土地。

（3）租赁形式。租赁有两种形式，即不定期租赁与定期租赁。

不定期租赁与可续租的短期租赁形成出租人与承租人间的个人关系。如果有所有者的明示同意或授权，可以分租。长期租赁形成不动产的权利可有价转让或继承。如果不损坏或根本改变其原有性质，可以改善并改变长期租赁的财产，除非租赁协议中有特殊规定。

（4）期限。期限包括定期和短期。私有土地可以短期或长期租借。短期租借到期后可有多种方式进行续借，而长期租借时，可达 15—99 年。相关规定如下。

① 短期租赁是指有确定期限，最长为 15 年的租赁。长期租赁是指期限在 15

年以上的租赁，最普遍的是70年的租赁，外国投资者也可以租赁国有土地，最长期限为99年。国有资产的这种让渡与长期承租相似，但土地必须用以约定好的用途。[①]

② 上述权利可有价转让或继承。如果不损坏或根本改变其原有性质，可以改善并改变长期租赁的财产，除非租赁协议中有特殊规定。租赁期到，出租人或其继承人无须对承租人所做的土地改良进行任何补偿就完全获得所有权，出租人或其继承人无权强迫承租人将不动产返还原状。

(5) 合同。租赁合同应按当事人意愿、现存法律、通用规则制定。租赁合同应为书面合同，口头租赁应视为临时租赁，只要在相当于租金支付期前通知，可以在任何时间终止。承租人负责财产的正常维护，除非租赁有相反规定，租期届满，应将财产恢复原状并承担因滥用造成的损失。

3. 转让

自然人或法人租赁国有土地的，应依据国有资产管理有关规定办理；自然人或法人租赁国有土地的，经主管部门批准的，可转租给第三方。

4. 抵押

不动产所有人可以通过抵押设立担保来保证支付债务。抵押是一种担保，它不转移拥有的不动产，允许债权人在债务到期时通过法院出售该不动产，债权人对售价有优先受偿权。条件只有在土地登记机构注册的不动产才可抵押。债权人不能通过支付成为被抵押财产的所有人。

抵押合同必须在主管机构审核前或被授权律师前以法定形式制定，必须在主管机构注册。起草抵押合同的主管机构和注册表格应由法令制定。抵押合同必须明确财产的状况、性质、担保权或相关法规确定的费用和价值：在同一财产上可先后抵押。每个债权人应按抵押注册顺序行使权利，如抵押财产的所有人无法支付到期债务，任何抵押权人不论先后顺序可寻求出售该财产，按抵押顺序抵押权人应同时获得补偿。

第二节　土地市场监督与管理

一、监管主体和组织机构

一般来说，土地管理机构的设置一般有三种模式：单独设置机构，直属各级政

① 资料来源：中国-东盟法律网 http://www.zgdmlaw.com/。

府领导;在某一部门内设置土地管理机构;不单独设置机构,土地管理职能分属若干职能部门。按照这种模式,我们可以将东盟国家按土地管理机构设置类别分为三类,具体情况如表4-1所示。

表4-1　东盟国家土地管理机构情况表

土地管理机构类别	国家	主管机构
单独设置机构,直属各级政府领导	新加坡	土地管理局(SLA)
	印度尼西亚	国家土地局
	越南	国家土地管理局
	老挝	国家土地管理署
在某一部门内设置土地管理机构	泰国	内务部下的土地厅
	柬埔寨	土地管理、城市规划和建设部
	菲律宾	环境和自然资源部下的土地管理局
不单独设置机构或是其他	马来西亚	国家土地委员会,各州也可自行决定
	缅甸	农业水利部及相关部门

(一)独设机构的国家

1. 新加坡

鉴于新加坡国土资源稀缺,作为管理国家土地和建筑物的中央主管机关,新加坡土地管理局(SLA)全权负责土地管理的相关事宜,其核心目标是为新加坡经济和社会发展提供最优化的土地资源。

新加坡的土地管理体制,是根据政府关于国家土地实行统一和有效管理的目标建立的。在独立以前,为了有效落实政府的土地政策和土地发展计划,2001年6月,原新加坡土地局、新加坡土地注册局、土地测量局和土地系统支援组织并成立了新加土地管理局,新成立的土地管理局是政府的一站式土地行政管理局,政府对全国土地实行统一管理,负责制定和执行土地政策,处理土地区划、地契、土地征用、租约与空地管理等事务,以充分利用土地并为大众提供综合性土地行政服务和土地咨询服务。土地局的主要职责有以下几个方面。

(1)保护和管理国家土地,巡回检查和处理违法占地与非法建筑。

(2)代表国家出让或临时出租国有土地,发放地契或临时土地使用证。

(3)根据建设需要强制征收私人土地。

(4)代表国家征收土地税。

(5)负责管理和分配空闲的国家建筑。

(6) 负责填海造地的计划、规划和审批工作。

(7) 负责土地管理业务需要的测量、制图和地籍档案管理工作。

根据上述规定的职能任务,国家进一步研究审定了律政部土地局下属机构的设置方案,土地局下设土地割让署、土地征收署、国家土地管理与监督署以及综合服务署四个署级机构。

新加坡土地管理是由中央一统到底的管理模式,并且取得了成功,除了其科学的管理方式之外,很重要的一个原因是国土面积小,不存在区域差异。

2. 印度尼西亚

印度尼西亚的土地行政管理单位是印度尼西亚国家土地局。其主要职责:一是制定国家政策,建立土地领域的技术标准;二是协调和规划与土地相关的政策;三是负责组织实施为土地管理服务;四是负责土地测量和土地登记;五是负责土地证的发放;六是与印度尼西亚财政部一起负责管理政府所有的房地产和资产;七是管理土地租赁。其主要目标:一是消除贫穷、失业和社会的不公正、不公平现象;二是减少征地纠纷,废弃地的利用和基础设施,档案的管理;三是完善法律法规。

印度尼西亚的土地管理由国土部(Badan Pertanahan Nasional,BPN)负责。在 1998 年以后的权力下放期间,政府认为,将土地管理权力下放到城市职责以及其他政府职能,但最终被保留为集权机构。BPN 于 2006 年被宣布为非部级集中机构,是少数与地方政府无直接协调的中央集权机构之一。BPN 的地方办事处遵循雅加达中央政府机关的指示。区域办事处负责指导,监测和评估省级的土地行政和协调工作,当地办事处则为当地社区提供服务。

3. 越南

越南对土地的统一管理,实行四级管理体系。国会作为最高权力机关,决定全国土地使用规划,行使最高监督权。政府作为最高行政机关,决定各省、直辖市土地使用规划,以及国防和安全用地规划,负责配置土地资源,并由资源环境部具体负责。各省、直辖市、县人委会在职权范围内行使土地管理权。乡镇设立土地办公室,负责处理土地行政事务。

这一体系始建于 1994 年,在这一体系框架下国家土地管理局对中央政府负责;省级土地管理局对本省人民委员会负责;行政区土地管理局对本行政区人民委员会负责;每一个公社设立一个土地办公室。2002 年,越南政府机构大改革时,中央政府将包括国家土地管理局在内的 7 个部门合并,成立自然资源与环境部,管理土地资源、水资源、矿产资源、地质和环境,地方政府的这些机构也随之做了相应调整。从目前的业务运转情况来看,土地、矿产、水和环境的管理职能依然保持相对独立，与机构改革前并无太大区别。

从行政隶属和业务关系上看，越南土地管理体制的显著特点是：横向负责、纵向指导、数据逐级上报。土地管理机构由本级人民政府产生，受本级人民政府委托，处理有关土地行政事务，重大土地管理事务由本级人民政府决定，并对下级土地管理机构进行业务指导。这种土地管理体制决定了地方政府（主要是市级人民委员会）对土地管理具有绝对权威，是配置土地资源和负责土地审批的主体。

4. 老挝

老挝新土地法规定，由新成立国家土地管理署以集中统一的方式管理国家土地，不同的用地由不同的部门管理，但要在国家土地管理署的统一领导和协调下开展土地的各项事务。2006 年，老挝成立了国家土地管理署，作为内阁的重要组成部分，其具体职能包括：保障土地产权的安全性，发展透明高效的土地管理制度，通过相关地税费增加财政收入等。

老挝土地管理机构包括国家、省、县、乡四级管理体系。横向上，国家土地管理署包括：土地产权产籍局、土地政策与土地利用调查局、办公厅、土地和自然资源信息研究中心、土地利用规划和发展局。老挝土地法规定，政府在全国统一范围内集中管理土地，国家按照法律和规划统一管理全部土地，保证有目的和有成效地使用土地。政府授权有关管理部门，如农林部、工业手工业部、交通运输邮电建设部、新闻文化部、国防部、内政部，授权财政部为集中管理者。以上管理机关按国家经济社会发展规划，进行土地登记，发放土地证，出租土地并直接管理建筑用地。

以上东盟的四个国家均属于单独设置机构，直属各级政府领导类型。这种组织机构的设置方法的优点在于国家可以进行统一管理，避免混乱、多头分散，中央的政策能被及时下达和执行，且统一、全面、科学。这种统一管理的模式是目前大多数东盟国家采用的方式。

（二）部门内设机构的国家

1. 泰国

根据法律规定的土地管理任务，经国家研究决定设置下级机构，以保证任务的实施和完成，即按照土地管理部门工作职能的严肃性的要求，确定在内政部内设置具有独特功能的土地专管机构——土地厅。土地厅由 1 位厅长与 3 位副厅长共同组成，其中 1 位是主管地籍测量工作的副厅长。在内政部的土地厅下设 15 个有行政职能的处、室，7 个具有专业性的事业机构，此外，还有 1 个专管地方的专业工作机构。

泰国的土地管理任务是由泰国的土地法律规定的，主要有以下几个方面：国土资源的调查、测量与界标的埋设；土地权属的调查、登记和使用证的发放；国土地资源合理利用的检查、监督与管理；土地所有权和使用权的保护；主管土地（含地上不动产）出让和建设用地的审批工作；负责土地估价和土地税的征收工作；负责拟定宗教寺庙与外籍人士用地的政策；负责管辖区内土地资源合理利用的规划拟定工作；主管土地出让、转让所得税的征收等。

2. 菲律宾

菲律宾环境和自然资源部是菲律宾国土资源的主管部门，而其下属的土地管理局为该国主要的土地管理机构。

菲律宾环境和自然资源部下设 6 个局：矿山和地球科学局、土地管理局、森林管理局、环境管理局、生态系统研究和发展局、野生动植物和保护区管理局，其中矿山和地球科学局、土地管理局分别负责全国矿产资源和土地资源的具体管理。

3. 柬埔寨

柬埔寨的土地管理行政机构是柬埔寨土地管理、城市规划和建设部（Ministry of Land Management，Urban Planning and Construction，MLMUPC），MLMUPC 是一个负责管理柬埔寨土地使用、城市规划、项目建设、解决土地冲突的政府部门。其中心办事处设在金边。2012 年，柬埔寨土地管理、城市规划和建设部负责 2125 个项目，并为 1694 个工程建设提供许可证。目前，柬埔寨土地管理、城市规划和建设部分为 6 个行政区域：部-内阁办公室和主要部门办事处；一般部门（如行政、人力资源等）；省、市有关部门（在每个省会拥有国土资源厅办公室）；土地政策理事会；全国地籍委员会（创建和维护地籍图和管理委员会工作，以解决土地所有权和土地使用冲突）；全国社会土地特许委员会。

泰国、柬埔寨、菲律宾这三个国家属于在某一部门内设置土地管理机构的组织模式。在这种模式下，土地管理机构隶属于某一职能部门，级别相对而言不是很高，权威性不强，难以协调、管理各职能部门的用地问题。

（三）分置管理机构

马来西亚、缅甸不单独设置机构，土地管理职能分属若干职能部门，其中马来西亚比较特殊，其土地管理机构不同于前面提到的两种类型，国家土地委员会作为国家发展规划的协调机构，是马来西亚土地管理的最高决策机构，成员包括马来西亚各州的州长及有关部长，秘书处设在土地及合作社发展部。但是，宪法规定土地是州务问题，各州都有权制定自己的土地政策。所以，各州一般会抢先制定自己的土地政策，既然土地属于州务问题，就意味着有多少个州就有多少地方土地政策，地方化的土地政策又被州土地政策所控制，联邦政府在较高层面上指导州土地政策，实现国家规划的目标。马来西亚土地政策，特别是土地利用规划是融合在国家发展规划中实现的。

这种类型的组织机构设置不太科学，容易造成政出多门、分散管理的混乱局面，浪费土地、乱占乱用等进一步恶化。当然，这与国情有关，马来西亚的这种设置方法还是跟其联邦制的政体分不开，各州各行其是，可以有自己的决策权，土地政策也是如此。而缅甸作为一个典型的农业国，无论是经济发展还是管理能力都处于较低水平。

二、土地市场监管现状

东盟的土地市场管理水平除了新加坡以外，其他国家管理水平普遍不高，各种土地问题比较复杂。例如，土地投机导致地价上涨，土地权属不清造成的土地纠纷和暴力征地问题，偷税漏税、官员的腐败，管理机制不健全等。各国土地市场的监管水平参差不齐，笔者按照土地市场管理情况，将选取的东盟国家分为两大类进行阐述：第一类是严格管制类，以新加坡土地市场监管为代表；第二类是松散管制类，土地市场监管有待提高，如泰国、柬埔寨、越南、老挝。

（一）严格管制类

以新加坡为主，其土地市场监管水平很高，政府根据国情建立了现代的公共管理理念，突出公共管理的服务功能，形成了顾客至上、市场导向、讲求绩效、创新求变、廉洁高效、选贤重能、运作规范的公共服务特色，大大增强了国家竞争力，提高了政府管理的质量。

在土地管理方面，新加坡土地管理局特别强调对土地管理服务质量的持续改进，并视为其重要目标和核心任务之一，主要体现在以下几个方面。

(1) 提供更加便捷的服务。新加坡土地管理局注重不断对现有的政策、制度进行再思考和再评价，并及时作出修改，保证土地管理的服务功能。

(2) 强调服务质量。新加坡土地管理部门强调无缝服务，为每一个顾客提供细致周到的服务。新加坡提出了“一站式柜台服务概念”，提出顾客在任何时候都能享受到新加坡土地管理局贯穿于土地交易各个环节的持续服务。

(3) 注重信息共享和服务。综合土地信息服务是新加坡土地管理局的信息服务门户，为公众提供土地信息查询、土地测绘、土地规划、土地地图等方面的信息，保证为公众提供一站式的土地相关信息服务，包括提供更精准的土地信息系统。2006 年 9 月，新加坡成功地建立了卫星定位参照系统，可以为测量、制图、导航等提供精确的服务。新加坡土地管理局在更新升级之后重新发布了新加坡综合土地信息服务系统，为普通大众提供包括产权信息在内的土地信息在线免费查询系统。

(4) 精简相应程序以提高服务效率。新加坡土地管理局的各个组成部门都采取了一系列的措施，精简一些不必要的程序和步骤，以降低行政费用及缩短服务的周期。例如，产权人变更登记、共有产权出售等方面的一些手续都进行了相应的修改和简化，给顾客带来了便利，也提高了服务效率。在世界银行发布的商业环境调查报告中，新加坡在产权登记方面名列全球第15位，在"产权登记管理最便捷"方面名列全球第10位。

(二) 松散管制类

随着社会经济的发展，土地作为重要的资源对国家经济发展起着不可忽视的作用，东盟各国的土地市场发展越来越快，但是相应的管理和监督水平跟不上，加上历史遗留问题，一些土地问题也变得越来越尖锐化。东盟国家土地市场正处于不断完善的阶段，一些国家土地市场管理方面经验缺乏，目前主要存在以下问题：土地权属不清、正规与非正规土地交易市场并存、土地投资和投机造成土地价格上涨、土地的贪污腐败等。

1. 土地权属不清

土地权属问题是目前很多国家都存在的问题，东盟众多国家也是如此，因权属不清造成的各种土地纠纷，在柬埔寨、越南、老挝等东盟国家都有发生，最典型的莫过于柬埔寨。由于柬埔寨经历了多年战乱，多个执政党、政府统治过同一片区域，每个执政党和政府统治时一般都会发行土地清册，对管辖范围内的土地性质和权属进行界定，从而造成了一块土地可能会存在几个不同的产权人，而且是同时存在；还存在土地边界界定不清，宗地四至不明确，或不同土地位置相互交叉，无法确定土地范围等问题。土地争夺也普遍在政府授予的经济特许地发生，大部分的授予没有在政府的特许地和村庄土地之间分出明确的限界。随着时间的推移，经营者开始侵犯到村庄农田，而且还要求以农民土地作为特许协议的一部分，致使农民的土地很容易就被侵占。

2. 正规与非正规土地交易市场并存

这个问题在许多发展中国家包括东盟一些国家的土地市场表现得比较明显，主要以老挝、印度尼西亚、越南为例。

1) 老挝

由于人们在正式的交易体制下买卖、抵押或租赁土地时，都需缴纳高额的交易费用，因此，人们通常都会选择非正式的土地交易方式，这就使得老挝大部分的土地市场都是在非正式的交易体制下进行运作的。在万象和其他主要城镇，不正规的中间人还有第二套交易制度。他们的工作方式是搜索卖家放出的交易意向和广告，向所服务的卖家收取1%—4%的交易费用，这类中间人接着会锁定感兴趣的买家，并把他们介绍给卖家，等到合同条件和价格谈妥后，买家将支付所有的转让费用并且自愿地支付一笔佣金给中间人作为服务费。

尽管老挝存在着土地市场，但它们的运营被认为是低效率、不符合成本效益和不开放的。从土地交易记录来看，交易额数据并不高，且由于占用建筑和使用所有权的问题，土地交易受到了限制。此外，土地市场发育程度较低，价格管理体系尚不健全，土地有偿使用制度刚刚起步，土地资源的价值有待显化。

2）印度尼西亚

印度尼西亚城市的土地市场可分为正规土地市场和非正规土地市场，贫困户的非所有权土地的交易属于非正规土地市场。没有土地所有权的土地所有者不得以土地作为抵押从银行或其他金融机构申请贷款，然而，如果将非正规土地市场转变为正式的土地市场，那么给贫困家庭提供土地所有权可能导致他们的土地被高收入群体收购，因此，这个措施应该谨慎使用。改善贫民窟和寮屋区生活条件的方案，如甘榜改善方案（KIP）比为该地区贫困家庭提供土地所有权更为有效。

3）越南

越南也存在非正规土地市场，其土地市场实行两种土地价格，即土地价格双轨制。第一种是根据越南土地法的规定，由财政部、自然资源与环境部共同确定的官方土地价格，这一价格的主要用途是土地使用权转让税的计算、土地分配或租赁时税收的征收、土地分配时地产的估价和土地收回的补偿。第二种为非正规土地市场或称“影子土地市场”的民间土地交易价格。第一种土地价格要远远低于第二种土地价格，20世纪90年代中期越南“土地热”期间，非正规土地市场的价格是官方土地价格的3—4倍。在越南，政府按照非市场价格从土地使用权证书持有者处获得土地，并分配给国有的房地产开发商，开发完成后，土地由开发商和买家根据现行市场价格进行交易。换句话说，最初的劳动力主体没有机会获得土地的真正潜在价值（市场价值），他们被迫将土地交还给政府。非正规土地市场之所以有活力是因为由该市场确定的土地价格反映了土地的真实市场价值。双轨制土地价格，既给用地者带来了两次付费的麻烦，也对被征地者造成了不公平，另一方面也为腐败制造了条件。两种土地价格之间的巨大差额吸引了大量的寻租者，出现了很多在两个土地市场之间倒卖土地的投机者。滥用职权、越权分配或收回土地、擅自允许土地使用权转让和改变土地用途的违法行为也十分普遍。

3. 土地投资和投机造成土地价格上涨

土地投资造成地价上涨是很多国家都会出现的经济现象，近年来，尤其是泰国、越南、柬埔寨、缅甸等，由于外商资金的涌入，地价和房产价格不断上升。柬埔寨2016年外商直接投资(固定资产)建筑业达到13亿美元,在之前的5年中,柬埔寨国内信贷在这个行业的投入平均每年达到了32%。柬埔寨建筑业的外商直接投资总额在2000—2015年期间估计达到35亿美元(占GDP的19%)。此外,土地制度不严密也会造成土地投机,比如,越南在农村土地自由流转基础上滋生出土地使用权资本化创新模式,创新的同时也导致农村土地在二级市场上价格成倍上涨,卖掉土地的农民加入到土地炒作中。

4. 土地的贪污腐败

土地领域的贪污腐败在东盟国家中以柬埔寨和越南最为明显。柬埔寨的土地腐败主要体现为经济特许地腐败,当局常常武断地重新划分土地,把国家公有土地转为国家私有土地。柬埔寨人权中心的研究表明,自2008年,总共有855612.84公顷的国家公有土地被重新划分为国家私有土地。因为农村地区的柬埔寨居民地契的持有率偏低,土地的重新划分常发生在当地农村或土著社区。柬埔寨人权中心发现,很多社区的居民甚至都不知道他们赖以生存的基本用地被授予为经济特许地了。柬埔寨多家处于土地纠纷中心地带的私人公司都直接或间接地和柬埔寨王国政府有着密切联系。据报道,特许土地总额中有20%的特许土地由柬埔寨人民党资深参议员所拥有。

越南土地市场最为严重的问题便是贪污腐败,据越南2005年的一项调查显示,在十大腐败领域中,土地腐败高居榜首。贪污数额有大有小,既有使未登记的土地合法化、非法批准转让等一般违法行为,也有非法分配国有土地等严重违法行为。有权审批土地分配、审批土地租赁、审批土地使用权转让、发放土地使用权证、决定土地收回、实施土地搬迁和制定建筑规划的各级政府官员是土地腐败的主体。在农村城市化、土地商品化的过程中,由于政策法规不健全、管理不完善及腐败现象等原因,越南农村土地管理和使用中出现的问题一度比较集中,农民举报上访不断,相关案件占到全国总量的60%,甚至在敌对势力的挑唆下不时出现大规模群体性事件,严重影响了政治社会稳定。

三、土地市场监管

对于土地市场出现的各种问题,东盟各国分别采取了相应的监督和管理措施,主要包括以下几个方面:制定严密的法律、设置合理的组织机构、推进土地市场正规化运作、完善土地管理机制、加强土地监管。

(一) 制定严密的法律

法律法规是土地市场能否有序运行的前提条件,基本上每个国家都会有土地法,只是有的相对全面,有的还有欠缺,这和各国的国情有关。新加坡的土地市场的良好运转和其全面的法律法规是分不开的，拥有配套完善的多层次土地管理相关法律体系，全社会已形成依法管理土地的理念和氛围。新加坡土地管理的有关法律主要分为以下几个层面。

第一层面是土地管理的有关专门法。例如，《土地征用法》、《土地权属法》、《土地改良法》、《土地税征收法》、《滩涂法》、《地契注册法》等，专门为土地征用、土地改良、土地出让、土地租赁等提供法律依据，具有较强的法律权威性和严肃性。

第二层面是土地管理法定机构的有关条例。例如，《土地管理局条例》、《市区重建局条例》、《建屋发展局条例》、《裕廊镇管理局条例》、《陆路交通局条例》等，明确有关法定机构的基本职能及土地管理方面的权责，为法定机构承担土地管理的特定职能或运作程序提供法律依据。

第三层面是土地管理有关部门颁布的规章。例如，土地勘测、土地注册、土地估价、土地信息技术应用等。这些规章原则上要符合上述法律和条例，由政府有关部门制定和监管，往往为土地管理某项特定工作的程序、环节、流程、标准、操作等提供基本依据。

土地管理有关的法律、条例和规章都随着经济社会的发展和土地用途、结构和效益的变化进行及时的修订和废弃，有效发挥对土地管理的法治保障作用。

新加坡制定的法律很多，在土地使用与管理方面，先后制定了几十种法律和法规，同时还不定期地通过国家宪报将这些法律、法规的内容和执行情况，以及土地的投标、买卖等重要情况给予刊登、公布，使广大人士都有阅悉、传播的机会。因此，依法管理土地，国家在经济、社会和环境等方面，取得了显著的综合效益，没有扯皮现象。

值得注意的是，法律法规的不严谨可能会造成更大的问题。以柬埔寨为例，2012 年 5 月，柬埔寨王国政府着手解决由经济特许地带来的现实问题，并颁布了暂停授予经济特许地的法令，也称 1 号指令。1 号指令禁止授予新的特许经济地，要求对全部现存的经济特许地进行评估，如发现任何经济特许地有违反法律和合约规定的立即撤销其特许使用权，然而这个“暂停法令”本身有着严重的漏洞。暂停法令颁发的时候，很多正在审议中的特许经济地被排除在外，不受暂停法令制约。因而，导致柬埔寨王国政府却无法提供正在审议中的特许经济地的数量。就在暂停法令颁发不久，柬埔寨人权中心发现柬埔寨王国政府把 66314 公顷的经济特许地授予 9 家私人公司。自法令颁发以来，总共有 188749.49 公顷的土地没有受制于 1 号法令，并通过重新分类的手段被一些机构获得，占 2012 年通过土地重新分类而授予的特许土地总面积的一半多。然而，在 2011 年关于《柬埔寨土地市场》的研究中发现，土地法颁布之前，超过 10000 公顷的土地已经被授予成为特许地了。

通过以上两个例子我们可以知道，一项法律制度能否真正发挥其监管的作用，首先，它必然是一项正确的有效制度，柬埔寨的“暂停法令”的失败在于严重的法律漏洞；其次，法律体系需要有层次，但也要注意协调，最后，根据反馈定期修订，这就是新加坡的法律体系的成功之处。

（二）设置合理的组织机构

合理的组织机构是维持土地市场持续发展的必要条件。以新加坡为例，为了避免在用地问题上出现以权谋私，该国按照用地和管地的不同性质，分别设置了之不同的政府机构。例如具有统管职能的土地局，在新加坡独立以前，归属总理直接领导，独立以后，贯彻精简机构、发展策划工作，设置在律政部内，规划建设职能设置在政府的发展部；具有土地估价职能的专业机构（含土地投标、买卖、出租进行估价）设置在政府的财政部内。各种机构的职能之间既有互助互补的作用，也有相互制约的作用，特别是可以防止管地者的投机行为。新加坡的各界人士对这种做法普遍反映很好，评价很高。

新加坡很好地向我们诠释了合理设置组织机构所带来的制度效应，良好的组织机构设置不仅可以创造条件帮助各机构履行自身的职能，还可以促进相互合作和监督，真正发挥互补互助的作用，推动土地市场健康发展，有序运行。

（三）推进土地市场正规化运作

东盟目前的土地市场处于非正规市场和正规市场并存的现状，需要完善产权，推进市场化。越南的土地市场相对于东盟其他同等级的国家来说还是比较完善的，其农地流转市场化制度框架已基本形成，但市场化运作的深度和广度受到产业和经济发展水平的制约。值得一提的是越南农村土地流转市场化的制度，亮点在于实行政府—农民—开发商三方协议机制，让农民个人作为权益主体参与到协商中，反映出政府的民主作风，也因此避免了过激的群体性事件的发生。尽管这样的制度安排使得一些土地流转效率很低，不利于招商引资，但在经济利益和民生福祉的博弈间，倾向民生利益的制度理念无疑是正确的。越南在农村土地流转市场化过程中，还进行了有益的尝试和创新。比如，土地使用权创新以及其他相关制度的创新。

老挝的法律大体上提供了一个良好的土地管理基础，因而土地市场化管理也有章可循。城市土地市场的管理相对于农村更加容易操作，因而城市土地市场秩序略好于农村土地市场。不过，在管理上仍存有一些问题。例如：土地使用权的收费金额是由省级政府来决定，但实际上关于土地所有权使用权的收费问题，应当设立一个全国的统一标准；国内关于土地测量、仲裁、交易、抵押贷款等有太多的法令、指示、通知、建议、修订案等，标准和方式众多，一致性不够，因此政府应考虑如何统一与土地有关的收费，防止与此相关的腐败产生。总体上看，老挝土地市场管理尚处于起步阶段，土地资产与资产化管理还缺乏统筹协调，市场管理的空间潜力较大。

（四）完善土地管理机制

1. 土地供需管理

新加坡土地资源非常有限，该国的一项基本措施就是推行合理的土地供应机制来维护土地的可持续开发。除少数历史遗留的私人永业权以外，城市土地的开发利用基本上由政府控制。新加坡政府严格控制土地供应，建屋发展局可无偿得到政府划拨的土地，而私人房地产开发商则必须通过土地批租，有偿获得土地使用权。政府通过这种方式在一定程度上照顾了中、低收入者的利益。

新加坡的土地市场以政府土地为主。根据概念性规划和土地使用计划形成不同领域的土地市场，政府根据每一个市场的土地使用计划和这个市场特别情形决定土地销售的模式和进度。市场经济体制中的土地管理可分成三个不同的层次：土地的综合规划、土地的分区管理、土地的市场化管理。因此，土地的市场化管理只能在城市土地总体规划的基本框架下有限地实行。

通过以上措施，新加坡政府很好地协调了经济发展过程中土地利用的社会需求与经济需求，协调了产业发展与生态建设之间的关系。其成功之处有二：一是有效稳定了房价，二是考量土地利用的综合效益，有效平衡土地利用的经济、社会、生态需求。

2. 土地审批制度

简明的审批手续往往会提高土地管理的效率，比如新加坡国家土地管理局通过削减一些不必要的审批手续、降低交易成本，致力于为新加坡创造一个透明、友好的氛围。该局定期对土地的相关政策及程序进行评估，以确保它们是紧密相关的并且能够满足顾客需求的。新加坡是一个政府管理效率高、服务意识强的国家，土地管理的服务功能及土地管理的服务意识体现得尤为明显，并且通过各种内外部措施来强化和提高服务质量和水平。2006 年，新加坡土地管理局取消了临时占有许可证从一方转让到另一方时所需交纳的转让手续费，因为在进行土地政策复核中所得到的公众反馈认为，这一费用已经包含在临时占有许可证处理费用当中。这一举措不仅降低了获取临时占有许可证所需的费用，也简化了相关的程序。

相反，过于复杂的审批手续有时候会阻碍土地市场的发展，比如越南的土地审批制度。据 Vietnammet 多次报道，很多企业认为，虽然 2003 年颁布了新的土地法，然而，因土地价格过高和审批手续繁杂而造成的土地获取困难依然是他们生产过程中重要的障碍之一，限制了生产规模的扩大。例如，河内的企业为了获得土地租赁证而不得不到13个行政部门去办理审批手续。2005年10月，越南自然资源与环境部在河内专门就此问题召开了一个座谈会，会上有公司提到，他们曾为了提交一封公函到自然资源与环境部跑了52次；有公司反映尽管土地法规定6个工作日就可以拿到土地审批结果，但他们实际上等了足足有6个月，甚至还有等3年的情况。复杂的土地管理制度及土地审批制度是造成土地腐败猖獗、投机盛行的重要原因之一。总之，土地分配审批中的自由裁量权与混乱不清的审批程序为腐败制造了温床。

以上例子启示我们制度设计合理、便于操作对于土地市场的管理起着重要作用，操作程序适当从简不仅可以提高工作效率，还可以为相关企业和个人提供便利，重要的是，避免了烦琐的流程，限制了官员的权力寻租空间。

3. 信息化管理

在土地的信息化管理方面，经济相对发达的国家占有很大优势，在土地管理上也更为高效和智能。

新加坡在土地的信息化管理方面投入了很多，也取得了很大的成就。其土地信息发展目前处于世界领先地位，政府部门通过土地信息中心实现土地基础信息的共享，市民亦可以通过计算机联网查询获取土地登记册内各项资料，此外，还可以通过电子地契呈交系统，即 Singapore Titles Automated Registration System (STARS)，进行网络土地注册，这是亚洲第一、世界第三个由国家采用的先进技术。可以说，完备的信息系统功能和高效的土地信息服务使新加坡在土地管理领域成为东南亚乃至亚洲地区的典范。

马来西亚的土地信息化管理也较为先进，如其地籍管理采用三维(3D)地籍系统，以满足地表以上和地下地物的要求，并能够注册不限于地面的真实地物。地籍和土地登记系统的三维方法可以为管理现代地籍提供更好的手段。马来西亚半岛内有两个组织负责管理和维护土地管理系统，分别是马来西亚测绘部(DSMM)和地区土地办公室(分别负责地籍调查和所有权)，这两个组织都有自己的信息系统。

文莱为了提高政府行政效率，改善营商环境，2016年文莱土地局和电子政府中心联手推出了网上土地交易系统，通过该平台可申办延长土地租期、更改土地使用条件、注册土地收费及注册土地租借等业务。

（五）加强土地监督

土地管理不善导致交易成本高昂和土地纠纷，需要国家通过法律手段和行政手段，对土地市场主体、市场客体和市场交易程序进行管理，保证土地市场公平交易和平等竞争，以发挥土地市场机制的正常调节功能。

1. 价格监管

1）法律手段：泰国限制外资

随着泰国经济迅速发展以及外国投资者纷至沓来，泰国土地价格大幅度上涨。对此，1988 年 4 月，泰国内阁对 1954 年的土地法作了修订，增加了一项条款，该条款规定，泰—外合资企业中经办土地征购业务的厂长或经理必须是泰国公民。泰国政府实行此项措施旨在防止外国投资者利用泰国公司的名义或泰国隐名股东的身份购买土地以牟取暴利。这样，外国投资者只有通过创办合资企业才能得到土地，不过，合资企业的股权至少 51％要控制在泰国方面。泰国内务部土地局认为，自从 1986 年以来，许多外国投资者已开始把所有资金投于合资企业，并找到了一些泰国隐名股东。

2）经济手段：缅甸的税收政策和柬埔寨的金融管制

为了抑制居高不下的土地价格，缅甸政府正在考虑通过征税调控市场。据缅甸英文报纸《缅甸时报》报道，为了给楼市降温和增加国家收益，政府正在制定新的税收政策控制房价。缅甸政府曾在 2012 年 8 月把购房者需支付的房产税提高至房屋全额的 37％，包括 30％的交易税和 7％的印花税，但收效甚微。有经济学家指出，行政部门效率低下、法律法规不健全、购房者容易逃税，政府很难通过法律措施真正影响土地价格和控制流入房市的资金。

土地投资造成的地价上涨是很多国家都会出现的经济现象，柬埔寨也是如此，这方面柬埔寨政府将逐步完善。比如，为防止土地过度炒作，政府加强了对商业银行的管制，禁止土地抵押贷款。

3）法律和经济手段组合：新加坡房产政策

为了对房地产市场进行严格监控，新加坡政府还制定了细致和周全的法律法规。例如：居民购买组屋后一定年限内不得出租，仅允许房主与租户合住；组屋在购买后 5 年之内不得转让，也不能用于商业性经营，否则将受到法律严惩。此外，新加坡已开始征收房产税，按照规定，业主出售购买不足一年的房屋，要缴纳高额房产税，这对平抑商品房价、杜绝“炒房”也起到了很好的作用。

2. 土地腐败和违法行为监管

1）新加坡：加强执行队伍建设和土地违法查处

据介绍，新加坡的土地管理部门设有一支专职队伍，专门对违章用地者进行监督管理，特别在管理国有土地方面，措施有力。非法侵占国有土地或未经允许擅自改变土地用途的现象已基本得到制止。

2）越南：专职土地监察员，完善管理机制

为了整治官员的腐败问题，越南加大了对土地违法的查处力度，在 2004 年和 2005 年两年内集中解决过去遗存的与土地相关的申诉举报案件，严肃处理压榨农民、掠夺农民土地的行为。政府设立了专职土地监察员。检查各级政府管理土地和有关组织、个人执行政策法律的情况，发现违法违规行为时监察员可按权限进行处理，或建议国家职能部门处理，对公务员在土地管理中的违法违规行为作了具体的处分规定。

3）老挝：奖励和惩处并行

老挝《土地法》对具有良好业绩的个人或组织，如应向保护和开发土地有效的方式，给予额外的土地或延长租赁期，并可得到其他利益。同时，对违反法律、保护和发展土地的个人或组织，如造成公共、环境、财产损失和损害的视情况的严重程度违法者接受相应处罚，例如：撤销土地证书、土地所有权证书或其他证明土地使用权证书。工作人员人在执行有关土地的工作时，违反了法律法规，例如：机会使用功能、滥用权力、腐败、伪造文件、非法发行的土地所有权等的造成国家利益、集体或个人利益受损的，应受到纪律处分或刑罚。

第五章

土地金融与税收政策

第一节　土地金融政策

东盟的土地金融政策可以分为城市土地金融(简称市地金融)和农村土地金融(简称农地金融)两种类型。具体的金融政策有土地银行、土地信托、农村合作社、基金等形式。其中市地金融较为发达的代表国家有:新加坡、马来西亚、泰国、印度尼西亚、菲律宾;农地金融的主要形式有土地银行和农村合作社,代表国家有:印度尼西亚、菲律宾、泰国、越南、柬埔寨、老挝。

一、城市土地金融

东盟的城市土地金融主要以新加坡、马来西亚、泰国、印度尼西亚、菲律宾为代表,其中新加坡、马来西亚是以封闭式房地产金融制度为典型特征,资金主要来自特殊渠道,即强制储蓄融资。强制储蓄融资是指政府凭国家权威和信用,通过国家法令和行政规定等强制手段,要求将雇员工资收入的一定比例定期存入指定机构,专项用于雇员消费支出的一种住房金融类型。其特点是资金稳定性强、存款期限长、筹资数额巨大、筹资成本低。泰国的房地产金融主要有住房抵押贷款和城市发展资金两种,比较特色的就是其城市发展资金。印度尼西亚在发展现代住房融资方面一直起步较晚,正规金融和非正规住房金融并存。菲律宾现存的住房金融体系往往将低收入家庭强制储蓄,其房地产金融体制一直在调整。

（一）新加坡

1. 住房金融

新加坡的土地金融主要是市地金融，其金融机构是金融管理局（MAS），成立于1971年。自MAS成立之日起，金融业务由政府部门执行并专业管理。新加坡作为住房公积金的发源地，其住房金融的发展已达到很高的水平，在住房领域，新加坡是政府干预程度很高的国家之一。新加坡的住房金融机构体系包括：专业性住房金融机构如新加坡中央公积金局和非专业性住房金融机构。住房金融担保和保险中介公司为住房融资提供担保。因此，民间与官方、专业与非专业相结合的机构特点奠定了新加坡住房金融稳定发展的基础。

建屋发展局和中央公积金局在新加坡的保障房建设、管理中起到关键性作用，前者主要负责住房抵押贷款；后者主要负责融资。当然，只靠这两者也是不够的，为了保证保障房政策的顺利执行，还需要国有投资公司和商业银行的协助。投资公司主要负责公积金的增值，商业银行则为购房贷款发放进行补充。

1）中央公积金局

在新加坡的保障房政策中贡献最多的就是中央公积金制度。中央公积金不仅为其公共组屋的建设提供了一个稳定的、持续性的资金来源，还为购买公共租屋的家庭提供贷款业务，是名副其实的新加坡住房金融的核心。中央公积金局是一个依法成立的半官方性机构，但是其运营管理是完全独立的，成立于1955年，隶属于劳工部。中央公积金局的最高负责人是由国家主席任命的，中央公积金局的主要负责公积金归集、管理和增值，内部由雇主服务部、会员服务部、计算机服务部、行政管理、内部审计部和人事部六个部门组成，共同保证完成中央公积金局的正常运作。中央公积金局的收入主要依靠雇主缴纳或违缴公积金的罚款、因为时间差而产生的利息差、公积金的交易费用和政府的代办费用，其中雇主缴纳或违缴公积金的罚款是主要收入。中央公积金的支出主要用于管理费用、投入市场进行增值的投资、管理投资和代办公积金缴款费用。

2）建屋发展局

住房建设启动资金来源于政府20年长期贷款和政府补贴，政府每年财政补贴非营利的建屋发展局。建屋发展局不仅供应和管理保障房，而且涉及融资等业务，为保障房提供贷款服务，而且它提供的富人贷款服务占据了主导地位，因此，它对住房市场的金融业务也有非常重要的作用。HDB的贷款即是建屋发展局的贷款，HDB的贷款对象主要是公共组屋的购买者和二手组屋的购买者，为其提供非常优惠的住房抵押贷款利率，贷款利率不仅低了两个百分点，而且还有很多其他的优惠政策，如享受住屋津贴，若是首次购房还可以享受更低的利率优惠政策。

3）国有投资公司

国有投资公司成立于20世纪80年代初，是法定的公积金投资机构。其作用市场主要是公开市场，例如，上市的股票、债券以及货币市场，公积金局为了让所汇集的公积金进行保值和增值，特地成立了国有投资公司，把大部分的资金交给国有投资公司管理。国有投资公司有权独立运营，日常管理也不受公积金局限制，只需要每年上缴公积金存款利息的一部分给公积金局即可，其余的收益归国有投资公司所有，因此，国有投资公司为了追求长期利润，会制定较低的投资利率，将公积金的大部分都用去购买国债，以购买国债的形式来为国家建设基础设施聚集了大量资金。国有投资公司一直都是有价证券的坚定维护者，持有了国家约三分之二的有价证券。

4）银行机构

在新加坡保障房制度完善的情况下，中低收入人群的住房问题有了全面的保障，但是对于高收入人群来说其住房上也存在一些需要解决的问题。高收入人群由于高消费、高投资而不能把所有的钱都用于购买房屋，自然也需要贷款买房，此时，商业银行的重要作用就体现出来。银行机构主要面向建屋发展局无法覆盖的部分购买者，比如，已经购买过一次小型组屋者，希望二次购买；第三次购买组屋，而且前两次已经享受过优惠的贷款利率；月收入较高的人和拥有私人房地产的人，若是购买二手组屋同样可享受较低利率。储蓄银行和商业银行等商业机构都提供住房抵押贷款，同样，公积金对银行机构也有一定的担保作用。新加坡的银行贷款利率比较低，贷款的额度很大，贷款的期限非常长，普通的商业贷款的月供压力小，一般四分之一的月薪即可还贷，有些人的公积金就足以支付还贷的金额。新加坡的住房金融框架图如图5-1所示。

新加坡住房金融的核心是中央公积金制度，它是强制储蓄型住房金融制度的典范，并被世界上发展中国家广泛采用或借鉴。中央公积金具有稳定、长期和资金量巨大的特点，是新加坡一个非常具有特色的金融工具，中央公积金制度强制规定雇主与雇员每月须按工资收入的一定比例缴纳公积金，公积金由政府运作，提供建房贷款或向个人发放购房贷款，是一项强制性的、长期的储蓄制度。中央公积金不仅有效地解决了购房家庭的购房问题，而且保障了保障房金融市场的稳定性。

新加坡中央公积金制度建立于1955年，《中央公积金法》规定，若雇主没有按照法律要求及时缴纳公积金，不仅要归还公积金的利息，还要缴纳相应的罚款。情节严重者不仅要缴纳罚金，同时还要追究雇主的刑事责任，公积金法授权中央公积金执法检查人员对雇主的账户进行检查，中央公积金局与其他相关机构的关系也非常密切，防范企业不缴或少缴公积金的行为。从1968年开始，政府放宽了

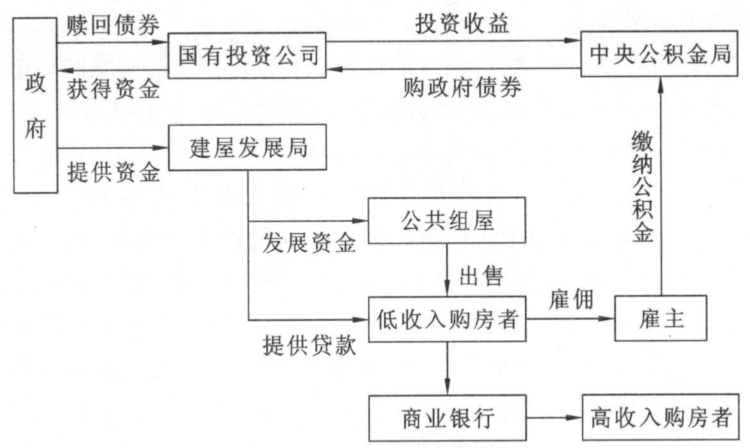

图 5-1　新加坡的住房金融框架图

公积金权限，允许以公积金存款购买政府兴建的组屋，公积金不仅可以用来支付首期付款，还可以用来抵扣每个月的按揭贷款。由于公共组屋的土地使用费和开发费用是不用支付的，而其定价又是政府按照当地居民的平均收入水平来定的，因此，政府兴建的组屋会比市场上同等房屋的价格低很多。这样一来就是在保证建屋发展局和公积金的正常运作水平之下，能够使大部分的居民只依靠每月缴纳的公积金就可以支付建屋发展局的贷款月供。此后，中央公积金局开始大量为建房和房贷市场融资。在住房领域有保障基金的参与是新加坡住房金融市场的一个重要特征。

中央公积金除了具备完善的金融贷款服务，还发挥着保险的功能。比如：①公积金的最低存款计划使公积金会员退休后收入有保障；②填补最低存款计划，协助会员或非会员保留一笔存款，作为其本身或其父母年老时之需；③家庭保障计划，采取分期付款方式购房且以公积金支付的会员必须参加此计划，以保证其在因意外未付清房款时不致失去住所；④家属保障计划，受保的公积金会员遭遇意外后，能为其或家属提供一笔款项，协助其渡过最初几年的困境；⑤保健储蓄计划，定期存入一笔钱，用于支付会员的医疗费用。这笔存款免缴利息所得税，任何机关不得冻结扣划；⑥健保双全计划，帮助公积金会员及其家属应付保健储蓄计划支付不了的住院费用，使其医药费有保障；⑦公共住屋计划，使会员只用公积金存款就足以购买其心目中的房屋；⑧住宅（非）产业计划，即以公积金支持会员购买住宅用以自居或投资。

总之，中央公积金在解决新加坡居民住房的问题中发挥了非常关键的作用。通过几十年的运作，该制度在新加坡取得了极大的成功。

2. 房地产投资信托

除了在住房领域的金融资产，新加坡还针对房地产投资领域的资金融通制定了相应的政策。1998 年 7 月，新加坡证券交易所（Singapore Exchange Limited, SGX）审核委员会提出设立上市财产信托，即新加坡房地产投资信托，旨在增加市场投资品种和促进房地产市场的发展。新加坡金融管理局（The Monetary Authority of Singapore，MAS）采纳了该建议，新加坡金融管理局于 1999 年 5 月颁布了《新加坡财产基金要则》，允许新加坡建立房地产投资信托基金（以下简称“S-REITs”）。法律规定 S-REITs 总资产的 70％必须投资于房地产或者与房地产相关的资产，剩下的 30％可投资于一些债券、现金或其他现金等价物。紧接着又在 2001 年的《证券和期货法则》对上市 REITs（房地产投资信托基金）做了相关规定。2001 年 11 月，新加坡发行了第一支 REITs 产品——SPT（SingMall Property Trust），但最终由于缺乏税收优惠和市场时机不理想、首次公开发行认购不足、分派率不够高而上市失败。2002 年，SPT 易名为嘉茂信托（CaptiaMall Trust，CMT）再次申请上市，嘉茂信托于 7 月 17 日在新加坡交易所（Singapore Exchange，SGX）上市，是新加坡上市成功的第一支 REITs，同年 11 月 19 日，腾飞基金（A-REIT）也首次公开发行取得成功。自 2002 年首次推出房地产投资信托基金以来，作为一种新兴的金融投资工具，房地产投资信托基金已逐步得到政府、房地产企业和广大投资者的青睐。新加坡房地产投资信托基金采用政府主导型的发展模式，借助政府的力量迅速建立起有利于房地产投资信托基金发展的法律环境和发展体制。自此，S-REITs 踏上了迅速发展的旅程。

（1）S-REITs 的设立条件。S-REITs 采用公司或者信托两种形式设立，没有独立的法人资格，必须聘用信托管理人来管理，同时所收购的房地产及相关资产必须由房地产管理公司来进行专业管理，它不能以任何形式从事或参与房地产开发活动。

首先，S-REITs 对组织架构的要求有：①以典型的契约形式组成；②资产管理公司必须在新加坡设立办公区且股东资本金须不低于 100 万新元；③受托人须由新加坡金融管理局（MAS）认可；④必须遵守新加坡上市公司管理条例。

其次，S-REITs 对资产的要求有：①至少 70％以上的资产是投资于房地产和与房地产相关的资产；②不能从事或参与房地产开发活动，不论是以独资或合资方式，还是以投资于非上市房地产开发商的形式进行；③除了投资于获准开发的空地上即将开发的房地产外，不能投资于空地；④投资于新加坡境内未开发完成的非住宅房地产，或者是新加坡境外未开发完成的房地产，均不得超过总资产的 20％。

S-REITs 对收入来源并无限制，但是要求将每年 90％以上的收入用于利润分配。另外，对于长期负债，要求负债比例上限为总资产的60%。

(2) S-REITs的运作结构。S-REITs采用契约型的运作结构(见图5-2)，向投资者发行信托产品，然后用募集到的资金去购买房地产资产或者相关资产(如房地产抵押贷款支持证券)。S-REITs没有独立的法人资格，因此必须聘任信托管理人管理S-REITs，主要负责REITs的投资策略、财务管理以及房地产资产的收购和出售等。同时，聘任房地产管理公司管理所购房地产及相关资产，主要是负责物业的出租及维修等日常管理。S-REITs委托一位托管人保管资产，并代表投资者(信托单位持有人)的利益，持有、管理房地产及相关资产的收入，扣除支付给受托人、信托管理人、房地产管理人的费用之后，全部以股利形式支付给投资者。

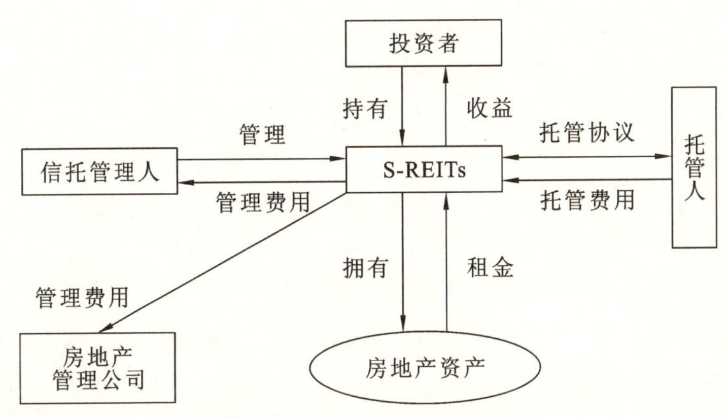

图5-2　S-REITs运作结构

(3) 融资活动限制。封闭型S-REITs无法通过增发股票来进行权益融资，开放型S-REITs可以通过增发股票融资。S-REITs总借款额不得超过其总资产的35%。在对冲S-REITs投资组合风险的情况下，S-REITs可以使用金融衍生工具。

新加坡金融管理局不断完善市场规则，提高市场效率。近年来，在发展REITs市场的过程中，新加坡政府对市场规则、税务处理等方面都做了相关的调整：包括REITs的税收透明制度规定，不在REITs的层面征税，即派发股息给REITs单位持有人的时候不征收所得税，避免了像普通股票的重复征税；允许公积金投资REITs；个人投资者，不论是国内还是国外，其持有REITs获取的分红是不用纳税的；还有2005年出台的规定，外国公司在新加坡投资REITs只用缴纳10%的所得税、REITs买卖房地产免征3%的印花税，等等。

3. 工业地产金融政策

新加坡土地虽然严重缺乏，但对工业设施的投入巨大，新加坡采取工业园区政策，不断拓宽融资渠道，积极推进多元化筹资，逐步摸索出一条独特的道路。

1）政府贷款

裕廊是新加坡工业地产的基地，它的开发主要是通过政府公司——裕廊镇公司来实现的，它的资金来源主要依靠政府贷款；它的产品开发方向主要是满足政府部门的要求。更重要的是，裕廊镇公司的产品是由政府提供一定补贴。通过来自中央公积金的低于市场利率的借款，政府获得了廉价的，且不会造成通货膨胀的财政来源，进而得以向社会提供基础设施和公共产品。大量的储蓄为政府提供了无通货膨胀风险的资金，而政府也毫不犹豫地投资于工业园区的建设。

2）土地与厂房出租

长期租赁和短期租赁协定提供了一个持续而稳定的现金流。这一收入能够用来支付主要成本，例如，管道铺设、道路建设、土地平整、搬迁的补偿和经营成本。

3）基金与 REIT

新加坡至2006年年底已上市15支房地产信托，占亚洲 REIT 市场的22%，总市值估计超过220亿元，在亚洲排名继日本之后居第二位，其中有3支工业信托基金。新加坡房地产信托发展越来越成熟，信托管理背后有强大的支撑力量，工业房地产信托也不断扩张，市场价值不可估量。

《2017亚洲房地产投资信托基金(REITs)报告》显示，截至2017年第二季度，整个亚洲所有的 REITs 大概142支，整体市值约1989亿美金，其中新加坡 REITs 36支，总市值545.5亿美元，占整个亚洲 REITs 总市值的27.42%。

（二）马来西亚

1. 住宅金融

马来西亚的住房金融资金来源渠道主要有以下几个方面。

1）政府

马来西亚政府为低收入购房者提供低息贷款。马来西亚政府规定，凡是购买每平方米3500—4200令吉的廉价房，购买者向银行提供相关证明材料，经审批后，可获得优惠房贷。马来西亚在不同阶段实施了“公共低成本住宅计划”和“综合性人民住房计划”，这些计划均较好地解决了居民住房问题。

一方面，马来西亚政府为低价房开发商提供优惠政策。财政部设立流转基金，用于支持参与廉价房建设的房地产开发商，凡建造低成本房屋的用地成本，由政府在开发商交房时补偿给土地拥有者。政府还成立国家住房融资公司，向房地产开发商提供融资服务。另一方面，在一些地理位置欠佳或对廉价房需求不大的地区，为鼓励私人企业参与低成本住宅建设，州政府可根据本州情况适当采取其他变通的办法，如果确因地价太贵不适宜建廉价屋，或整体规划等原因，企业可通过向政府补偿或参与异地廉价屋的建造等方式弥补。

2）住房公积金

实行强制性住房储蓄，建立住房公积金制度，不论政府或企业均设有个人住房公积金账户，每月从工资中提取8%，用人单位提取12%放入该账户，欲买房时，可凭购房证明提取使用公积金，如不购房到55岁时可全部取出。

3）商业银行

马来西亚住宅贷款风险较低，银行偏向多放贷。在地价过高的地区，充分考虑贷款者的财务能力，指定基准利率，提供融资便利。尽管各银行都定下各自的最高偿债比率，但所有银行都必须遵守马来西亚国家银行的规定，即第三项房贷的最高贷款对估值比率或贷款上限为70%，这条例旨在缓和贷款者购买产业用于投资所带来的风险。除了政府的措施外，马来西亚银行向来也对资产品质的优劣进行把关。良好的基本面维护了产业市场的健康品质。展望未来，就业市场稳定及通胀水平温和，是确保偿债能力维持良好的重要因素，尤其是那些借贷比率较高的消费者，并不会担心受影响，银行资产因此受到保护，稳定了马来西亚的金融体系。

一般而言，马来西亚银行并不太热衷向高档房屋提供金融支持，特别是向城中城及满家乐一带的产业发放贷款，这种风险控制理念的贯彻提高了银行在动荡时期的风险承受度。此外，马来西亚银行在放贷之前，也会重新对贷款者本身的信用能力及风险承受度进行评估，为马来西亚银行业的资产提供了保护屏障。

2. 地产基金

马来西亚是唯一经历过房地产信托资本市场发展的亚洲国家。20世纪80年代末，REITs在亚洲有了突破性的发展。1989年，马来西亚发行了第一支上市地产基金（MLPT），成为亚洲第一支REITs，随后，日本、新加坡和韩国等开始建立REITs市场。马来西亚后来又发行了2支MLPT，之后市场发展缓慢，直到2000年年底，马来西亚共发行4支MLPT，总资产只有1.53亿美元，马来西亚MLPT市场发展非常缓慢，只能采用基金形式组建REITs，而且没有股东人数、比例方面的监管要求。马来西亚没有特别的组织结构要求，只要符合以下上市规定即可：

（1）至少50%以上资产必须投资于房地产；

（2）允许投资于与房地产相关资产、流动性资产、非房地产资产和资产支撑证券。

这些政策看似宽松，但也缺乏对机构投资者的激励。据统计，1990—1999年间，4支MLPT中机构投资者持有比例平均只有4%，加上马来西亚资本市场投机文化盛行，使 MLPT 难以引导市场形成持续稳健的投资理念，这也是马来西亚 MLPT 市场起步较早发展缓慢的重要原因之一。

1991 年，证券委员会在马来西亚上市物业信托的指引是限制性的，阻碍了马来西亚的财产信托发展，特别是在形成阶段。1995 年修订的证券委员会指引放宽了其中的一些限制。修订前后的关键变化有以下几点。

(1) 房地产收购：房地产采购延伸到包括未完全租赁的建筑物，其具有良好的潜力，且租户稳定；拥有房地产的公司的股权；购买部分房地产（可能是主要业主和拥有管理控制）和购买外国房地产。

(2) 房地产处置：房地产开发价格不低于过去 3 个月评估值的 90%价格。

(3) 房地产开发：物业信托可以订立协议在房地产开发阶段，购买房地产业务。

(4) 折旧：折旧条件（至少 1%），被赎回房地产的折旧需进行连续评估，不超过两次，由同一评估人进行。

(5) 借款：借款可能超过总资产的 10%（事先获得证券委员会批准）。

这些变化受到物业信托经理的好评，使得上市专业信托更容易获得房地产，提供更多的房地产购买选择，马来西亚上市物业信托首席执行官/管理人员调查也确定了马来西亚持续发展上市房地产信托的另外一些限制因素，这些包括：房地产收购资金的募集，资金市场的长期需求；包括机构投资者在内的投资者对产品的不良看法和需求的缺乏；可以收购的物业提供低收益，导致收益潜力不足；机构投资者太少；竞争激烈。上述所有差异和约束因素都构成了限制性投资环境。

马来西亚的整体投资者文化也有利于短期资本收益的投机性投资，而不是上市房地产信托所需的中期投资策略。这些地方的监管和经营差异突出表明了在马来西亚的财产信托有限的成功。

《2017 亚洲房地产投资信托基金（REITs）报告》马来西亚 REITs 的数量总计 17 支，总市值 70.4 亿美元，占整个亚洲 REITs 总市值的 3.54%。

综上所述，新加坡和马来西亚的房地产金融在东盟国家的前列，开始发展的时间也比较早，只是后来马来西亚的地产信托发展后劲不足，取得的成功有限。新加坡的地产信托则发展得比较好，不仅在土地金融方面，新加坡整体的金融制度都发展得不错。

（三）其他国家

除了新加坡和马来西亚，其他国家虽然经济发展水平有待提高，但是他们的市地金融也有其相应的特色，比如泰国的城市发展基金（CDF）、菲律宾的社区抵押贷款计划（CMP）、印度尼西亚正规金融和非正规住房金融并存的市地金融特点。

1. 泰国

泰国的住房金融资金来源渠道主要有两个方面:住房抵押贷款和城市发展基金,其中城市发展基金是泰国的住房金融的特色。

1) 住房抵押贷款

1987 年以后,泰国几乎所有商业银行和金融公司都开始开展住房贷款业务,它们推出不同的住房贷款产品,提供各种优惠条件开展行业间业务竞争。贷款期限可长达 25 年。人们借助遍布全国各地商业银行 2100 多个分支机构,住房贷款可以随处迅速获得,这标志着泰国住房贷款行业竞争新纪元的到来。住房抵押贷款成为金融活动的重要组成部分,政府住房银行(GHB)也是金融系统中的银行之一,所有银行在吸引存款上开展相互竞争。1990 年,泰国银行接受国际货币基金组织 8 号协议,重新调整银行管理体制,取消对定期存款利率的限制。这项措施的实施,强化了银行之间的竞争,迫使它们提高成本意识,泰国的住房金融系统在很大程度上已与国家的金融市场、资本市场相融合。泰国住宅金融体制改革始于 1984 年。改革前,泰国住宅金融基本上处于"停滞"状态,改革后,泰国住宅金融发生了根本性的好转,主要表现在以下几个方面。

第一,住宅金融与住宅市场双向发展。住宅开发资金来源有了保障,政府住宅银行资金规模扩大,运营成本较低,引导住宅建设的调控能力增强。商业银行和金融公司住宅贷款业务频繁,而且出现了竞相开展住宅贷款的新局面。开发商投资热情高涨,1990 年住宅投资占固定资本总额的比例达 7. 5%,占国民生产总值的比例达 7.3%。住宅发展进入了一个十分兴旺繁荣的时期,住宅金融与金融市场、资本市场相互融合。

第二,住宅抵押贷款发达。住宅抵押贷款成为金融业务的重要组成部分,商业银行住宅抵押贷款占全部贷款量的比例逐年上升,1985—1990 年,比例由 53% 上升到 69%。借助于遍布全国各地商业银行 2100 多个分支机构,可以随处迅速获得住宅抵押贷款。

第三,由于住宅金融的日益活跃,加上政府的政策扶持,中低收入者住房紧张问题有所缓解。

2) 城市发展基金

泰国城市发展基金的理念产生于 2010 年,但引起这一想法的因素和根本原因可追溯到 20 世纪 40 年代。在"二战"后的发展中,泰国的城市贫民问题与城市化步伐加快,这几十年的过程不仅反映了国家住房政策的变化,还反映了城市低收入人群持续增长和住房融资的全球趋势。从 20 世纪 70 年代末到 80 年代,民众参与式的思想开始形成,导致自下而上的社区参与式融资。1992 年,泰国政府成立了城市社区发展办公室,以解决城市贫困问题,主要是通过财政手段帮助低收入城市社区处理自己的住房、生计和环境问题。

资金来源方面，由“社区-市-国家级”三级基金组成，即社区储蓄、城市发展基金、国家土地和住房保障基金组成。其中，资金来源主要来自会员储蓄和贷款利润率。城市发展基金是通过汇集至少三个社区的储蓄来创建的，社区储蓄对于提供微额贷款起着重要的作用。

社区融资或建立社区基金是一种创新的住房融资方式，它在许多国家正在广泛应用，但其机制和管理做法几乎没有引起学术关注。城市发展基金的城市社区资金机制在泰国已经建立起来，泰国城市发展基金的运作主要组成部分为基金成员、委员会、资金类型和支持者。资金来源比较广泛，可以是当地社区层面的储蓄，也可以是国家级基金。这种广泛的参与和资金来源渠道多元，使得城市发展基金成为财政来源和社会中介，在鼓励社会给城市低收入人群提供贷款方面发挥着重要作用。以泰国班曼康计划的集体储蓄和融资为例，社区主导住房计划取决于社区的整体实力，很明显，集体储蓄计划在这方面起着至关重要的作用。另外，从政府机构获得贷款，为班曼康计划提供了稳定的资金。

在管理层面，五个层级的委员会负责设立和管理该基金。在社区一级，有代表储蓄组织的委员会。这些委员会主要负责调动会员储蓄的资金，并与其他社区一级的委员会合作设立发展基金。在市一级，设立了一个由社区委员会代表组成的委员会。市一级社区委员会是非常重要的，因为它在建立和运行城市发展基金方面发挥主导作用。国家发展基金的组织结构、财务会计制度、监管制度，直属于市委管辖。它还要密切监测社区成员的需求，使民主社会为人民服务。在省级，有一个委员会负责省份内所有城市发展基金。在区域层面，每个省的几个代表组成区域委员会。它确定城市发展基金状态，选择社区住房保障福利委员会的要求，并监测城市层面的工作。最后，在国家一级，社区住房保障福利委员会是由专家、基金管理顾问、社区代表、非政府组织代表等组成的 19 个成员委员会。该委员会在国家一级管理土地和住房保障基金，制定实施政策和指导方针，批准建立城市发展基金，监督实施过程。

截至 2012 年 3 月，65 个城市发展基金已成功建立。社区融资体系已被纳入住房发展进程，成为国家和城市层面建立社区资金的基础。

2. 菲律宾

社区抵押贷款计划（CMP）是菲律宾独有的，其成功在创新方面取得了一定的国际声誉。它是在 1988 年发起的，旨在帮助城市贫民（主要是寮屋社区的居民）购买他们生活的土地，从而使他们的土地所有权合法化。

该项目由社区自己发起和实施，而不是通过政府。政府的作用只是资助、引导和规范。CMP 也与正统的做法相反，它主要提供土地的合法所有权而不是提供改进住宅的服务。

1）资金来源

CMP 的资金来源于政府支持的储蓄和贷款基金：家庭发展互惠基金（Pag-IBIG）、政府服务保险系统（GSIS）、社会保障系统（SSS）。它们共同构成统一的住房贷款计划。但是，这种体系安排是暂时的，因为这些贷款还需从世界银行的住房部门进行贷款再融资。全国住房抵押贷款金融公司（NHMFC）是决策机构出资者和 CMP 的管理员，它还管理政府统一住房贷款计划的一部分，为中高收入群体提供家庭购房和建房的常规融资。一般来说，参加 CMP 计划，其贷款量可达家庭收入的 5%。

2）社区抵押贷款计划的运作

CMP 通常还为贫困社区提供购买住宅用地的资金。通过 CMP 的支持，可购买受益人已经占用或者之前没有占用的土地。获得所有权是该计划参与者的主要目标；改善住房条件是次要目标。

CMP 贷款计划旨在分以下三个阶段实施。

(1) 提供购买社区土地的初始贷款，从而立即给予土地使用权保障。

(2) 向社区提供第二笔贷款，用于提高供水、排水、卫生和其他基础设施服务。在项目的第一阶段，所有权转让之后，现场要进行再开发和进一步改善，例如铺设人行道、安装自来水管道或者改善排水系统等。为此，NHMFC 还可以提供更多的贷款以补贴利率计算。

(3) 向受益人提供房屋改善或贷款重建。第三阶段即使只是预期，但是大部分的受益者印象都很深刻，因为社区已经开始改善服务，还有许多家庭利用他们新获得的所有权来改善他们的自己的家园。

在最初的计划阶段，发起人提供有关 CMP 的信息给社区，发起人是社区和政府之间的联系人，大多数发起人是中央或地方政府单位或非政府组织，还有的可能是慈善协会、私人开发商或指定的国家政府机构。他们确保社区成员了解自己的义务和权利，并负责培育和监督项目，帮助社区协会完成抵押贷款方面的贷款申请，并象征性地收取一定的费用。每个社区协会都必须寻找一个有经验的合作伙伴，并与该合作人（发起人）一起组织协议的签订，这个合作人与社区在计划的各个阶段都有合作，最重要的他们能负责处理抵押贷款的法律纠纷。参加 CMP 的社区需要建立社区协会，并需被认定为城市贫民。该社区协会在注册之后，协会和土地所有者之间就土地收购进行初步谈判。

3）项目规模

1994 年初，NHMFC 承诺在 5 年的时间内实现 CMP 抵押贷款总价值达 166000 万美元，涉及 564 个经认可的项目，53000 个地块的目标。CMP 最有生产力的一年是1990年,当时该项目资助收购了超过1万个地块。

总的来说,社区抵押贷款计划是很成功的,它成功地为穷人提供了获得大规模信贷的渠道。当然,它也存在一些问题,尤其是财务健康问题,贷款回收情况不太乐观。另外,CMP不是一个简单的住房金融计划,其规则相对复杂,所以,文书工作有些错误是不可避免的,这就要求相对较高程度的技术援助、培训和监督。截至2018年,菲律宾的社区抵押贷款计划仍在住房金融方面发挥着重要作用。此外,城市发展基金CDF也是菲律宾住房金融的重要来源之一。

3. 印度尼西亚

印度尼西亚在发展现代住房融资方面一直是起步较晚的。其现代住房融资一直受到住房交付的限制。印度尼西亚的制度并不鼓励非正规住房采取正规融资的方式,其金融体系只有少量强制性的高额补贴贷款,体系长期资金来源少。其长期的住房资金的主要来源是专门的住房银行,商业银行和一些私人银行。住房银行主要有国家储蓄银行和帕潘银行(Bank Papan银行)。这些银行面向的客户群体相当明确:主要是政府官员、中等收入者。

1)国家储蓄银行

国家储蓄银行(BTN)在1976年首次提供房屋购买贷款,但是它只能通过开发商才能获得融资(如国家建房公司PerumPerumnas以及私人公司开发商提供经批准的低成本住房),从不直接向最终借款人提供资金。BTN贷款计划的预期受益者事实上是中等收入家庭。每5名BTN借款人中有4名是公务员,为了能够做出低成本的贷款,BTN从政府获得高达三分之二的贷款资金,利率远低于市场水平。

在20世纪80年代,BTN是住房金融市场的核心,但是它的运作受到严厉的批评,因为它的运作主要是依靠政府补贴,除此之外,还有其他隐性补贴。BTN存在诸多拖欠的记录,一位评论家在1989年还发现,BTN贷款额度可达房子成本的90%。BTN近年来一直在摆脱高度补贴的贷款模式,政府鼓励来自商业银行界的共同竞争。

2)帕潘银行

帕潘银行由政府资助,但是由私人拥有。股东包括世界银行的国际金融公司。除BTN之外,它是印度尼西亚唯一一家专门从事房地产金融的银行。它的资金来源是混合式的,有政府信贷资金和出售政府支持的债券的收益。其个人贷款最高限额比BTN高,减少对大量补贴的依赖,旨在帮助中等收入家庭。它的平均贷款规模大约是BTN贷款的两倍。

3)商业银行

与BTN相反,商业银行只针对高收入家庭,抵押率很高,一般在17.5%—

22%之间。所有银行都使用可调整利率的抵押贷款，贷款期限内可能增加的上限不受限制，商业性银行对提供住房融资表现出极大兴趣。而且由于 BTN 的补贴紧缩，商业银行的相对竞争力表现得更明显，随着抵押房屋供应增加，强劲的需求激发了对该行业拓展住房抵押贷款业务的热情。所以，有专家认为，商业银行的住房贷款量可能超过 BTN。

此外，印度尼西亚还有非正规金融，和其他许多发展中国家一样，大多数社区都会存在一些非正式的信贷社会组织，非正式贷款的主要来源是雇主和家庭成员。除了雅加达的一些试点计划外，公共部门的社区住房计划既没有为个人家园的改善或延期提供贷款，也没有推进土地使用权正规化。印度尼西亚对住房资金的管制渐渐趋于商业化，其城市经济的日益增长说明了以市场为基础的综合住房融资制度可以推动国家的经济发展。

二、农村土地金融

东盟的农地金融主要以土地银行的形式给农户提供贷款资金，基本上属于政策性银行，这些银行有的根据农民的支付能力发展小额信贷，在小额信贷方面做得最好的是印度尼西亚，泰国和马来西亚。有些国家通过土地银行发展农地使用权抵押贷款，如泰国、越南，在提高农民资金的同时保证了银行的利益。还有的是以农业合作社形式的农地金融，如泰国、柬埔寨、老挝，然而效果不太理想。

（一）印度尼西亚

印度尼西亚人民银行（Bank Rakyat Indonesia，BRI），是国家所有的商业银行，担负着印度尼西亚农业政策贷款任务，是一家政策性业务和商业性业务兼备的全功能银行。1983 年之前，它一直发放指令性粮农补贴贷款。从 1983 年开始，印度尼西亚政府和中央银行放松对银行管制，允许人民银行从事商业性经营，同时，政府也取消了部分小型农业贷款的补贴。因此，人民银行实现了从单纯的政策性银行向商业银行的转变，形成了政策性和商业性业务双重经营的格局。

1984 年，印度尼西亚人民银行在内部建立农村银行（Unit Desas of Bank Rakyat Indonesia，BRI-UD），成为 BRI 内部的独立营利性中心。BRI-UD 模式通过存贷利率差所获的信贷服务收入来覆盖其运营成本，扩展金融服务业务的广度与深度，同时引入新的小额信贷管理办法，实行商业化运作。1988 年，银行业改革后正式确立法人地位。1992 年，新的《银行法》要求半正规金融机构（如农村基金信贷机构、储贷机构等）在 5 年内转为农村银行，以取得合法的营业执照。此后，农村银行的数量急剧增加，到 2004 年 6 月农村银行小额存款占比 35%，小额存贷业务量仅次于印度尼西亚人民银行乡村信贷部。印度尼西亚人民银行乡村信贷部的小额信贷业务由两部分构成：农村储蓄和农村贷款，主要为占农村 60%

的中低收入者服务。

1）人民银行乡村信贷部组织模式

印度尼西亚人民银行的乡村信贷部是印度尼西亚唯一的一家从事小额信贷业务的国有商业银行。该模式的组织结构有4级。

第一级是位于首都雅加达的总部；第二级为15个地区分行；第三级为325个支行；第四级为3902个位于乡村地区的信贷部。BRI主要提供4种信贷业务：小额信贷、小企业信贷、中等企业信贷和公司信贷。其中，小额信贷提供5—5000美元不等的金融服务，小企业及零售信贷则提供5000—60000美元之间不等的金融服务。人民银行乡村信贷部的主要业务则集中在小企业贷款和小额信贷上，这两项业务分别占其全部业务的51%和31%，而小额信贷的利润占该银行总利润的40%。

人民银行乡村信贷部的小额信贷对象，选择在贫困线以上、信用状况合格、有潜力的个人或家庭小作坊作为目标客户，提供期限最长为2年或3年的贷款，而贷款只允许用作流动资金或购买固定资产。贷款在300美元以下的，不需要任何抵押，而300美元以上的贷款，则可以用汽车、土地等物品作为抵押物。BRI小额信贷的总原则是：满足客户需求、能够盈利、简单化。同时，BRI还采用了提高员工素质、选择好的客户、严格权限设置、双人经办、设置3%的坏账警戒线等方法来控制和降低风险。

BRI的核心业务是按照商业化原则运行的小额信贷，其员工激励计划不以贷款户的增加为基数，而是以赢利为基础。BRI的存款和贷款产品都围绕客户需要，其显著的特征是简单易行并实行标准化管理，业务操作高度透明。人民银行乡村信贷部主要的业务是由政策性补贴贷款演变而来的普通农业贷款，普通农贷被要求提供不低于借款等额的担保。

人民银行乡村信贷部还为农户提供储蓄服务。这些储蓄是自愿的，并随时可以提取。人民银行乡村信贷部设计了面向无地者、农业劳动者、用谷物交租的佃农、家庭农业加工者、边缘小农、小养殖户、小渔民、谷物商人和手工业者的小额信贷产品，小额信贷服务以联保小组而非个人为对象。

2）运作模式

（1）机构的运作。人民银行总行下设15家地区分行、300多家区级分行、3500多家村级营业网点（设在城镇）。地区分行不按行政区设立，不对客户办理业务，只负责辖区内的组织管理和业务统计分析。区级分行按行政区设立，印度尼西亚的区相当于我国县一级，分行对客户办理业务，所有的政策性贷款全部集中在区级分行办理。村级营业网点只办理商业性金融业务。印度尼西亚政府和中央银行规定在区级及区以下只允许人民银行一家设立分支机构。其他任何商业银行都只能在城市设分行，不能到区级设立机构。

(2) 贷款的运作。政策性贷款在分配上，一般按照农业部、合作经济部提出的方案分配到各省。地方政府对中央银行安排的各种政策性贷款，与银行联系是紧密的。贷款原则上由政府指令给合作社，银行与政府配合，但贷款回收情况不好。

(3) 资金的供应和利率的确定。人民银行政策性贷款的资金主要来自中央银行的再贷款，具体贷款投向、用途、额度由农业部、合作经济部与中央银行协调决定。

(4) 政策性贷款与商业性业务分账核算、分开管理、统一决算。人民银行的政策性贷款集中在300多家区级分行办理，在分行有专门的部门和专人管理，在会计核算上与商业性业务完全分开，但盈亏全行统一决算。政府除单项的利息补贴外，不再对整个政策性贷款的业务决算进行补亏。

(5) 贷款的风险补偿机制。人民银行的农业政策性贷款风险度高于商业性贷款，但印度尼西亚政府及其中央银行对高风险的政策性贷款出现坏账后，实行了一种风险分摊机制。一般情况下，贷款坏账的50%由财政负担，25%由中央银行负担，25%由人民银行自我消化。对于不同种类、不同项目和用途的贷款，分摊比例不同。由于小额信贷的客户不能提供担保(抵押)品，人民银行建立了特殊的安全保障和激励机制。比如，冻结借款小组部分存款作为保证金，如果呆账率超过5%便中止项目，而那些能够按期还款的农户则可以贷到更多款项等。

3) 政策优势

与其他国家相比，印度尼西亚农村中小金融机构的业务特色是小额信贷的运作十分成功。印度尼西亚人民银行乡村信贷部、爪哇岛的乡村信贷机构是目前世界上公认的开展小额信贷比较成功的典范。其优势体现在以下几个方面。

(1) 地方代理人制度。

例如，印度尼西亚通过拥有信息优势的地方代理人获取借款人资信、监督借款人行为和执行贷款合同，贷款发放主要依据借款者个人提供的资料和村庄首领出具的品质推荐函，以品质作为贷款依据一方面对无抵押品的客户来说极为重要，另一方面也简化了金融机构自身的贷款程序和降低了交易成本。

(2) 机构设置精简，降低了成本。

农村银行是BRI整个小额信贷系统的核心。为了节约成本，其机构设置精简，营业所通常位于农村乡镇的中心位置及市场附近。农村银行员工主要来自当地，对当地情况相对熟悉，降低了交易成本，是其良性循环并取得成功的基础。

(3) 灵活高息的贷款产品，准确定位目标客户。

BRI的小额贷款业务，选择在贫困线以上、信用状况合格、有潜力的个人或家庭小作坊作为目标客户，使得较富裕的非目标群体没有动机排挤目标群体，低收入者和中小企业才有机会获得贷款。同时，高利率又一定程度上排除了很多无法负担的农户。

(4) 多方位的激励政策，调动各方积极性。

BRI 的小额贷款业务对整个信贷活动中涉及的三方即储蓄者、贷款者、银行营业人员，都设有激励办法。BRI 通过分档储蓄利率、返还贷款本金、绩效奖金来分别激励三方，这使得银行可以高效、稳定、安全地发展。印度尼西亚政府要求农村银行的资金必须来源于储蓄，为鼓励存款，BRI 的存款利率根据存款数额决定，数额越大，利率越高。

(5) 权力下放，降低政府监督成本。

BRI 的农村银行建立在乡镇并高度自治，农村银行经理拥有贷款决定权。农村银行对自然村设立工作站，工作站负责吸收储蓄和回收贷款，但是不发放贷款。农村银行要向支行提交报告，支行经理对农村银行提供的报告负责，支行负有监督和监测职能，并帮助村行处理问题。

(6) 宽松的政策与审慎的监管。

印度尼西亚促进中小金融机构发展的重要一步就是在 1983 年 6 月实施利率市场化改革。印度尼西亚人民银行和其他半正规金融机构为弥补发放农村贷款的高额成本和信贷风险，制定足以覆盖成本的高利率，实践证明这一业务为金融机构带来了丰厚的利润。同时，印度尼西亚政府推出了一系列监管政策：一是制定小额信贷法；二是制定存款保险计划；三是设置监督机构，确立了一系列监管指标。

2014 年，BRI 在《福布斯》全球企业 2000 强中位居第 484 位。与其他发展中国家相比，印度尼西亚农村中小金融机构的发展比较成功，对我国农村金融改革具有一定的借鉴和指导作用。

(二) 菲律宾

菲律宾土地银行(Land Bank of the Philippines，LBP)是国有银行，于 1963 年成立，设立的初衷是为实现菲律宾的土地改革，负责土地评估，从土地所有者手中购入并变卖给小农户，只能拨付贷款，没有银行功能。1973 年土地银行改革后，才成为真正的商业银行。菲律宾土地银行是一家全功能银行，但又执行政府指令，对农业发放政策性贷款，是菲律宾最大的政府拥有及控制的公司之一，与菲律宾大多数银行不同的是，它拥有广泛的农村党支部网络。1988 年，菲律宾土地银行成为综合土地改革计划的金融中介机构，并开始逐步走向私有化。菲律宾土地银行共拥有 300 多家分行，总部位于马尼拉，截至 2018 年，土地银行仍是菲律宾最大的政府所有的银行。

1. 土地银行的运作方式

1）农业贷款运作

土地银行的农业贷款约占全行贷款总额的 50%，其中包括政府指令的政策性贷款和商业贷款两部分，政策性贷款包括土地买卖贷款和小农户的贷款。

（1）银行买入土地时，支付给土地所有者 30%的现金，其余 70%的资金发行土地债券，期限 10 年，利率为 10%。银行把土地卖给农户时贷款利率为 6%，期限为 30 年。

（2）农户贷款。从贷款用途看，有生产费用性贷款，人力费、灌溉、仓储、加工、运输贷款等；贷款期限按生产周期确定，一般用于种水稻的 6 个月、种甘蔗的 18 个月、种香蕉的 30 个月，等等。

（3）政府指令性贷款的发放。菲律宾土地银行不对农户个体直接发放贷款，而是通过农村合作社和互助组向农户发放贷款。合作社是一种经济组织，是民间的、自发的组织，纳入政府合作经济组织机构管理。银行把贷款借给合作社，贷款的投向等则由合作社决定，合作社负责贷款债务清偿，银行监督贷款使用。

2）政策性贷款的资金来源

政策性贷款的资金来源：一是吸收存款；二是从亚行、经合组织取得的贷款；三是农业部的专项贷款，其中渔业、水利方面的贷款是农业部取得的资金；四是政府收购土地的专项拨款和发行的土地债券。菲律宾政府鼓励政府部门把存款都存到土地银行。

3）政府指令贷款的核算和利益补偿

菲律宾土地银行的政策性业务和商业性业务在会计核算上是分账核算、合账决算。土地银行发放的政府指令贷款低于市场利率，总额约占全行贷款总量的 20%，这部分的经营亏损和消耗，不能从政府预算中得到任何补贴，而是通过商业性业务的盈利来弥补。土地银行的商业性业务总量在全菲律宾商业银行中排第二位。自从向商业银行功能转变之后，还没有出现过商业性利润不能弥补政策性经营亏损的情况。

2. 融资政策、方法及经营特点

1）融资政策

建立土地银行的主要目的是满足农民和渔民的需要。尽管它提供了全能银行服务，但官方仍将它归类为持有全能银行执照的专业化的政府银行。在 2000—2010 年，土地银行将精力主要集中在国家确定的优先发展部门，扩大贷款规模并实现贷款组合多元化。这些优先部门包括农民和渔民、微型和中小型企业、产生收入的计划(通常被称为家禽计划)、农业综合企业、农业基础设施建设、其他的农业相关和环境保护计划。土地银行有稳定的资金来源支持其经营,被确认为是菲律宾很好的、能够提供所有商业银行产品和服务的全能型银行之一。

2) 融资方法

按照客户类型的不同,土地银行的贷款种类分为零售和批发两种,即通过遍布全国的分支机构和办公室直接向单个中小企业和机构借款者提供零售贷款;通过向合作社和公司金融机构向单个小农民、渔民和微型企业提供贷款。因为大量使用了种类各异的贷款方法和贷款合同,能够满足土地银行贷款对象的多样化。土地银行的贷款方法也依项目的类型、客户、传递渠道(批发或零售)、资金来源而有所不同。

3) 主要经营特点

(1) 提供建设支持计划。为了加强和扩大信贷业务,土地银行向农民和渔业养殖合作社提供各种发展支持。

(2) 大量聚集存款。土地银行是农村地区存款服务的主要提供者,拥有1800亿比索存款余额,200万个存款账户。由于土地银行作为政府存款机构的角色,政府账户占银行比索存款账户的三分之二,私人部门账户仅占剩余的三分之一。

(3) 简单的贷款程序。少量的文件要求和简单的贷款程序,提高了微型金融贷款的可获得性。借款者不用提交用于贷款评估和审批的文件及经审计的财务报表或损益表。贷款的发放不需要任何抵押物,贷款的偿还安排也完全适应于借款者的现金流,以鼓励借款者按时偿还支付。随着农村地区微型金融的发展,小规模借款者如微型企业获得贷款比较容易。

(4) 资产组合的多样化。经历了菲律宾国家银行和菲律宾发展银行倒闭的教训,政府增加了土地银行的资本金并允许其自由多样化组合贷款,土地银行因此把握住了创新贷款产品、发展地方住宅和农村基础设施贷款的机会。

(5) 良好的风险管理和内部审计与控制。自东南亚金融危机后,按照金融监管机构的要求,土地银行建立了良好的风险管理和内部审计与控制制度。对于信贷,土地银行尤其重视有效的银行管理,与捐助团体的长期合作也加强了土地银行的经营管理。

从以上可以看出,菲律宾通过一系列监管措施,完善了农村金融的功能,在信用体系构建方面取得了较好的成绩。

(三) 泰国

泰国的农村土地金融体系相对全面,有农村银行、农业合作社以及乡村发展基金,为泰国农业的发展提供了一个全面的金融支撑屏障,在东盟国家中的农地金融方面处于前列。

1. 泰国农行贷款

泰国设立了农村发展基金、财政部和农业银行。泰国农业银行贷款，主要集中在农业和与农业生产有直接关系的领域，贷款金额则取决于客户的信用等级，并计算不同的贷款利率，总体来说低于企业贷款平均利率。根据法律规定，泰国的农业银行以及其他金融机构如农民协会和农业合作机构可以提供贷款担保。泰国农业银行目前资金来源中存款占 80%以上，其中储蓄存款占 70%。农村金融机构和其他金融机构在泰国拥有良好的信用。为促进农业生产发展，东盟有些国家可以在农村土地银行或是农村合作社办理农地使用权抵押贷款业务，从而为农民提供生产的资金来源，比较典型的就是泰国和越南。

泰国可以办理农地使用权抵押贷款的机构包括泰国商业银行、泰国农业和农业合作社银行、农业合作社等。其中，泰国农业合作社银行是农地使用权抵押贷款主要的提供者，其对大额贷款有抵押物的要求，借款人只要拥有农地使用权证就可以申请此类贷款。其农地使用权抵押贷款模式如图 5-3 所示。

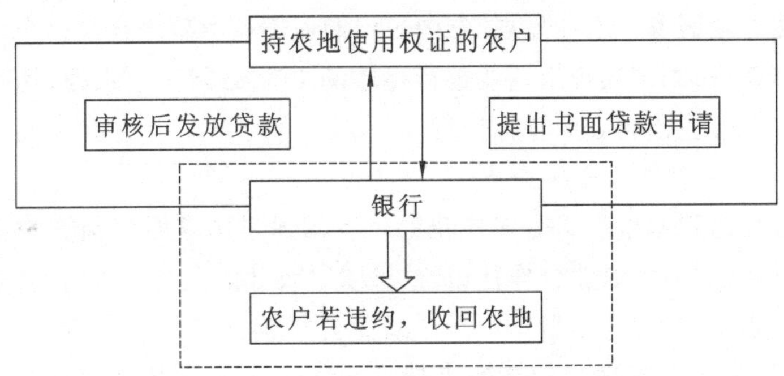

图 5-3　泰国农地使用权抵押贷款模式图

由图 5-3 可知，泰国采用直接农地使用权抵押贷款方式，不需要其他形式的担保。农户以农地使用权证作为抵押，向泰国农业和农业合作社银行申请贷款，银行审核后直接向农户发放贷款。农户以农业生产收益作为第一还款源，若农户欠款违约，银行将抵押的农地收回并出售以弥补贷款损失。泰国的农地使用权抵押贷款必须以书面形式提出，并在泰国国土部门登记。贷款期限有短期和中期两种，贷款最高额度一般为 500 万泰铢，贷款期限主要根据贷款用途而定，与农地产权性质无关。

农地抵押是泰国农户最重要的贷款方式。据统计，泰国持农地所有权和使用权证的农户从银行获得贷款的比例最高，并且持有农地所有权证(NS4)和使用权证(NS3)的农户的贷款平均额度也比其他农户高出近 57600 泰铢。相关调查显示，泰国农村信贷主要以信用贷款为主，在泰国农业和农业合作社银行、商业银行的正规金融机构贷款中，信用贷款的比例分别为62.3%和65.6%，使用农地使用权抵押的贷款比例分别为36.7%和27.9%。

2. 泰国农业合作社金融

1）规定农业贷款的投入比例

泰国的农业合作社在1975年后迅速发展，泰国银行颁布了《商业银行农业信贷条例》，规定商业银行的农业信贷放款额必须以2%的比率逐年递增。1983年规定商业银行每年投入的农业贷款不得低于上年存款额的20%，其中13%必须直接贷给农场、合作社和地方农业企业。

2）对农业贷款实行低息政策

泰国的绿色东北计划规定对农业发放实行低息贷款，2005年贷款农业项目年利率为1%—6%（同期商业银行的贷款利率约为11%），泰国农行还为向其他金融机构或合作组织贷款提供担保。

3）规定商业银行贷款的投放去向

为了更好地服务于农业发展，泰国规定商业银行存款来自农村合作组织的按60%返还其建设；泰国还规定商业银行存款的14%必须用于农业，达不到此比例的则要求其差额应当转存政策性银行。

4）国家多方位提供金融支持

农村合作组织金融需求是多样化的。泰国通过国家财政预算建立了农业合作社发展基金、农业和农业合作社银行（隶属财政部的国有银行）。农业合作社可以多途径寻求贷款资助，不但可以从正规金融机构获得信贷资金，而且可以从各种基金、债券等获得多途径的金融支持。2004年农业和农业合作社银行向840多个农业合作社提供了286亿泰铢的贷款。

亚洲发展中国家的农业保险体系起步较晚，多数国家发展举步维艰，只有印度和泰国成功地应用保险体系推动了农业合作社的发展。泰国1978年开始推行农业保险，其保险机制与印度大同小异，也是分机构共同承担农业保险，对农业所带来的风险进行分散。此后泰国不断推出新的保险计划，2007年前后相继推出了种子作物保险方案和农民收入保险方案，稳定了农户的收入同时推动了农业的发展。泰国为农民获得农业发展资金做出了很多努力，资金保障力度大，融资渠道也比较广泛，充分发挥了各方的力量，对农村经济的发展起到了很大的促进作用。因此，泰国的农业发展水平一直在东盟国家中处于前列。

（四）越南

越南农业和农村发展银行（越南农业银行）成立于1988年，是越南的大型商业银行之一。越南农业银行的总资产、员工人数、网络运营商数、客户基础等是在越南国内领先的。越南的农村金融体系正在逐步完善，农业银行发行了大量的信用卡，改善金融服务及农村信用评级。随着农村经济的发展，越南农业和农村发展银行提供的信用贷款额度大幅提高，但如果超过限额，则须办理担保贷款，其中农地使用权抵押是最重要的担保方式。越南发放农地使用权抵押贷款的机构主要是越南农业和农村发展银行。

越南的银行抵押贷款业务主要针对有“农转非”预期或者收益较高的农地和农业庄园，利息也很高，官方利息每个月不低于1.7%。银行向农民优惠借贷主要是小额贷款，1000万越南盾以下贷款不需要抵押，如需申请更高额度的贷款，可以用土地所有权证作为抵押。贫困户到期无力还贷的，银行可视情况延长贷款期限或免除还贷，损失由国家财政补贴，这些政策极大地刺激了农户购买农机具的消费。由于小规模的资金需求可以申请信用贷款，越南申请农地使用权抵押贷款的大多是庄园主等大规模农户，贷款期限较短，一般不超过3年，贷款利率根据越南国家银行规定的利率范围随当地农业生产情况和市场利率变化而定，抵押率最高为75000越南盾。

1. 农地使用权抵押贷款模式

依据越南《土地法》对农地使用权抵押具体操作的规定和贷款的实际运行情况，越南农地使用权抵押贷款主要采用“农村组织筛选＋农地使用权直接抵押”的模式，其具体流程如图5-4所示。

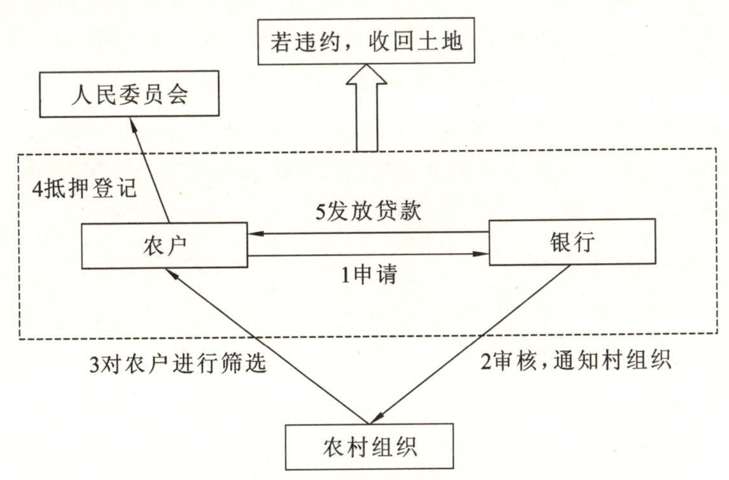

图5-4　农地使用权抵押贷款模式图

首先，农户向越南农业和农村发展银行提出农地使用权抵押贷款申请，银行审查通过后通知农村组织。其次，农村组织领导人召开村级农村组织会议，筛选借款人并公示其贷款项目、目的和抵押物等,对农户借款资格进行确定。最后,贷款审核通过以后,银行工作人员与农户签约并发放贷款。信贷合同签订以后,农户须到本村庄的人民委员会办公室进行登记。整个贷款交易大约需要3—5周的时间,农户还清贷款后要提交农地使用权抵押注销申请。若农户到期未能偿还贷款,则抵押的农地将按照合同约定由银行收回并处置,具体的处理方式有3种:转让、国家拍卖和法院诉讼。

2. 越南农地使用权抵押贷款实施成效

农地使用权抵押贷款在一定程度上提高了越南正规金融信贷需求。农户年平均贷款额从1998年的250万越南盾提高到了2005年的1030万越南盾。2005年,超过900万的农户从越南农业和农村发展银行拿到了贷款,银行不良贷款率仅2.3%,土地抵押成为越南农村信贷市场比较发达的重要保障,对农村扶贫和发展发挥了重要作用。

3. 存在的问题

越南农地制度改革和农地使用权抵押贷款也存在一些问题。第一,由于缺乏基础设施和当地政府援助,银行很难驱逐违约农户、占领并拍卖抵押的农地,并且越南大部分地区农地市场交易不活跃,即使收回农户的农地使用权也难以转出,因此银行往往选择重新安排贷款,其贷款损失一般由国家财政补贴。第二,尽管颁发农地使用权证保障了农民的产权,促进了产权的流转,但是在没有政府配套支持的情况下,正规农地使用权证书对信贷供给的影响很小,银行发放贷款的主要依据依然是农户自身的收入和经营情况。第三,当地政府在农地产权管理中腐败现象严重,银行信贷人员在贷款交易时常常谋求便利。

可见,越南农地流转的市场化框架虽然已经基本形成,但市场化运作的深度和广度受到产业和经济发展水平的制约,农地流转比例和效率都有限,农地流转市场尚不完善。

(五) 老挝和柬埔寨

老挝的金融机构主要由中央银行(The Central Bank)农村金融和微型金融机构组成,包括正规金融机构、半止规金融机构以及农村金融机构。正规的金融机构主要有老挝农业促进银行,属政策性的银行,而半正规的金融机构主要有国际非政府组织合作的项目以及村银行、基金或村循环资金、社区合作资金等。2000—2012年,农村金融发展很快,尤其是老挝的小额信贷机构。老挝政府为了促进农业的发展,改革了农业税收,调动了农民生产的积极性。改善农业生产的基础条件,包括设立专门为农业生产提供必需资金的农业发展银行,增加政府对农业投入,支持发展重点农业项目,积极寻求国际援助,提高农业生产经营技术等,虽然这些措施对老挝农业的发展起到了促进作用,但具体到家庭农场上,还是稍显不足。一方面,家庭农场规模不大,管理水平较低,还贷能力较差,很多金融机构不愿向家庭农场放贷;另一方面,家庭农场科技化水平低,抵御自然风险的能力弱,而且缺乏贷款抵押物,使得金融机构缺乏对家庭农场贷款的动力。与其他部门相比,老挝商业银行提供给农业部门的贷款额度是最少的,这意味着银行并不看好农业综合企业的发展前景。据老挝中央银行报告显示,2014 年,商业银行提供给农业部门的贷款仅占贷款配额的 10%,工业和手工业部门占 20%,商业和建筑行业各占 20%,服务业和其他行业占 30%。在老挝,除一些农村信用社外,很少有金融机构在农村地区提供信贷投资业务,造成无法满足家庭农场发展的资金需求。尽管政府鼓励老挝银行贷款给农民,帮助农民建立或扩展农业产业,但银行方面并未配合,从而使得农村金融在支持老挝特色化的农业发展时显得力不从心。

柬埔寨也缺乏金融贷款渠道,虽然有一些银行或者小型金融贷款机构,但是贷款利息很高,而且要求有财产作抵押。柬埔寨缺乏一个运作良好的金融体系,穷人无法获得生存的机会。在金边市有一些发展机构和城市贫困社区共同建立和运营的城市贫困发展基金,以补充社区驱动发展项目的储蓄贷款。

第二节　土地税收政策

一、整体税制情况概述

在东盟各国经济的发展中,各国都非常注重通过税收政策的制定和实施来促进本国经济发展,各国税种设置差异较大,一些国家设置了特定税种,即使是同一税种,其性质、税率、征收范围和减免细则也不一样。

第一,从土地税收管理制度来看,东盟各国的税权主要集中在中央。新加坡、马来西亚、越南等实行中央一级课税制度,税收立法权和征收权都高度集中在中央。而菲律宾、泰国(中央政府决定税率)、印度尼西亚等国虽然实行中央和地方两级课税制度,但税收立法权和征收权主要集中在中央。第二,在税种结构上,东盟各国基本都是复合税制。第三,从税收收入结构来看,东盟十国中新加坡、文莱等国的直接税(所得税)比重较高,而越南、柬埔寨等以间接税为主,印度尼西亚、泰国等的直接税和间接税(如增值税)比重大体相当。总体上,东盟国家(除文莱)基本建立了以增值税和消费税为中心的间接税、以个人和公司所得税为主的直接税两者相结合的现代税制。第四,从计税依据来看,东盟各国基本上都是单独对房屋、土地课税,计税依据是资本市场价值、评估价值和年租金。例如,新加坡、印度尼西亚、马来西亚、缅甸等,都将土地和建筑物的资本价值纳入税基,但在泰国,用于个人居住、动物养殖及土地耕作的产业除外,个别国家(如菲律宾),则是以土地的用途为计税依据的。

东盟国家较多选择以土地、房屋为个别财产税的课税对象。财产税在东盟各国的税制体系中所占比重都不高。各成员国政府对财产税协调工作不重视。东盟各国主要的土地税费表,如表 5-1 所示。

表 5-1 东盟各国主要土地税费一览表

国家	主要税种	税率
新加坡	不动产税	纳税基数为不动产的年值。税率为 10%.居住在自有住宅里的个人适用 4%的减免税率
	印花税	分区间缴纳。第一个区间交纳 1%,第二个区间交纳 2%,剩下的交纳 3%
	土地发展费	50%—70%
文莱	不动产税	商业用建筑征收 12%的建筑税
马来西亚	不动产利得税	转让资产前持有期限不超过 2 年的 30%;3 年的 20%;4 年的 15%;超过 5 年的个人免税,法人 5%
印度尼西亚	土地和建筑物税	对坐落于印度尼西亚的土地和建筑物征收的税,每年都按应税售价的 0.5%征收
	土地和建筑物购置税	按购置价格的 5%计算
	土地权转让的印花税	为土地权购进成本的 5%
	房地产税	税基是土地和建筑物的资本市场值,税率是统一为 0.5%
菲律宾	资产收益税	交易价格或市场价格的 6%
	当地交易税	合同价格的 0.5%—0.75%
	地产税	房价的 1%—2%
	印花税	房价的 1.55%
	增值税	房产租金或买卖房产利润的 12%
泰国	房产税	房产税是对工业和商业建筑的所有者和未被使用的住宅的所有者征收的,每年对评估经济租金收入按 12.5%的税率征收
	土地发展税	土地发展税是对拥有土地所有权的个人或虽没有拥有土地所有权但在使用土地的个人征收的。该税由当地政府依土地的评估价值按 0.25%—0.95%的税率征收

续表

国家	主要税种	税　　率
越南	土地使用费	免费
	土地使用权转让税	土地用途变更情况，包括农地向非农地转让、农业内部转让、非农地向农地转让、非农地内部转让以及土地互换这几种类型，不同类型征收税率不同
	房地产税	计税价按房屋、土地的分类及面积计算
老挝	土地使用税	按照不同使用途径收税
	土地租赁税	按照租赁收入的25%的税率缴纳
柬埔寨	土地和房屋的租赁税	以10%计算
	未使用土地税	按照每平方米土地市场价格的2%计算，1200平方米以内的土地免税
缅甸	印花税	不动产转移的印花税税率为5%

注：根据相关文献整理编制。

从表5-1我们可以看出，东盟十国中以新加坡、印度尼西亚、菲律宾的土地税种类较多，文莱、缅甸、马来西亚的相对较少，各国既有针对农用地征税的，也有对城镇房地产等不动产征税的；其次，在不同环节征税，如取得、保有、流通等环节均设置有不同的税种，计税依据从量从价均有，以从价计税居多。此外，还有强制性的土地闲置税，如柬埔寨的未利用土地税，也有特殊的优惠土地税制，主要用于政府等公益用地。国情不同，具体的税制也不一样。

值得注意的是，东盟各国的土地课税一般包含在财产税制中，所得式的土地税较少。但在我国，土地增值税和耕地占用税具有资源税和行为税的特点，一般不将其归入财产税类。

二、各国主要土地税制

世界各国在税收制度建设中，均十分重视全面发挥土地税的调节作用。在土地税制建设中，很多国家不仅从保障财政收入的角度来完善，而且从土地资源配置全过程，即从占有、使用、转移、收益等各个环节来建立和完善土地税制，以达到充分发挥土地税收对土地资源合理使用、保障国土资源安全的调节作用。但由于各国的历史文化积淀，以及经济社会发展的差异，各国的土地税制体系也各有特色。

（一）新加坡

新加坡承袭的是英国法律体制，国会拥有税法制定权及修订权，每年都根据政府预算案修改所得税法，其他法规的修改则视情况而定。

新加坡是一个单层次政府，与城市国家相适应，新加坡税制结构简明合理，目前其开征的税种主要有所得税、商品和货物税、财产税、印花税和关税等（遗产税2008年2月15日已取消），未开征地方税和市政税，税种少，税制结构简单。新加坡没有地方行政机构，中央政府直接管理各项事务，税务署则负责国内税务，机构设置精简、健全。新加坡的税收收入是政府收入的主要来源，占政府收入比重约90%，除此之外还有少量的各项费用。因为新加坡只有一级政府，所有的财政收入均归属中央政府（见图5-5）。

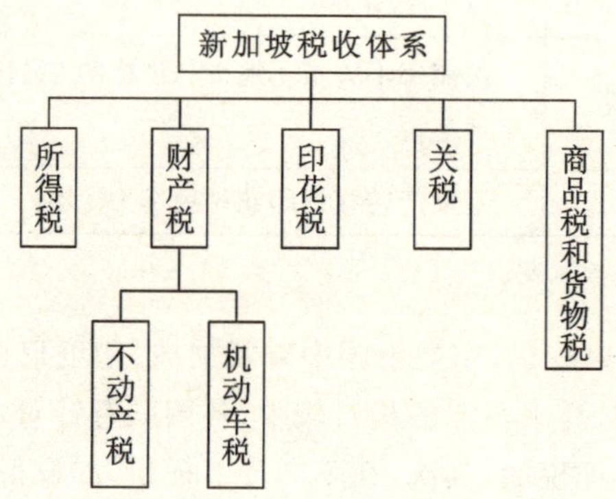

图5-5　新加坡税收体系图

对土地及不动产征税既是新加坡政府获取土地价值的主要途径，也是政府调控市场的主要工具。在新加坡，与土地相关的税费主要有不动产税、印花税和土地发展费等。

1. 不动产税

新加坡土地及不动产年税的主要形式是不动产税。不动产税是对所有不动产如房子、建筑物和土地征收的一种税。所有的不动产所有人都应缴纳不动产税。每年一月份缴纳全年不动产税，纳税基数为不动产的年金（AV）。不动产的年金是根据不动产的年租金收入估计的，估计的租金收入不包括出租的家具、装置和服务费，不动产出租、自用或空置适用同样的基数。

（1）征收范围：普遍征收，财产税的征税对象为位于新加坡境内的一切住房、土地、建筑和商业财产等。

（2）纳税人：财产税纳税人是上述财产的所有者。

（3）税率：财产税的税率为固定税率10%。

(4) 计算方法:每年需缴纳的财产税=财产年值×税率。

(5) 优惠:从 2011 年起对自住房屋实施优惠的累进税率,年金 6000 新元以下的房屋免财产税。例如,最初的 6000 新元年金适用 0 税率;第二档 59000 新元年金适用 4%的税率;超过 65000 新元的年金适用 6%的税率。这在不动产税制中是一个显著的变化,它为建屋局公寓业主居住者和多数私有住宅财产提供了税金节约额。

(6) 计税依据:计税依据是房产的年金。年金是指房产在一年内可能获得的租金收益。建筑物的年金是在分析类似建筑租金的基础上确定的,无论建筑物是出租还是空置,以较高的租金出租还是以较低的租金出租,决定年金(AV)的基础都是固定不变的。个人住房年值评估方法采用市场房租价格,这种方法以市场上类似房产的租金价格作为参照来确定年值,并充分考虑房产的地址、室内外环境、大小等因素来确保年值的公正性与合理性。新加坡税务局每年会对不动产的年值进行审阅,以确定是否需要修改。如果不动产的年值发生变化,税务局会通知纳税人。不动产税的税率通常为 10%,一般用于工业、商业的不动产和出租的住宅,居住在自有住宅里的个人按 4%的减免税率征收。

此外,在新加坡销售房屋等财产获得的收益为资本收益,对于这项收益,一般来说是不征税的,但是又要视特殊情况而定。如果一个人或组织销售房产被视为炒作,那么他从这项财产销售中获得的利润就应缴纳所得税。而一个人的销售行为是否为炒作行为由国内税务局根据一系列标准来判断,这些标准包括买卖房地产的频率,以及长期持有资产的金融手段、持有时间等。新加坡已开始征收房产税,按照规定,业主出售购买不足一年的房屋,要缴纳高额房产税,这对平抑商品房价、杜绝“炒房”也起到了很好的作用。

新加坡的税法总是根据当年的实际情况不断进行修订,新加坡的第一部财产税法颁布于 1960 年,之后的 50 年里经过多次修订。房产税制设计体现了普遍征收、负担较轻、部分优惠的原则,新一轮的财产税改革拉开了中低价格住房和高档住房的税赋差距,降低了中低价格住房的税赋,提高了高档住房的税赋,提高了房地产投资的成本,降低了投资的回报,十分有效地防止了大规模、不合理的房地产炒作,同时也发挥了财产税调节贫富差距的作用。

新加坡财产税税收体系完善,主要功能有组织财政收入、公平社会财富分配、调节人们收入水平、促使闲置财产投入使用、减少投机等,财产税效果良好。

2. 印花税

印花税是对与不动产和股份有关的书面文件征收的一种税。与不动产有关的文件包括不动产的买卖、交换、抵押、信托和出租等；与股份有关的文件包括股份的派发、转让、赠予、信托和抵押等。在新加坡境内签署的文件，应在文件签署之日起 14 日内缴纳印花税；在境外签署的文件，应在收到文件的 30 日内缴纳印花税。

新加坡的印花税是根据不动产的交易价格来进行支付的。为防止房地产市场过热，新加坡政府宣布从 2010 年 2 月 20 日起，凡购买的私人房屋或私宅地皮如在一年之内转售，卖方必须缴付印花税。税率依据持有时间而定，近年的卖方印花税率表见表 5-2。此外，对 2013 年 1 月 12 日及之后购买或获得的、在 3 年内出售或处理的工业用途房地产，同样实行卖方印花税(SSD)。

表 5-2 新加坡近年来住宅卖方印花税税率表

购买日期	持有年限	税率
2010 年 2 月 20 日—2010 年 8 月 29 日	1 年以内	18 万美元以内的 1%
		18 万—36 万美元之间的 2%
		剩余部分 3%
	超过 1 年	免税
2010 年 8 月 30 日—2011 年 1 月 13 日	1 年以内	18 万美元以内的 1%
		18 万—36 万美元之间的 2%
		剩余部分 3%
	1—2 年之间	18 万美元以内的 0.67%
		18 万—36 万美元之间的 1.33%
		剩余部分 2%
	2—3 年之间	18 万美元以内的 0.33%
		18 万—36 万美元之间的 0.67%
		剩余部分 1%
	超过 3 年	免税
2011 年 1 月 14 日—2017 年 3 月 10 日	1 年以内	16%
	1—2 年之间	12%
	2—3 年之间	8%
	3—4 年之间	4%
	超过 4 年	免税

续表

购买日期	持有年限	税　率
2017 年 3 月 11 日至今	1 年以内	12%
	1—2 年之间	8%
	2—3 年之间	4%
	超过 3 年	免税

资料来源：新加坡税务局。

除了卖方印花税，新加坡政府 2013 年针对房地产降温制定了额外买家印花税（ABSD）。私宅方面外国买家的额外买方印花税将提高 5 个百分点至 15%。购买首个组屋或私宅的永久居民也须支付 5% 的额外买方印花税，此前不必支付此税种。永久居民购买两套以上房屋的税费由 3% 提高到 10%。新加坡公民购买两套及两套以上住宅所需支付的税费也分别提高 7 个百分点至 7% 和 10%。值得注意的是，新加坡财政部 2018 年宣布自 2 月 20 日起调高价值 100 万新元以上房地产的买方印花税，最高税率从 3% 上调至 4%。

3. 土地发展费

1964 年，新加坡的城市规划法修正案增加了有关土地发展费的规定，土地发展费是根据项目批准的发展价值减去土地"发展基准价值"为基础来征收，类似于中国的土地增值税，降低了土地增值的预期，新加坡不存在囤地、炒地的现象。土地发展费一直是新加坡城市开发控制中的重要一环，但其征收的方法和费率经过了多次的调整。2007 年 7 月，新加坡政府曾将本国的土地发展费的费率由 50% 调高至 70%，以抑制楼市炒作。

4. 优惠的土地税政策

专门用于下列的建筑或部分建筑可以免征不动产税：公共宗教场所、接受政府资助的公共学校、用于慈善目的、用于在新加坡的有助于社会发展的建筑等。另外，上述建筑物（建成时有资格免征不动产税）在建设和发展阶段所用的土地也免征不动产税。上述不动产的免税需向新加坡国内税务局提出申请并提交相关资料。

此外，新加坡为提高征管效率，税务署专门建立了税收计算机中心，负责各种税收的征收、税务资料的储存及查询，通过计算机把税务署内部的工作运转连成一个完整的征管系统，征管手段较为先进。

（二）印度尼西亚

印度尼西亚实行中央和地方两级课税支付，税收立法权和征收权主要集中在中央。1985 年，印度尼西亚实行了税制改革，取得了积极成效。首先，印度尼西亚的税制是以所得税和增值税制为基础的。其次，自经济危机以来，印度尼西亚的所得税成为了税收结构的主体，税收体系逐步改进。现行的主要税种有：企业所得税、个人所得税、增值税、奢侈品销售税、土地和建筑物税、印花税。印度尼西亚的税收体系结构如图 5-6 所示。

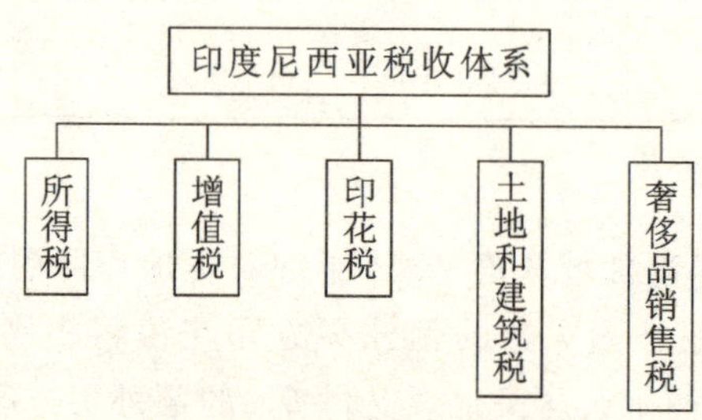

图 5-6 印度尼西亚税收体系

印度尼西亚将土地和建筑物的资本价值纳入税基，未开发土地买卖不课征价值附加税，但若是已准备开发的用地买卖，则须缴纳价值附加税。印度尼西亚的土地税主要有土地和建筑物税、土地和建筑物购置税和土地权转让的印花税。

1. 土地和建筑物税

土地和建筑物税是对坐落于印度尼西亚的土地和建筑物征收的税，每年都按应税售价的 0.5%征收。应税售价按公平市场成交价格的一定百分比确定。每个纳税人都有一个免征财产额，成交价格为 1200 万印度尼西亚盾及以下的财产免税。这一免征财产额由财政部调整，该税每年缴纳一次，耕地、矿地及林地适用特殊的计算方式。

2. 土地和建筑物购置税

土地和建筑物购置税最高按购置价格的 5%计算，该税由土地、建筑物的取得方或购买方缴纳。购置价格是所涉及的土地、建筑物的交易价格和公平市场成交价格中的较大者。每个纳税人都有一个免征额，一般是 6000 万印度尼西亚盾，但对继承的免征额为 3 亿印度尼西亚盾。公证人必须在交易各方纳税人都缴清各种税款后，才能在土地、建筑物产权转让文契上签字。

3. 土地权转让的印花税

土地权转让的印花税，为土地权购进成本的 5%。印度尼西亚地方政府对纳税人拥有的车、船，以及车、船的交易征税，不同的地区税制不同。

4. 税收优惠政策

1986 年的法律完全免除了宗教、公共教育、文化和社会组织、国际组织、外交办公室、公墓、保护的森林、国家公园、传统公共用地的房地产税，私立学校和医院接受50%的免税。尽管居住用房地产要交税，但是征税价值起征点的降低有效地免除了大部分低收入住宅的税收，不允许延期交税，但在真正困难和自然灾害的情况下，财政部亦有权来提供临时的减免税。

从1989年开始印度尼西亚实现了税收计算机化，引入了计算机化的房地产税收信息管理系统，它整合了不同的税收管理功能，包括房地产税收信息采集、评估、征集、实施和纳税者服务。目前，纳税者被要求通过自我申报来提供房地产信息。税收部门通过这些信息确定房地产编号，审计房地产税信息，附加的信息由公共机构和第三团体提供。1989年，政府引入了著名的“支付点制度”，按年度将税单通知发给房地产所有者或受益者，纳税者可以在接到税单后的6个月内一次性付清税款。这是一种新的交税程序，节省管理和执行的开支。这种新的征集系统指定以每个地理区域内的银行或邮局作为支付点。政府将提前打印好的收据送到支付点，用于每年的交费。收据被用于为每个纳税人和银行建立证明，包含了对迟交税金提前计算的罚金。

但是，印度尼西亚的土地开发许可证和建筑许可证被认为是政府增加收入的工具，而不是作为土地利用开发控制的手段。土地税收工具还没有被有效地用于控制城市的土地利用。总的来说，印度尼西亚的税收政策既有需要改进的地方，也不乏可借鉴的地方，其税制管理水平在东盟国家中处于偏上的水平。

（三）泰国

泰国实行中央和地方两级课税制度，税务厅的组织机构在全国分为两个部分，即中央税收和地方税收。

中央税收包括针对收入和利润征收的所得税，以社会保障分配为目的的工资税，针对财产征收的房地产转让税、增值税、消费税、特别营业税，针对国际贸易和交易征收的进口关税、出口税等；地方税收包括对财产课税和机动车税。其中，财产税包括针对房地产征收的房产租赁税、土地开发税、房地产转让税，针对货物和服务业征收的增值税附加、特别营业税附加、部分商品的消费税附加，以及对使用某种货物和财产或许可从事某种行为的税收。负责税收征收管理的部门主要是税务厅、国货税厅、海关厅。税务厅主要负责征收所得税、增值税、特种行业税以及印花税；国货税厅征收特定商品消费税；海关厅负责进出口关税的征收。其具体税收体系如图5-7所示。

泰国的税制结构。泰国实行以所得税为主体的复合型税制结构，泰国的经济具有较高的商品化和社会化水平，个人收入水平较高，税源丰厚，以所得税为主体的复合型税制结构有利于资源的合理配置，调节收入的分配，促进经济的稳定增长。

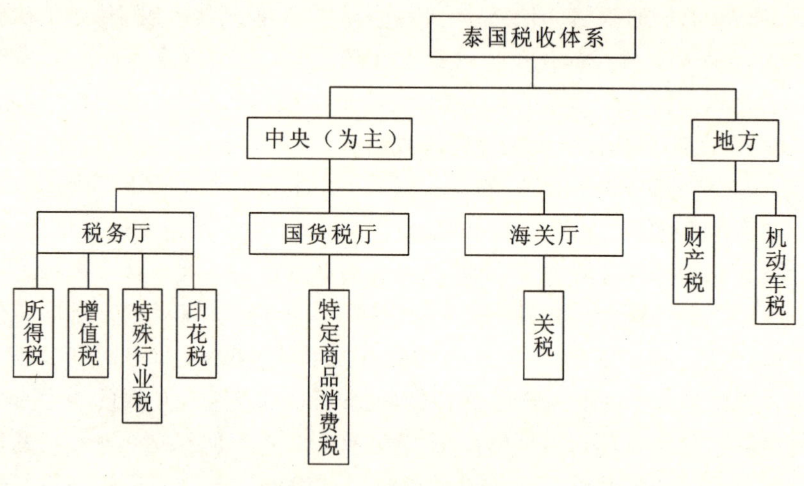

图 5-7　泰国税收体系

泰国的不动产税依据不同用途税率也不同，农业用途的土地税率比商业用途的税率低。其土地税主要有以下几类。

1. 土地房产税

土地房产税是对工业和商业建筑的所有者和未被使用的住宅的所有者征收的。这种税每年对评估的经济租金收入按 12.5%的税率征收。按照泰国 2008 年制定的建筑物及土地税法案，居民必须缴税 0.01%—0.5%，一般建筑物及土地税，征收不超过税基的 0.5%；没有用于经营的商业住房，缴纳不超过税基的 0.1%。

2. 农业土地税

农业用途的土地税不超过税基的 0.05%。

3. 地方发展税

地方发展税是对拥有土地所有权的个人或虽没有拥有土地所有权但在使用土地的个人征收的。该税由当地政府依土地的评估价值按0.25%—0.95%的税率征收。个人所得税（根据房产及持有人的情况而定）为税费总额的 6%左右，在买卖双方之间分摊，而每个开发商在拆分税费时采用的方式各不相同。所以，买方实际支付的税费可以从最低的 1%到最高的 6%左右不等，取决于各自的房产开发项目。

4. 闲置土地税

按法定税率的 2 倍缴税。空地前 3 年征收税率为正常的 2 倍，如果还没有充分使用该块土地，税率每 3 年将再增加 1 倍，但不超过税基的 2%。

5. 优惠土地税收政策

政府对个人住宅、牲畜饲养、农作物种植占用土地的所有者给予一定的优惠，优惠的程度取决于土地所处的位置。超过免征数量的耕地按法定税率的一半缴税，免税的土地，包括政府的土地，公立医院、公共教育机构等公共用地，宗教团体所有的土地或宗教用途的土地，缴纳土地房产税的土地。

近年来，泰国税务机构通过开发信息技术平台，不断提出更加有效的征收方法，建立更加公平、有效的税收征收机制，并保证税收征管工作与政府的政策协调一致。

（四）马来西亚

马来西亚实行联邦和地方两级课税制度，税收立法权和征收权主要集中在联邦。马来西亚的税收分为两部分，一部分是中央税收，另一部分是地方税收。中央税收包括直接税和间接税，直接税有公司所得税、个人所得税等；间接税有进出口关税、货物税、销售税等。地方税也分为直接税和间接税两部分：直接税有土地税、采矿税、排水和灌溉税、森林税等；间接税包括娱乐税和杂税（见图 5-8）。在所有这些税种中，公司所得税、个人所得税、关税、货物税和销售税是最重要的税种，这几种税的收入占税收总收入的 90%左右。

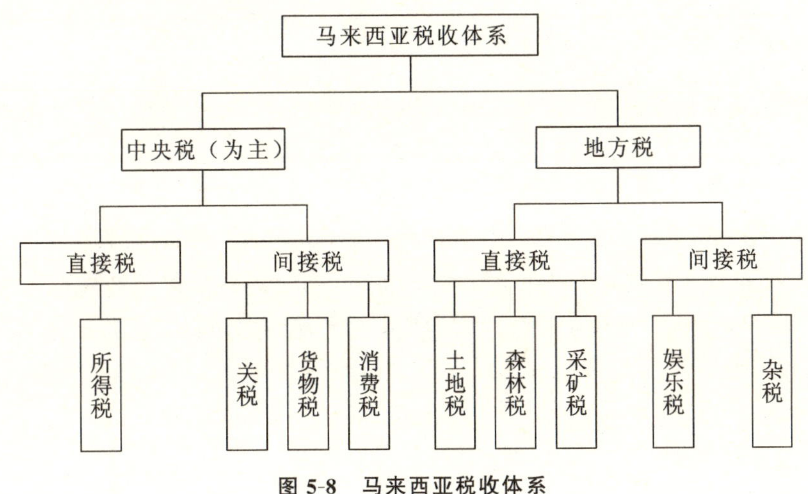

图 5-8　马来西亚税收体系

马来西亚最主要的土地税就是不动产利得税（RPGT），即房地产盈利税。

马来西亚不动产利得税是由 1976 年实施的不动产利得税法管理的。不动产利得税对纳税人转让不动产取得的利得征收，出售马来西亚境内的土地和土地上的权利产生的利得要缴纳不动产利得税，纳税人为转让不动产的个人和法人（不论居民或者非居民）。转让收益按照转让价格减去购进成本和转让费用的公式计算，转让损失可与不动产利得相抵。马来西亚公民和永久居民可以享受最高为5000马币或所得额10%的免税。若非马来西亚公民或永久居民个人，如5年内出售不动产及相关权益的，税率30%；5年后的税率5%，且不享有减免税优惠。

马来西亚曾在2007年以前对购屋后两年内出售者征收高达30%的不动产利得税。不过政府宣布在2007年4月1日至2009年12月31日，所有房地产交易都豁免不动产利得税，造成转手房产价格节节上升。随着近些年马来西亚房地产价格不断升高，政府为了避免房地产投机，2012年起重新启用不动产利得税，并在2013年预算案中将税率增加了5%。2014年，财政预算案将不动产利得税增加为：马来西亚公民，持有3年内出售，税率30%；持有4—5年内出售，税率20%；持有超过5年出售，税率5%；外国人，持有5年内出售税率30%，持有超过5年出售税率5%。具体情况如表5-3所示。

表5-3　马来西亚2014年不动产利得税表

转让资产前持有期限	个人利得税率
不超过4年	30%
4—5年之间	25%
超过5年	5%

资料来源：中华人民共和国商务部国别指南。

另外，马来西亚半岛的所有土地均须缴纳州政府收取的"退房"年费。这种税收结构以国家土地规则为依据，由土地的规模、地点和用途决定。这种形式的税收并不鼓励发展空置土地，因为空置土地的税收很低，土地空置后，多缴的税款应返还给纳税人。马来西亚的纳税人经常向媒体抱怨甚或是投诉多缴的税款无法在短时间内退回来，纳税人把税款缴纳上去容易，一旦缴多了想从国库里再退回来难。

所以，虽然马来西亚在经济发展水平和经济总量上是仅次于新加坡的东南亚国家，近年来税收收入均超过国民生产总值的20%以上，位居亚洲榜首，但在偷税漏税方面比较突出。

（五）菲律宾

与中国一样，菲律宾的税收体制分别由中央税、地方税、中央与地方共征税三部分组成（见图5-9）。菲律宾实行的是复合税制，并且都是以所得税、商品和劳务税为双主体税种的复合税制。税制均由多个税种组成，而且这些税种由不同部门征收，菲律宾不仅由税务部门征收，还有相当部分税种由其他职能部门征收，如环境与自然资源部、消防局、陆运办公室。

菲律宾主要税种由所得税、增值税、遗产和赠予税、关税、国内消费税、资源

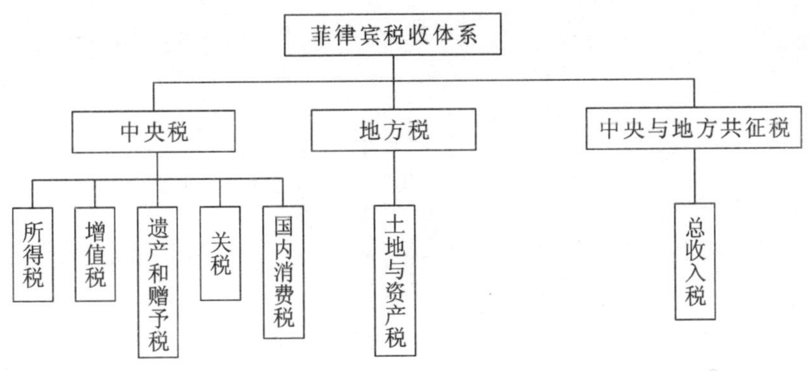

图 5-9　菲律宾税收体系

税，以及总收入税等组成。其中，公司所得税、个人所得税、增值税、遗产和赠予税、关税、国内消费税（对资源和某些特别商品征收，由中央征收）、总收入税（中央、地方共同征收）及土地与资产税（由地方征收）。地方政府法规定，地方政府有权在其管辖范围内对某些特殊行为或商业行为征税，法律规定免税的除外。地方政府也有权每年对不动产征税，如土地、建筑物、机械和其他改造项目，还有对不动产的销售、捐赠、易货或其他任何形式的转移进行征税。

菲律宾与土地房产有关的各种税费共有 10 项。税种包括资产收益税、增值税、当地交易税、印花税、地产税以及特别教育基金税。费用包括公证费、资产注册费、地产代理费及法定费用等。主要的税（费）有以下几种。

(1) 资产收益税，实际上就是当地交易税的一部分，税率为交易价格或者市场价格的 6%。

(2) 当地交易税，是一种由当地政府以合同价格的 0.5%—0.75%征收的税种。

(3) 地产税，是市财政局根据房产所在位置征收房价的 1%—2%。

(4) 印花税，是国内收入局根据房产价格的 1.5%征收的一种税种。

(5) 增值税，主要是按 12%的税率对因租赁房产而得到的租金或者因买卖房产赚取的利润而征收的一种税，没有租赁或租赁费在 1 万比索以下的不缴纳增值税。

除此之外还有：特别教育基金税是按照房产价格的 0.125%—0.25%征收，房价不足 30 万比索的，按 1%征收；公证费为每项 200 比索；地产代理费为房价的 3%—5%；法定费用一般情况为 2 万比索，有时候可达房价的 10%。

（六）柬埔寨

柬埔寨的税收种类比较简单，主要包括所得税、增值税、特定商品服务税、土地和房屋租赁税、土地闲置税、印花税等，如图 5-10 所示。

柬埔寨的土地税主要有：土地租赁税和土地闲置税。

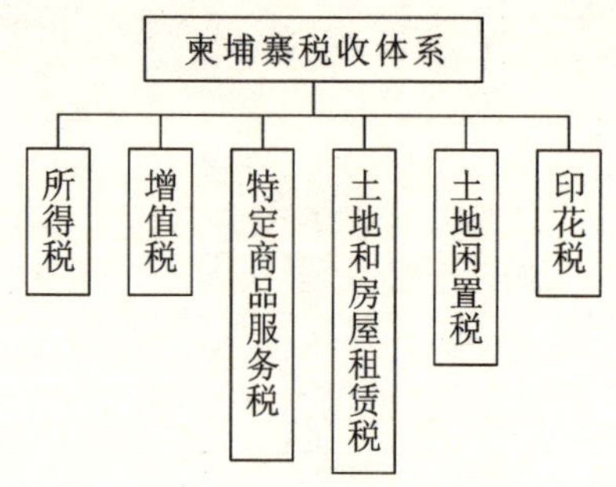

图 5-10 柬埔寨税收体系

1. 土地租赁税

从事土地、建筑物租赁等事业者有缴纳土地和房屋的租赁税的义务。土地和房屋的租赁税以从事土地、房屋租赁者取得的租赁收入为计税依据，税率为 10%。

柬埔寨 2010 年的财政管理法规定了一个不动产税，不动产被定义为包括土地、房屋、建筑物和其他建立在土地上的构筑物。该税自 2011 年开始在首都和各省的城市生效。对市场价值超过 1 亿柬埔寨瑞尔的不动产征收 0. 1%的税，市场价值由不动产评估委员会进行评估。所有市场价值超过 1 亿柬埔寨瑞尔的不动产和坐落于市区的不动产都必须到当地公共当局登记，财产登记、纳税申报、税款缴纳必须在 2011 年 9 月 30 日之前完成。

2. 土地闲置税

柬埔寨的土地闲置税是对闲置土地征收，包括处于废弃状态的建筑占用的闲置土地。该税按每平方米土地市场价值的 2%的税率对业主征收，1200 平方米以内的土地免税。土地的市场价由闲置土地评估委员会在每年 6 月 30 日确定，土地的所有者应在每年 9 月 30 日前支付税金。

税收主体按照每个城市或地区级别的土地市场价格进行评估，应由不动产税委员会于纳税年度的 6 月 30 日前评估确定。在计算税款时，允许扣除 1200 平方米每个地块征税课题的总面积。这个税率应在税收主体的百分之二(2%)内征收，计算公式如下：应纳税额＝(总土地面积－1200 平方米)×税收主体×2%。

3. 优惠税收政策

免税的不动产有：农业用地；属于政府及其所属机构的不动产；仅从事宗教和慈善活动的社团、个人所属的不动产；属于外交、领事馆、国际组织和其他政府合作机构的不动产。

柬埔寨土地税也存在潜在的腐败问题。柬埔寨最重要的是先完善土地所有权保护和法律制度，然后才是土地税制改革。

（七）缅甸

缅甸税收种类有其不同于中国和其他东盟国家的分类方法，基本分为以国内生产和公共消费为对象征收的税、以个人所得和财产为对象征收的税、关税、以国有财产等公用事业为对象征收的税等四大类。缅甸的土地税属于其四大类税费政策之一的国有资产使用税。主要税种有商业税、所得税、利润税、关税、彩票税、印花税、财产税等（见图5-11）。

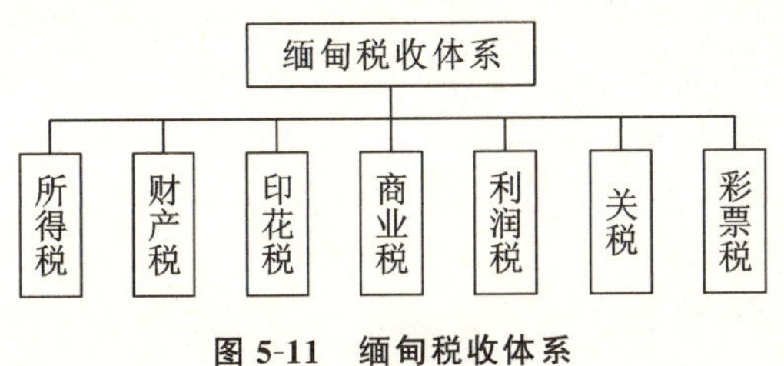

图5-11　缅甸税收体系

缅甸对坐落于仰光开发区的不动产征收的税种如下。

1. 财产税

一般税率不超过年值的20%，年值就是不带家具的不动产一年的租金。在征财产税时，这个年值还应考虑由仰光城市发展委员会确定的一个百分比。外国人被禁止在缅甸拥有不动产，所以，缅甸的财产税与外国人无关。

2. 印花税

不动产转移的印花税税率为5%，坐落于仰光开发区的不动产，需另加2%；股票（股份）转移的印花税税率为2.5%；担保债券的印花税税率为2%；有遗产处理协议的按照所处理财产价值的2%征税；赠予财产按5%征税，赠予坐落于仰光开发区的不动产，需另加2%。

3. 优惠税收政策

对投资使用的土地将按以下规定免收地税。

1）种植业

（1）种植长年果树地，从开始种植之年起，8年内免收地税。

（2）种植园林作物，从开始使用之年起，6年内免收地税。

2）养殖业

（1）用于渔业养殖的土地，从开始使用之年起，3年内免收地税。

（2）用于家禽牲畜饲养业的土地：如用于饲养水牛、黄牛和马，从开始使用之年起，8年内免收地税；饲养绵羊和山羊，从开始使用之年起，4年内免收地税；饲养猪，从开始使用之年起，3年内免收地税；饲养鸡、鸭，从开始使用之年起，4年内免收地税；已投资用于种植业和养殖的土地，自生产或服务业创造利润之年起至少3年内免征利润税。

缅甸政府曾在2012年8月把购房者需支付的房产税提高至房屋全额的37%,包括30%的交易税和7%的印花税,但收效甚微。有经济学家指出,行政部门效率低下,法律法规不健全,购房者就容易逃税,政府很难采取有效的法律措施真正影响土地价格和控制流入房市的资金。

(八) 越南

越南税收分权制度沿袭了过去的行政分级体制,采用按税种来划分政府间税收收入方式的同时.还采纳了共享税的税收分配方式。所有税种被划分为中央固定税、地方固定税和共享税。但税收立法权完全由中央掌握;地方税的税基和税率由中央决定,国内税收的征管及绝大部分的行政收费由国家税务局负责,而关税由海关负责征收。

就越南而言,现行的直接税种有所得税、土地房产税、土地使用税和转让税等;间接税为增值税、特别销售税、关税、资源税等(见图5-12)。越南的所得税与中国的相似,即由企业所得税和个人所得税两块组成。其中,企业所得税实行累进税率征缴;个人所得税实行分类与综合相结合的方式征缴,应税所得包括经常性所得与非经常性所得两部分。越南大部分公民的收入低,所以直接税给国家增加的收入也是低的。

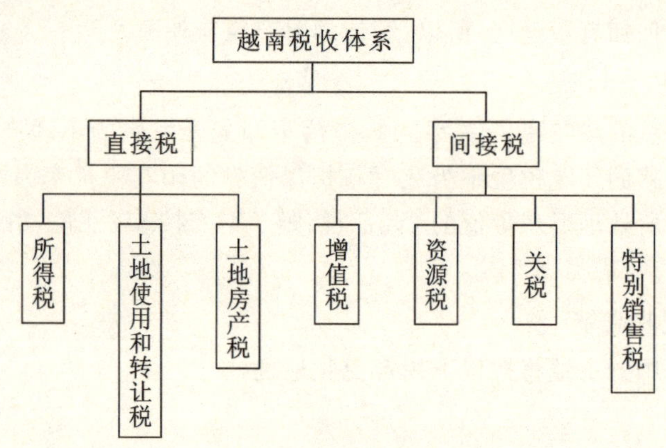

图5-12 越南税收体系

越南土地税费主要有农业土地使用税、土地使用权转让税及房地产税。

1. 农业土地使用税

越南的农业土地使用税法,于1992年经国民大会通过,1994年1月1日生效。该税按照土地的质量、位置、地形、灌溉和排水条件来征收。与原来相比,土地的种类和税率档次数目由原来的21个减少为11个。自然灾害或战争破坏可以得到减免税优惠,填海土地、开垦地继续免税,此外,种植者追加投资增加产量时,不会被征收附加税。

2. 土地使用权转让税

越南土地使用权转让税以1994年7月1日施行的《土地使用权转让税法》为依据,以土地面积、地价和税率为基础计算税款。土地使用权转让税针对的是权属转移行为,同时考虑土地用途变更情况,包括农地向非农地转让、农业内部转让、非农地向农地转让、非农地内部转让以及土地互换这五种类型,不同类型征收税率不同,对不改变土地用途的土地使用权转让,税率规定如下。

(1) 具有土地使用权的组织、家庭户、个人如果未缴纳土地使用费或根据越南《土地法》的规定不需缴纳土地使用费的,经同意转让土地使用权时,农业、林业、水产养殖、盐业生产用地,最低税率为10%;宅基地、工程建设用地和其他用途的用地,税率为20%。

(2) 具有土地使用权的组织、家庭户、个人且已依照《土地法》的规定缴纳了土地使用费,转让土地使用权从第二次算起,如果第一次已依照规定缴纳了土地转让权税,经批准转让土地使用权时,税率为5%。

(3) 组织、家庭户、个人互换土地,如果土地面积、土地位置或者土地等级方面存在价差,税率为价差的5%。

在征得具有权限的国家机关同意后,改变土地用途,对土地使用权转让征税规定如下。

(1) 改变用途,从农业用地特别是固定的水稻种植用地改变为非农业用地,最低税率为40%。从农业用地改变为工业建设用地,税率为40%以下(具体税率由政府报请国会常务委员会确定)。

(2) 从非农业用地改变为农业用地,税率为零。

越南土地使用权转让税根据是否变更土地用途设置了不同的流转税率,如表5-4所示。

表5-4 越南1994年土地产权流转税率

产权转让	地类	税率/(%)
不变用途	农业、林业、水产养殖、盐业生产用地	最低10
	建设用地	一般20
变更用途	农用地转换成非农用地	最低40
	农用地转换成工业建设用地	最高40
	非农业土地转换成农业用地	免税

资料来源:越南1994年《土地使用权转让税法》。

变更用途时，若农用地转换成工业建设用地则税率高；非农业土地转换成农业用地则免税，这种方法在某种程度上可以防止农地非农化，保护耕地，采用法律和经济手段，最大限度地减小了产权变更后土地用途变更的弊端。

3. 房地产税

在越南有房屋所有权、房屋及土地的使用权的单位和个人都要缴纳房地产税，房地产的计税依据是房地产的计税价和税率。越南的房地产税目前实际只征收了地产税而没有征收房产税。

1）纳税人

有权使用住宅土地和建设土地的组织和个人是地产税的纳税人。不征地产税的情形有两种：用于公共利益、社会福利或慈善而不是商业目的的土地；纯粹用于宗教或组织崇拜而不是商业或住宅目的的土地。

2）税率

（1）在城市、城镇和区镇用于房屋和建设工程的土地，税率是该地区最高等级农用土地税率的 3—32 倍。具体的税率基于城市、城镇和区镇的位置而定。

（2）在城市郊区和主要的运输路线邻近区域用于房屋和建设工程的土地，税率是该地区最高等级农用土地税率的 1.5—2.5 倍。具体的税率基于应税土地所处的市区范围和主要的运输路线邻近区域而定。

（3）在低等级土地、中等级土地、山区用于房屋和工程建设的土地，税率是该地区平均水平农用土地税率的 1 倍。应纳税额＝土地面积×土地级别×税率。

4. 土地税收优惠政策

越南《投资法》规定，投资商在投资优惠领域和地区投资可根据土地法和税法的规定，减免土地使用税。例如，平定省对投资实行 3—30 年免收土地税的优惠，河静省在 7—10 年免收土地税。越南土地使用税费减免的幅度和额度较大，土地税费优惠政策对投资者具有很大的吸引力。

（九）老挝

老挝的直接税主要有利润税、所得税、最低税和各种手续费等；间接税主要是营业税和消费税。老挝不征收企业所得税，老挝的直接税中还有一种非常特殊的税种——最低税（无论是老挝人还是外国人，都必须缴纳的一种税），其纳税人是按照复式记帐制和通用记帐制缴纳所得税的在老挝境内开展经营和从事自由职业的法人和个人。税率有 0.25％和 1％两种。如果纳税人在过去 1 年中已经提前分批预缴了利润税，则可以从缴纳的年度最低税数额中扣除。老挝的税收体系结构图如图 5-13 所示。

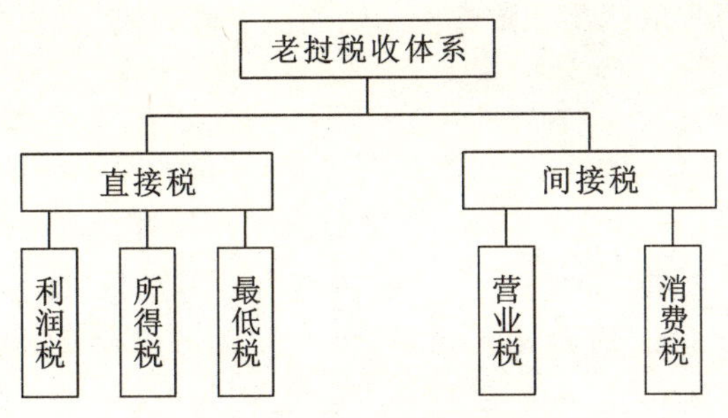

图 5-13　老挝税收体系

老挝没有净财富税，也没有不动产税，对使用或持有的土地以变化的税率征收地税。老挝涉及的主要土地税费类型包括土地使用税、按交易额收取的土地出售交易税，其中包括土地登记费、土地使用租金、土地用途变换税、工作人员的服务费等 13 个方面。

2007—2008 年财政年度，政府出台了土地税征收办法。征收对象是除 47 个国家级贫困县以外的其他行政区域。土地税征收额分为以下几种。

(1) 贸易和服务业用地，城区每平方米 300 基普，农村每平方米 240 基普。

(2) 工业和手工业用地，城区每平方米 180 基普，农村每平方米 150 基普。

(3) 房产业用地，每平方米 80 基普。

(4) 闲置土地，每平方米 300 基普。

(5) 果树种植业用地，每公顷 30000 基普。

(6) 工业用树种植业用地，每公顷 45000 基普。

(7) 药材种植用地，每公顷 20000 基普。

(8) 养殖业用地，每公顷 45000 基普。

租赁土地和其他财产者，一律按照租赁收入的 25% 的税率缴纳土地和其他财产租赁税。租赁房屋者，按照租赁收入的 25%、30% 两档税率缴税，或者依据房屋类型、租赁对象的不同，按照月每平方米计算税额纳税。

2009 年，老挝通过收取土地税收和各种土地费用的收益已达 1210 亿基普（老挝货币单位）。但主要的收益来源于土地税收。尽管老挝的土地收入有所增加，但土地下跌导致 2009—2010 财政年度的收益目标减少了 1320 亿基普，土地部门官员仍然对此表示担忧。

在老挝，公民会经常在城市土地市场出售、出租、抵押他们手中的土地使用权，但是这些交易活动必须在土地使用权管理局进行登记，并支付交易税。然而由于交易税费需缴纳的项目多且昂贵，造成很多人会刻意逃避政府的税费。复杂的纳税和服务费用收取体制导致收费的透明度下降，并容易滋生腐败行为。

(十) 文莱

文莱、新加坡是东盟国家中比较小的国家，但是文莱与新加坡一样，又是东盟国家中经济水平很高的国家，其富有程度仅次于新加坡。文莱国家的税收制度是建立在这样的经济发展之上的。其税收体系由所得税、资源税、印花税、预扣税、土地和财产税等税种构成(见图 5-14)。

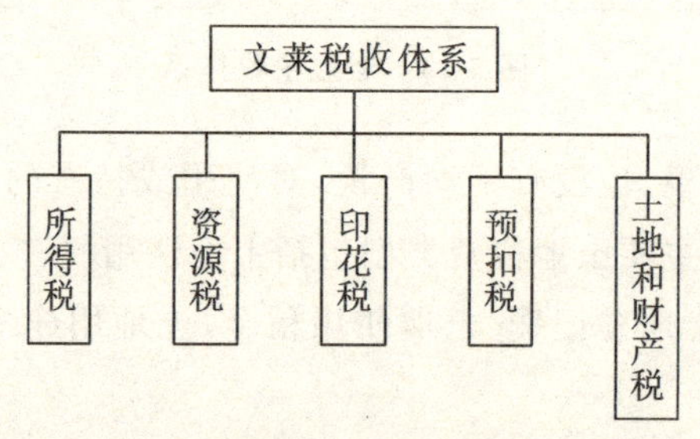

图 5-14　文莱税收体系

土地和财产税是文莱地方当局根据财产数量、租赁土地的租金征收的财产地产税。自 2009 年 4 月 1 日起，文莱对首都—斯里巴加湾市的所有商业建筑征收 12%的建筑税。自 2010 年起，文莱对斯里巴加湾市的居住建筑也开始征收建筑税。对租用的商业建筑，按照租赁合同中的年租金征收 12%的税，而对自有自用的商业建筑，按照市政当局确定的月租单价和总面积，按照年租金征收 12%的税。

此外，空置超过 30 天建筑的所有者提供设施为市政当局服务，如作为通道或路灯照明等可以得到退税。该税分两期交纳，税收收入用于提供市政服务如设置警察岗亭、消防站、路灯设施、城镇维护、通道、供水、垃圾及污水处理等。

文莱与中国税收相比有以下区别：不征收个人所得税，这些不征收的个人所得税还包括个人盈利的税以及个人从资本和资产销售中获得利润税等。此外，文莱的税收体系中是没有增值税税种设置的。

第六章

征地制度与纠纷解决

第一节 征地原则与程序

东盟征地制度从原则上看，大致可分为两类，一是出于公共目的或公共利益进行征地，代表国家有印度尼西亚、菲律宾、老挝、柬埔寨和泰国；二是出于公共目的或其他目的进行征地，代表国家有新加坡、越南、缅甸和马来西亚。

一、公共利益征地

（一）印度尼西亚

印度尼西亚关于土地征收方面的现行法律法规主要包括《印度尼西亚土地征收法》和2011年12月通过的《印度尼西亚土地征收条例法案（基于公益性建设）》。

1. 征收原则

《印度尼西亚土地征收条例法案（基于公益性建设）》规定了土地征收公共利益范围：①国防和国家安全；②公共道路、收费道路、隧道、铁路、车站和列车运行设施；③水库、水坝、灌溉、供水管道、卫生设施和污水处理管道和其他设施；④港口、机场和码头；⑤石油、天然气和地热等基础设施；⑥电力发电厂、传输、中继站、网络和分布站；⑦政府电信和信息站；⑧垃圾处理和加工站；⑨政府/地方政府医院；⑩公众安全设施；⑪政府/地方政府墓地；⑫公共及社会设施和绿色开放空间；⑬自然和文化遗产的储备地；⑭政府/地方政府/村办公室；⑮城市衰退定居点和/或土地整理,低收入群体家庭租赁房;⑯教育设施或政府/地方政府学校;⑰政府/地方政府的体育设施;⑱公众街市及车位。

2. 征收程序

土地征收主要步骤:①计划;②准备工作(见图6-1);③具体实施。需要征收土地的机构依据印度尼西亚现行的法律法规制定土地征收计划。征地机构和省政府如果要进行土地征收,必须先进行土地征收的准备工作。首先,向土地征收区居民发布关于土地征收的开发计划公告,然后用30天的时间收集当地居民关于土地征收的意见反映;召集当地居民或当地居民代表召开座谈会,对土地征收进行讨论,就土地征收问题达成一致,时间为2个月。如果当地居民同意,就与土地征收机构达成谅解备忘录,总督用14个工作日确定土地开发位置,开始实施土地征收计划(见图6-2)。如果当地居民不同意,征地机构再用30天的时间与公众进行沟通,并向总督汇报,总督用14天的时间进行决定。如果总督同意公众的反对意见,土地征收机构就要放弃土地征收计划;如果总督否决了公众的反对意见,土地征收机构就可以进行土地征收的具体实施工作,被征土地居民可向省法院提起诉讼。如不服省法院的判决,还可向最高法院提起诉讼。

土地征收具体实施的第一步是向印度尼西亚土地局备案。第二步,对土地进行征收:①确定土地所有权,期限为30个工作日。②对补偿进行评估,土地局确定一名独立评估师(须持有财政部颁发的许可证)对土地进行价值评估,土地局同时也对该土地进行评估。独立评估师将在会议纪要中向土地局提交他所评估的补偿价值。土地征收补偿类型可为货币补偿、土地置换、重新安置、股权或双方同意的其他形式。③补偿数额的确定,将补偿费直接交付给被征收方,被征收方接受补偿后应立即向土地局交出土地和所有与土地所有权有关的地契。

(二)老挝

老挝土地法规定,为公益而有必要使用某一个人或组织的土地时,政府或集体可收回其土地,并给予当事人适当的赔偿。赔偿损失,是指行为人因违反民事义务使人受到损害,应以财产赔偿受害人所受的损失。损失赔偿的原因有两方面:一是使用土地的个人或组织由于违法而对他人或公众造成损失,本人要承担土地侵权的民事责任;二是一旦为公益而有必要使用某一个人或组织的土地,政府或集体必须给予被收回土地的人适当的赔偿。为了保证收回土地中的赔偿,应留有省、市或特区、县、村的全部土地面积的5%比例作为备用土地。老挝土地法规定了征地的补偿制度,同时规定了土地备用制度来保障补偿的实现。但土地补偿制度缺乏可操作性,征地程序也有所缺失。老挝土地法规定,在赔偿损失费的过程中,必须由有关部门的代表组成委员会,进行评估以便确定损失费的数额。

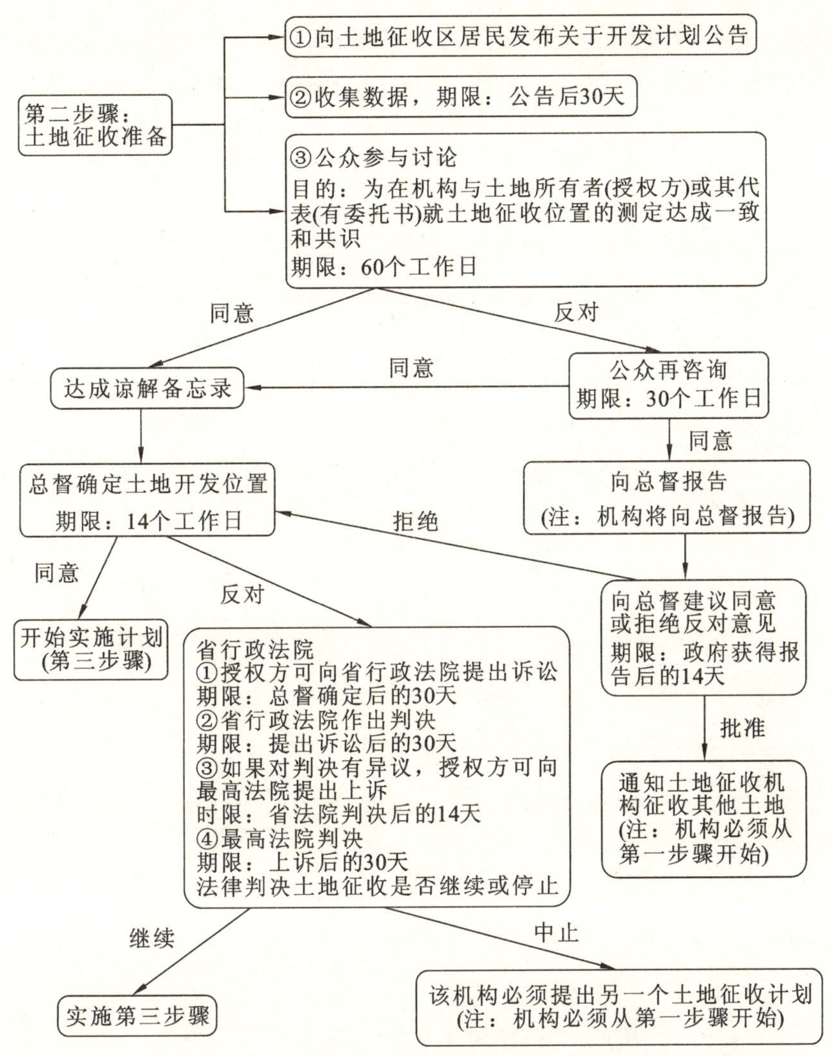

图 6-1　印度尼西亚土地征用前期准备工作流程图

但并没有规定补偿范围、补偿原则和补偿标准的内容，补偿程序虽规定了专家评估制度，但未赋予受损害人知情权、参与表达意见和监督的权利。

（三）柬埔寨

1. 征收原则

柬埔寨《土地征收法》规定，征收是指为了国家和公共利益的需要没收自然人、法人或者合法的公共实体的土地、建筑物、种植物等不动产或不动产权，用于恢复或扩建公共基础设施，被征收人提前获得公平公正的补偿。公共或共同利益

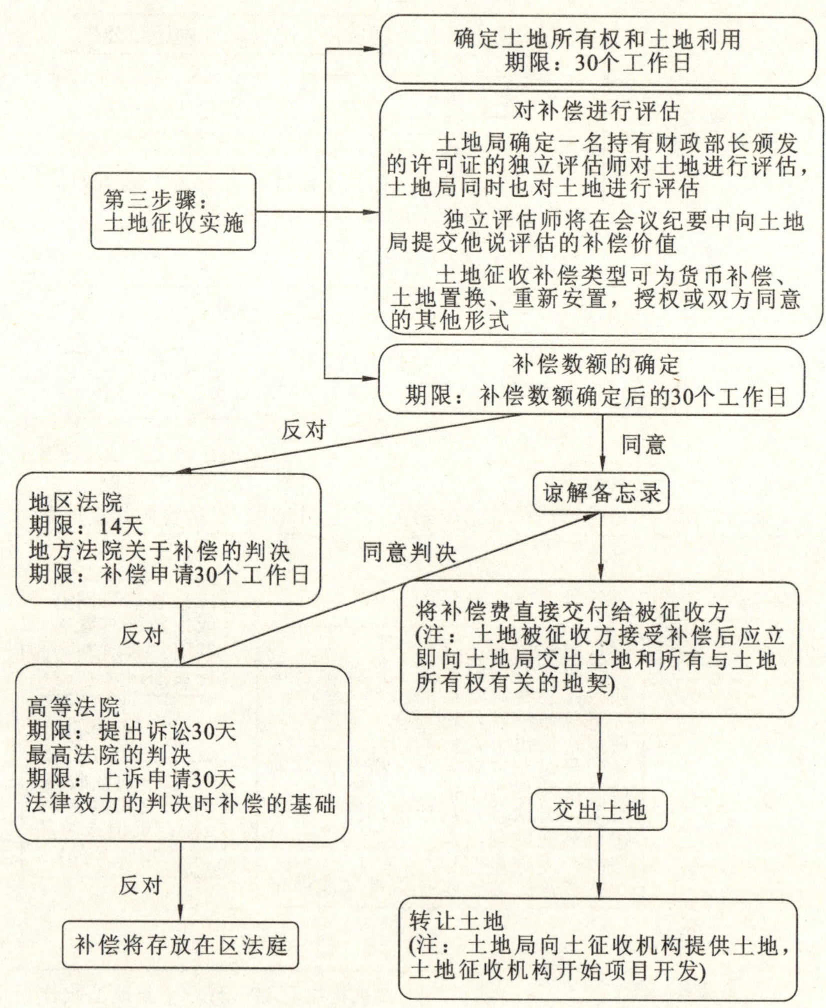

图 6-2 印度尼西亚土地征用实施工作流程图

的需要是指公众、代理人或公共机构使用土地或财产；国家利益的需要是指为国防或安全所需建造、修复或扩建建筑物，为实际执行维护领土完整的政策的实施而占用土地或财产。公共基础设施有：①铁路、道路、桥梁、机场、港口及其附属建筑物和设备；②发电站，相关建筑物、设备和配电输电线路；③为邮政、电信和信息技术系统建造或扩建的建筑物和设备；④道路、城市空间、停车场、市场、公园和公共广场；⑤灌溉系统、清洁供水系统、污水系统和公共利益空间；⑥为教育、培训、科学、文化、体育、医疗以及社会保障事业建造或扩建的建筑物和设备；⑦炼油厂、净化站，保护自然和环境的建筑物和设备；⑧研究和开采矿山或其他自然资源的建筑物和设备；⑨天然气系统、燃料管道、炼油厂、石油钻井平台和其他系统；⑩恢复或重建受地震、洪水、火灾或山体滑坡等自然灾害严重破坏的建筑物/住宅；⑪为保护和支持居民建造或扩建的建筑物；⑫边境站；⑬为国防和安全做好必要准备的建设；⑭建立保护自然资源、森林、文化考古遗址或保护环境的新遗址；⑮按照国家的要求，按照政府决议实施项目。国家是唯一为了公共或国家利益目的而进行征收的一方。征收只能用于实施上述项目。实施项目的可以是国有企业或公共机构，承包商或投资者。被征收的不动产，应当用于所宣布的出于公共利益或者国家利益的用途，不得没有适当理由地转移给第三人以谋取私利。

在涉及公共安全的特殊紧急情况下，如发生火灾、洪水、森林大火、地震，即将爆发的战争或恐怖袭击以及其他政府决定的情形，政府可能会不经过任何咨询暂时没收不动产或者不动产权。当任务完成后，将不动产归还原所有者和/或土地相关人。当紧急且必要情况下涉及国家利益时，政府可酌情不进行协商按规定的程序进行不动产征收。

2. 征收程序

在进行征收前，由经济财政部的代表牵头，有关部门和机构的代表参与设立征收委员会。征收基于公共基础设施项目进行，原则上由政府按照部门/机构的建议予以批准。征收委员会应当就征收项目提交政府审批。在提出征收项目前，征收委员会应公开进行调查，对所有者的所有权利和/或不动产的合法权利人以及需要赔偿的其他财产进行详细说明记录，所有其他相关问题也应记录在案。征收委员会在进行本次调查时，应当同省、市、区以及各级其他有关部门和征地拆迁委员会、村民代表或者受征地影响的社区进行公开协商，明确具体的信息，并听取所有相关人对公共基础设施项目建议的意见。为了制定征收或者安置补偿方案，征收委员会应当就受公共基础设施项目影响的不动产向有关各方进行详细的探讨。调查完成后 30 个工作日内，征收委员会应当出具建议和意见报告给政府批准。

征收委员会经政府批准，向征收土地所有权人和/或其合法所有人发出征收项目的声明，说明征收的主体，被征收不动产和征收的目的，具体程序包括：确定公共基础设施项目，实施项目的地点和时间安排，有权没收财产或私有财产的主管部门；确定公平和公正的补偿；设定投诉的最后期限；将附有《土地征收法》副本的声明发送给所有人和/或合法所有人；标明“为公共基础设施的利益征收的不动产”；通过媒体公告；在公共基础设施建造地所在的社区和办事处张贴声明，并由村长向有关居民发放声明。

所有者或相关权利人在收到征收项目的公告后，可以在 30 个工作日内向投诉处理委员会提出书面申诉调查，以确定征收是否真正为了公共和国家利益需要，或者是否可以转移到其他地点。这个投诉可以由他们的律师或代表准备。投诉申请的主要内容应包括:所有者和/或相关权利人的姓名、地址和电话号码;投诉的理由;关于土地的合法性的描述和支付给所有者和/或相关权利人的补偿。但是,不动产的所有人和/或相关权利人不得就国家道路、桥梁、铁路、水电系统、煤油管道、污水排水系统和灌溉系统等大型开发项目提出申诉调查。调查完成后的30日内,投诉处理委员会应当出具建议和意见报告给政府审批。如果对投诉处理委员会的裁决存在分歧,对征收程序、征收目的或征收补偿仍存不满,所有者或相关权利人可以向法院提出申诉。

不动产和不动产所有权的征收,只有在征收委员会依据所规定的补偿程序和原则完成公平公正的补偿后才能进行。存在纠纷尚未解决时,征收可继续进行。已经收到征收委员会补偿的所有人和/或相关权利人仍有权依照申诉和争议解决程序继续申诉。

补偿支付完成后,土地征收委员会有权获得土地和/或不动产,如果原土地所有者或相关权利人不愿离开,土地征收委员会可要求相关机构采取措施使其离开。

(四)泰国

1. 征收原则

泰国《不动产征收法》规定:为了任何必要的公共设施建设,国防、城镇和城市规划,农业和工业的发展,土地改革或其他公共目的,国家可征收任何不动产和自然资源。

2. 征收程序

出于上述目的进行征地时,应在征收之前颁布皇室法令。皇室法令的内容包括:征收的目的,征收的官员以及被征地区的划界。被征地区的地图或规划和划界内所有地块的地图都应附在皇室法令上,被视为皇室法令的一个部分。皇室法令应在两年内有效或在规定的期限内有效,如果有必要对被征地进行调查的,皇室法令有效期不得超过4年。当皇室法令生效后,相关官员将其副本以及附录的地图张贴在官员办公室和被征地所在区域,以让公众知晓。皇室法令生效期内,相关官员有权进入划定的被征区域内的土地和不动产,做出必要的调查获取被征不动产的确定信息,但需至少提前15天书面通知不动产所有人或不动产合法占有人。不动产所有人或不动产合法占有人有权因上述行为造成的损失而获得补偿。相关官员应在180天内完成不动产相关信息调查。如果征收是为了道路、铁路、公路和灌溉渠等的建造或扩建,调查应在法令生效后的两年内完成。

当所有调查完成后,相关官员应在30天内提议部长任命委员会(由官员代表、土地部门代表、国家其他机构代表和当地代表组成)评估被征不动产的价格和赔偿金额。评估的价格和赔偿数额应在委员会任命后的180天内完成并公布。相关官员有权与被征不动产的所有者或合法占有者协商购买不动产，商议的购买价格不得超过委员会评估的价格。如果购买不动产的提议被接纳，但被征不动产的所有者或合法占有者不同意商议的价格，那么他可以获得委员会评估的赔偿数额，并可保留向部长要求更高赔偿额的权利。在这种情况下，相关官员应签订购买合同，并在合同签订后的180天内将全额赔偿支付给被征不动产的所有者或合法占有者。支付完成之日被认定为不动产转移之日。如果被征土地评估结束后，土地价格上涨，那么相关官员支付的不动产价格或委员会评估的价格对被征不动产的所有者或合法占有者来说是不公平的，部长将命令委员会根据相关规则和条件调整价格使价格合理化。相关官员应在合理价格公布后的180天内书面通知利益相关人获取增加部分。任何人一旦享有了合理补偿将不再有要求重新调整补偿的资格。

皇家法令颁布后，由于征收进程缓慢，严重阻碍社会和经济的发展或损害国家利益时，部长有权在政府公告上发布征收的紧急性与必要性的公告。相关官员根据公告可在征收前占有或使用不动产，但必须至少提前60天书面通知被征不动产的所有者，或者提前60天书面通知合法占有者并且完成赔偿的支付。对于土地征收，必须先支付赔偿后占有或使用土地。对于征收其他不动产，如果价格能够达成一致（不超过委员会评估价格），需按规定支付赔偿；如果价格没有达成一致，在赔偿款存放法院后，相关官员有权占有或使用不动产。如果有必要拆除建筑物或做其他与建筑物有关的事，相关官员在支付或存放赔偿的基础上，应书面通知被征不动产的所有者或合法占有者，在规定的时间内（不少于通知送出的60天）拆除不动产。若被征不动产的所有者或合法占有者没有在规定的时间内遵循通知执行，将自行承担所有损失。在紧急情况下占有和使用不动产时，如果造成了额外的损失，相关官员应当就额外的损失支付公平的赔偿。如果通知无法送出，通知需张贴在被征不动产所处的位置，相关官员将在规定的时间（不少于通知贴出的75天）进行相关事宜。

当与被征不动产相关的准确信息收集完成后，颁布征收此不动产的法令。法令的内容包括被征地块和其他不动产及其所有者或合法占有者的姓名。法令还需附上被征不动产所处地区的地图或规划，被征不动产需在地图上明确标出，并在法令颁布前实地做好标记。不动产产权应在法令生效之日转让给相关官员，但官员有权在支付或存放规定的赔偿后占有或使用不动产。当被征不动产涉及抵押或其他优先权时，抵押期满，抵押人或优先权持有者享有从补偿中优先受偿的权利。法令生效后，若被征不动产所有者或合法占有者将此不动产转让给他人，则受让人有权获得赔偿。

二、其他事项征地

（一）新加坡

1. 征收和征用原则

新加坡《土地征收法》规定，当某一土地：①为了任何公共目的；②经部长批准的任何个人、团体或法定机构，为公共的利益或公共利用，需要征收该土地作为某项工程或事业之用；③作为住宅、商业或工业区加以利用时，政府可征收土地。

为公共目的的需要，总理可指示相关人员临时占有和使用任何非国有土地，占用期限通常不超过征用之日起的连续三年。土地临时占用必须提前一个月通知被征用土地的相关利益人以及占用人，通知的内容包括临时占用土地的预估期限，对该土地上进行的工作的简要说明，所需土地的面积和范围，对土地利益相关人进行补偿和损失赔偿的规定。

2. 征收程序

新加坡政府为了防止《土地征收法》赋予的权力被滥用，规定了非常详细的征地程序，特别是在提出土地征收建议和处理土地征收过程两方面有着严格的规定。

政府部门和法定机构在提出土地征收建议前，必须进行充分的调查研究，衡量当地土地的等级，通过土壤采样或采取一切必要的手段来确定土地是否适合这种用途，论证建设项目的必要性和合理性，列出建议的土地界线，以及拟议工程的拟议路线（如有的话），通过放置标记物来标识这些边界和路线，砍伐和清除任何农作物、围栏或丛林来保证界限和标记的实现，查清被征土地的权属关系。任何人除非得到使用者的同意，否则不得进入任何建筑物或附属于住宅的封闭庭院或花园，如果没有事先至少 7 天书面通知使用者也不能这样做。就任何地方的任何土地发出的通知，自发布日期起的 12 个月届满后停止生效，但这并不妨碍后续工作的进一步开展。若进入或调查给相关人员造成伤害或损失，应尽快进行补偿，就补偿数额发生争议时，补偿数额由土地管理局相关官员决定。

调查完成后的土地征收建议呈报给规划审查委员会审核，得到同意后，经国家发展部部长交给内阁和总理最后批准，并在宪报上公布。总理可以在公报上发布通知，宣布该土地需要按通告中说明的用途加以征收，并且总理可以指明为上述目的所需征收的是地上空间还是地下空间，或者是全部的土地。公告还包括土地所在的城镇细分，土地的数量、面积及其他所需的必要资料，如果已经制定了土地计划，可以检查计划的地点和时间等内容。

公告发出后，部长或由部长授权的人员须指示相关人员着手进行土地征收。

土地管理局相关官员应在新加坡流通的当地日报(至少4份)上用4种官方的语言发布政府有意进行土地征收的通知,并表明会对相关土地权益人进行补偿。通知必须述明土地的详情,并使每一位与被征土地存在或可能存在相关利益关系的人知晓。告知所有土地利益相关人亲自或以书面授权他人在通知中提及的时间和地点出现,时间不得晚于通知发出后的21天。所有土地利益相关人需说明他们各自在土地上的权益的性质,他们对这些权益要求补偿的数额和详情,补偿额的估价基础或估价方式以及他们的反对意见。土地管理局相关官员须在确定的某一天进行问询(可视情况延期),在问询中阐明所征土地面积,确定的土地利益相关人,他认为应该支付的土地补偿以及补偿分配等内容。土地管理局相关官员可随时向高等法院就下列任何问题申请裁决:任何土地权利文书的真实效力;有权享有土地权利或利益的人,这种权利或利益的范围或性质;依据上述权利或利益如何进行补偿金的分配;应该获得补偿金的人;根据《土地征收法》进行调查的费用以及费用由谁承担。问询结束对补偿等相关事项做出裁决后,土地管理局相关官员按照程序提交一份通知书的副本,表明任何土地利益相关人知晓此事后,进行土地的征收。任何对补偿裁决有异议的土地权益相关人可向上诉委员会提出上诉。如果上诉委员会认定应该支付的补偿数额超过了土地管理局相关官员确定的数额,土地管理局相关官员需从征收土地之日到超出的补偿支付完成之日按每年6%的利息补偿给土地相关利益人。

(二)越南

越南实行的是单一的全民所有制,并不存在与我国"土地征收"严格对应的征地行为,国家强制使用土地主要分为两种情形,一种是土地征用,另一种是土地收回。

1. 土地征用和土地收回原则

(1)土地征用。越南土地法规定,当发生战争、自然灾害或其他紧急情况时,国家可征用土地,征用期满或紧急情况解除,应将土地归还原使用者,并对征用造成的损失予以赔偿。征用期限自征用决定生效之日起不得超过30日。在发生战争或紧急情况时,征用期限自发布决定之日起计算,从战争状态或紧急状态取消之日起不超过30日。申请期限届满,申请目的未完成时,可适当延期,延期不超过30日。延期征地的决定必须以书面形式提出,并在征用期限届满前发给被征用人。

(2)土地收回。土地收回是指国家依据有关法律规定,通过行政命令的方式收回已分配或租赁给土地使用者的土地使用权,将其用于基础公共设施建设或国家批准的投资开发项目。越南"土地收回"的本质与我国的"土地征收"不同,它不发生所有权的变化，且范围更加宽泛；也不同于我国的“土地征用”，它并不是紧急情况下的临时性使用。尽管如此，越南“土地收回”的目的范围与我国“土地征收”的目的范围有一定的“交叉”，“公共利益”是我国土地征收的唯一合法目的，也是越南土地收回的众多合法目的之一。

越南《土地法》规定，国家出于以下几种情形可收回土地：国家为了防卫和安全目的可收回土地，主要包括建立工作地点或总部，建立军事基地，建设国防工程，战场和防务安全专项工程，建设军事站台和港口，建设直接服务于国防和安全的工业、科技、文化和体育事业，建设人民武装部队仓库，进行野外射击、野外演习、武器试验、武器摧毁的场所，建设人民武装部队的培训机构、培训中心、医院和休息室，建设人民武装的公务员队伍，建立由国防部和公安部管理的拘留设施和教育机构；为了国家和社会公共利益和经济发展收回土地，主要包括国会确定的国家重要投资项目，总理批准的项目和省级人民代表大会审议通过的项目，主要是关于建设工业园区、出口加工区、高科技园区和经济区的项目，建立国家机构、政治组织和社会政治组织办事处的项目，建设基础设施的项目，为社区人口公共活动服务的建设项目和主管部门许可的矿产开采项目等；通过无偿分配方式获得土地使用权的组织，或通过有偿分配获得土地使用权但土地使用费由国家资助的组织，以及通过缴纳年租获得租赁土地使用权的组织解散、破产、搬迁或不再需要土地时；土地使用者违反用途规定或低效使用土地时；土地使用者故意破坏土地时；土地使用权分配中发生错误或非法情况时；违法占用未利用地时，违法转移土地使用权时；土地使用者死亡且无继承人时；土地使用者自愿交回土地时；土地使用者故意不履行应尽义务时；有限期土地使用权期满且未获准续期时；一年生农作物用地连续抛荒 12 个月，多年生农作物用地连续抛荒 18 个月，林地连续抛荒 24 个月时；通过分配或租赁获得的项目开发用地，连续闲置 12 个月或未经有关部门批准推迟土地开发建设期达 24 个月等。

一般情况下，省级人民委员会有权批准收回本辖区内各组织团体、宗教机构、国外越侨、外国团体及个人使用的土地；行政区、公社级人民委员会有权批准收回其辖区内的家庭、个人使用的土地及越侨使用的居住用地。特大或特殊项目用地需收回土地的，要经中央政府批准。

2. 征地程序

1998 年，越南第 22 号决议《关于以国防安全、国家利益和公共利益为目的的征地补偿问题的决议》详细规定了越南的征地程序（见图 6-3）。

2004 年，越南第 197 号决议将土地收回以“出资方”与“公共利益”为依据，分为“（国资/外资）大型公共建设项目”和“（其他）非大型公共建设项目”（见表 6-1 和图 6-4）。两者遵循类似但非一致的征地拆迁及赔偿安置程序。

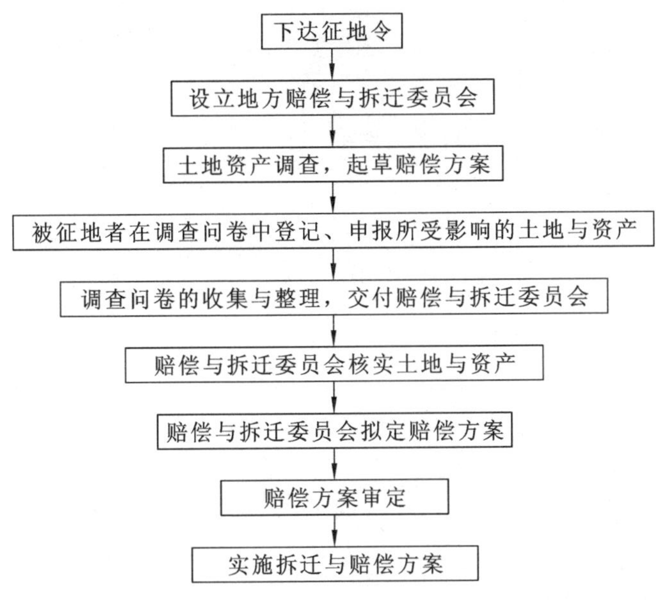

图 6-3　越南土地收回程序

表 6-1　土地收回类型

类型	主要项目	原则	程序	计划制定
大型公共建设	公共安全、福利项目、外商投资项目等	政府主导	仍采用“拆迁与赔偿委员会”制度	地方政府、开发商、被征地人代表协商
非大型公共建设	私人开发项目	政府较少干预	特殊程序	开发商、被征地人协商

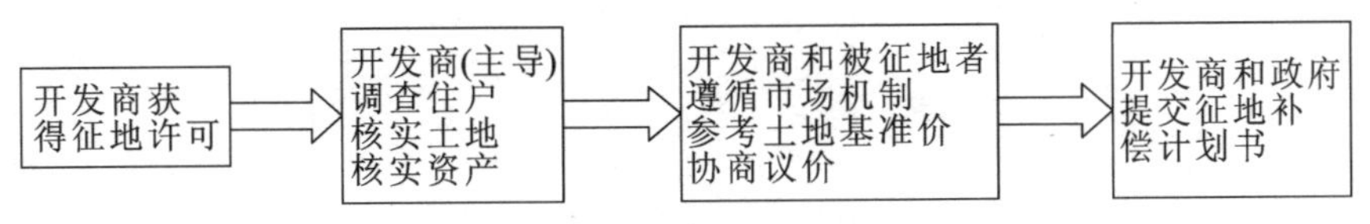

图 6-4　非大型公共建设项目征地程序

2005 年，河内市实施的第 26 号决议规定了拆迁与赔偿委员会制度。河内市第 26 号条例中关于征地赔偿和拆迁程序中的基本步骤，如图 6-5 所示。

（三）缅甸

1. 征收和征用原则

缅甸在英国殖民统治下颁布的 1894 年《土地征收法》，仍然是目前缅甸征收

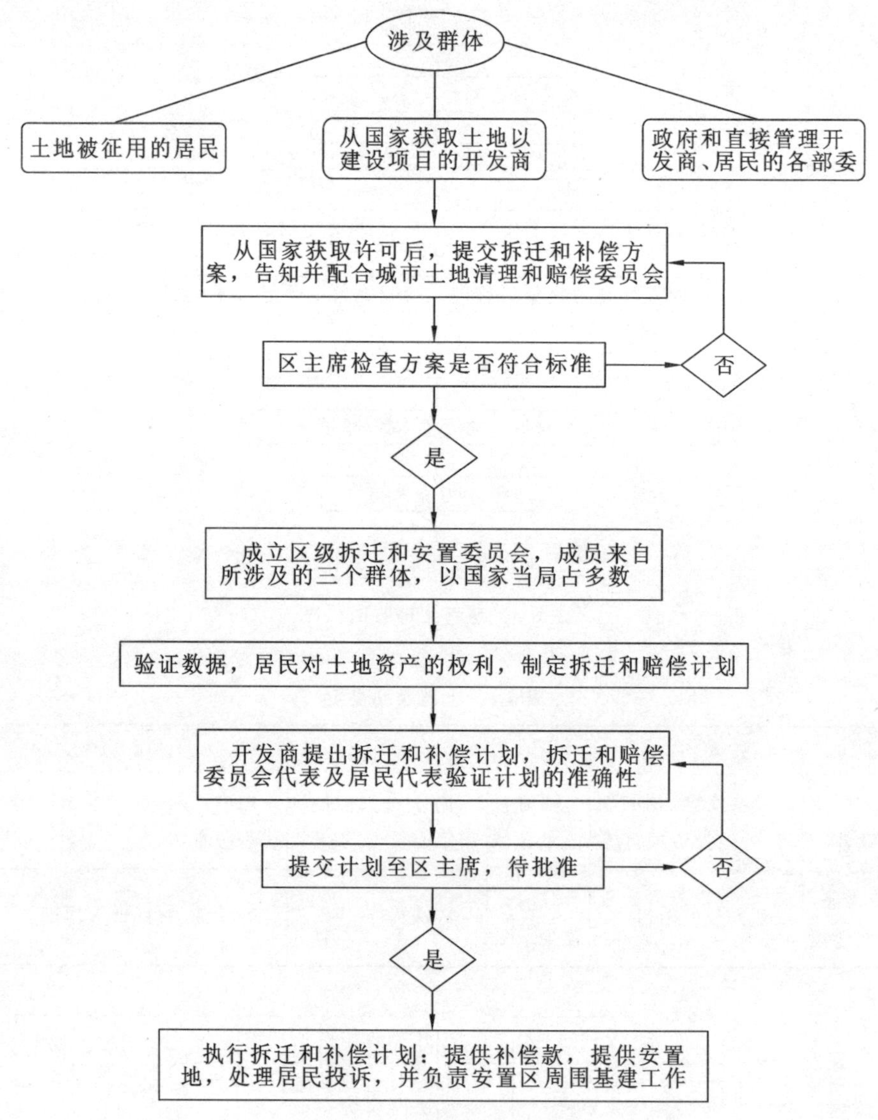

图 6-5　征地赔偿和拆迁程序

土地的法律依据。《土地征收法》规定出于公共目的和/或商业目的可进行土地征收。商业目的主要包括：雇佣不少于 100 名工人的个人或个人联合公司为其职工建造住房或提供与其相关的便利设施，或所征土地用于建造一项有利于公众的工程。国家领导人出于上述目的需要某块土地时，应在宪报刊登有关的通知，而土地征收者须在当地通知具体内容。

土地征用人出于公共或商业目的的需要时，可临时占有和使用任何废弃地或农地，占用期限不得超过占用之日起的3年。土地征用人需书面通知被占用土地的相关利益人具体事项，并通过一次性付清、分月或定期的方式支付补偿。补偿存在争议时，土地征用者可提交法院裁决。在支付补偿期间，土地征用者可进入并占有土地，根据征用通知使用土地。征用结束后，土地征用人因就占用土地造成的损失给予赔偿，并恢复土地原状。相关权益人与土地征用者对到期时土地条件存在异议，或就其他事项未达成一致，土地征用者可提交法院解决。如果被占用土地永久无法用于原用途，土地征用人将依据法律永久占用土地。

2. 征收程序

为上述目的进行征地，国家领导人通常授权官员以及其他工作人员在征地前进行调查，了解当地的土地的状况。任何被征土地权利相关人有权在收到通知后的30天内提出反对意见，土地征收者应记录好每一条反对意见，并且土地征收人应给予反对者亲自或委托他人说出反对意见的机会，在听完所有反对意见并做出进一步询问后，如果他认为有必要可将他对反对意见的建议，相关程序和决议报告提交给负责人，负责人给出最终决定。

调查完成后发出征地公告，公告需包括征地目的，被征土地的位置、面积等内容。土地征收者需在方便的地方或靠近被征土地的地方发出公告，说明政府征地意图并表示对所有被征地的利益相关人进行补偿。该通知须述明所需土地的详情，并规定所有利益相关人，在指定的时间(不早于通知发出的15天)及地点，亲自或由代理人出现，说明各自在该土地的权益性质，以及就该等权益的要求补偿和赔偿的数额，以及对土地测量的反对意见(如果有的话)。在确定的日期，或在听证延迟后的某一日期，土地征收者就上述所有问题做出回应，确定被征土地的真实面积；确定应该赔偿的数额以及确定所有应该获得赔偿的相关土地权利人。土地征收者可以因任何他认为合适的理由延迟听证。相关赔偿事项应提交到土地征收者办公室，作为征收者和利益相关人是否已经出席听证，土地的面积、价值和利益相关人赔偿的分配是否确定的最终证据。土地征收者应立即向未出席听证或由代表出席听证的土地利益相关人通知补偿决定。任何未接受补偿的利益相关人，可以书面向征收者提出反对申请，要求土地征收者转交该项申请，寻求法院的裁决，出席听证的利益相关人需在土地征收者确定补偿之日后的6个星期内提出反对；其他情况，需在土地征收者发布通知的6个星期内或土地征收者确定补偿之日后的6个月内(两者以较早的日期为准)提出反对申请。土地征收者转交反对申请时，需向法院书面说明具体事项与问题。法院通知具体日期请相关当事人出庭以作出裁决。

土地征收者支付赔偿后可获得该土地，该土地收归国家所有，没有任何产权负担。在紧急情况下，即使赔偿没有完成，也可在征地通知公布的15日后，因公共目的或商业目的占有所需的任何废弃地或耕地。因通航需要或其他不可预见的紧急情况，或铁路管理局因维持交通使用某块土地，或因战时需要等，土地征收者可在征地通知公布的15日后占有土地。土地征收者如果没有提前至少48小时通知原占有者其意图，或没有给原占有者充足的时间转移其可移动的财产，以减少不必要的损失，则不得占有任何建筑物或建筑物的一部分。

出于商业目的进行征地时，相关官员应当就项目人提出的征收计划在征地负责人指定的时间和地点举行听证，听证结束后相关官员向负责人提交报告，负责人同意后，要求公司与政府达成协议开始征收工作，公司需支付征地成本费用和土地转让费，并在规定的时间执行项目。

（四）马来西亚

1. 征收和征用原则

马来西亚联邦宪法规定，政府可依法对私人土地进行征收，但要给予合理的补偿。马来西亚征收私人土地的法律依据是《土地征收法》。该法1960年颁布以来，马来西亚曾于1993年和1997年两次对该法进行过修改，并于1995年和1998年先后两次颁布了土地征收实施细则。《土地征收法》适用于马来西亚所有的州（除沙巴州和沙捞越州）。该法规定，土地问题是州政府事务，州政府有权征收任何私人的土地，但土地征收必须符合公共目的的需要，公共目的包括：①任何公共目的；②由任何人或机构提出的符合州政府认为有利于马来西亚或该地区经济发展或公众利益的目的；③为采矿、住房、农业、商业、工业或娱乐的公共目的。

当国家觉得需要临时占用和使用任何土地时，必须符合上述3条所指的任何目的，为在任何土地上进行公共工程，国家当局可指示土地管理人占用或使用土地，但不得超过生效日期起的3年，且需按照法律规定的方式进行占用或使用。

2. 征收程序

马来西亚《土地征收法》要求任何土地征收都要向土地管理官员提交土地征收书面申请报告，同时还需附有项目建议、设计和土地征收计划，以及被征土地的政府初步评价报告。任何联邦或州政府、法定机构、联邦或州机构、个人或公司都可以提交土地征收申请报告（见图6-6）。马来西亚《土地征收法》还要求土地管理官员把土地征收申请和所有附件分别提交给州经济规划局或吉隆坡联邦土地管理局和吉隆坡联邦土地委员会。该委员会是根据《土地征收法》授权组建的，组成人员主要包括作为委员会主任的经济规划局局长或他的代表、总理办公室联邦土地开发和巴生谷规划处副处长、作为委员会秘书长的经济规划局的代表、联邦领土土地管理官员、土地和矿山局局长或他的代表、吉隆坡城的特派员或他的代表和委员会主任确定的相关政府部门或机构的代表。如果土地征收申请不符合《土地征收法》的规定，土地管理官员可拒绝土地征收申请；如果土地已经被别人征收或土地征收不是用于《土地征收法》所规定的修建公路、铁路、水渠、电力供应、天然气管道、电信、道路照明、下水道系统、排水系统、公共工程和其他类似的公共服务设施或便利设施的公共利用目的，土地管理官员也可以拒绝其申请。

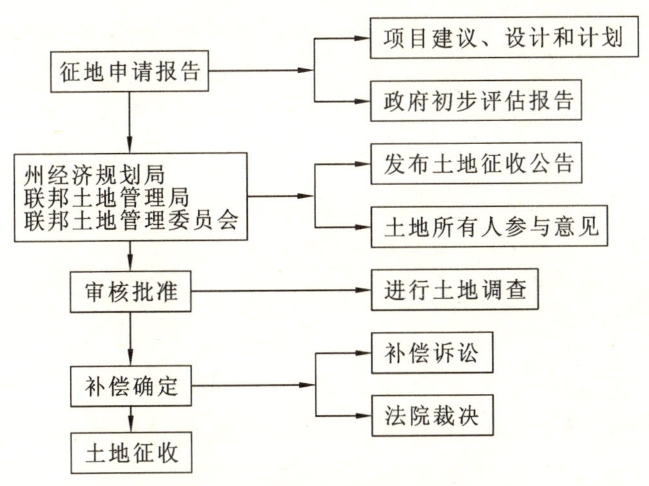

图 6-6　马来西亚土地征收程序

1997 年《土地征收法》修改案赋予了州经济规划局和吉隆坡联邦土地委员会一项新的职能。在接到土地征收申请报告后，土地管理官员必须要将申请报告和所有材料提交给州经济规划局和联邦土地委员会。州经济规划局和联邦委员会必须根据以下几个方面对申请报告进行考虑：公共利益；征用土地申请人的法定资格和能力；项目的可行性；授予登记土地业主的开发批准书。

经济规划局和委员会可考虑给予被征土地拥有人一次参与土地征收项目的机会。在经济规划局和委员会的主持下土地征收方和土地被征收方通过谈判达成参与的形式、期限和条件。如果达不成协议，经济规划局和委员会有权推荐它认为合适的建议，但它的建议不能强迫土地所有人必须参与项目。对于计划征收的土地和已经征收的土地或已经批准征收的土地，州经济规划局和委员会要求土地征收申请人与登记土地所有人进行谈判协商的权力在性质上只是一个酌情处理权，也就是说，它们也可以不要求双方进行谈判协商。决定对土地进行征收后，征收法要求土地管理官员代表州政府确定对土地进行调查的日期，并在调查日期到来时进行如下调查工作：①土地的价值；②所有要求补偿人员的各自的权益或他认为谁应该享受对土地的补偿；③任何当事人对土地征收的所有反对意见。

第二节　征地补偿安置政策

一、公共利益征地的补偿安置政策

（一）印度尼西亚

印度尼西亚征地补偿标准有3种选择：土地征收委员会决定的价格；土地所有者报税时申报的价值；土地的市场价值。事实上，土地征收委员会仅对享有完全所有权的地主支付完全的补偿金，对那些享有部分土地所有权的地主仅支付部分补偿金，而对擅自建造房屋者则没有任何补偿。

有权获得征地赔偿的人包括：土地所有权人或者依照法律规定享有权利的人；土地使用权人或土地经营权人，被征土地上建筑物或其他物品的所有权人或使用权人。赔偿机构应在一定期限内支付土地征收委员会确定的赔偿数额，或以其他形式进行赔偿，应在土地征收委员会决定赔偿方式和金额后的60天内提供赔偿。土地征收委员会邀请有权获得赔偿的当事人按照约定的时间和地点进行赔偿，赔偿的通知应在不迟于支付赔偿之日前3天发出。

印度尼西亚新土地征收条例草案规定，印度尼西亚土地征收补偿的形式有多种：现金、股票、土地置换或房屋置换、辅助重置、建设公共设施或其他有益于当地社区福利的形式或其他形式。土地征收按国家规定进行补偿。如果授权方拒绝接受国家所决定的补偿方式和/或赔偿金额，土地征收补偿费将存放在当地地方法院。此外，存在以下几种情况土地征收补偿费将存放在当地地方法院：①不知是否存在上述有权获得赔偿的人；②土地或与土地有关的建筑物，植物和/或其他物体在法庭上是案件的对象，尚未收到具有永久法律效力的法院裁决；③土地仍然存在争议，双方没有和解协议；④土地、建筑物、植物和/或与土地有关的其他物体正在被当局扣押。如需法院保管土地征收补偿费，地方政府需提交请愿申请，并附上有权要求赔偿的名单。

（二）老挝

在老挝，土地征收补偿标准是根据土地征收前的用途进行制定的，采取货币补偿和土地置换两种方式给予补偿。

1. 农地

一般对失去农地的补偿机制是“地地补偿”。对于一大片或整片土地受到项目影响的人（以下简称AP），政府将给他们安排生产力对等且位置可接受的土地。

为了防止得不到土地，政府应了解 AP 的情况和需求，给他们提供与市场价值相符的现金补偿。然而，当仅有 20%的土地受到影响或者所有土地中只有较小面积受到影响，而其他土地还可继续利用的，提供的现金补偿数额等于受影响土地的价值。有时，虽然影响的只是一部分的土地但剩下的土地已经失去经济价值时，土地权利人有权放弃整片土地而获得与整片土地相应经济价值的补偿，或者选择地地补偿。AP 可获得替代农地的使用权，这个权利将得到充分的保障，不必支付任何的税收、转让费、登记费或其他费用。如果 AP 的土地是被暂时征用，政府会根据具体的情况，补偿他们的经济收入损失，损坏的资产、庄稼和树木的费用。

2. 房屋建筑

住宅或其他建筑损失的补偿机制是提供现金补偿，金额与建筑物的成本完全等价，不会对废旧的建筑用料打折扣或者扣减价格。如果部分房屋或者建筑因为项目受到影响，剩下部分可以继续使用的话，AP 有权就受损部分申请现金补偿，也有权为了继续使用而修复剩下结构申请补助。但是，如果剩下的建筑物被认为是不可使用，或者根据现行标准，剩下的建筑面积小于最低房屋面积，AP 有权放弃建筑物而获得与建筑物相应经济价值的补偿，不会对废旧的建筑用料打折扣或扣减价格。

租用被征建筑物用于居住或其他用途的租户，若受到项目的影响，AP 会得到等价于 3 个月住房补贴和其他损失的现金补助，并且提供租房的帮助。

3. 商业用地

商业损失的补偿机制是：①满足企业的要求，政府向企业提供一个面积相等，地理位置较好的土地以替代原有的企业，或者在找不到合适的替代土地情况下，提供价值完全对等的现金补偿；②根据受到影响的建筑成本，对失去建筑的企业提供等价赔偿，而金额不会因废旧建筑材料而打折扣或者扣减价格；③对过渡时期损失的收入提供现金补偿。

因为整幢楼宇或建筑物受到影响，或因为剩下的楼宇或建筑物不能再使用，而坚持要求搬迁的 AP，根据老挝现行标准，可以在接受范围内得到最小面积的替代商业楼宇或建筑物作为补偿。但如果受到影响的商业楼宇面积大于安置地的最小地块面积，AP 可以得到相应差价的现金补偿。

4. 其他的补偿和补助

当征地破坏基础设施或使社区服务受到损失时，例如道路、桥梁、学校、电力、水等受到影响，开发商可以通过重建设施或恢复原貌来提供补偿。这些替代设施会在运输工程建好前完工，因此，并不会对相关的社区造成影响，也不会影响任何房屋。

（三）柬埔寨

在柬埔寨，征地补偿通常是通过经济补偿来实现。给予所有人和/或相关权利人的经济补偿，应根据宣布征收之日的市场价格或重置价格确定。市场价格或重置价格由征收委员会选定的独立的委员会或者代理人确定。对所有人和/或相关权利人自最后一次征收声明开始的实际损害进行赔偿和公平公正的补偿。应当根据实际情况并征求所有人和/或相关权利人以及征收委员会的同意，以现金或者重置权等方式进行补偿。经济补偿金按照补偿总额减去转移税和/或未支付给国家的未使用土地税计算，征收委员会按照现行程序向国家预算缴纳税款。对不动产所有权和不动产物权的经济补偿，不包括征收项目公布后发生的价值波动。所有人和/或合法所有人在获得全部经济补偿后，应继续享有保管、居住、拥有不动产并从不动产中收益的权利，直到财产被征收委员会占用为止。

持有合法租赁协议的承租人有权因拆除设备并将其运至其他地点而导致租赁中断获得赔偿。经营企业不动产的承租人可以因企业受影响获得补偿，并因企业实际投入的资本享有额外的公平公正的补偿，补偿应从征收项目公告之日起开始。征收时，企业正在运营的，企业所有者有权因征收带来的损失获得公平公正的补偿，补偿应从征收项目公告之日起开始。

（四）泰国

根据泰国《不动产征收法》规定，有权获得补偿的人包括：被征土地的所有者或合法占有者；皇家法令颁布后在被征土地上不能拆除的其他建筑物或房屋的所有者，或经相关官员许可后建造的建筑物的所有者；土地、房屋，或被征土地上其他建筑物的承租者，但出租合同必须签订于皇家法令生效前，或经相关官员许可签订于皇家法令生效后，出租合同在相关官员占有或使用土地后仍然有效，赔偿仅支付给必须离开土地、房屋或其他建筑物的承租人；土地上多年生植物的所有者；被征土地上被拆除的房屋或其他建筑物的所有者；任何失去被征土地上敷设的管道、排水管、电缆等其他设施的权利人。

如果仅征收部分房屋或不动产但导致剩余部分不可用，所有者可要求相关官员征收剩余部分。如果相关官员拒绝此要求，所有者在收到其书面拒绝的60天内有权向部长提出申诉。部长需在收到申诉后的60天内作出决定，如果没有在规定时间内做出决定，则认为部长支持房屋或不动产所有者。如果有必要征收一块地的任何部分，但是剩余土地面积少于100平方米或者剩余地块的某边短于10米并且剩余部分不邻近相同土地所有者拥有的其他土地，相关官员需根据所有者的要求征收或购买剩余部分。

补偿价格和受补偿的人通常是由部长任命的委员会确定，委员会需在任命后的120天内完成补偿额的确定。在确定赔偿金额时需考虑以下因素：被征不动产在皇家法令生效之日的市场价值；为征收土地税所评估的不动产的价格；不动产条件和所处区位；征收的目的和目标。如果由于征收导致不动产剩余部分价格上涨，上涨的金额应从赔偿金额中扣除。如果不动产剩余部分价格下降，补偿则应覆盖剩余部分。上述价格的计算应根据皇家法令规定的规则和程序计算。如果被征不动产的所有者或权利相关人在被征土地上生活、经营业务或做其他合法的工作，由于征收导致其离开所造成的损失也需得到补偿。如果被征土地所有者并没有使用土地或运营其他设施，其补偿价格将低于上述补偿，如果所有者占有土地5年及以上，那么补偿价格不得低于其购买土地价格。如果被征土地的价格是因为以下情况而上涨，上涨价格不予考虑：皇家法令颁布后且未获得相关官员的批准，建造住宅或其他建筑物，种植农作物，改善或出租土地；为了获得更多的补偿采取不正当的手段，在皇家法令颁布前，建造住宅或其他建筑物，种植农作物，改善或出租土地。

当获得赔偿的人不满意委员会决定的不动产价格或赔偿时有权在接到书面补偿通知的60天内，向部长申诉。部长指定委员会(不得少于5位在法律和不动产估价领域有资格的人)给出建议，并在接到申诉后的60天内做出裁决。当获得赔偿的人不满意部长作出的决定或未在规定的时间内收到部长的决定时，有权在收到决定的一年内或在规定的时间向法院上诉。

征收农用地时，评估长期作物，如橡胶或果树，必须考虑7年间从橡胶等产品中可获得的净收入以及再种植25年可获得的预期收入，在这种情况下，估价师应该计算收益率和平均收入。在扣除费用后估算净收入时，净收入是根据作物的剩余时期和之后的时间计算的。某些类型的树木还可以将树干用于其他用途，如房屋、家具、木材加工等，计算收入时也需将这些因素考虑在内，对其他类型的多年生植物来说也是如此。如果土地上种植的是短期作物，如大米、菠萝、甘蔗，这些作物不会影响土地的价格，它可以在土地用于其他用途之前收获，因此，大部分政府选择等待作物收获后进行征地而不支付赔偿。赔偿方式通常是采用现金赔偿。

二、其他征地补偿安置政策

1. 新加坡

根据新加坡《土地征收法》(Land Acquisition Act，LAA)规定，征地补偿包括：①土地的市场价值；②当事人其他因被征收土地产生的增加的价值；③该土地服务其他土地而产生的损失；④该土地影响其他可移动或不可移动的财产的损失；⑤土地征收之后，当事人改变其居住或者商业地点而带来的合理的额外费用；⑥土地征收之后产权变更相关的各项费用,比如调查的费用和成本、产权登记、印花税等。通常情况下,赔偿费应当用现金支付,但地税征收官也可同享有相关权益的当事人进行协商,在保证当事人享有公平权益的情况下,以其他方式进行补偿,如实物、债券等。新加坡通常以所有者纳税时的申报价格作为确定补偿费的参考价格。对于居住在被征土地上的非土地所有人(如违章建筑居民),政府将补偿其地上资产,并给予一年的生活费及优先认购政府组屋的权利,以确保征收工作顺利进行和社会安定。但在农民转化为城市居民的过程中,政府不提供长期生活保障,而是通过创造就业机会,帮助居民自立和维持生计。新加坡征收土地不是采用政治运动的形式,而是将其视作有效的经济重组行为。通过对土地原拥有者进行补偿以及给予其优先认购组屋的权利等措施,较好地缓解了社会转型时期的矛盾,使农民顺利转化为城市居民,将传统土地种植转化为养殖热带鱼,培育兰花等其他经济活动,以促进社会经济发展。新加坡以《土地征收法》为政策依据,开展循序渐进的土地整合运动,为新加坡经济发展和公有住房等公共设施建设提供了价格适当的土地保障,政策连续而稳定,公正而透明,行动理智而坚决,坚持为大多数人谋福祉的原则,同时又照顾少数人利益,较好地体现了以经济民生为本,实施几十年来效果显著。

《土地征收法》所设定的补偿规则有以下几点。

(1) 征地公告日与法定日期:"就低不就高"的估值与补偿。《土地征收法》一方面规定以市场价值(市场上诚信购买者的出价)作为评估标准,另一方面却又设立了市场价值的两个评估时间点,即征地公告日和"法定日期"。

(2) "环境改善"规则,其核心要义是对某块土地进行征收补偿时,必须综合考虑征收和开发此土地是否导致被征收人拥有的其他邻近土地的增值。该规则遵循的是"源自非自力行为的获益不得补偿"的立法意图。尽管内阁政府反复强调,作为一项总原则政府不应以所谓"一元钱"名义价格征收私人土地,但实践中确曾发生了因适用"环境改善"规则实施的"一元钱名义补偿"的征地案。

(3) "2 年"规则与"7 年"规则。依据"2 年"规则,征收公告日之前的 2 年内,土地所有者实施的非诚信的不动产改善行为导致的增值不予补偿,且举证责任由被征收者承担。"7 年"规则的核心内容是,征收公告日之前的 7 年内因政府财政投入而完善的周边基础设施所引起的被征地的增值部分,不予补偿。

(4) 坟地规则和火灾地规则。原用于墓地的被征收土地的估值与补偿,不应考虑其未来用途可能产生的增值,即预期增值不予补偿。《土地征收法》规定在征收前的 6 个月内如被征地发生火灾、风暴或其他自然灾害,则该地的最高补偿额为市价的三分之一。

新加坡《土地征收法》的补偿规定在 2007 年进行了一次修订,完全消除了历史法定日期的使用,补偿与现行市场价值挂钩。在 2007 年之前,《土地征收法》没有考虑被征土地的潜在收益,政府依照征收时的土地原始未开发的状态进行估价,并以该价格向土地所有人购入土地。政府购入土地进行开发建设后,土地增值利益归政府享有。例如,一块土地可以合法用于建造一幢两层的房屋,但目前是闲置的,则只考虑历史法定日期("现有使用价格")的闲置土地的价值。在改变依据市场价值补偿之后,现在的补偿是基于真正购买者愿意为土地支付的合理的市场价值。这意味着补偿时可以考虑土地在总体规划下用于其他用途可以实现的潜在价值。

新加坡政府已经把征地视为最后的手段,因为没有可行的替代方案。同时,政府继续完善征地程序和征地后程序。21 世纪初,各机构间协调得到改善。新加坡土地管理局(Singapore Land Authority, SLA)成立了土地征收机构协调委员会(Land Acquisition Inter-Agency Committee, LAIAC)。LAIAC 允许各机构审查征地的替代办法,并与总体规划委员会(Master Plan Committee, MPC)一起讨论拟议征地的时间安排、管理和公告。LAIAC 还允许 SLA 在就可行性风险和选择向公共机构提供咨询方面发挥更积极的作用。

2. 越南

1992 年,越南《宪法》规定土地收回补偿以市场价格为基础。1993 年,越南《土地法》规定土地收回要进行补偿。1994 年至 1998 年间,越南制定的 87 号决议与 90 号决议,设计了征地补偿的价格参考指标。地方政府根据中央政府每年更新制定的各类土地基准价格确定各地的土地基础价格,再乘以市场价格浮动系数 K(0.8—1.2)确定地方补偿价格。土地收回补偿标准主要是依据各省发布的土地价格表。政府将每年颁布土地价格表,土地价格的测算是以土地原用途为基础,综合考虑社会经济发展水平、土地资源禀赋、区域市场供给与需求及地价变动趋势等多种要素的影响。该办法在维持土地价格稳定方面起到了积极的作用,但固定的价格标准难以适应多变复杂的土地市场。尽管政府每年颁布土地价格表,但规定的价格水平明显低于市场价格。土地收回补偿中体现了"价格双轨制"现象,对于一般性投资项目的土地收回,补偿价格为投资企业与被收回土地者谈判议定的价格;对于公益性项目,通常据政府制定的土地价格来补偿,前者往往远远高于后者。1998 年,越南又制定新的决议将上述 87 号及 90 号决议取代,并决议设立了征收与赔偿委员会制度,旨在保障土地收回的公正补偿。

2004 年越南 181 号、188 号及 197 号决议规定,针对不同类型的建设项目,采取不同的补偿确定方法。在确定补偿价格时,政府将最低限度介入谈判,并将土地定价权下放,取消了变动系数 K,采用了收入计算法和直接比较法,使得政府确定的土地基础价格达到市场价格的 70%—80%。2007 年,越南 84 号决议拓展了土地征收补偿的方式,包括现金补偿和住房补偿以及新增加的土地补偿。土地补偿针对不同的情况采取土地调换、置换等方式。住房补偿主要针对城市及郊区的被征地农民，这种补偿方式比例较小。2009 年，越南 69 号决议规定在发现政府土地基准价过低时，可以要求重新调整，而不是必须等到来年 1 月 1 日，有效保障了“公平市价”原则。

根据越南《土地法》有关规定，“土地收回”分为有补偿收回和无补偿收回两种。国家收回土地时给予的补偿是国家向被收回土地人补偿收回土地面积上的土地使用权的价值。有补偿收回通常首选以重新分配土地作为补偿(类似我国的“调地安置”)途径，当无可用于重新调配的土地时，则按“收回”土地的价值进行货币补偿。当收回农用地时，需补偿的农用地面积不得超过农用地分配限额，超过规定限额的农用地，不得补偿，但有投资费用的给予补偿，在《土地法》施行前超过配额的农用地，补偿应当符合政府规定。对于 2004 年 7 月 1 日以前使用的农用地，土地使用者为直接从事农业生产的家庭或个人，但没有证件或者不符合授予土地使用权、房屋所有权和其他土地所有权证明的，按照实际使用的土地面积予以补偿，补偿面积不超过限额。当收回居住用地时，省级人民委员会应提前制定安置计划，划定安置区，安置区应对在同一地域的多个项目进行统一规划，且安置区的条件不得低于被收回土地的条件；若无条件提供安置区的，则以现金补偿，被补偿者在购买或承租国有公寓时享有优先权。农村地区则用宅基地补偿，对于被收回的宅基地使用权价值大于补偿的宅基地的，差价部分用金钱补偿给被收回土地者。当被收回的土地是使用权人直接用于生产的土地时，如无法调配其他土地供其继续生产，则除以现金补偿外，政府还需考虑其生计问题，对其进行就业培训和协助安置工作，越南在实践中采取了设立再就业培训基金、提供工作岗位、提供小额贷款帮助创业等方式。对于再就业培训，多数是部分援助，少数有条件的地方开展了全额援助，被收回土地者可直接到企业、培训中心或其他地方接受培训，也可以直接领取培训费用。国家在收回土地进行补偿时，若土地使用者还没有完成法律规定的土地的财政义务，在补偿、扶持的价值中则应扣除还没有完成的财政义务的价值。

根据越南 2013 年的土地法有关规定，土地征用的补偿主要包括：被征地者因直接征用土地造成的经济损失；被征用土地被毁坏时，按照付款时市场上的土地使用权转让价格作出现金补偿；征地导致土地权益人收入减少时，根据征用土地之日至还地之日的实际收入损失确定补偿标准，实际的收入损失必须与征用土地之前正常情况下土地收入相一致。使用征用土地的地方各级人民代表大会主席，应当设立理事会，根据用地的书面申请，确定征用土地所造成损失的补偿标准。根据理事会确定的补偿标准，由省、区人民委员会主席决定补偿。征用土地所造成的损害赔偿，由国家预算自返还土地之日起 30 日之内直接一次性支付给被征地人。

3. 缅甸

缅甸土地征收法规定，征地赔偿主要是由土地征收者根据被征土地的面积、被征土地发布征收通知之日的市场价值、被征土地上附着物价值以及对土地相关权利人造成的损失等确定补偿数额。通常是现金补偿，但土地征收人可在经征地负责人批准后，以其他方式进行补偿。例如，土地交换或减免土地权利相关人在相同的所有权下的其他土地上的收益税等，对所有土地利益相关人都应公正平等补偿。当利益相关人对土地征收者提出的补偿不满时有权向法院上述。

法院在确定土地赔偿数额时，应考虑到以下因素：发布征收通知之日的土地市场价值；土地征收者占有该土地时可能对相关利益人土地上任何庄稼或树木造成的损害；土地征收者占有该土地时对相关利益人的其他土地造成损害（如果有的话）；土地征收者占有该土地时，对利益相关人其他财产、动产或不动产造成有害影响以任何其他方式影响其收入；如果因征收土地，利益相关人被迫改变其居所或工作地点，则该等变动所附带的合理开支（如果有的话）；发布征收通告至土地征收者占有该土地期间，土地的利润实际减少额。除了上述规定的土地的市场价值之外，法院还应考虑到土地征收的强制性，在市场价值的基础上另补偿总额的 15％。

但法院不应考虑：征地紧急程度；被征土地利益相关人的不情愿；由私人造成的任何伤害；在征地通知发布后，因土地使用可能造成的损害；因征地，土地价值的可能增加；因征地利益相关人的其他土地价值增加；征地通知发布后，未经土地征收者批准改造和处置土地所产生的经费。

申请人已先提出过补偿申请，法院判给他的款额不得超过申请的款额或少于土地征收者决定的数额；如申请人拒绝提出该项申诉，或在没有充分理由（法官准许）的情况下提出该申请，则法院裁定的款额不得超过土地征收者所决定的款额；如申请人在理由充分的情况下（由法官准许）作出该项申请，则法院判给他的款额不得少于并可能超过土地征收者所决定的款额。如果法院裁决的数额超过土地征收者决定的数额，那么土地征收者需从占有土地之日起至超额部分支付完成之日止，以超过数额每年 6％的利息支付赔偿。

4. 马来西亚

在马来西亚，土地征收赔偿额是由土地管理委员会决定的，土地管理官员根据征收法所规定的内容进行全面考虑，评估出他认为比较合理的补偿数额。根据修订后的土地征收法的规定，土地管理官员在决定补偿之前要从评估师（政府的评估师）那里获得计划征收土地价值的书面报告。土地征收法规定，将评估费视为土地征收过程中的费用，应该由土地征收者交付(作为补偿费的一部分)，土地管理官员应当就每一块征收的土地分别对不同的利益相关人作出书面补偿计划，每份补偿计划须存放于土地管理官员的办事处，并作为土地管理官员确定的土地面积、土地价值和作出的赔偿的最终确凿证据。补偿计划不得仅因补偿的面积大于或小于征收土地面积的事实而无效；如果两者土地面积的差额不超过四分之一公顷或征收土地面积的1%，则以较大者为准。《土地征收法》进一步规定，任何利益相关者对此感到不满都可以提出反对意见。土地管理官员可就任何征收的土地，进行全部或部分货币赔偿，在考虑各方利益的基础上，以尽可能公平的方式对被征土地的利益相关者进行赔偿。土地管理人进行的任何赔偿安排，都须将其详情记入合适的登记册内。当征收土地所需支付赔偿的总额超过15000令吉时，通常情况下，土地管理人只需要缴付该土地75%的赔偿并扣留25%，直至赔偿金额由法院最终确定。在此期间，利益相关人有权就赔偿金额进行上诉，如果没有提出上诉，土地管理人须尽快向有权收取扣留款项的人付款。如果上诉后最终决定的赔偿金额有所减少，先保留的数额等于减少的数额(视情况而定)则赔偿清算完毕，若有剩余部分应尽快支付给有权享有的人；如果最终决定没有导致赔偿金额的减少，则扣留金额应尽快支付给有权获得赔偿的人。土地管理人须按照每年8%的利息缴付规定的每笔款项或拖欠缴款的费用，从预留75%的补偿之日开始直到首次提及的金额支付完为止。

土地征收补偿费的支付从发布通知的2年内完成。如果到期没有完成，则土地征收失去法律效力。补偿费的支付要尽可能快地落实。如果在土地被征收或在3个月有效期内没有支付补偿费，就要按每年8%的利息从规定支付日期到实际支付日期计算补偿给当事人。在支付补偿费后，土地管理官员就可以获得土地。在紧急情况下，土地管理官员在发布紧急通知后可以早一点获得土地。任何因土地征收造成的损失都要进行赔偿。任何对土地征收补偿感到不满意的当事人，可以向高等法院提出诉讼。诉讼要求可以通过土地管理官员提交给高等法院。高等法院对提出的诉讼进行裁决。

对于临时占用或使用土地，土地管理人须以书面形式通知该土地利益相关人，通知内容包括土地征用目的，被征用土地位置、面积和范围，以及必须作出的补偿等。土地管理人就所有情况与利益相关人协商支付合理的赔偿金。作出的补偿可以是单笔款项的形式，也可以以定期付款的形式或以议定的其他形式支付。在作出任何补偿评估时，土地管理人需考虑被征土地因公共工程建设发生增值或被征土地的权益相关者可能获得的好处。土地的占用或使用期限届满时，土地应恢复到其占用或使用前的状态，如果不能恢复，除支付上述补偿外，还应当支付损害土地的补偿或对由于占用或使用造成土地价值减少进行补偿。当土地管理人与利益相关人就赔偿数额，或土地分摊情况，或在占用或使用期限届满时的土地状况无法达成一致时，可请法院进行裁决。

中国与东盟国家征地比较，如表 6-2 所示。

表 6-2 中国与东盟国家征地比较

国家	征地原则或范围	征地补偿
新加坡	当某一土地：①为了任何公共目的；②经部长批准的任何个人、团体或法定机构，为公共的利益或公共利用，需要征收该土地作为某项工程或事业之用；③作为住宅、商业或工业区加以利用时，政府可征收土地。总统可以在公报上发布通知，宣布该土地需要按通告中说明的用途加以征用	①土地的市场价值；②当事人其他因被征收土地产生的增加的价值；③该土地服务其他土地而产生的损失；④该土地影响其他可移动或不可移动的财产的损失；⑤土地征收之后，当事人改变其居住或者商业地点而带来的合理的额外费用；⑥土地征收之后产权变更相关的各项费用
越南	当发生战争、自然灾害或其他紧急情况时，国家可征用土地，征用期满或紧急情况解除，应将土地归还原使用者，并对征用造成的损失予以赔偿。 土地收回：国家依据有关法律规定，通过行政命令的方式收回已分配和租赁给土地使用者的土地使用权，将其用于基础公共设施建设或国家批准的投资开发项目	征地补偿主要有三种方式：一是现金补偿，越南政府对各类土地的征地补偿价作出了规定，各地再根据政府的指导价结合本地实际情况制定土地补偿的基准价；二是土地补偿，用于征地补偿的土地主要是住宅地和农业用地，在一些有条件的地方，除现金补偿外还辅以土地补偿；三是直接的住房补偿
马来西亚	①任何公共目的；②由任何人或机构提出的，州政府认为有利于马来西亚、该地区经济发展或公众利益的目的；③为采矿、住房、农业、商业、工业或娱乐的公共目的	土地管理委员会决定的，土地管理官员要根据征收所规定的考虑内容，评估出他认为比较合理的补偿数目
缅甸	公共目的或商业目的	土地征收者根据被征土地的面积，被征土地发布征收通知之日的市场价值，被征土地上附着物价值，对土地相关权利人造成的损失等确定补偿数额

续表

国家	征地原则或范围	征地补偿
印度尼西亚	基于公益性建设和/或公共利益方可征用土地	依据：①土地征收委员会决定的价格；②土地所有者报税时申报的价值；③土地的市场价值确定补偿。补偿形式：现金、股票、土地置换或重新安置的建筑物、辅助重置、建设公共设施或其他有益于当地社区福利的形式或其他形式
菲律宾	征用的土地须用于公共用途	必须支付公平补偿
泰国	为了任何必要的公共设施建设、国防、城镇和城市规划，农业和工业的发展，土地改革，或其他公共目的，国家可征收任何不动产和自然资源	委员会评估被征不动产的价格和赔偿金额
柬埔寨	为了国家和公共利益的需要没收自然人，法人或者合法的公共实体的土地、建筑物、种植物等不动产或不动产权，用于恢复或扩大公共物质基础设施，被征收人提前获得公平、公正的补偿	根据宣布征收之日的市场价格或重置价格确定补偿
老挝	为公益而有必要使用某一个人或组织的土地，政府或集体有权收回土地，并且必须给予被回收土地的人适当的损失费赔偿	货币补偿和土地置换的方式给予与被征土地价值相当的补偿
中国	国家为了公共利益的需要，可以依法对土地实行征收或者征用并给予补偿	按照被征收土地的原用途给予补偿，征收耕地的补偿费用包括土地补偿费、安置补助费以及地上附着物和青苗的补偿费；征收城市郊区的菜地，用地单位应当按照国家有关规定缴纳新菜地开发建设基金

第三节　土地纠纷解决机制

一、典型国家的土地纠纷及其解决机制

印度尼西亚、柬埔寨和老挝是近年来东南亚地区土地和其他自然资源争夺的主要目标国(见表 6-3)。在印度尼西亚,外国投资者已经收购或租赁了超过 360 万公顷的土地,主要用于油棕榈种植,较小部分用于木材、造纸和人造林。外部岛屿种植园的发展和扩张每年引发数百起土地纠纷,往往伴随着暴力。在柬埔寨和老挝,很多外国投资者都试图利用这些国家丰富的自然资源,在习惯权利人占有的土地上建立橡胶、甘蔗和柚木种植园。在柬埔寨,人权倡导组织(Cambodian League for the Promotion and Defense of Human Rights, LICADHO)记录了超过 210 万公顷的经济特许地(相当于 60%以上的国家肥沃的农地)和超过 230 万公顷的采矿许可土地。国际捐助者支持了一些公路和铁路项目,导致大规模搬迁。根据 LICADHO 的估计,与大规模征地和大型项目有关的占地已经影响到超过 77 万人(占全国人口的近 6%)。老挝自然资源与环境部统计在 2642 宗土地交易中,共有 110 万公顷的土地被特许使用和租赁(约占该国领土的 5%,大于水稻生产总面积)。72%的特许/租赁土地是在外国投资之下。几乎三分之一的特许租赁地都是林地,特别是保护林地。土地特许,土地权属不清等引起了许多土地纠纷与社会矛盾。

表 6-3　各国外国投资者收购与租赁的土地面积　　(单位:公顷)

序号	国　家	土地面积
1	印度尼西亚	3632726
2	柬埔寨	798207
3	老挝	523258
4	越南	351809
5	马来西亚	294644
6	菲律宾	110150
7	缅甸	60702

(一) 印度尼西亚

印度尼西亚依照法律和土地政策的规定解决土地纠纷、冲突和案件。国家土

地局(以下称为BPN)将土地案例分为纠纷、冲突和案件。

1. 基于内务部的倡议和(或)公众投诉的纠纷解决

在印度尼西亚,以下事项的解决主要依靠内务部和公众投诉的纠纷解决机制:由于土地测量、绘图程序错误;确认和/或承认习惯土地权登记过程中的错误;土地权利规定和/或登记过程中的错误;在利用废弃土地的过程中,土地重叠导致的错误;维护土地登记资料过程中的错误;换证书签发过程中的错误以及立法适用中的其他错误等引起土地纠纷、冲突或案件的,其解决应当基于内务部的倡议和/或公众投诉。

在基于内务部倡议的纠纷解决和冲突解决的实施过程中,部门应进行监测,以确定发生了纠纷和冲突的区域,监测应由土地办公室主任,BPN区域办事处负责人或有关纠纷和冲突的投诉总局定期进行。土地办公室主任应每4个月向BPN区域办事处负责人报告监测结果,并交给部长。BPN区域办事处的部长或主管在监测需要跟进的情况下,应当命令土地办公室主任解决纠纷和冲突。在基于公众投诉的纠纷或冲突的解决中,社会部门接受有关纠纷和冲突的投诉。投诉应通过投诉柜台、邮箱或部门网站以书面形式提交给土地办公室主管。如果投诉是向BPN和/或省级办事处提交的,则投诉文件应提交给土地办公室主管。投诉应包含投诉人的身份和案件的简要说明;投诉人委托他人进行投诉的,需有投诉人的身份证明副本、委托书、代理人身份证以及相关的投诉数据或证据。接到投诉后,负责接收投诉的人员应当提交投诉文件。如果投诉文件符合上述要求,则该人员向负责处理土地纠纷、冲突和案件的官员提交一份投诉档案。投诉文件不符合规定要求的,以书面形式通知投诉人,并将投诉文件退回投诉人。接到投诉档案后,负责处理土地纠纷、冲突和案件的人员将投诉进行登记入册。解决纠纷、冲突和案件的每一步进展都需要记录并登记,进行信息系统管理。解决纠纷、冲突和案件的进展应每4个月向BPN区域办事处负责人报告,并提交给部长。

土地纠纷发生后,相关解决人员通过相关数据资料的收集和实地调查了解案件的主要问题,产生的原因,并对案件潜在影响、解决方法和建议进行评估。调查和评估完成后进行公告,使当事人更好地了解情况,发表其意见,使得土地纠纷更好地解决。负责处理纠纷、冲突事件或案件的小组作出"土地案件和解报告"。"土地案件和解报告"是争议或冲突解决程序的摘要,包括投诉、资料收集、分析、评估、现场检查和纠纷解决等内容。"土地案件和解报告"需提交给土地问题处理局或地区办事处负责人。"土地案件和解报告"作出后,BPN区域办事处主任或部长应通过取消土地权利证书,变更土地证书等方式作出解决争端和冲突决定,解决争议或者冲突的决定,由土地局局长执行。

2. 其他土地纠纷解决

上述之外的土地纠纷和土地冲突主要通过两种方式得到解决，一种是调解，另一种是法院裁决。

当事人愿意进行调解的，应当按照审议的原则进行调解，达成各方利益，调解的实施不得迟于调解提出后30日。调解需确保其透明度和清晰度，决策必须是集体和客观的，尽量减少争端和冲突解决的诉讼，接纳来自所有争议者的信息和意见，以及其他要考虑的因素，通过审议促进纠纷和冲突的解决。调解参与者包括：BPN和/或土地事务办公室的部委官员，地区办事处、BPN和/或土地办公室地区办公室的调解员，当事人和/或其他相关方，与争端和冲突有关的专家、相关机构、社会成员、社区/宗教领袖、农业观察员和空间规划人员以及其他人员，调解参与者由部委指定，除当事人外，如果争议一方不能出席调解，则可以推迟执行，至争议各方可以出席。一方当事人因邀请三次或者超过规定的时间未出席的，或拒绝调解的，调解是无效，土地办公室主管通知投诉人。三次调解后仍无法解决争议，则调解无效，按法律规定选择其他方式进行解决。调解的实施应记录在会议记录中，调解结果应在调解记录中确定。调解内容包括主题、时间、问题描述和各方利益，调解记录应由调解员和公证人签字。调解会议记录可送交当事人双方。如果任何一方不愿意签署会议纪要，这些应当进行注释记录。在调解达成协议的情况下，根据对双方有约束力的调解报告作出“和平协议”，“和平协议”在当地地方法院的书记处登记，具有法律约束力。

案件处理是在民事司法程序的诉讼过程中进行的，也是在国家部门作为当事人一方时在国家行政部门进行的。案件处理应包括：接受传票（转寄），相关案件处理的资料收集，编写转让信和委托书，准备诉讼，准备证据 、证人和/或专家等。法院判决的执行是对具有永久法律效力的司法机关作出的司法裁决的追踪。法院的裁决具有永久的法定权力，主要涉及授予、转让、取消土地权利等方面，主要包括取消土地权利；宣布土地权失去法律效力；宣布非法的土地权利证明；命令编制或删除“土地簿”；命令授予土地权利；命令相关当事人放弃或抛弃土地和转让或取消土地权利。当法院作出裁决后，相关当事人应按照裁决并遵循相关程序进行纠纷解决。土地纠纷相关当事人可寻求法律援助与法律保护。

目前，印度尼西亚可以通过庭内或庭外调解土地纠纷争议或土地相关问题。政府政策鼓励庭外和解，如果不能通过调解解决，可以到法院进行解决。法院可能包括普通法院、国家行政法院（如土地所有权证书的注销等情况），以及伊斯兰法院（如继承土地的纠纷和土地禀赋等情况）。

（二）老挝

1. 土地纠纷现状

老挝政府利用国家丰富的自然资本推动可持续发展，特别是通过鼓励私人投资，给予投资者国有土地特许权等方式促进经济增长和贫困减少。森林、土地、水资源和矿产资源共同构成了该国一半以上的财富。国家的战略是把土地变成资本，将大部分农村土地特许用于采矿、水电和农业经营，在这个过程中，经常把小农变成无地劳工。占老挝领土面积的21%，高达500万公顷的土地，已经出租给国内或外国投资者，这个面积是全部稻田的5倍。估计有13%的村庄在其边界内至少有一块特许地。特许地区的最大份额与采矿（85%）有关，主要由勘探区构成。2011年，完成的国家特许经营和租赁清单中共有2640例，是2000年以来的50倍。租赁规模较小（平均规模3公顷）的土地，主要面向国内用户，而特许地平均为823公顷，主要用于大规模的自然资源开发项目，期限为25—50年不等。共有135个面积超过1000公顷的土地特许项目，9个面积超过10000公顷的土地特许项目，这些大面积和特大面积的特许土地大部分用于投资，由此造成了较多土地纠纷。

2. 土地纠纷解决

根据老挝《土地法》解决有关土地行政管理的问题，例如：未经批准使用土地；为按目标正确使用土地；获得授权后未在规定时间内使用土地；未按规定缴纳土地税费用及其他具有行政管理特性的问题。如果土地使用人对处理决定不满意，亦有权向上一级机关提请解决。

老挝土地法可以处理有关土地民事性质的纠纷。例如：已开发的土地遗产继承；土地使用权转让及其他有关该土地的民事合同，则由人民法院按法律程序审判。解决有关土地民事性质的纠纷，应让土地所在地的政府事先进行调解。如不能达成一致，方可依法向人民法院提起诉讼。

（三）越南

在越南，土地纠纷是公众十分关心的问题。2013年越南土地法和相关法律针对土地纠纷的解决进行了阐述和规定。越南土地法规定，公民可以通过以下途径解决土地纠纷：①调解；②由行政部门（地区级和省级人民委员会）解决；③由法庭解决。调解方式有多种，有司法之内的也有司法之外的调解。越南土地法及其相关法律规定，基层土地纠纷由基层调解小组进行调解。基层调解小组通常由村中长者、退休国家官员和群众组织领导组成。如果调解无效，由公社人民委员会进行调解。如果委员会调解失效，土地纠纷当事人任何一方有权向法院提出上诉。但是目前法律规定，土地纠纷如果涉及国家机构，则必须通过行政申诉进行解决。

1. 当事人自行协商解决

当事人双方可以通过自行协商和讨论，排除争端寻求共识。这种方法通常不涉及第三方。国家不能对其进行干预。争端的解决取决于双方的意愿。这种解决方法有很强的保密性。然而这种方法大多只能解决简单的小争端，如果遇上有重大利益冲突则往往不能奏效。而且采用这种方法的人经常来自农村地区或者少数民族居住区。在这些地区，人民彼此尊重，看重彼此的感情、邻居的友谊和族亲关系，因此纠纷能较好解决。为了巩固团结和缓解国家机构解决土地纠纷的压力，国家鼓励当事人自行协商解决争端。

2. 行政机构解决

由行政机构解决（地区级和省级人民委员会和基层调解组织）这种方法需要第三方参与，基层调解组织作为调解人。越南土地法规定，国家鼓励土地纠纷当事人自行协商解决纠纷或由基层调解组织进行调解。土地法执行法规也规定，土地纠纷当事人首先应该自行协商解决问题，如果无法达成协议，则由基层调解组织进行调解。因此，如果自行调解失败，基层调解组织将举办会议充当调解人的角色，帮助当事人更好地协商和解决矛盾。基层调解组织是由公社人民委员会在村庄建立起来的组织。调解组织成员通常是由社区选出的懂法律、地位高、有丰富生活智慧和生活经验的年长村民组成。这些组织成员或者是村干部，或者是区长，或者是妇女联合会或老年协会分部的员工，或者是国家退休干部。调解成员的挑选一般会经过以下步骤：第一步，公社的越南祖国阵线及其成员组织负责挑选和推荐基层调解组织候选人，这些候选人须参加基层选举；第二步，村干部和街区区长组织和主持基层调解组织成员选举会议；第三步，基层调解组织成员的选举记录须提交公社人民委员会主席审阅和批准。

3. 公社人民委员会解决

公社人民委员会进行土地纠纷调解时须遵守土地法和土地法执行法规的相关规定。如果当事人自行调解或基层调解失败，当事人任意一方可向相关部门提交请愿书。收到正式的调解请愿书后，工作人员将请愿书交给公社人民委员会主席审阅。当地人民委员会收到请愿书后须在 45 个工作日内通过调解解决纠纷。公社人民委员会主席审阅请愿书，将请愿书交由公社地籍部职员研究并推荐解决方案。同时，公社人民委员会主席可委派公社人民委员会副主席依法跟进土地纠纷调解的行政工作。如果案件复杂且会对当地政治和社会造成重大影响，那么公社人民委员会须亲自主持调解工作。指定的工作人员须帮助公社人民委员会更好地进行土地纠纷调解，准备以下工作：研究纠纷案件性质和当事人提交的证据，根据土地法律法规、文件、档案、地籍档案和地籍图信息，提出调解方案；安排好土地调解的时间、场地、参与人和必要设备;向调解参与人发邀请函和通知或发传票给土地纠纷双方当事人。

4. 国家权力机关解决

根据现有法律规定,有些土地纠纷的案件由国家权力机关进行解决,不需要经过基层组织调解。从性质上来看,这些案件不是土地使用者之间的民事纠纷,而是土地使用者和国家之间的行政纠纷,包括以下几种类型:第一,国家收购土地发展经济引起的纠纷;第二,土地赔偿的价格纠纷;第三,土地赔偿、支付等执行过程中引发的纠纷;第四,安置区的建设和安置区的质量问题纠纷;第五,很多农民丧失土地后要转业,而政府没有给他们赔偿土地和提供转业培训引发的问题纠纷;第六,颁发土地使用权证书引发的纠纷(包括颁发土地使用权证书的条件纠纷、土地使用权证书内容纠纷、土地使用者得到土地使用权证书须承担的财政职责纠纷和土地使用权证书规定的土地面积纠纷等)。当这类纠纷出现,当事人须向国家权力机关提起公诉以便很好地保护自己的合法权利和利益。当事人必须向国家机构或颁发行政决定的组织提起申诉。如果当事人不接受一审判决,可以向行政法庭提起申诉。

5. 其他规定

任何个人或组织,在使用、保护和开发土地时违反《土地法》,或有侵占土地、不按规定用途使用土地、非法变更土地用途等行为,将根据违反的性质和程度,依法进行相应赔偿、行政处罚或者追究刑事责任。具体违法行为和行政处罚办法由政府规定。土地管理人员在工作中因滥用职务、缺乏责任感等以致发生违反法律的行为或者给他人造成损失,将根据违反性质和程度,进行纪律处分或者依法追究刑事责任。对国家或他人造成损失的人,还应按照实际损失赔偿国家或者遭受损失的人。土地违法行为的民事、行政和刑事责任相互联系共同构成了违反土地管理法的综合责任制度。在运用时需要综合考察违法行为的主体、客体的情况,以及违法行为的性质、情节、危害程度和社会影响等情况,然后才能确定适用的法律责任形式及其具体的制裁措施。越南制定新的机制旨在妥善解决土地纠纷,进而逐步减少各类土地纠纷包括历史遗留问题。

(四) 柬埔寨

1. 土地纠纷现状

尽管宪法、土地法和国际法要求保护个人的合法土地权利,但社区土地通常被强制“转让”给有实力的个人或公司用于商业,这种行为明显违反了柬埔寨的法律框架。

经济土地特许权(Economic Land Concession, ELC)是柬埔寨王国政府授予个人、集体或法人实体合法占有和使用国有私人土地的合法权利，这一权利由官方文件确立。截至 2012 年 12 月，柬埔寨政府在 ELC 计划下已经向私营公司授予了超过 260 万公顷的土地，特许土地面积与 2011 年相比增加 16.7%。估计有 70 万柬埔寨人受到 ELC 的不利影响，面临强迫搬迁或非自愿搬迁。在大多数情况下，当局未能遵守《土地法》和 2005 年《经济土地特许法令》中公开征求社区意见，补偿受影响社区和进行环境和社会影响评估等要求。国内和国际虽然要求对拆迁户和移民进行安置，但在实际操作中当局通常忽视这一点。此外，纠纷解决机制未能维护受影响社区的权利。柬埔寨一直由政府主导，政府试图通过土地特许的方式吸引投资，加快自然资源开发以实现国家发展。因此，ELC 的规模没有得到适当的限制，正逐步扩大，大规模 ELC 导致环境破坏，人民流离失所，依靠土地和森林生存的小农和土著社区的无法维系传统生计。ELC 的扩张也影响了城市居民的生活，对其生计、创收活动、教育，以及获得清洁饮水、卫生和医疗等基本服务产生了消极影响。

面对越来越多的土地抢夺、强行拆迁，人民的不满情绪高涨，由于有效解决纠纷的机制的缺位，因此经常发生土地冲突。土地纠纷在高地地区特别多，其次是在城市地区发生，特别是在金边及其邻近省份和洞里萨湖两岸。LICADHO 报告显示，2015 年土地纠纷的数量较 2014 年增加了 3 倍，而 2016 年纠纷案件有所减少。柬埔寨人权与发展组织（Cambodian Human Rights and Development Organization，ADHOC）在 2016 年共收到 112 宗涉及 8973 个家庭的土地纠纷投诉，而 2015 年有 182 宗涉及 16679 个家庭的土地纠纷投诉。

2. 土地纠纷解决

柬埔寨共有 5 种机构解决土地争夺或 ELC 导致的土地冲突。

1）公社委员会调解

公社委员会在公社公民之间“调和意见分歧”，但没有权力做出决定。虽然不是先决条件，但实际上大多数情况下都是先到公社理事进行调解然后会上升到上一级。

2）管理委员会解决

管理委员会在各个领域开展工作，土地登记过程中发生争端时，管理委员会出面处理，但管理委员会没有权利作出有约束力的裁决。尽管如此，仍可以协助冲突各方解决纠纷。

3）地籍委员会解决

土地管理项目（Land Management and Administration Program，LMAP）开始于 2002 年，是柬埔寨土地管理及分配计划（Land Administration，Management and Distribution Program，LAMDP）的第一阶段。LMAP 的第四部分着重于提高政

府机构解决土地纠纷的能力，即建立地籍委员会的三级纠纷解决机制。LAMDP最初预计实施15年，并提出了一些关键目标，包括防止和解决土地纠纷。但是，作为LMAP重要发展伙伴的世界银行在2009年发表声明，表示LMAP未能实现预期成果，特别是在有争议的城市地区实施社会和环境保障方面。因此，世界银行决定终止与政府的伙伴关系，停止LMAP项目融资。

柬埔寨土地法规定，将未登记土地上的冲突提交给地籍委员会进行调查和解决。地籍委员会的设想是提供及时、成本低和对抗少的手段来解决案件。在地籍委员会下设立了三个分级：区级地籍委员会、省级或市级地籍委员会和国家地籍委员会，用于解决管理委员会未解决的未登记土地的争端问题。国家地籍委员会行使土地纠纷的裁判权，而区级地籍委员会、省级或市级地籍委员会主要负责调解冲突。因此，在区级地籍委员会，地区代表、村干部和长者常常是委员会调解员。当当事人提起投诉，或者在零星土地登记过程中发生纠纷投诉，那么区级地籍委员会就会介入调解。如果调解失败，双方当事人没有达成协议，投诉会转交省级或市级地籍委员会跟进，做进一步调解。如果调解再次失败，案件会交由国家地籍委员会做进一步审理。国家地籍委员会负责审理纠纷，判断证据和证词的有效性，最后作出有约束力的决定。当事人有司法上诉的权利，地籍委员会组织和运作的二级法令允许当事人在30天内提出上诉。

4）法院系统

柬埔寨的法院对已登记土地的争议有裁判权。如果当事人不满意，可以向法院提起上诉。对国家地籍委员会的决定不满意的当事人也可以向法院提起上诉。法院不管登记或未登记的土地，对涉及强迫迁离、合同与继承争议的案件有裁判权。如果争议涉及未登记的土地，则各方必须首先通过地籍委员会进行解决。

5）国家土地纠纷解决机构

2006年3月，皇家法令成立了国家土地纠纷解决机构（National Authority on Land Dispute Resolution，NALDR），由皇家法令而不是由议会根据土地法设立的NALDR难以与其他土地纠纷解决机构协调起来。此外，土地法中没有国家土地纠纷解决机构的存在，使其合宪性受到了严重的质疑。国家土地纠纷解决机构由副首相主持，包括议会成员、政府顾问和律师。国家土地纠纷解决机构通过确定哪些是可以接收的，哪些是其他机构（包括法院）接收的以及调查投诉的方式来影响土地纠纷的解决。国家土地纠纷解决机构的决定可以上诉到法院，但是这个权利还没有被行使。国家土地纠纷解决机构为地籍委员会提供了补充性职能，并有权审理超出地籍委员会裁决范围的案件。在向NALDR提出投诉时存在一些缺陷。例如，申诉人必须亲自在金边NALDR办公室提出书面申诉。与地方当局、地籍委员会和法院相比，这样的要求使得土地纠纷解决变得困难。虽然投诉不需要特定的形式，但必须提交身份证和家庭书等证明文件。在集体投诉的情况下，投诉人还必须另外提交一份文件，证明他们已将权利移交给代表。NALDR 的另外一个缺陷是没有正式或既定的程序。此外，没有关于案件的决策过程或执行情况的公开信息。

（五）缅甸

1. 土地纠纷现状

缅甸正处于社会经济快速变化时期，土地作为重要的物质基础，其占有和使用受到了经济发展的巨大影响。长期以来，国家是主要的土地所有者，或直接通过代理公司管理土地(1988 年以后)。在改革过程中，小农户重新获得合法的土地权利，同时大量外资涌入，使过去的土地使用安排面临越来越大的压力。缅甸是东南亚大陆面积最大的国家，70%的人口从事农业，但耕地仅占国土面积的 19%。缅甸曾经是亚洲最大的大米出口国，但在军政府统治下，粮食产量下降，农业生产也受到了环境变化和土地投资流入的进一步威胁。缅甸各地的土地利用情况各不相同，伊洛瓦底三角洲有着丰富的稻田，中部则为干旱地带，还有较大面积的少数民族实行轮作耕种的山区，但这些地区成为众多土地租让和自然资源开采项目的目标地点，导致大量的土地冲突案件。尽管法律规定了公告、通知、补偿和申诉程序，但在许多情况下，这些程序并没有被遵循，特别是那些生活在冲突地区的小农户，由于土地利用规划集中，部门间协调性差，导致他们的土地被强制转让给投资者。

近年来，缅甸土地冲突频繁发生，政府或军队的强制征地常常是冲突的导火索。2012 年成立的议会委员会在 2015 年 11 月前收到了约 17000 份土地纠纷案件投诉。

2. 土地纠纷解决

在公共宣传运动和政治干预的呼吁和支持下，私下协商比诉讼更为有效。农民法律教育的逐步提高，基层运动建设的逐渐兴起，加速了土地转让和纠纷的解决，为社会发展做出了贡献。

2016 年 1 月，议会在进行广泛的公众咨询后批准了新的国家土地使用政策(NLUP)，NLUP 磋商进程反映了缅甸政治空间的透明化，土地问题的解决也得到改善。民间社会运动利用这些空间宣传土地权利保障问题，农民协会和其他基层组织已经出现在全国各个地区。在仰光，2011 年由国内和国际非政府组织和个人组成的土地核心小组在不同的民间社会团体之间发挥着协调作用。2016 年 5 月，新的全国民主联盟(NDA)政府组建了一个中央审查委员会，旨在解决农地和其他土地的征用和剥夺问题。在推行 NLUP 的过程中，政府得到了联合国人类住区规划署(UN-HABITAT)和土地管理计划(LAMP)等多方的资金和技术支持。其他主要土地管理捐助者包括美国国际开发署和瑞士发展与合作署(SDC),2015年以来,SDC资助伯尔尼大学发展与环境中心和土地核心小组发起了OneMap项目,在土地问题上建立空间数据平台。这些都将有助于缅甸土地纠纷问题的解决,减少土地冲突,缓解土地矛盾。

二、替代性纠纷解决方案

替代性纠纷解决(Alternative Dispute Resolution, ADR)又称选择性纠纷解决,是非诉讼的选择性纠纷解决方式的概括性的统称,它具有自愿性、非正式性、复合性、保密性、前瞻性和结果的非强制性等特点,在解决纠纷的过程中具有独特的优势。新加坡与菲律宾将ADR应用于各类纠纷的解决,包括土地纠纷,使土地纠纷的解决更加便捷和高效。

(一)新加坡

新加坡1994年起启动多元化纠纷解决机制改革,为推动替代性纠纷解决的发展,陆续成立了初级纠纷解决中心,新加坡调解中心和新加坡社区调解中心。2015年,新加坡新设国家法院纠纷解决中心,取代之前运行20多年的初步纠纷解决中心,首次将所有纠纷(包括土地纠纷)集中在一个中心处理,并开始对部分纠纷的调解收费。

1. 初级纠纷解决中心

1995年,新加坡初级法院成立法院调解中心,该中心属于初级法院的一部分,由调解法官主持进行纠纷调解。1998年5月,法院调解中心更名为初级纠纷解决中心,更名的原因是纠纷解决形式已不仅限于调解,还包括早期中立评估以及各种特殊形式的调解,如法院解决纠纷、专家合作调解、小型审判和调解-仲裁混合模式等。1999年,该中心又设立"多门法庭"(multi-door courthouse),协助和引导纠纷双方在法院系统内部或外部寻求适合的纠纷解决方式。

初级纠纷调解中心案件的来源主要有三种:法庭转交、当事人申请和根据法庭指示直接转交。初级纠纷调解中心的调解工作由6位调解法官和1位专家调解法官负责。在初级纠纷调解中心,案件由中心直接安排调解法官,当事人不能协商选择调解法官。法院和解会议作为民事诉讼程序的组成部分,在诉讼开庭前进行,其具体程序根据案件类型确定。和解会议由有经验的地区法院法官主持,必要时,可由外国法官或专家等专业人士协助进行和解。法院在解决纠纷的过程中,法官和当事人可以公开坦诚地探讨案件的实体问题。调解法官协助当事人了解案件进入审判阶段后可能产生的后果,从而促使其采纳更经济的和解方案。除当事人不同意的情形外，所有地区法院的民事案件都自动进入法院的替代性纠纷解决程序。

调解结果通常有三种：达成和解、未达成和解、延期或取消。一是达成和解。经调解，当事人各方达成和解协议，该和解协议具有与合同相同的法律约束力。如果案件是法庭转交的，协议双方可以要求法庭将协议内容作为"合意判决"或者法庭发出"庭令"。该合意判决或庭令具有强制执行力。二是未达成和解。当事人各方经初级纠纷调解中心调解无法形成一致意见的，调解法官对案件的进一步处理给予当事人指导，然后将案件转交到审判法院进行审理。如当事各方还有调解意愿，案件也不再返回到初级纠纷调解中心，直接由审理该案的法官处理。三是延期或取消。出于各种原因，当事人各方有调解的意愿，但不能在规定的时间内达成和解协议的，为使调解能够继续进行，促成当事人最终达成和解协议，案件可延期进入审理程序。初级纠纷调解中心促成当事人达成和解协议的，当事人可以免交法庭费用，所支出的调解费用由政府拨款解决。

2. 新加坡调解中心

新加坡调解中心成立于 1997 年，该中心是新加坡法律学会下属的非营利组织，是管理、推广调解及其他 ADR 程序的主要机构。新加坡调解中心有自己的调解员名册，调解员来自不同专业和领域，包括国会议员、前高等法院法官、资深律师、建筑师、工程师、IT 专家、心理医生和大学教授等，调解员在调解过程中对调解内容保密，并保持中立和公正。

新加坡调解中心的调解案件有两个来源渠道：一是法院转交案件，二是纠纷的一方或多方直接申请中心调解。调解中心收到案件后，首先对案件进行评估，看其是否适合调解。如果各方均同意调解，调解中心则受理案件，并向各方解释调解步骤，确保双方明确接受调解，帮助纠纷各方找到合适的争议解决方案，并保证遵守调解达成的结果。调解程序包括三步：一是各方当事人签署同意调解的协议。该协议表明当事人愿意接受《调解中心调解规则》的约束，并承诺在调解达成协议后履行协议内容。调解会议前，纠纷双方可以以书面形式向对方表明自己的立场，如有需要，也可以交换重要文件。二是召开调解会议。调解中心指定调解日期，紧急情况下可在 24 小时内召开调解会议。调解会议在调解中心所在地由指定的调解员进行，调解过程由调解员主导。三是达成调解协议。如果双方就争议问题达成一致意见，纠纷双方将在律师协助下订立调解协议，由双方当事人签字。

3. 社区调解中心

1998 年颁布《社区调解中心法令》以社区调解为先锋，使调解成为新加坡行之有效的平息各种纷争的手段。新加坡有地方性社区调解中心和卫星调解区，其特点是传统习惯中影响巨大的社区领导人在调解社区冲突中担当调解员的角色，如马来部落的头人、印度社区理事会的长老会和中国宗族组织中的长老等，发展出调解纠纷的亚洲特色典范。

4. 国家法院纠纷解决中心

2015年，新加坡设立国家法院纠纷解决中心，为诉至法院的各种纠纷提供ADR服务，中心采取全面的方式处理各种纠纷。中心位于国家法院的入口处，与现有的鼓励当事人使用法院ADR的司法设施一起，提供“一站式”的ADR服务。

中心提供的ADR服务只面向在法院有待解决案件的当事人，在所有当事人均同意使用ADR的情况下，法院会指引当事人前往中心使用ADR服务，如果当事人达成协议，他们将在中心的法官面前签署和解协议。程序包括调解和中立评估，调解是一个灵活的程序，在这个程序中，一个中立的调解员将促进当事人协商，帮助他们达成解决方案。调解的重点在于寻找满足所有当事人需求的解决方案。调解员不会就谁对谁错的问题做出决定，调解大约需要几小时或半天的时间，所有当事人和他们的代理人要出席并参与调解。

（二）菲律宾

菲律宾《替代性纠纷解决法》是国家为鼓励当事人自主或自由解决纠纷争议而颁布的法律，旨在将替代性纠纷解决方案作为解决案件的有效工具，作为实现高效、公正判决的重要手段。同时政府鼓励私营部门通过ADR参与纠纷解决。

1. 自愿调解

当发生纠纷时，当事人可选择自愿调解，通过特设机构或其他机构协助启动沟通和谈判的自愿程序，并协助双方就争议达成自愿协议，而不是在法院掌握纠纷后，由法院主持进行调解。调解必须相互坦诚，当事人和调解人必须保证调解过程的保密性，当事人按照诚信原则实现经济且和睦的纠纷解决，调解过程中的决策权属于当事人。

自愿调解需遵循以下原则：通过调解获得的信息应当保密；当事人，调解员或中立参与人不得将调解过程曝光，并应阻止其他任何人曝光；保密信息不应被发现，如果有任何对抗性的程序，无论是司法的还是法定的，都不可接受；在对抗性程序中以下涉及人员或之前涉及调解的人员不得被强制曝光调解过程中获得的保密信息：纠纷当事人、调解员、当事人的顾问、中立参与人，任何作为秘书、速记员、文员或助理，被聘请来参与调解的人，和任何因他/她的专业而获得或拥有保密信息的其他人；即使调解员未能公正行事，ADR的保护也将继续适用；调解员不得向他人提供调解收集的信息。调解员被错误地传唤，应当报销其律师费用和相关费用。调解员不得向解决争议的法院机构或其他当局做出有关调解的报告、评估或建议等，除非调解已经结束或和解已经达成。担任调解的人员必须公平公正，与双方当事人无利益纠葛，在调解方的要求下调解员应当公开其调解争议的资格。纠纷当事人有权任命律师或其他人为调解提供帮助。当事人双方可以自由协商调解的地点，未达成一致意见的，仲裁地可以任意选取。

调解成功后的和解协议应由各方在各自律师(如有的话)的协助下和调解员一起制定；当事人及其各自律师应尽力使协议条款完整，并对违约的可能性做出充分的规定，以避免对协议的解释冲突。当事人及其各自律师(如有)应签署和解协议，调解员应向当事人清楚地解释和解协议的内容。如果当事人希望，他们可以将和解协议交给当事人一方居住地的区域审判法院的合适人员。需要执行和解协议的，可以由任何一方当事人向同一法院提出请求，在这种情况下，法院应遵循最高法院规定的程序和规则执行请愿。当事人可以在和解协议中同意调解人作为争议的唯一仲裁员，并将和解协议视为仲裁裁决。

针对争议中出现的一个或多个问题，当事人可将其提交给其他形式的 ADR 予以解决。例如：第三人的评估，小型审判，调解仲裁或其他组合方式。

2. 仲裁

纠纷当事人有权提起仲裁，仲裁包括记录、取证和裁决等过程，这些都应保密，除非获得当事人同意或在诉诸法院时出于某种目的向法院公开有关文件。审理诉讼的法院可以发布保护令，以防止或禁止含有秘密的程序或其他信息的文件被披露。

在仲裁庭成立之前，当事人可要求法院采取临时保护措施。仲裁庭成立后和仲裁进行时，当事人可以向仲裁庭提出临时的保护请求，当仲裁庭无权采取行动或无法有效采取行动进行保护时，可以向法院提出相关请求。当被提名的仲裁员已经接受了提名和书面通知时，仲裁庭组建完成。为避免无法挽回的损失或伤害，任何一方可要求对方提供救济。通过合理手段向法院或仲裁庭(视情况而定)提出书面救济申请的当事人，应详细说明要求的救济，救济的理由和支持申请的证据。救济命令对双方均有约束力。任何一方均可向法院申请协助执行命令或执行仲裁庭下达的临时措施。不遵守该命令的一方应承担因违规而导致的一切损害，包括命令下达和执行中的所有费用和合理的律师费。

当事人双方可以自由协商仲裁的地点，未达成一致意见的，仲裁地可以任意选取。仲裁裁决的承认和执行，应当按照最高法院规定的程序规则由区域审判法院进行。区域审判法院确认、撤销、修改或更正仲裁裁决的决定，需按照最高法院规定的程序规则向上诉法院提出上诉。

第七章

土地政策与FDI发展

第一节　东盟各国FDI概况

据联合国贸易与发展会议(United Nations Conference on Trade and Development, UNCTAD)发布的数据显示,2016年,东盟吸收外资流量为1012.4亿美元,截至2016年年底,东盟吸收外资存量为18718.9亿美元。东盟秘书处和联合国贸易与发展会议发布的《东盟投资报告2015》表明,2014年,东盟已成为发展中国家中最大的外商投资接收经济体,吸收外资流量为1361.8亿美元,同比增长16%。其中,东盟成员国内部投资244亿美元,占当年吸引外资流量的18%。东盟外商直接投资(FDI)净流入总量占世界FDI净流入总量的比例也逐步上升。

外资流入东盟的国别分布极不均匀,超过一半的外资流向新加坡。2016年,新加坡吸收外资总额占东盟总额的60.84%,越南占12.45%,其次分别为马来西亚(9.8%)、菲律宾(7.82%)、印度尼西亚(2.63%)、缅甸(2.16%)、柬埔寨(1.89%)和泰国(1.54%),老挝和文莱国吸收外资仅占东盟总额的0.73%。

2016年,前五大主要外资来源地为欧盟、东盟成员国投资、新加坡、日本和美国,占东盟外商投资总额的一半以上。

外商投资东盟的行业主要集中在金融业、制造业、批发零售业、房地产业以及采矿业，以上 5 个行业外商投资占总额的一半以上。欧盟的投资主要投向金融业、制造业和采矿业 3 个行业；来自日本和韩国的投资主要集中在制造业领域；来自中国的投资主要流入房地产业、金融业以及批发和零售业。

从近二十年东盟各国 FDI 的流入量来看（见图 7-1），大致可将东盟各国分为 3 个层次，第一个层次是新加坡，其 1990—2016 年 FDI 流入量达到了 7399 亿美元，在东盟中一直处于领先地位；第二个层次为马来西亚（1646 亿美元）、印度尼西亚（1622 亿美元）、泰国（1461 亿美元）和越南（1153 亿美元），这些国家吸引 FDI 较为稳定；第三个层次为菲律宾（549 亿美元）、缅甸（226 亿美元）、柬埔寨（171 亿美元）、老挝（56 亿美元）以及文莱（5 亿美元），这些国家在吸引 FDI 方面与其他国家相比仍存在较大的差距。

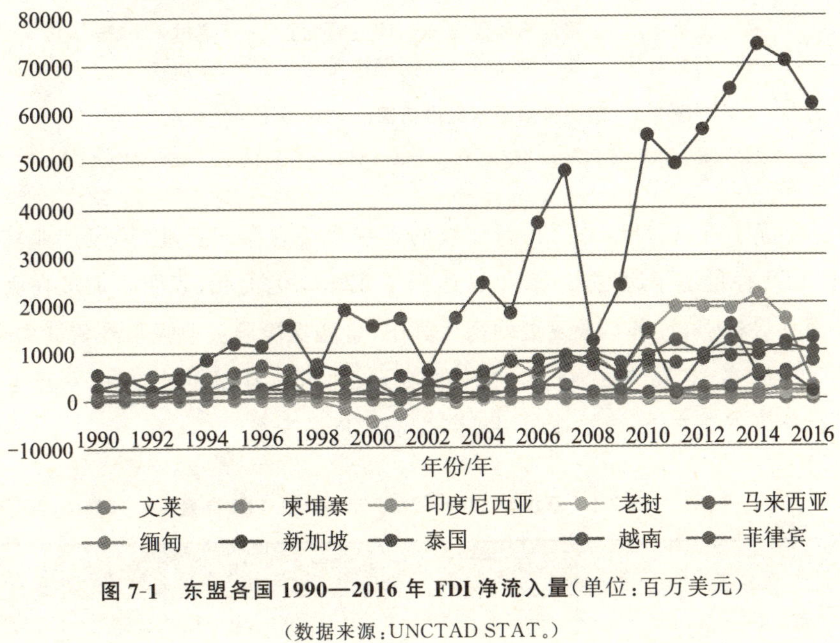

图 7-1　东盟各国 1990—2016 年 FDI 净流入量（单位：百万美元）

（数据来源：UNCTAD STAT。）

一、新加坡

根据世界银行发布的《2016 年全球营商环境报告》，全球 189 个经济体中，东盟中有 5 个国家排名在 100 位之内，其中新加坡排名第一，是亚太乃至全球十分受欢迎的投资国之一（见图 7-2）。2008 年、2009 年由于世界金融危机的影响，新加坡吸引外资总量下降较多，但世界经济逐渐恢复后，其吸引外资总量也逐渐回升。在东盟中，新加坡在吸引外商投资方面一直处于领先地位，且与其他国家拉开了较大的差距。新加坡外商直接投资来源较为多元，主要来源于荷兰、美国、爱尔兰、中国、卢森堡、马来西亚、澳大利亚、丹麦、韩国和泰国等。

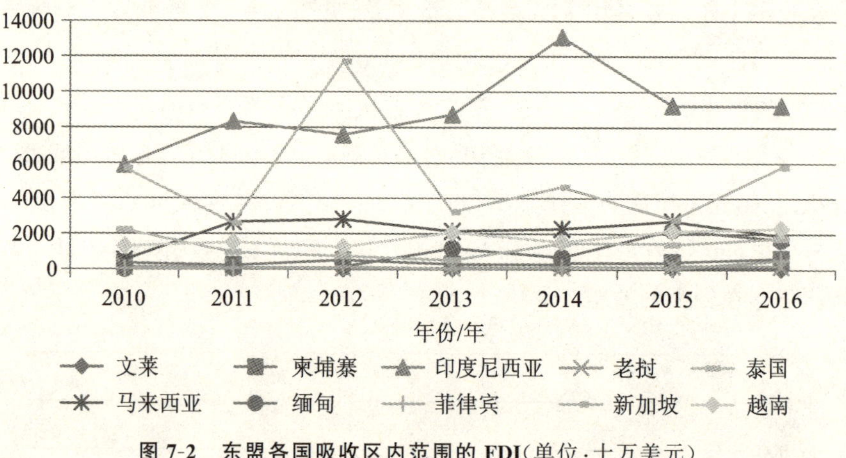

图 7-2　东盟各国吸收区内范围的 FDI（单位：十万美元）

（数据来源：ASEAN Foreign Direct Investment (FDI) Dashboard，ASEAN STAT。）

由表 7-1 可以看出，外商在新加坡的直接投资在第二产业、第三产业均有涉及，且 FDI 存量逐年递增，2015 年已达到了 12555 亿美元，表明新加坡在吸引外资方面优势较强，且各行业发展均衡。其中，金融保险服务业吸引外资能力最强，FDI 存量最多，2015 年达到了 6528 亿美元，约占总存量的 1/2；批发及零售业 FDI 存量位于第二位；建筑业吸引外商投资存量最少。

表 7-1　新加坡 2009—2015 年各产业 FDI 存量　（单位：百万美元）

产业	2009 年	2010 年	2011 年	2012 年	2013 年	2014 年	2015 年
制造业	124834.8	133888.3	139869.0	127437.3	159661.2	156592.0	170292.1
建筑业	2754.4	1754.5	2521.7	2578.1	3447.3	3884.1	3522.7
批发及零售业	99198.9	110996.2	121660.4	137283.2	153876.1	198597.0	231728.1
住宿和食物服务活动	3486.7	4131.9	4596.2	4817.3	3966.2	5239.3	5349.9
运输及储存	36661.3	34952.2	30338.5	34528.7	32911.7	38010.3	39922.2
信息和通信业	5901.0	7778.9	7019.8	11222.6	12984.7	19226.2	20671.9
金融和保险服务业	239127.2	308598.4	316820.2	407264.6	441674.5	561052.0	625852.9

续表

产业	2009 年	2010 年	2011 年	2012 年	2013 年	2014 年	2015 年
房地产	17307.9	20980.8	25560.7	29956.5	32228.6	37917.6	34986.2
专业,科学技术,行政与支援服务	37667.6	34473.6	44484.9	45588.4	55877.0	77282.1	106762.6
其他	7763.9	7558.6	9693.8	9402.3	10496.1	15472.7	16453.5
总量	574703.7	665113.4	702565.2	810079.0	907123.4	1113273.3	1255542.1

数据来源:《新加坡统计年鉴》,新加坡统计局。

二、马来西亚、印度尼西亚、泰国和越南

从近几年 FDI 流入量来看,马来西亚、印度尼西亚、泰国和越南在吸引外商投资方面具有一定的优势,各国 FDI 流入量呈波动上升趋势。外资主要来源于亚洲国家或地区,外商投资产业主要集中在第二产业(制造业、劳动密集型产业)和第三产业。

1. 马来西亚

马来西亚已被公认为是东南亚很受欢迎的外商直接投资地之一。从近二十年 FDI 流量和存量来看,马来西亚具有较强的吸引外资的能力,这与其国内较稳定的经济环境和较好的投资环境密切相关(见图 7-3)。在东盟十国中,马来西亚不仅是主要的投资接收国之一,还是主要投资来源国之一。从投资流量来看(见图 7-4),马来西亚在 1997—2005 年间,流入量高于流出量,2006—2014 年流出量高于流入量,2015—2016 年流入量逐渐超过流出量。从投资存量来看,趋势则相反,1997—2013 年间,其流入存量高于流出存量,2014—2016 年,流出存量超过了流入存量,这表明马来西亚逐渐加大在他国的投资力度。

据马来西亚统计局相关资料显示(见表 7-2),2015 年,马来西亚的外商直接投资净流入量约为 110 亿美元。与此同时,截至 2015 年年底,FDI 存量约为 1285 亿美元,投资收益约为 130 亿美元。与 2014 年的 90 亿美元相比,2015 年的外商直接投资净流入量较高,其中股权投资基金份额达 93 亿美元。截至 2015 年年底,外商直接投资存量从 1207 亿美元增加了 77 亿美元,主要得益于金融交易和汇率。外商直接投资股权投资基金份额为 1161 亿美元。对于外商

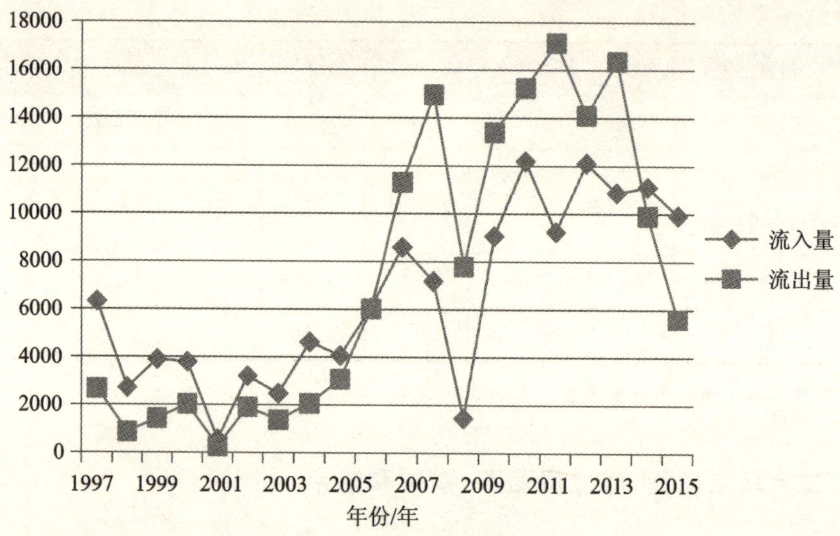

图 7-3　马来西亚近二十年 FDI 流量情况（单位：百万美元）

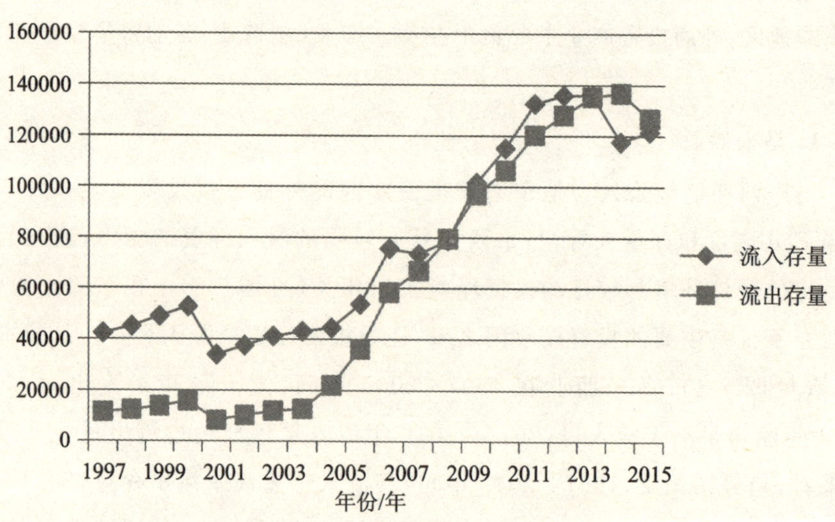

图 7-4　马来西亚近二十年 FDI 流入存量与流出存量（单位：百万美元）

（数据来源：UNCTAD STAT。）

直接投资收益，最大的部分是股权投资基金份额，高达 129 亿美元。亚洲是外商直接投资流量的主要来源，占64.7％，其次是美洲（16.4％）和欧洲（14.1％）。日本和新加坡是亚洲地区主要的投资国家。在存量方面，亚洲地区（47.9％）也是最高的贡献地区，其次是欧洲（31.5％）和美洲（17.4％）。制造业是外商直接投资流入的主要行业(39.4%),其次是采矿业(30.4%)和服务业(27.7%)。截至2015年年底,外商直接投资主要集中在服务业(47.1%)和制造业(43.7%)。这些部门合计占90.8%,约1167亿美元。2015年,投资收益主要来自制造业部门,占总收益的53.8%,服务业是第二个贡献部门,占35.1%。这两个部门对外商直接投资总收入的贡献达88.9%,约116亿美元。2015年,外商对于农、林、渔业的投资明显下降,且产生的收益较少,表明马来西亚第一产业吸引外资的能力逐渐减弱,外商直接投资主要集中于马来西亚的第二、第三产业,且产生了较多的投资收益。

表7-2 马来西亚2014—2015年各产业吸引FDI概况 (单位:百万美元)

产业	FDI净流入量		FDI存量		FDI投资收益	
	2014年	2015年	2014年	2015年	2014年	2015年
农林渔业	106	0	2816	2250	286	105
采矿业	3242	3358	9104	8294	2338	1277
制造业	1265	4355	52050	56213	7027	7016
建筑业	268	283	870	1208	117	69
服务业	4180	3058	55954	60544	6062	4583
合计	9061	11055	120794	128509	15831	13050

数据来源:马来西亚统计局。

2. 印度尼西亚

近年来,印度尼西亚经济呈平稳增长态势,增长率位于东盟集团前列。印度尼西亚政府从2015年4月开始逐渐放松对外国资本的管制,使得印度尼西亚FDI净流量明显增长,2015年在东盟十国中排名第二,仅次于新加坡,在吸引东盟区内FDI方面,净流量连续几年超过了处于领先地位的新加坡,这表明,印度尼西亚境内激励外商投资的相关政策对其吸引FDI产生了积极影响,也表明印度尼西亚这一经济体在吸引外商投资方面具有较大的潜力,将会成为他国选择投资的理想国之一。

从印度尼西亚吸引外资的来源国来看(见表7-3),新加坡和日本一直处于投资大国地位,投资较为稳定,2012—2016年,投资金额排名前两位,且所占比例较大。中国近几年对印度尼西亚的投资不稳定,且呈下降趋势,而中国香港地区对印度尼西亚的投资逐年递增,上升势头明显。在发达国家中,美国和英国投资较多,整体来看,印度尼西亚FDI大多来自亚洲国家或地区。

表7-3 印度尼西亚2012—2016年FDI主要来源国或地区 (单位:百万美元)

国别或地区	2012年	2013年	2014年	2015年	2016年	合计
新加坡	7971.6	9257.893	12090	8847.104	8482.6	46649.28
日本	7961.7	5556.95	5792.6	4010.103	4912	28233.35
中国香港	211.54	254.5538	290.46	1238.822	1315.4	3310.797
英国	915.16	925.8381	764.44	148.4408	1902.9	4656.825
美国	830.2	1063.934	1098.1	603.0177	513.46	4108.748
中国	335.09	590.7799	1068.2	323.5413	298.19	2615.812
塞舌尔	1461.7	1298.931	969.69	676.9037	824.54	5231.758
马来西亚	508.2	656.318	754.91	329.622	207.41	2456.456
泰国	117.2	109.8687	231.28	46.83255	526.6	1031.779
韩国	691.96	980.8437	952.8	227.5605	336.54	3189.704

数据来源:ASEAN Foreign Direct Investment (FDI) Dashboard, ASEAN STAT。

从FDI投资产业来看(见表7-4),第一、二、三产业均有涉及,近几年外商投资于各产业的项目数与金额均呈上涨的趋势,且上升幅度较为明显。外商直接投资主要集中于第二、三产业,每年的项目数占到了总项目数的85%以上,每年投资金额占到了总额的75%左右,而第一产业吸引外商的能力则较弱。在第一产业中,农业与采矿业投资所占比重较大,是第一产业中吸引投资的主要行业;在第二产业中,金属、机械、电子,食品,化工与制药业以及橡胶塑料工业是较有吸引力的行业;第三产业的投资有一个明显的特点,即投资的项目数较多,但投资金额不大,这主要是由第三产业中各行业的特性所决定的,贸易和维修以及酒店餐饮业是吸引外商投资的主要行业。

表 7-4　印度尼西亚 2010—2017 第二季度各行业吸引 FDI 情况

（单位：个，百万美元）

序号	产业	2010 年		2011 年		2012 年		2013 年		2014 年		2015 年		2016 年		Q1 2017 年		Q2 2017 年	
		项目	金额	项目	金额	项目	金额	项目	金额	项目	金额	项目	金额	项目	金额	项目	金额	项目	金额
Ⅰ	第一产业	428	3033.9	713	4883.2	734	5933.1	1467	6471.8	977	6991.3	1934	6236.4	2313	4502	565	1648.9	791	1502.3
1	农业	159	751.0	264	1222.5	261	1601.9	520	1605.3	324	2206.7	606	2072.0	800	1589.1	228	450.1	273	401.9
2	畜业	11	25.0	14	21.1	14	19.8	19	11.3	26	30.8	98	75.1	150	48.9	56	15.3	71	68.4
3	林业	12	39.4	15	10.3	16	26.9	39	28.8	28	53.3	79	19.0	108	78.2	24	13.7	36	22.1
4	渔业	19	18.0	29	10.0	31	29.0	69	10.0	47	35.3	85	53.1	125	43.3	25	4.3	58	3.6
5	采矿业	227	2200.5	391	3619.2	412	4255.4	820	4816.4	552	4665.1	1066	4017.2	1130	2742.4	232	1165.4	353	1006.3
Ⅱ	第二产业	1091	3337.3	1643	6789.6	1714	11770.0	3322	15858.8	3075	13019.3	7184	11763.1	9564	16687.6	1503	3234.5	4307	3830.7
6	食品工业	194	1025.7	308	1104.6	347	1782.9	797	2117.7	640	3139.6	1306	1521.2	1948	2115.0	416	476.3	787	705.3
7	纺织业	110	154.8	166	497.3	149	473.1	241	750.7	285	422.5	670	433.4	886	321.3	83	108.3	411	76.1
8	皮制品业	30	130.4	59	255.0	73	158.9	91	96.2	102	210.7	243	161.6	279	144.4	27	146.6	136	40.5
9	木业	31	43.1	29	51.1	38	76.3	59	39.5	61	63.7	118	47.1	240	267.5	34	11.9	130	100.6
10	造纸和印刷业	32	46.4	42	257.5	57	1306.6	103	1168.9	87	706.5	210	706.9	274	2786.6	51	116.0	132	283.9
11	化工与制药业	159	793.4	223	1467.4	230	2769.8	430	3142.3	377	2323.4	856	1955.7	1096	2889.1	178	484.7	560	798.9
12	橡塑工业	100	104.3	148	370.0	147	660.3	231	472.2	255	543.9	567	694.5	710	737.3	95	295.1	350	137.3
13	非金属矿产业	8	28.4	46	137.1	48	145.8	138	874.1	104	916.9	277	1302.8	397	1076.0	90	232.0	143	62.7

续表

序号	产业	2010年		2011年		2012年		2013年		2014年		2015年		2016年		Q1 2017年		Q2 2017年	
		项目	金额	项目	金额	项目	金额	项目	金额	项目	金额	项目	金额	项目	金额	项目	金额	项目	金额
14	金属、机械、电子工业	269	589.5	383	1772.8	364	2452.6	679	3327.1	690	2471.9	1781	3092.5	2185	3897.1	287	838.2	944	1131.2
15	钟表行业	2	—	5	41.9	4	3.4	12	26.1	11	7.2	13	6.9	22	8.8	3	0.2	13	1.7
16	机动车及其他运输设备行业	97	393.8	147	770.1	163	1840.0	342	3732.2	295	2061.3	758	1757.3	928	2369.3	152	503.5	418	438.0
17	其他工业	59	27.6	87	64.7	94	100.2	199	111.7	168	151.8	385	83.2	599	75.2	87	21.7	283	54.4
Ⅲ	第三产业	1557	9843.6	1986	7801.7	2131	6861.7	4823	6286.9	4833	8519.2	8620	11276.5	13451	7774.6	2732	2410.3	7612	2926.8
18	电、气、水供应	42	1428.6	64	1864.9	65	1514.6	156	2221.8	118	1248.8	350	3028.9	748	2139.6	258	706.8	285	989.6
19	建筑业	65	618.4	63	353.7	77	239.6	146	526.8	147	1383.6	358	954.5	437	186.9	61	6.8	232	74.9
20	贸易和维修	735	773.6	899	826.0	983	483.6	2233	606.5	2339	866.8	3705	625.1	5541	670.4	962	166.6	3356	437.1
21	酒店餐饮业	181	346.6	205	242.2	223	768.2	448	462.5	407	513.1	1052	650.2	2028	887.8	481	394.9	1019	301.5
22	运输、仓储和通信业	87	5072.1	86	3798.9	93	2808.2	198	1449.9	228	3000.9	493	3289.9	620	750.2	134	179.7	347	236.4
23	房地产工业和商业活动	71	1050.4	109	198.7	131	401.8	285	677.7	255	1168.4	858	2433.6	1151	2321.5	302	779.9	417	393.7
24	其他服务	376	553.9	560	517.3	559	645.8	1357	341.7	1339	337.5	1804	294.3	2926	818.2	534	175.7	1956	493.7
	合计	3076	16214.8	4342	19474.5	4579	24564.7	9612	28617.5	8885	28529.7	17738	29275.9	25328	28964.1	4800	7293.7	12710	8259.7

数据来源：印度尼西亚投资协调委员会，BKPM。

3. 泰国

世界经济论坛发布的《2015—2016 年全球竞争力报告》显示，泰国在全球最具竞争力的 140 个国家和地区中，排第 32 位。从 2012—2016 年的数据来看，泰国外商投资主要来源于日本、新加坡、美国、中国和韩国等(见表 7-5)。泰国政府希望促进投资的行业主要可以分为以下几大行业：农业、矿业、轻工业、机械、电子与电器、化学以及服务业。外商到泰国直接投资比较重视的行业是金属制品及机械业、服务行业及基本金属行业。在泰国，外商直接投资的行业虽然比较多样和分散，但从项目数量上和金额上看，外商投资大部分集中在金属制品及机械、电子产品等，其次是服务行业等。

表 7-5　泰国 2012—2016 年 FDI 主要来源国　(单位：百万美元)

国家	2012 年	2013 年	2014 年	2015 年	2016 年
日本	3706.704182	10927.21397	3280.611277	4238.603737	3604.861515
新加坡	1403.088749	132.105666	1071.209996	1459.856878	1734.804276
美国	3966.515828	857.168963	471.091891	1029.492846	332.437244
中国	598.456626	938.861137	81.766936	305.473485	255.613228
韩国	131.067963	716.250812	141.486922	529.447899	47.034631

数据来源：ASEAN Foreign Direct Investment (FDI) Dashboard, ASEAN STAT。

4. 越南

越南引进外商直接投资(FDI)大致经历了 5 个发展时期：第一个时期是起步期(1988—1990 年)，第二个时期为爆发期(1991—1995 年)，第三个时期为衰退期(1996—2001 年)，第四个时期是复苏期(2002—2006 年)，第五个时期为曲折发展期(2007 年至今)，越南近几年吸引 FDI 呈稳步上升的趋势，是东盟国家中吸引外资较多的国家。

据统计资料显示，在越南的投资来源国或地区中，累计投资金额排名前 10 位的主要为亚洲的国家或地区(见表 7-6)。

表 7-6　越南 2016 年 FDI 主要来源国家或地区　(单位：百万美元)

序号	国家或地区	金　额	金额百分比
1	韩国	3637.573	30.03%
2	日本	1338.885	11.05%

续表

序号	国家或地区	金　额	金额百分比
3	新加坡	1250.602	10.33%
4	中国内地	969.4384	8.00%
5	中国台湾	961.6538	7.94%
6	中国香港	847.9142	7.00%
7	马来西亚	472.5274	3.90%
8	英属维尔京群岛	443.6875	3.66%
9	泰国	365.2395	3.02%
10	开曼群岛	333.3181	2.75%
11	萨摩亚	272.844	2.25%
12	澳大利亚	231.4112	1.91%
13	美国	206.9959	1.71%
14	文莱	162.4328	1.34%
15	卢森堡	156.6216	1.29%
16	塞舌尔	146.7445	1.21%
17	英国	113.8791	0.94%
18	法国	102.5305	0.85%
19	印度	53.08735	0.44%
20	荷兰	44.79041	0.37%
合计		12112.18	100%

数据来源：ASEAN Foreign Direct Investment (FDI) Dashboard，ASEAN STAT。

在吸引 FDI 的产业结构方面，外商投资的各个行业的项目数以及总金额差别比较大，制造业、房地产业、酒店餐饮业以及建筑业等是越南吸引 FDI 的重点行业。从表 7-7 可以看到，制造业在外商投资的几大行业中以总投资金额 125.8581 亿美元位居第一名，房地产业、酒店餐饮业分别居第二名和第三名。越南是一个发展中国家，自然条件优越，以农业为主，同时在制造业方面也有优势，从表 7-7 中可以看到，越南房地产行业吸引外资的一个特点就是项目数所占比例较小，但总金额占比例较大。这说明，越南的本土企业由于资金匮乏，难以筹措较多资金进行房地产行业投资，多需要外资来发展，而且也从侧面反映出越南的房价处于较高水平。目前，越南的房地产开发方式主要是由本土企业提供土地，外资企业提供所需资金，这种开发方式具有风险较低以及利润回报丰厚的特点，使得越南的房地产业成为外国企业的一大投资热点。

表7-7　越南吸引FDI主要行业（截至2013.12.31）

序号	行　业	项目数/个	项目数所占比例/(%)	总金额/亿美元	总金额所占比例/(%)
1	农林渔业	500	3.14	3.3588	1.43
2	矿产业	82	0.51	3.2736	1.40
3	制造业	8725	54.76	125.8581	53.76
4	水电煤气业	92	0.58	9.5362	4.07
5	供水、下水道、垃圾处理治理活动	30	0.19	1.2852	0.55
6	建筑业	1046	6.57	10.2926	4.40
7	零售业	1125	7.06	3.5882	1.53
8	运输业	382	2.40	3.5631	1.52
9	酒店餐饮业	341	2.14	10.7395	4.59
10	IT业	937	5.88	4.0296	1.72
11	金融保险业	79	0.50	1.3227	0.56
12	房地产业	407	2.55	49.0431	20.95
13	科技活动	1526	9.58	1.5215	0.65
14	行政服务	120	0.75	0.203	0.09
15	教育培训	179	1.12	0.7427	0.32
16	健康和社会活动	91	0.57	1.3398	0.57
17	休闲娱乐业	142	0.89	3.6762	1.57
18	其他	128	0.80	0.7471	0.32
合计		15932	100.00	234.121	100.00

数据来源：越南统计年鉴2013年。

三、菲律宾、缅甸、柬埔寨和老挝

菲律宾、缅甸、柬埔寨和老挝的FDI流入量，与其他国家相比，仍存在一定的差距，但从 2011—2015 年的数据来看，这四国吸引 FDI 的增长态势十分明显，具有较大的后发优势。中国、日本、韩国、新加坡和美国等是主要的投资来源国，亚洲国家或地区投资比例较大。外商直接投资的行业主要集中于农业与手工业，并且外商对各国的基础设施建设投入较大。

1. 菲律宾

从纵向看，自 20 世纪 90 年代起，菲律宾的 FDI 流入量开始逐渐增加。到 2000 年，其 FDI 的存量几乎是 1990 年的 4 倍。20 世纪 80 年代，由于菲律宾国内政治局势动荡，只吸引了很少量的 FDI，随着新加坡、韩国和中国台湾等地工资的增长，菲律宾成为劳动密集型产业选择的投资场所。但是，相对于新加坡、泰国和马来西亚等，菲律宾占东盟 FDI 总流入量的份额一直较小。在东亚金融危机之后，大量外国资本通过兼并和重组进入菲律宾。2003 年、2004 年由于菲律宾政局不稳，当地投资环境恶化，使得 FDI 流入量锐减。近十年由于菲律宾投资环境的改善，其 FDI 流入量逐步增加，虽然存在波动，但上升的势头依旧明显，占东盟 FDI 总流入量的份额也有所提高。

菲律宾吸引外商投资的格局逐渐发生变化，由以美国、日本投资为主逐步向投资国多元化转变(详见表 7-8)。从 2011—2015 年的数据来看，菲律宾投资的主要来源国有：日本、韩国、荷兰、新加坡和美国。亚洲国家对菲律宾投资的份额逐渐上升，发展中国家对菲律宾的投资量也逐步增加，随着东盟贸易自由化和投资自由化进程的不断推进，东盟各国间相互投资也日渐增多，菲律宾吸收和利用来自东盟国家的直接投资也渐呈增加。

表 7-8　菲律宾 2011—2015 年批准外商投资来源国或地区情况

(单位：百万美元)

国家或地区	2011 年	2012 年	2013 年	2014 年	2015 年
澳大利亚	36.80	22.56	87.81	47.98	10.55
英属维尔京群岛	45.53	72.91	1817.58	143.56	110.21
加拿大	30.15	18.73	53.31	7.01	6.46
开曼群岛	165.40	137.50	142.98	302.56	86.76
中国内地	404.68	38.95	24.31	224.82	28.51
丹麦	16.56	6.42	11.90	15.44	0.41
法国	22.44	26.55	7.44	10.87	0.42
德国	19.20	37.45	59.68	134.10	60.04

续表

国家或地区	2011年	2012年	2013年	2014年	2015年
中国香港	17.14	24.71	11.45	21.87	41.81
印度	30.04	2.05	11.43	12.71	34.49
印度尼西亚	—	0.60	1.01	144.69	—
意大利	0.94	5.08	4.83	0.16	—
日本	1534.31	1352.43	877.33	698.58	1071.79
韩国	259.28	191.88	167.05	81.40	453.81
马来西亚	11.18	31.32	16.89	6.88	56.90
荷兰	554.46	2051.92	485.98	642.24	1620.61
新加坡	43.43	253.72	181.05	273.18	329.45
瑞典	—	1.49	0.83	6.66	—
瑞士	40.57	17.20	7.17	42.61	18.00
中国台湾	61.32	48.43	61.52	58.33	106.92
泰国	—	128.95	2.11	4.83	8.79
英国	33.68	132.60	28.83	138.45	80.89
美国	1564.35	783.54	1084.18	341.32	425.90
其他	167.30	285.17	221.27	453.82	251.09
合计	5058.76	5672.17	5367.93	3814.05	4803.78

数据来源:菲律宾统计年鉴2016,菲律宾统计局。

菲律宾FDI集聚的行业比较单一,在菲律宾吸引的外商直接投资中,每个行业吸引的国外投资企业的数量及总量不尽相同(见表7-9),且第一、二、三产业均有涉及。制造业吸收外商投资量最多,超过了总额的二分之一,这与其劳动力数量众多有着密切联系。排名第二位的是电力、煤气、蒸汽和空调供应行业,排名第三位的是行政和支援服务活动。菲律宾房地产业的投资额在2011年仅次于制造业,但随后几年出现了明显的下降趋势,2015年仅占总额的4%。从表7-9中我们可以看出,菲律宾教育活动吸引投资力较弱,2015年仅占投资总额的0.001%。菲律宾的第一产业在吸引外商投资方面具有一定的优势,近几年一直保持着较好的上升势头,为其发展其他产业奠定了一定的基础。

表 7-9 菲律宾 2011—2015 年批准外商投资行业情况 （单位：百万美元）

投资行业	2011 年	2012 年	2013 年	2014 年	2015 年
农林渔业	24.77	88.44	52.48	10.51	166.67
矿石业	10.67	4.50	38.72	—	—
制造业	2799.76	3321.12	1519.35	2145.01	2635.88
电力、煤气、蒸汽和空调供应	596.86	111.99	1459.40	121.06	910.72
水供应；下水道和垃圾处理整治活动	7.65	21.30	2.59	2.65	1.19
建筑业	0.65	77.03	0.17	151.53	71.76
批发零售业；机动车和摩托车修理	1.41	5.49	3.04	10.81	33.65
运输和仓储	22.34	1038.91	1086.62	119.57	53.78
住宿餐饮业	19.87	157.68	497.21	108.15	110.70
信息通信业	66.24	302.49	69.76	96.72	61.58
金融和保险活动	1.78	1.58	0.95	1.52	4.72
房地产活动	1209.02	195.84	126.06	305.31	193.11
专业科技活动	5.15	3.58	12.38	1.27	44.13
行政和支援服务活动	255.86	319.58	481.28	582.91	448.43
公共行政与防御；义务社会保障	3.27	3.21	0.62	0.92	—
教育活动	0.46	10.58	4.99	1.29	0.05
人类健康和社会工作活动	—	0.02	0.02	2.83	0.59
艺术休闲娱乐活动	32.68	8.12	11.35	0.09	57.54
其他服务活动	0.31	0.71	0.94	0.38	9.29
总计	5058.75	5672.17	5367.93	3662.54	4803.78

数据来源：菲律宾统计年鉴 2016，菲律宾统计局。

2. 缅甸

缅甸作为东盟成员国之一，与其他国家相比，似乎较晚受到 FDI 浪潮波及。从纵向看，长期以来缅甸引进 FDI 的规模处于极低的水平，直到 1989 年之后才有所突破,在 1989 年之前缅甸的 FDI 流入基本上可以忽略不计,此后,虽然 FDI 流入出现明显增长,但是并不稳定,到 2005 年后增长较为明显,但存在较大的波动,时增时减。2015 年,FDI 净流入量达到了 41 亿美元,远远高于上一年的 21 亿美元,实现了较大的突破。从横向看,缅甸 FDI 净流入水平在东盟处于低水平,占东盟 FDI 净流入总额的比重较小。2012 年,缅甸 FDI 净流入在东盟 10 个国家中排名倒数第三,占东盟国家 FDI 净流入总额的 1%;2013 年、2014 年、2015 年均排名倒数第四,且与其他国家存在较大的差距。从 FDI 净流入占 GDP 比重来看,缅甸同样处于这 10 个国家的较低水平。

虽然缅甸过去是 FDI 的边缘地区,但是近年来缅甸吸引劳动密集型产业的 FDI 增长非常迅速。根据缅甸国家计划与发展部统计,截至 2011 年 7 月底,有 31 个国家在 12 个领域共 454 个项目上进行投资,总投资额超过 360 亿美元。主要投资领域为电力、石油天然气、矿产业、制造业和饭店旅游业,其中,电力投资居第 1 位,占投资总额的 40%,石油天然气投资居第 2 位,占投资总额的 38% 。从投资领域的结构看,石油天然气和电力行业的比重非常大,而其他工业部门所占的比重非常低, FDI 的行业分布极度不均衡。

3. 柬埔寨

向柬埔寨境内的直接投资可以追溯到 20 世纪 50 年代末。在此期间,这些投资的主要来源国是中国、法国和日本。这些投资集中在纺织、塑料、橡胶、汽车轮胎、水泥、化工、金属行业和其他制造业。20 世纪 70 年代,投资完全停止,1979—1989 年,该国遭受政治动荡、经济禁运和国际孤立,几乎没有外商直接投资进入柬埔寨,剩下的所有企业均为国有企业。柬埔寨再次吸引外商直接投资是在 1989 年后,当时该国由计划经济向市场经济转型。1989 年,国民议会批准了“外国投资法”,1991 年部长理事会发布了一项次级法令,其中详细解释了“外国投资法”。1991—1993 年,全国吸引外商直接投资总额达 12 亿美元,投入了 638 个项目,主要集中在制造业、农业、旅游业、银行业和建筑业,主要来源于泰国、马来西亚、新加坡、中国香港和法国等。此时,主要投资来源国已经转变为亚洲国家或地区。根据 1994—2004 年柬埔寨投资统计资料显示,柬埔寨在此期间共吸引了约 53.13 亿美元固定资产的外商直接投资。FDI 的主要来源经济体是东盟和其他亚洲国家,特别是马来西亚、中国和中国台湾地区的投资份额较大。FDI 的部门分布极不平衡,轻工业,特别是服装和纺织业,是柬埔寨最吸引外商直接投资的行业,第二重要的行业是服务业,特别是酒店餐饮业。

外商直接投资柬埔寨主要有两大方式:柬埔寨与外国的合资企业或外商独资企业。在国家刚刚开放 FDI 之际,合资企业最受欢迎,后来外商独资企业增长迅速。自2012年以来，柬埔寨的投资额大幅增长，从2012年的29亿美元增长到2016年的36亿美元，在这5年期间，本地投资者的投资资本约占总投资的54%。在外国投资者中，中国投资者最为活跃，2016年的投资比例超过了当地投资者(见表7-10)。多年来，近90%的外资来自亚洲国家或地区。大多数投资集中在工业和基础设施行业(见表7-11)。

表7-10 柬埔寨2012—2016年投资来源国情况 (单位:百万美元)

年份	2012年		2013年		2014年		2015年		2016年	
合计	$2.9		$4.9		$3.9		$4.6		$3.6	
排名	国家	占比/(%)	国家	占比/(%)	国家	占比/(%)	国家	占比/(%)	国家	占比/(%)
1	柬埔寨	42.08	柬埔寨	66.8	柬埔寨	64	柬埔寨	69.28	中国	29.92
2	中国	20.69	中国	15.68	中国	24.44	中国	18.62	柬埔寨	27.55
3	韩国	9.89	越南	6.1	马来西亚	2.18	英国	3	日本	22.78
4	日本	9.15	泰国	4.37	日本	1.72	新加坡	2.18	泰国	4.61
5	马来西亚	6.04	韩国	1.76	韩国	1.66	越南	1.92	韩国	4.59
6	泰国	4.53	日本	1.59	越南	1.26	马来西亚	1.61	美国	3.38
7	越南	2.89	马来西亚	1.04	英国	1.13	日本	1.28	新加坡	3.03
8	新加坡	2.59	新加坡	1.03	新加坡	0.89	泰国	1.18	越南	2.45
9	英国	0.51	英国	0.43	泰国	0.88	韩国	0.21	朝鲜	0.21
10	美国	0.42	法国	0.27	澳大利亚	0.51	加拿大	0.19	印度	0.55
11	其他	1.21	其他	0.93	其他	1.33	其他	0.53	其他	0.54

表7-11 柬埔寨2012—2016年投资产业情况 (单位:百万美元)

年份	2012年	2013年	2014年	2015年	2016年
农业	556.6	1128.80	264.7	482.6	478.3
工业	1489.70	1106.70	2835.60	919.3	1186.30
基础设施	227.8	2620.80	353.5	3129.80	544.3
旅游业	691.5	106	479.6	111.9	1400.80
合计	2965.60	4962.30	3933.40	4643.60	3609.70

数据来源：The Council for the Development of Cambodia (CDC)。

4. 老挝

老挝吸引全球外商直接投资几十年来，FDI 分布的行业比较广（见表 7-12），主要集中在电力、矿业、农业、服务业、工业手工业和酒店餐饮业等，累计投资额均超过 10 亿美元，其中电力吸引投资额高达 73 亿美元。近年来，很多国家的投资者都对老挝市场比较感兴趣，从当前的形势来看，外商对老挝投资的力度仍然会加大，投资的行业范围也会越来越广，越来越细分，这对促进老挝经济增长具有重要的作用。

表 7-12　1989—2015 年老挝吸引全球 FDI 分行业投资情况　（单位：美元）

序号	行　业	项目数/个	国内控资股份		外商控资股份	投资额
			企业家	政府		
1	电力	49	705556979	1389194260	5208205920	7302957159
2	矿业	304	1367542361	53019900	4277329569	5697891830
3	农业	990	321136175	17483387	2607602301	2946221863
4	服务业	671	527923083	94256873	1922094949	2544274905
5	工业手工业	932	668817668	46852289	1395431271	2111101228
6	酒店餐饮业	430	263357208	94595521	665160391	1023113120
7	建筑业	150	171899386	21640000	632935309	826474695
8	电信业	18	44210509	138962400	479515986	662688895
9	木材业	211	108327989	3053850	298759537	410141376
10	银行业	31	23570000	23220000	325273622	372063622
11	贸易业	351	118942857	412927	205665327	325021111
12	服装业	110	9159732	49770	85790945	95000447
13	咨询业	172	17352889	—	49576310	66929199
14	公共卫生业	14	11179706	—	53043030	64222736
15	教育业	85	12222439	500000	18253341	30975780
	合计	4518	4371198981	1883241177	18224637808	24479077966

数据来源：老挝计划投资部。

1988 年 7 月老挝颁布了“外国在老挝投资法”，加快了吸引外商投资的步伐，从 1989 年到 2014 年中国在老挝投资的项目有 830 项，资金总额达到 53.97 亿美元（见表 7-13）；位于第二位的是泰国，泰国在老挝投资的项目共有 746 项，投资金额 44.55 亿美元;位于第三位的是越南,其在老挝投资的项目共有 421 项,涉及资金累积为 33.94 亿美元。

表 7-13　老挝 1989—2014 年 FDI 主要来源国概况

序号	国家	项目数/个	金额/美元
1	中国	830	5396814087
2	泰国	746	4455364613
3	越南	421	3393802891
4	韩国	291	751072139
5	法国	223	490626243
6	日本	102	438242441
7	荷兰	16	434466484
8	马来西亚	101	382238773
9	挪威	6	346435550
10	英国	52	197863480
合计		2788	16286926701

数据来源:老挝计划投资部。

第二节　与 FDI 有关的土地政策

东盟各国 FDI 发展水平不均衡,存在较大的差异。土地政策往往会对 FDI 产生较大的影响,本节将依据上节东盟各国吸引 FDI 的三个层次对各国与外商投资相关的土地政策进行介绍。

一、新加坡

新加坡外资流入总量处于较高水平,在东盟国家中始终保持着领先,这与其吸引外商投资的各项政策紧密相关,良好的政策条件为新加坡创造了较好的投资环境,为其经济发展奠定了一定的基础。

新加坡经济发展局是隶属于新加坡贸易与工业部的法定机构,成立于 1961 年,主要负责制定和实施商业与投资策略。经济发展局制定了许多与外商投资和贸易的相关优惠政策,如国际总部计划设立在新加坡的企业享有较低的企业税率，土地集约化免税额计划，以及先锋企业奖励计划、发展与扩展奖励计划、企业研究奖励计划、新技能资助计划等都在不同范畴不同程度的吸引跨国公司的进驻。

1. 优惠政策

在吸引 FDI 的政策中，有专门为外商利用土地制定的优惠政策即土地集约化免税额计划（Land Intensification Allowance，LIA），此激励措施适用于使用大面积土地，且总容积率低的工业部门投资企业，该计划为新加坡土地集约节约利用打下了政策基础，是一项符合新加坡土地资源稀缺这一国情的政策。

此计划对企业获得免税资格所需满足的条件，免税幅度和如何申请免税额等内容作出了详细的规定。可以申请免税的企业需满足以下几点要求：一是自 2014 年 12 月 22 日起从事规定的特定的制造业活动或特定物流活动，而 2014 年 12 月 22 日之前只限特定的制造业活动；二是建筑物或构筑物必须达到最小的总容积率（Gross Plot Ratios，GPR）基准，此基准根据各产业而定（见表 7-14）；三是用户至少占用建筑物总楼层面积（Gross Floor Area，GFA）的 80%，在 2016 年 3 月 25 日之前，此面积必须由单个用户使用或必须用于单一的合格贸易或商业，2016 年 3 月 25 日之后可以由单个用户使用也可以由相关的多个用户使用，所谓相关用户是指必须直接或间接共同持有至少 75% 的股份（或有权在合伙的情况下享有至少 75% 的收入），也可以被多个合格贸易或商业使用；四是建筑物拥有者和使用者必须具有一定的关系，必须至少有 75% 的股权关联。通过放松或收紧一些条款，来吸引更多不同行业尤其是第二产业的外商直接投资，推动新加坡产业结构布局的调整，同时为一些中小投资者创造投资机会，此外，还可以加强新加坡土地的集约利用，充分发挥土地的最大价值。

具体免税标准如下，获得 LIA 批准的企业，需建设、翻新或扩建建筑物时，合理支出成本的 25% 在规定时间内可享受税收减免。完工且达到所有标准的大楼可凭借获得的临时占用许可证，享有每年免除合理支出成本的 5% 的税收，直到免税额达到合理支出成本的 100% 为止。合理支出成本主要包括建筑物或构筑物可行性研究费用；建筑物或构筑物设计费用；获得建筑物或构筑物批准的所需费用；打桩、建造、翻新或扩建费用；现有建筑物或构筑物的拆迁费用；与批准建筑物有关的法律费用和其他专业费用；印花税等。若企业通过建筑物的翻新或扩建，达到或超过了规定的最低 GPR 标准，便可申请 LIA 资格，同时由此产生的相关费用也可以享有规定的免税优惠。任何现有建筑物或构筑物的购买价格不能享有税收减免优惠。在现有建筑物或构筑物已经存在的情况下，只有翻新或扩建所产生的额外支出费用才有资格享有税收优惠。在建筑工程完成后及整个 LIA 激励政策期间，LIA 申请人必须符合所有批准条件，如果没有达到相关标准，经济发展局(Economic Development Board，EDB)有权通过追回初始和年度免税额来撤销企业激励。当完工的建筑物不符合 GPR 标准时，初始和年度免税额将依据之前的年税评估来确定并追回。若获得 LIA 批准的企业建筑物的容积率或面积发生改变时，申请人应通知 EDB 变更。EDB 将按照现行标准和申请时的基准进行重新评估，如果 EDB 批准变更，应当允许纳税人继续申请 LIA 以获得税收减免的资格。否则，评估基准期内的年度税将不会减免。如果变更是永久性的，企业自变更之日起不再享受年度税收减免，LIA 激励终止。当拥有税收减免资格的建筑物出售时，若仍有剩余资本支出未申报，该部分将会被忽视，建筑物的卖方不会因此获得任何补偿。根据新加坡《所得税法》规定，如果建筑物按合理的方式转为合并公司，且合并后的公司符合获得 LIA 激励的相同的条件，则合并后的公司获得年度免税资格，直至剩余的合理支出成本全部申报完毕为止。纳税人公司的合并必须通知 EDB。新加坡对于符合标准的建筑物或构筑物的免税幅度较大，有利于激发投资者的积极性，吸引更多的外商进行投资，同时对一些具体的免税要求做出了详细的规定，可有效地减少投资者的投机行为，有利于维护市场秩序，使土地资源得到更高效的利用。

此外，在申请 LIA 的程序方面以及所需相关文件资料方面等，新加坡经济发展局也作出了较为详细的规定，一方面对投资者利用土地起了一定的规范约束作用，另一方面也提高了新加坡土地管理的效率，使得新加坡这个国土面积较小的国家吸引了最多的外商直接投资。

由于 LIA 计划更多的是针对制造业，因此制造业吸引外商投资的份额最多，这表明土地政策在吸引外商直接投资方面发挥着基础性作用。制造业投资份额的增加有利于促进新加坡第二产业的发展，加快其工业化的步伐，推动其经济的稳定增长。

表 7-14　新加坡可申请 LIA 的产业以及相应 GPR 基准

产　业	GPR 标准	
	A	B
食品、饮料和烟草	0.99	1
印刷和录制媒体	1.02	1.98
可口可乐和精炼石油产品的制造	0.33	0.4
石油化工和石油化工产品的生产	0.58	0.69
其他化学品的制造	0.6	0.7
制药和生物制品的制造	0.6	0.67

续表

产　业	GPR 标准	
	A	B
计算机和外围设备以及消费电子的制造	2.45	
半导体器件、电子模块组件及通信设备制造	1.4	1.69
陆路运输	0.71	0.73
航空航天	0.63	1
海洋与海洋工程	0.45	0.7
医疗技术	1.8	
机械与系统	0.76	0.78
其他制造业	0.82	0.85
物流活动	1.58	

注：规划许可申请日期在 2010.12.23—2013.7.30 之间的参考 A 栏的容积率标准，2013.8.1 起参考 B 栏的容积率标准。

2. 其他政策

外商使用农业类用地时，如农业技术园区、苗圃、水产养殖场、水培农场和农业研究院等，需通过新加坡土地管理局进行投标。新加坡土地管理局是管理和分配农业用地的国家机关，其配置方式主要是通过公开招标予以出售或短期租赁。外资获得农业耕地所有权和承包经营权需经新加坡土地管理局批准。一般来说，外资参与农业投资合作时，必须按照新加坡土地管理局或城市发展局批准的用途使用土地。而且，在其处置、抵押或租赁该土地前必须经新加坡土地管理局的批准。通常情况下，新加坡土地管理局会现场查看土地的条件和状态，并调查该土地的租赁期是否存在违约问题。同时，投资方需要为该土地上所有建筑物和设施购买火灾保险，其保额通常应覆盖该土地的全部价值。

林地为国有土地，对任何林地的使用应依据城市发展局总体规划，且任何林地的出售都由城市发展局、新加坡土地管理局、建屋发展局或裕廊镇管理局进行。尽管木材销售本身在新加坡并不被禁止，但新加坡政府一般不会出售木材。

想要在新加坡购买房地产的外国人应当根据新加坡《房地产法》进行申请。相关部门会根据每个申请人的具体情况进行评估，并考虑(包括但不限于)以下因素：至少在新加坡居住 5 年，必须为新加坡经济作出贡献以及税收收入情况等。

二、马来西亚、印度尼西亚、泰国和越南

东盟各国土地产权制度存在差异，各国对外国投资者占有和使用土地有着不同的规定。在印度尼西亚和越南，外商只能拥有土地的使用权而不能拥有所有权，但外商可在当地购买房产；在马来西亚，外国投资者可获得一定年期的土地租赁拥有权；而在泰国，外商可以拥有土地的所有权和房产所有权。此外，各国土地价格受区位因素等影响也存在差异。

（一）马来西亚

马来西亚《宪法》规定，土地事务属于州务管辖范围，各州均设有土地局，各州在联邦政府监督下，可制定本州的土地政策。马来西亚土地可以作为私有财产受法律的保护，并可进行自由买卖。获得土地的方式主要有两种：一种是获得永久拥有权，可以获得永久地契，目前此权限已很难获得；另一种是获得租赁性拥有权，可获有效期为99年的租契。目前，联邦政府实施新的修订政策，允许业主在99年地契到期之前支付一定费用，便可再延续新的99年拥有权。

1. 外商用地政策

外资企业获得土地有以下规定，马来西亚总理府经济计划署(EPU)公布的于2010年1月1日生效的《产业购置准则》是马来西亚外商投资有关产业购置最主要的规定，明确了各机构在外资申请产业购置时的审批权限。

需报EPU审批的产业购置包括：降低当地土著企业或政府机构的股份比例，直接购置价值超过2000万马币的非住宅产业和通过控股并购方式，间接购置土著企业或政府机构的价值超过2000万马币的非住宅产业。这两种购置申请，均有强制的30%土著股权限制，且外资企业缴纳的资本金不得低于25万马币。

不必报EPU批准，但要报相关部门审核的产业购置包括：购置价值超过50万马币的商业房屋(2014财政预算案将此金额提高到100万马币)；购置价值超过50万马币或购置面积为2公顷以上的农业用地，用于农业投资、农业旅游项目开发、开展出口型农产品加工或高新技术的商业投资；购置价值超过50万马币的工业用地和购置价值超过50万马币的住宅。不必EPU批准的产业购置还包括：购置马来西亚“第二家园计划”的住宅；多媒体超级走廊(MSC)区域内，具有MSC成员身份的公司，为了企业运营或员工住宿所购置的产业；在马来西亚任一发展走廊由政府相关机构批准的公司购置的产业；获得马来西亚国际伊斯兰金融中心(MIFC)秘书处颁发执照的公司购置的产业；外资控股的公司需购置10万马币以上的住宅，当作公司的员工宿舍，该业务由州政府批准；遗嘱或法院判决书要求转移给外资的产权；制造业公司购置的产业；联邦/州政府、州务大臣/首席部长公司

及其他政府关联公司(GLCs)购置的产业;私有化转型机制下的产业和获得财政部、贸工部等相关部门颁发的国际采购中心、运营总部、代表处、区域办事处以及生物科技公司等拥有特殊地位公司所购置的产业。

禁止外资购置的产业有:价值不超过50万马币的产业;州政府划分的中/低成本住宅;“马来人保留地”上的产业和州政府分给土著企业开发项目的产业。

马来西亚《土地法》规定,外资购买土地(除了工业用途)须得到有关州政府的批准。土地属于州当局的权限,所以不同的州有不同的规定。不少州政府规定外资不可以购买农业耕地和林业用地,但可以租赁,一般租赁期限为30—60年,期满后可以视情况续租。

2. 土地价格

由于经济发展情况和地域位置不同,马来西亚土地价格差异较大。此外,外资每年还要缴纳数额不等的土地税和产业税。城市和地区不同,办公楼租金标准也不同。例如,吉隆坡市区月租金为每平方米64.6—102.3马币,经济比较发达的雪兰莪月租金为每平方米37.7—53.8马币,槟城月租金为每平方米27—30马币,经济欠发达的登嘉楼月租金为每平方米21.5—27马币。

(二)印度尼西亚

1. 外商用地政策

印度尼西亚实行土地私有的产权制度,外国人或外国公司在印度尼西亚均不能拥有土地所有权,但外商直接投资企业可以拥有以下3种受限制的权利:①建筑权,允许其在土地上建造并拥有该建筑物30年,期满后可再延期20年;②使用权,允许其为特定目的使用土地25年,期满后可再延期20年;③开发权,允许其为多种目的开发土地,如农业、渔业和畜牧业等,使用期限为35年,期满后可再延长25年。为进一步吸引FDI,印度尼西亚投资协调委员会制定相关政策以提高投资者办理土地相关证书的效率,例如,为加速土地认证,增加土地认证调查员的数量,缩短土地登记公告时间,从原来30—60天减少至14天,运用土地登记电子系统等。为避免土地重叠引起的土地使用纠纷,解决宗教土地边界问题,实施了“一张地图政策”(one map policy)。为增加中小企业竞争力,减少土地和建筑物转让税,从5%降至1%。此外,为吸引劳动密集型产业制定了相关的税收减免政策。

外国公民或外国企业可以在印度尼西亚的经济特区拥有公寓或房地产;拥有公寓或房地产的外国公民或外国企业,可以通过经济特区管理机构的担保获得居留证;其所拥有的奢侈品可免征增值税和奢侈品销售税。经过经济特区私营企业的同意,投资者可以获得有关建筑物的使用权,并可持续延长使用期限;经济特区行政组织可以直接为投资者提供土地方面的服务。为促进经济特区发展,印度尼西亚希望能引进更多的先锋企业,行业涵盖工业、物流、旅游、能源、技术和出口加工等。投资企业可享受5—10年不等的免税政策。经济特区为投资者提供开放和灵活的特殊政策,使其拥有进入国际市场的能力,投资者可在近海港或空港附近或资源丰富地区开展经营活动,鼓励个人和私人资本采用多样化的合作模式进行投资。

2. 土地价格

印度尼西亚土地价格因土地区位、土地面积大小、土地完整程度、基本设施完善程度和治安条件好坏而存在较大差异。从整体上看,工业区土地价格比一般工业用地价格高,私有土地价格高于国有土地价格,热门投资区比偏远地区的土地价格高。据印度尼西亚央行调查结果显示,在雅加达、加拉横、勿加西和茂物的工业区,2015年第三季度土地平均价格为每平方米220美元,雅加达市区的工业用地平均价格为每平方米330美元,而加拉横、勿加西及茂物的工业用地平均价格为每平方米200美元。另外,万隆与泗水土地价格相当;其他城市如棉兰和日惹的土地价格则较低。另据日本有关机构的数据显示,2012年雅加达周边工业用地平均价格高达每平方米191美元,而2013年初已涨至每平方米200美元以上,部分工业地块出售价格则更高。例如,雅加达东部布洛卡栋工业园的土地价格竟高达每平方米630美元,与2010年的每平方米80—100美元相比,涨了6倍以上。

(三)泰国

1. 外商取得土地的政策

泰国《土地法》对外国人拥有土地作出了规定,外国人可根据双边条约的规定拥有房地产权,并在本法的管辖下拥有土地。外国人及外籍法人根据内务部法规,经内务部部长批准可拥有土地,以用于居住和从事工业、商业、农业、慈善、宗教和坟场等活动。

下列法人享有与外国人相同的土地权利:外商持有的注册资本占注册资本的49%以上,或外国股东占股东总数一半以上的股份有限公司或有限责任公司;外国人持股比例超过总股份的49%或外国股东占股东总数一半以上的注册的有限合伙企业或注册的普通合伙企业;包括合作社在内的协会,其中外籍会员超过会员总数的一半,特别或主要为外国人而营利的合作社;特别关注或主要关注外国人利益的基金会。

2. 外商拥有土地的限制政策

为了适应社会与经济发展的需要,泰国内务部于1999年颁布了《土地法修订案》(《Land Code Amendment ActNo.8》),此修订案对有关外国人及外籍法人产业问题的内容做了修改,允许外国人及外籍法人在符合规定的条件下拥有土地产业。其规定主要内容包括,凡需在泰国持有土地的外国人,必须按内务部规定从国外携入不少于4000万泰铢,并经内务部批准,可以拥有不超过1莱的土地,作为其居住用地。上述外国人还必须满足以下条件:①其在泰国投资必须是有益于泰国社会经济发展或满足泰国投资促进委员会(BOI)规定的,可促进发展的项目;②投资持续时间不少于3年;③持有的土地应在曼谷市区、芭提雅或其他《城市规划法》规定的居住用地范围内。

针对不同用途,泰国对外国人最多可持有的土地面积作出了规定:居住用地,每户不超过1莱;用于商业目的不超过1莱;用于工业用途不超过10莱;用于农业的不超过10莱;宗教用途的不超过1莱;用于公益慈善事业的不超过5莱;用于墓地每户不超过0.5莱。如果相关部门认为合适,外国人可能获得比规定多的土地,持有比规定面积少的人可申请增加土地,但不能超过限额。外国人获准经营土地的,被许可人应当使用土地经营所约定的业务,不能用于其他业务。任何希望将土地用于其他业务的外国人需按照相关规定向部长申请新的许可证,如果部长认为合适的话,将批准新的许可证。外国人可通过继承获得部长准许的土地,但应当考虑上述限定的土地面积。有泰国国籍的人获得土地后改变了国籍,有权持有外国人可持有的土地,除此之外的土地应予以处置。

泰国严格禁止外资进入农业和林业投资领域,不允许外资获得农业和林业耕地所有权和承包经营权。

3. 其他政策

对于在泰国投资额大并能够使泰国经济受益的外国企业,其在泰国经营期间若适用泰国《投资促进法》、泰国《工业园管理局法》或泰国《石油法》的相关规定,在持有泰国土地方面可享受一定的特权。

(1) 泰国《投资促进法》规定:在获得董事会批准的情况下,投资人可拥有超出其他法律规定范围的土地用于进行投资活动;在投资人是外籍人的情况,若其在泰国投资活动停止或将土地转让给他人,土地局有权收回土地。

(2) 泰国《工业园管理局法》规定:在获得董事会批准的情况下,工业经营者可在工业园区内拥有超出其他法律规定范围的土地用于工业活动;在投资人是外籍人的情况下,若其在泰国商业活动停止或将企业转让给他人,必须将所有土地退还给泰国工业园管理局或转让给企业受让者。

泰国的工业园分为两类:一般工业区和自由经营区(原出口加工区)。在一般工业区投资的外国投资者,不必向BOI提交申请,就可以获得工业园内的土地所有权和引进外国技术人员和专家来泰国工作的权利。

(3) 泰国《石油法》规定:委员会有权批准土地特许权,获得者拥有超出其他法律规定范围的土地用于石油经营。

因此,按照泰国法律规定,只允许外国人在符合上述条件情况下拥有用于居住的土地,或满足条件的外国企业有限制的拥有用于企业经营的土地。外国企业不得自由开展对泰国土地的投资业务。此外,对于泰国人占多数(按股权人和股权计算)的合资企业,泰国政府也出台了有关条例规范其从事土地经营的活动。

(四) 越南

1. 外商用地政策

在越南,土地是全体人民共同拥有的财产,无论是越南人还是外商投资者都不能拥有土地的所有权,只能拥有使用权,因此,外国投资者不能在越南购买土地,但可在越南购买房产。外国投资者通过租赁获得土地使用权,使用期限一般为50年,特殊情况可申请延期,但最长不超过70年。需要租赁土地进行投资的外商,需联系项目所在地的土地管理部门,办理土地租用和交接手续。土地租用和交接手续根据越南《土地法》的相关规定办理。投资者租用涉及征收拆迁的土地,当地政府部门可以协助其进行征地拆迁,但补偿费用由投资者负责。投资者获得土地使用权后,如在规定期限内未实施投资项目,或土地使用情况与批准的内容不符,国家有权收回土地,并撤销其投资许可证。

2. 土地优惠政策与存在的问题

2003年《土地法》放开了部分限制外国投资者的土地政策。根据越南《土地法》规定,境外机构和个人按照相关法律法规可建设和经营住房,这些政策旨在给国内和外国投资者提供一个公平竞争的环境。

在激励地区如在工业区、出口加工区、山区和经济开发区,投资的外国投资者可免缴土地租金。根据新规定,BOT(Build Operate Transfer)企业在实施规定项目时可免缴土地租金。投资者可在工业园区按照土地管理机构规定的统一价格直接租赁土地。投资者有权在租赁期限内抵押土地使用权及附属于土地的资产,以获得信用机构的贷款。实施高新科技研究项目或从事科学培训的投资者也可免缴土地租金。此外,从事某些领域的外商企业可享有3—6年免征土地税的权利,如农业、林业和荒山开发、基础设施建设、发展公共运输、高科技、医学、教育和出口产品生产等,因此,每年在越南投资的项目中,除制造业占了较大比例外,建筑业、农林牧渔业、IT业和科技活动也占到了一定的比例。对于在经济困难地区投资的外商企业,可享受减免75%的土地使用费、免7—10年的土地租金等优惠政策。对于向经济特别困难的地区投资的外商企业,可免11—15年的土地租金和土地使用税。

截至 2015 年 5 月底，越南全国设立了 295 个工业区，共占土地 8.4 万公顷。其中，212 个工业区已进行投产，共占土地 6 万公顷；83 个工业区正在进行征地补偿和开展基本设施建设。根据 2014 年 5 月颁布的政府令，工业区基础设施建设项目可免 15 年的土地租金，公共设施占用的土地租金全免。根据 2009 年 3 月颁布的政府令，国家预算内资金可为工业区内被征地人提供征地补偿和异地安置补偿。

同时，越南吸引外商的土地政策也存在一定的问题。例如，审批土地的行政程序和发放建筑许可证通常需要较长的时间，对企业的建设和生产经营产生了一定的影响。实际操作中的征地补偿和土地清理与政策规定不一致，给人民和投资者带来了较多的麻烦。投资者负责土地清理工作的进展通常很慢。此外，有一些地方的土地使用规划和计划尚未明确制定，就将土地交给投资项目，造成了一些不良的影响。目前，在许多地方存在将大面积的农业土地交接给投资者建设高尔夫球场或工厂等现象，显然会降低土地利用效率，而且会对粮食安全造成一定的影响。

3. 外商投资农业与林业的政策

越南农业用地约有 1800 万公顷，包括耕地、林地和水产养殖地，其中耕地约 380 万公顷。在越南，外国投资者不允许获得农业耕地的所有权，但可获得农业耕地的使用权。投资者与企业可根据越南《土地法》关于土地出租或入股的规定，以出租方式或者以土地入股形式达成协议共同经营农地，越南政府主动为外国投资者规划农产品原料产区，并通过各种方式将农民手中的土地使用权转移到投资者手中。土地使用和经营期限没有统一的规定，越南地方政府依据地方土地使用规划和计划，对辖区内每个具体项目的土地使用进行规定与确定。为鼓励外资企业进行农业投资，越南政府出台了相关优惠政策。例如，在特别困难地区、“大农田”、高科技农业区和原料集中产地进行投资的或实施有关农业机械、畜牧养殖、水利灌溉、食品加工和盐业等投资项目的，可给予税收优惠。其中，特别鼓励项目可享受“4 免 9 减半”（免征前 4 年的税收，后 9 年按税费的 50%交税）优惠，普通项目享受“2 免 4 减半”优惠。这些政策旨在鼓励外国投资者与越南政府共同发展国内各农业产区，满足投资者的经营要求并保障已转移土地使用权的农民的利益。在特别贫困地区进行种植、养殖和畜牧业的投资项目可给予免税。应用高科技的农业项目在 15 年内可减税 10%。

越南政府允许外商参与林业投资，其可通过省级人民政府审批，获得林地的承包经营权。林业用地的租赁期限为 55 年。越南政府鼓励外商在植树造林方面进行的高科技投资项目以及应用新工艺和设备进行的木材加工项目。根据越南《土地法》规定，租用农林业土地的外商必须满足以下条件：①有根据投资项目进度确保土地使用的资金能力;②按投资相关法律规定缴纳土地使用保证金;③不违反国家土地转移或土地出租对于土地用途的有关法律规定。

三、菲律宾、缅甸、柬埔寨、老挝和文莱

菲律宾、缅甸、柬埔寨、老挝和文莱关于外商直接投资的土地政策具有一些相似之处,同时也有着各自的特色,如外国投资者在这几个国家都不可获得土地所有权,只能通过租赁获得一定年期的土地使用权或租赁权,并且各国都逐步完善外商利用土地的程序,以提高外商投资的效率;而柬埔寨、老挝和缅甸等国的土地特许制度则是其吸引FDI的特色制度。但柬埔寨、缅甸由于土地权属、征地等问题,土地纠纷频繁发生也使许多投资者踌躇不前。

(一) 菲律宾

菲律宾鼓励外商来本国进行投资,但在股份比例上对外资的限制较为严格,加之政局不稳、基础设施老化以及恐怖威胁等不利因素的制约,所以菲律宾吸引外资规模不大。

菲律宾禁止外国人拥有土地所有权,外国人可以购买高层住宅,但不能购买别墅。外商获得土地主要有两种方式:一种是与菲方合作成立公司,双方各占一定比例的股份,才可进行土地买卖;另一种是土地租赁。根据菲律宾《宪法》规定,外国人禁止在菲律宾购买土地,但外国公民或公司可以先成立一家菲律宾公司,公司的股权外方占40%以下(含40%),菲方占60%以上(含60%),并且公司至少有5人。公司成立后,必须在菲律宾开立主要的公司银行账户,账户的户头可以单独为外国公民,可以由外国公民控制房产收入所获得的资金,该公司在购买菲律宾土地前,必须得到菲律宾投资委员会的许可,才可进行土地买卖的交易。此外,《投资者租赁法案》允许外国投资者在菲律宾租用商业用地,租用期限最长不超过75年(过去规定为50年)。根据该法案,任何到菲律宾投资的外国投资者在遵守菲律宾法律和下列条件的情况下,可租赁私人土地:

(1) 土地租赁合同期限为50年,仅可一次性延长25年;

(2) 租赁的土地仅做投资用途;

(3) 租赁合同应符合《综合土地改革法》和《地方政府法案》。

(二) 缅甸

2012年成立的空地、闲地和荒地中央管理委员会(CCVFV)负责向国内外投资者重新分配空地或闲地,期限为30—70年。此外,缅甸投资委员会(MIC)也负责向外国投资者提供土地。缅甸所有土地中已有20%的土地被批准为特许土地,其中约有500万公顷土地(约占全部土地面积的7.5%)分给外商和合资投

资者。

1. 外商用地政策

缅甸投资委员会(下称委员会)于2013年1月颁布了《缅甸外国投资法实施细则》,该细则对外商使用土地作出了详细的规定和解释。

投资人在联邦政府的同意下,可以从拥有租赁权或使用权者手中租赁所需的土地,包括政府有管理权的土地、政府部门所有的土地和国民私有的土地。投资者按照《空地、闲置地和荒地管理法》租赁使用所需土地时,必须先向土地管理中央管理委员会提出申请,在执行时,根据种植项目或养殖项目的投资金额批准予以租赁使用期限不超过30年,在批准期限到期后,若有继续经营需求的项目,可根据项目种类和投资金额,按照土地管理法再次予以批准。投资者可以应用适当的技术与拥有经营权的国民按照一定的资金比例在空地、闲置地和荒地上合作经营种植或养殖项目,但要按照相关法律法规缴纳空地、闲置地和荒地的使用保证金,外商只有在获得联邦政府的批准后才能出售、转移或置换租赁权或使用权。

委员会根据项目种类和投资金额确定投资者确需的土地的租赁期限或使用期限,首次批准的租赁期限不超过50年;租赁期限到期后,有继续经营需求的投资者,如得到土地租赁权者或使用权者的同意,委员会可按照项目种类和投资额一次性批准不超过10年的租赁延期,共可批准2次;为能促进整个国家的发展,在联邦政府内阁的同意下,在经济落后、交通不便的地区进行投资的,委员会可给予其超过规定的土地租赁或使用期限,最长可达10年。

投资者在国民有经营权的土地上进行经营时,只能与国民投资者按照一定的资金比例以合作的方式进行农作物生产种植的经济项目。发起人为得到所需使用的土地,需要填写土地租赁表,并得到土地出租人或使用权者的同意,再一起出具出租证明并提交申请给委员会。委员会收到申请后,根据项目所在地区,征求内比都委员会或省、邦政府的意见,内比都委员会或省、邦政府应当对申请人拟使用土地进行批复。在获得内比都委员会批准后,实施土地租赁事宜时,拥有土地租赁权或使用权人与投资者签订土地租赁合同,并提交给委员会。若拟使用的土地属国家所有,相关政府部门需将同意租赁的意见连同写明地址的文件一并提交给委员会。租赁政府部门或政府组织所有的土地时,委员会只能按相关联邦部委确定的租金标准予以批准租赁费,必要时可提交联邦政府处理,并且相关部门、组织要向投资者收取土地使用保证金。确定整个租赁期的土地租金标准时,要以开始租借之日起的365天应支付的租费为基础计算(按年计租)。

投资者要按照委员会制定的规则和合同的规定租赁或使用批准土地。投资者只有获得委员会的批准，才能在规定期限内将委员会批准租赁或使用的土地向其他个人出租、抵押、转移项目和转移股份等。在项目投资期内，若包括城镇、住宅、宾馆、医院、学校和厂房等建设或道路、桥梁和其他交通运输基础设施等建设，要根据项目所在的地区，分别得到内比都委员会，相关省、邦政府，相关市政部门和政府部门以及政府组织根据其所制定的城镇发展规划批准后，再提请委员会批准。只有得到委员会的同意，投资者才能在获取租赁的土地上停止原建议(建设)的项目而改建其他经济项目，或除原建议(建设)的项目外，增建其他经济项目。不允许投资者在租赁的土地上从事与原投资建议书无关的项目，不允许从事委员会批准的项目以外的开采自然资源的活动，不允许投资者经营与农作物种植生产相关联的项目。拥有土地租赁或使用权者要自出租土地收回之日起的 7 日之内将已收回的土地情况呈报委员会。

投资者无权使用宗教用地、部委规定的文化遗产地和自然遗产地、为国防和安全设定的限制区、国家限制的地域以及给多数民众生活的环境造成影响、产生噪音和损害文化等情况的地域。投资者在其所租赁投资的土地上实施项目时，若涉及搬迁清理住房、建筑、田地、种植园和作物等，除需迁移安置受影响居民，并在其投资项目安排工作外，还要按当地的时价给予赔偿。投资者要与相关物权人进行协商并得到其对赔偿同意或满意的文件和相关部门的批准后才可实施投资项目。对于大部分民众不愿意迁离的地方，不应批准租赁投资。

在批准用于经营种植、养殖项目或政府允许的其他合法项目的空地、闲置地和荒地上若发现自然资源矿产、古代标志性建筑、古代文物或宝藏等，需自发现起的 24 个小时内向委员会报告，委员会在获得通知后要与联邦部委、内比都委员会和相关省、邦政府协调，若根据相关联邦部委的意见，委员会予以批准，则可在该土地上继续执行项目，若不予批准，则要更换到替代土地上开展项目投资；为国家利益建设基础设施项目或建设特殊项目时，若在所批准的土地上发现古代文化遗产或在批准采矿土地上发现除原批准矿种之外的其他自然资源，土地管理委员会有权收回必要的最小面积的土地。土地管理委员会依照实施细则收回所批准的土地时，要在联邦政府的同意下与相关政府部门、组织协商计算时价，在适当的期限内给予拥有租赁或使用权者赔偿。

履行与土地租赁权或使用权所有者签订的合同后，在租赁期满时，投资者应于双方清账结算完结之日起的 7 天内将土地交还给原土地租赁或使用者；因某项原因或其他原因导致土地租赁期未满而项目停止的，为避免土地租赁权或使用权所有者的损失，要按照原租赁合同的规定支付租赁费，投资者只有在征得相关联邦部委和有土地租赁或使用权者同意后，才能对土地的地形地貌加以改变使用。

若投资者未按合同规定支付土地租赁费，或没有履行合同的其他规定，经调查证明属实；或因投资者在其租赁的土地上违反某个现行法律，经调查证明属实的；或投资者因被公示列入黑名单，或因违反现行法律而被依法审判，法院或某个执政当局决定终止其投资的经济项目，委员会可终止土地租赁。投资者在其获得租赁或使用权的土地上，如被发现实施了与原建议书不符的损害环境的项目，或未采取降低环境影响的相应措施，或实施的项目因噪音、文化原因干扰了附近居民而使检查人或附近居民提出正式交涉的，委员会经必要调查，发现不适宜继续实施项目，可停止土地的租赁和使用。投资人因不盈利、出现亏损或其他原因而需停止其正在执行的项目，应至少提前6个月通知委员会。

2. 土地租金

缅甸不对外国投资者出售土地，外资企业在缅甸的投资项目一般以BOT形式运营，缅甸政府批给外资企业一定规模的项目建设开发用地，进行项目建设和经营，经营期满后，缅甸政府将项目收归国有。外国企业或个人可以直接租用工业区土地或者向政府有关部门申请租用政府土地，用于各项经营活动。

工业区土地的年租金为每平方米3美元，若租用工业区内已建成的楼房或厂房，年租金为每平方米50—65美元不等。若租用土地经营农业，土地租赁期一般为50年，并且可以延长租赁期限。仰光和曼德勒等大城市建有不同档次的写字楼，但数量不多，其他城市则少之又少，甚至根本没有。

3. 存在的问题

在缅甸，外商获得的是有限年期的土地使用权而非土地所有权，这对投资者使用土地进行了一定的限制，并且当发现土地下的矿产、文物及宝藏时存在另外选址实施项目的可能，可能会给投资者带来一些损失或麻烦。此外，缅甸的土地租金相当高，办公楼和酒店供应不足，工业区的土地价格不菲且土地价格上涨较快，许多外资企业投资者还处于观望土地价格的状态中，外商从自身利益出发就会慎重考虑投资，这也是近几年缅甸在工业方面吸引外资能力比不过东盟其他国家的重要原因。外商在进行农业或畜牧业投资时无法获得100%的所有权，必须与国民投资人合作经营，这使一部分的外商更倾向于投资非农产业，但其工业用地成本又过高，极大地影响了外商来缅甸投资的积极性。缅甸土地纠纷是前来投资的企业确认的明显风险之一，这包括了过去政府强占土地的遗留纠纷，投资者担心所有权争议带来许多不必要的麻烦，例如罚款，不良的社会影响和可能的负面舆论，因此，许多投资者踌躇不前。

（三）柬埔寨

1. 外商用地政策

柬埔寨于1992年颁布了首部《土地法》，并于2001年8月进行了修订。2001年《土地法》旨在确定柬埔寨不动产所有权制度，保障所有权和与不动产有关的其他权利，并计划建立现代化土地登记制度，保障人民拥有土地的权利。《土地法》规定土地管理局和城市规划建设部（MLMUPC）负责发放与不动产相关的地契，管理属于国家的不动产的地籍。在内战期间，柬埔寨的土地制度严重受损，许多土地所有权和土地登记册已经丢失。柬埔寨土地所有权仍然存在很多争议，因此，投资者在签订土地使用权、租赁权，或通过柬埔寨公司分享土地所有权比例的合同之前，对土地所有者的所有权进行核实是至关重要的。柬埔寨《土地法》规定任何外国人，无论是自然人还是法人，都不得拥有土地所有权，但可以拥有土地上财产与建筑物的所有权，只有柬埔寨的法人或拥有柬埔寨国籍的市民才能拥有土地所有权，如果一个公司在柬埔寨有工作地点和注册办公室，并且公司超过51%的股份归柬埔寨自然人或法人拥有，那么就可认为这个公司具有柬埔寨籍。此外，由于柬埔寨《民法》的修订，土地和不动产的相关权利有了一些改变，外商在进行投资时将会更加慎重。

2. 土地特许政策

在刺激外商投资的土地政策方面不得不提的是“土地特许”这项规定，为投资进行的土地使用可以被认为是土地特许的一种形式。土地特许权是由主管当局酌情决定发放给任何自然人、法人或组织占用土地并依法行使法律规定的权利。在柬埔寨，有三种类型的特许权：社会特许权，经济特许权和使用、开发或开采特许权。获得社会特许权的受益人可以将土地用于住宅建设和/或进行耕种来维持生计，特许权所有人可以免费获得特许社会用地，同时特许权所有人有可能获得土地所有权，若特许合约持续了5年，那么受让人有权把特许社会土地转成个人所有的土地，也可以要求获得房产证，在这5年期间，不允许出售、出租或捐赠特许社会土地。获得经济特许权的受益人可以开发土地并进行工业或农业生产。2007年10月柬埔寨颁布了《使用、开发或开采特许法》。使用、开发或开采特许权主要包括采矿特许权、港口特许权、机场特许权、工业发展特许权和渔业许可权，此权不受2001年《土地法》的管理。土地特许权只能在特许权合同规定的时间内产生，永远不会由于占用土地而产生。土地特许权是投资者占用土地之前，国家、公共土地集体或作为特许经营土地的所有人授予的一项权利。特许权必须向MLMUPC登记。

土地特许权中与外商直接投资联系最为紧密的是经济土地特许(Economic Land Concession，ELC)，为发展国家经济，发展高效率集约化农业和工农业，在集约化和多样化的框架内，在可持续生态系统的自然资源管理框架内，扩大农村就业，通过收取经济土地使用费、税收和相关服务费来增加国家收入或省、社区收入，根据各地区的土地使用计划，以适当和长期的方式，为大中小型投资者制定一套具体的特定的用地方案。

申请经济土地特许的投资必须满足以下几点要求：①投资者应按照《国土资源管理法》、《地籍登记手续办法》和《子公司登记法》的次级法令申请登记归类为国家私有的土地，私人土地不能作为经济特许地；②省市级土地管理委员会通过了土地利用计划，且所申请项目的土地利用符合计划；③根据投资经营项目的土地利用和发展规划，已经完成了环境和社会影响评估；④按照现行法律框架和程序，解决了移民安置问题，缔约当局应确保合法土地持有人不得非自愿移民，并尊重私人土地的权利；⑤提议用于投资经营项目的经济特许土地必须与当局和当地居民进行公开磋商。符合相关要求的外商即可通过 ELC 获得土地使用权后进行投资，经济特许土地面积不得超过 1 万公顷，任何个人或法律实体获得的多个经济特许地的面积相加不得超过 1 万公顷，最长期限为 99 年，土地费用为每年每公顷 0—10 美元不等。自 2008 年起，经济土地特许权仅由农业部、林业部和渔业部(the Ministry of Agriculture，Forestry and Fisheries，MAFF)授予。

ELC 是为进一步吸引外商直接投资制定的专门政策，它为外商获得土地使用权提供了便利，使得更多的投资流入了柬埔寨，又由于它的目标是创造更多的就业机会，提高人民生活水平，利用现代技术增加农业和工业生产，因此，越来越多的外商投资流入了农业和工业领域，为柬埔寨经济的发展奠定了产业基础。

3. 存在的问题

柬埔寨许多土地存在权属不清的问题，并且由于贪污腐败和登记程序不清楚等，导致土地所有权登记困难，土地纠纷时常发生。同时，受到土地制图和土地划分的限制，授予的特许土地常与社区土地、公共国有土地、森林地区或土著社区重叠，使得投资者之间产生争议。政策缺乏透明度，执行不力，也为外商投资利用土地留下了隐患，例如，根据 2001 年《土地法》，所有 ELC 都必须与当地社区进行磋商，并且公司在获得特许之前，必须进行特许公司投资产业对社会环境影响的研究或评估，但在实际操作的过程中由于缺乏磋商或磋商不够，居民未参加环境评估程序，引起了当地居民的不满。由于经济特许地监管不严和法令实施不到位，导致大量的强行拆迁和暴力拆迁，引发了较多的土地冲突和社会矛盾。目前，柬埔寨缺乏争端解决和问题解决机制，当争议发生时，被授权的投资者必须自己处理受影响的当地人，这也为投资者带来了较多的麻烦与不便，在一定程度上影响了外商来柬埔寨投资的积极性。

（四）老挝

1. 外商用地政策

老挝土地法对本国人与外国人使用土地作了不同的规定，本国个人、家庭及组织享有土地使用权和土地租赁权。而外国人、无国籍人以及其他组织仅享有土地租赁权。两者的区别在以下几方面。①土地使用权是从土地所有权中分离出来的一项独立的财产权利，而土地租赁权是从土地使用权中分离出来的一项独立的财产权。②土地法没有对土地使用权的期限作出规定，但对土地租借期限作了详细的规定。据规定，无国籍人、外国籍人以及上述个人的组织，从政府租赁土地的期限是根据产业的条件、规模和特性而定，但最高期限不得超过 30 年，可征得政府的同意视情形续租；无国籍人、外国籍人以及上述个人的组织从老挝公民手中租赁已开发的土地，其期限最高不得超过 20 年，并可征得土地所在地的省、市或特区政府的同意视情形续租。土地使用权一般要求支付地租，但也可无偿，但土地租赁为有偿形式，租金是必要条件。③土地使用权具有流通性，可作为抵押权的标的以设定权利抵押权，而土地租赁权一般不得让与，限制或禁止转租。外国投资者如果需要从老挝公民手中租赁已开发的土地，则应由土地所在地的省、市或特区政府向财政部建议审批。外国人与个人组织的范围是由土地所在地的省、市或特区政府向财政部建议决定。土地承包费、自然资源使用费是按照法律规定收取。老挝政府也加大力度简化外商投资审批的程序，根据外国投资促进法及其执行法令，试图建立“一道门”服务。

2. 外商投资农业的政策

老挝鼓励外商进行农业投资。外商获得土地方式主要有两种，向政府租赁土地或向当地公民租赁土地，租赁年限以合同约定为准。随着外商直接投资所需土地的增加，土地的压力陡增，农村地区的土地使用权问题变得突出。因此，政府通过土地和森林分配程序（LFA）将农业和林地分配给农户和家庭。国内外私人的商业投资者也可以参与到土地市场中，可通过自主经营权协议及各种形式的合作租赁协议来实现。

国内和外国投资者可通过长期租赁国有土地，自主经营合同和订单农业（或者合作社农业投资）来获得土地的使用权。订单农业通常有“2＋3”模式和“1＋4”模式。“2＋3”模式是老挝最普遍的订单农业推广形式。在这个模式中，有 5 种投入因素，包括土地、由农民提供的劳动力、资本、技术和由投资者提供的市场销售。资本（种苗、肥料和设备）由贷款的形式提供，而将来的利润一般是按照 7∶3 的比例在农民和投资者间进行分配。此模式旨在充分保障农民作为土地所有权人的权利。在“1＋4”模式中，农民仅仅提供土地，而投资者必须负责出佣金雇佣劳动力来维护工厂设备，投资者可获得 70％的收益。与自主经营模式不同，村民仍然保有土地所有权，通常除薪酬之外还有少部分收入。订单农业实际上是村民把自己的土地租给了投资者进行经营投资。

根据老挝土地法规定，土地面积大小不同，授权审批部门也不同。省级行政授权的国有土地租赁和自主经营合同的范围是相当有限的。100 公顷以内的国有土地的租赁由省级政府批准，而 1 万公顷以内的土地必须由中央政府批准。面积超过 1 万公顷的土地需要由国民议会批准。而 3 公顷以内的土地，由地区当局批准授权即可。但是在实际操作中，很多面积超过 3 公顷的土地，地区当局也可以审批，而面积超过 100 公顷的土地省级有关部门也可以审批。为了促进外商直接投资，老挝政府制定了外国投资促进法。根据这部法律规定，外国投资者必须提交其投资案给规划投资部（MPI）下的国内外投资促进管理局（DDFI）负责规划和投资审核。省级相关部门负责审批外商直接投资等于或少于 300 万美元的项目，在较大的省份，批准的上限为 500 万美元，DDFI 的局长和副局长可以签署投资少于 1000 万美元的投资案，而项目提案价值 2000 万美元以上的需要总理的批准。DDFI 进行审批时，需对该项目财政和技术的可行性、政府政策的规定以及有关部委的投入进行考虑。

3. 土地租赁和土地自主经营政策

国家制定土地发展政策来推进所有经济部门和社会的整体发展。国家采用不同的方式或方法来管理土地租赁或土地自主经营，旨在推动国有土地开发，确保国家的统一管理和使用开发，将土地资源变为资本以促进农业和服务行业的投资，并增加国家预算收入。此外，为方便外国投资者获得老挝国有土地租赁或自主经营权，对土地租赁或自主经营权作出了明确的区分：租赁具有行政性，土地自主经营具有商业性。土地租赁的行政性体现在国家指定土地租赁合同的当事人，要求他们提供下述公共设施的建设，包括电力、供水、电信、学校、医院、公园、游乐场、商场、车站和康复保健中心，等等。而带有商业性质的土地自主经营，指的是投资者经营农业用地、种植园的土地、水电用地、工矿用地和其他类型的土地。这是由国家按照商业运作需求来进行分配的，并且符合有关法律法规的规定。但在实践中租赁与自主经营的界线并不总是十分清晰。关于土地租赁和土地自主经营的具体操作，中央和省级有一些差异。这种差异表明在政策执行上，国家机关并没有严格的监督和管理所有项目，而是一种指导性的管理。土地租赁与土地自主经营的区别如表7-15所示。

表7-15　土地租赁与土地自主经营的区别

土地租赁	土地自主经营
已开发土地	未开发土地（荒地或不毛之地，郊区或农村土地）
土地利用	土地开发（基础建设，自然资源开发）
限定面积 （10—10000公顷）	大面积（150—30000公顷）
租金没有上限	费用依据法律规定上缴（比较低）
租赁土地上可有建筑	在批准土地上无建筑
合同期限小于50年	合同期限小于60年

土地租赁和土地自主经营根据不同的情况而定（见表7-16）。森林和林业土地的使用者还要缴纳自然资源费（税）。

表7-16　土地租赁与土地自主经营适用的行业

土地租赁	土地自主经营
服务行业（旅游、市场、运输、学校和医院等）	水电
工业用途建设	矿业
农业种植园	工业、种植园

4. 土地和房屋租金

2012年以来，政府规定的农业用地租赁价为每年每公顷6—9美元，但执行过程中的价格通常是30美元，且随着土地需求的增加，土地价格也逐步上升。其他建筑和工业用地价格远高于农业价格。土地在不同的区域和不同的行业有不同的销售价格。以首都万象为例，远郊土地每平方米100美元，近郊土地每平方米300美元，市区土地每平方米1500美元。其他省会城市土地价格通常在每平方米100—300美元。房屋政策同土地政策相同，外国人一般以租房为主，不购买房屋。外国人一般较喜欢租用一层或二层带有院子的别墅楼，面积100平方米至2000平方米不等。房租价格不以面积计算，而是以其所处位置、院内房内设施、间数和房屋新旧等计算。

5. 优惠政策

根据老挝外国投资促进法，可将享受优惠政策的投资区域分为以下 3 类：区域一是社会经济基础设施较差的贫困地区和偏远地区；区域二是有部分社会经济基础设施的地区；区域三是有经济基础设施的地区。可享受优惠政策的行业或部门可分为以下 9 类：①应用高新技术或环保创新技术的行业，科学研发行业和高效利用自然资源和能源的行业；②清洁无毒的农业、种植业、养殖业和林业等，有利于保护环境和生物多样性的行业以及促进农村发展和减少贫困的行业；③环保农业加工业和民族传统特色手工业加工业；④环保且可持续的自然、文化和历史旅游开发产业；⑤教育行业、体育行业、人力资源开发和劳动技能开发行业、职业培训机构或中心和生产教育或体育设备的产业；⑥建设现代化医院，制药医疗器械厂和传统医药生产行业；⑦交通运输等基础设施建设；⑧旨在减少贫困的政策性银行和金融机构；⑨推广国内产品和世界知名品牌的现代商业中心，国内工业，手工业和农产品集贸市场。外资企业必须至少价值 2 亿基普，或雇用至少 30 名技术劳工，或聘用至少 50 名以上的老挝劳工，并签订不少于一年的就业合同。不满足以上要求的中小型企业按照有关法律法规给予优惠。

在区域一投资上述行业可免征 10 年国有土地租赁费或特许土地使用费，投资②、③、⑤和⑥行业将获得额外 5 年的费用豁免；在区域二投资以上行业可免征 5 年国有土地租赁费或特许土地使用费，投资②、③、⑤和⑥行业将获得额外 3 年的费用豁免。

投资者有权获得国有土地的租赁权或特许权进行开发经营，当批准的项目开发总计划，可行性研究和开发计划完成 45%以上，并履行完特许合同上规定的义务，经有关部门批准，便可转让剩余年期的国有土地租赁权或特许权。

投资方在投资经营期间，经省、市相关部门批准，有权租赁特许经营区以外的国有土地进行办公和居住。

（五）文莱

2012 年，文莱修改土地法，彻底禁止非文莱公民拥有永久地契的土地，但外商直接投资者可以购买分层产权房产，也可租用土地及房产。此外，为吸引外来投资，文莱已交付了 1533 公顷土地用于工业开发，并储备了 5375 公顷土地以满足投资需求。文莱为提高政府行政效率，改善营商环境，文莱土地局和电子政府中心于 2016 年初联手推出了网上土地交易系统，通过该网上平台可在线办理土地所有权过户、更改土地使用条件、土地租赁、延长土地租赁期限和缴付土地费等。非文莱公民不能在文莱购买土地或别墅，只能购买公寓房。

第八章

土地政策与粮食安全

第一节　各国粮食安全形势

一、东盟粮食安全概况

根据联合国粮农组织的定义，粮食安全是指任何人在任何时候都能够得到积极和健康生活所需的食物。实现粮食安全的基本条件是：粮食供应稳定、价格能为人们接受并保证穷人有机会获得资源以生产粮食或获得粮食。粮食安全问题备受世界各国关注，如何实现粮食安全也是国际社会的重要议题，从近几年粮食生产与供应来看，东盟在维护世界粮食安全方面起到了至关重要的作用。

从粮食供应的角度来看，世界稻米生产主要集中于东南亚国家，世界三大谷仓泰国、缅甸、越南都是东盟成员国，越南和泰国则是稻米出口大国。随着科技的不断发展和生产要素投入的增多，东盟粮食生产总量、人均产量和土地单位面积产出持续上升。以稻米为例，近 10 年东盟的稻米总产量保持着上升的趋势，2015 年、2016 年略微有所下降，但总体保持增长的态势（见图 8-1），东盟粮食的稳定供应对于世界粮食安全具有重要的战略意义。

英国《经济学人》杂志对全球 113 个国家的粮食安全进行了排名，发布了 2017 年《全球粮食安全指数报告》。报告显示，

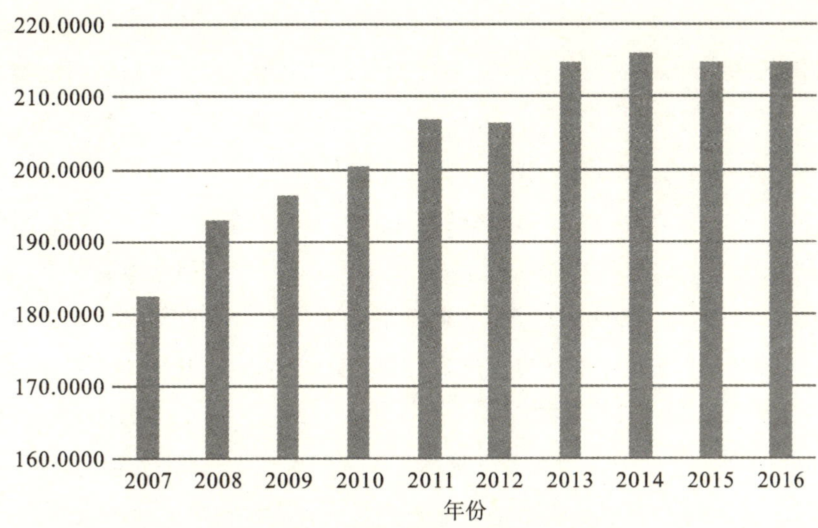

图 8-1　东盟 2007—2016 年稻米生产总量(单位:百万吨)

数据来源:《2017 东盟统计年鉴》。

东盟国家粮食安全形势不容乐观,排名位于上位圈的有新加坡、马来西亚,处于中等水平的主要有泰国、越南、印度尼西亚,排名较后的国家有菲律宾、缅甸、柬埔寨和老挝,暂无文莱排名。

二、新加坡和马来西亚

新加坡和马来西亚均是东盟的粮食进口国,新加坡粮食产量受狭小的国土面积制约,历年产量较低,其大部分的粮食依靠进口;而马来西亚受其粮食生产结构影响,粮食自给率较低,也主要依靠进口。但由于两国受国家战略与国家政策和人民消费观念等因素的影响,其粮食安全形势还算乐观。

1. 新加坡

新加坡作为一个城市国家,没有粮食生产的优势,甚至存在一定的劣势。

在自由贸易经济发展战略、食物来源多元化策略以及比较优势理论指导下,新加坡为国内居民提供了稳定的食品供应,并稳定了国内食品价格,同时培育了本国优势农业产业的发展。具体来说,通过高科技、高价值农业产业的培育,提高了农产品的生产效率和生产水平;通过严格的食物进出口标准体系、认证制度、检测和检验的方法,保证进出口食物的健康和安全;通过营养知识的普及,帮助消费者树立正确的消费观念并形成健康的消费方式;通过农业科技园区和农业生物园区的建立，保持并提升了农业的高质量、高价值和高科技优势，最终使得国家粮食安全得到保障，实现“确保卫生安全初级粮食的弹性供给，维护动植物的健康，造福全体国人”的目标。

新加坡受土地面积较小的限制，其在种植业结构上，主要种植蔬菜、果树和花卉等经济作物；在产业类型上，以高产值出口型农产品如种植热带兰花和饲养观赏用的热带鱼等为主；在粮食结构上，主要限于鱼类、蛋类和蔬菜的生产，且仅有5%的蔬菜自产，绝大部分从中国、马来西亚、印度尼西亚和澳大利亚进口。

过去几十年，新加坡经济发展迅猛，人均GDP由1960年的428美元，提高到2000年的23414美元，再提高到2009年的36537美元，2016年其人均GDP已达到了52963美元。这在很大程度上提高了新加坡在国际市场上的粮食购买能力。与此同时，新加坡通过推行弹性的食品来源理念以及进行海外种植和养殖业投资等，实现了食品来源的多元化，避免了过度依赖单一国家进口所带来的很多弊病和风险。作为岛国，新加坡具有强烈的忧患意识，因此，在经济发展上比东盟其他国家更加迅速，在解决粮食安全上更有效率。只有突破粮食安全狭义概念的局限才能走出土地面积小和自然资源匮乏的困境。因此，新加坡从战略角度审视国家生产和经济的安全，从根本上实现经济的发展和居民生活水平的提高。在实现战略目标的同时，粮食安全问题自然也就迎刃而解。

新加坡关于粮食安全的贸易视角不仅体现在获取充足和健康的食物，而且还体现在按照贸易比较优势理论进行要素的配置和产品的生产，实现贸易带来的利益最大化。由于产品价值不同，农业产品也是分层次的。大部分初级农产品科技含量不高，价格明显低于加工食品，相对于高科技产品价格则更低。生产不同层次的农产品为新加坡农业发展提供了较好的契机。新加坡受土地面积制约，部分初级农产品无法生产或产量较少，因此，大量的初级农产品需要从国外进口。但是，新加坡按比较优势理论配置资源和产品生产，致力于发展高科技、高附加值的农产品市场，突出了新加坡生产要素的高效率，同时，自由贸易突显了新加坡在加工高科技、高附加值农产品的方面具有巨大的发展潜力和强大的竞争优势。在自由贸易视角下，新加坡一方面采取措施促进经济快速发展，提高食物购买能力；另一方面采取进口来源的多元化政策，确保国内农产品价格的稳定。同时，充分利用技术和资金优势发展高科技高价值农产品的生产，通过国际市场促进资源的合理配置以及竞争能力的提升。

事实证明，新加坡的自由贸易发展战略在实现国内居民的粮食安全效果显著。

2. 马来西亚

在被殖民时期，马来西亚自给自足的自然经济基础遭到破坏，大量农作物的生产是为了适应宗主国的市场需求。1956 年，马来西亚粮食种植面积仅占耕地面积的 13%，生产的粮食只能满足 45%的人口需要。独立后，马来西亚政府采取了许多措施促进粮食生产，如扩大稻谷种植面积、单季稻改成双季稻、兴修水利等灌溉设施、改进生产技术提高单位面积产量和设立信用合作社为农民提供贷款等。20 世纪 80 年代前，马来西亚的政策目标是实现粮食自给。粮食自给率高于 95%即可表明已基本上实现了粮食自给，或者说粮食安全达到了较高的水平，自给率达到了 90%，就达到了可以接受的安全水平。而马来西亚大米的自给率在 1979 年达到历史最高点 85%，20 世纪 80 年代中期为 75.6%，与粮食自给标准仍存在较大的差距。

20 世纪 80 年代后期，政府开始不主张粮食完全自给，因为马来西亚地处热带季风区，其气候和土壤适合种植粮食作物，但更适合种植经济作物，且经济作物的经济效益和出口收入明显高于粮食作物。根据比较优势理论，进口粮食比生产粮食更合算，依赖粮食进口符合比较利益原则。因此，马来西亚政府开始推行依靠从国际市场进口粮食来满足国内需求的政策，导致粮食自给率逐年下降，逐渐成为大米纯进口国。但马来西亚政府自 20 世纪 80 年代中期起开始制定专门的农业政策，在此之前，农业发展计划或农业政策大多包含在国家的五年计划之中。1984 年，马来西亚推出了第一个国家农业政策，这一政策为农业部门的综合发展提供了一个框架。1992 年，马来西亚又推出了第二个国家农业政策，旨在通过有效利用资源来增加农业收入，提高农业对整个国民经济的贡献。1998 年，马来西亚公布了第三个国家农业政策，为该国 1998 年到 2010 年的农业发展确定了大政方针。在第三个国家农业政策中，除了坚持第二个国家农业政策的宗旨外，还特别强调要保障国家的粮食安全，满足国内粮食需求和减少粮食进口。

虽然马来西亚原来以橡胶种植为主的单一农业结构已发生改变，逐步形成了以橡胶、油棕为主，大米、椰子、可可和胡椒为辅的多元农业结构，但其粮食作物，如稻米、杂粮等种植比例远远低于经济作物的种植比例(见表 8-1)，由于粮食作物种植面积较小，其粮食产量无法满足国内需求，粮食自给仍较困难，部分粮食仍需进口。

表 8-1　马来西亚 2000—2015 年土地使用比例

（单位：%）

年份/年	橡胶	油棕	可可	椰子	胡椒	黄梨	烟草	稻田	咖啡	茶	甘蔗	花卉	水产养殖	蔬菜	水果
2000	23.12	54.56	1.22	2.56	0.22	0.25	0.25	11.29	0.20	0.06	0.35	0.01	0.36	0.65	4.91
2001	22.32	56.22	0.93	2.43	0.22	0.23	0.26	10.82	0.19	0.06	0.34	0.03	0.39	0.69	4.88
2002	21.33	58.03	0.77	2.16	0.22	0.24	0.23	10.73	0.18	0.06	0.25	0.03	0.38	0.66	4.74
2003	20.71	59.39	0.71	2.18	0.22	0.23	0.20	10.49	0.17	0.05	0.25	0.03	0.36	0.61	4.40
2004	19.91	60.34	0.66	2.23	0.20	0.14	0.19	10.39	0.16	0.03	0.23	0.03	0.35	0.55	4.59
2005	19.38	61.77	0.52	1.85	0.19	0.23	0.13	10.17	0.13	0.03	0.22	0.03	0.35	0.54	4.46
2006	18.97	62.52	0.48	1.79	0.18	0.21	0.10	10.15	0.11	0.05	0.22	0.03	0.37	0.60	4.22
2007	18.40	63.47	0.42	1.76	0.19	0.23	0.10	9.97	0.11	0.05	0.21	0.03	0.40	0.53	4.13
2008	18.06	64.98	0.31	1.62	0.20	0.23	0.10	9.51	0.05	0.03	0.06	0.03	0.46	0.55	3.83
2009	14.93	68.14	0.26	1.46	0.20	0.23	0.11	9.80	0.05	0.02	0.07	0.03	0.47	0.60	3.63
2010	14.47	68.84	0.28	1.50	0.20	0.22	0.05	9.61	0.07	0.03	0.06	0.03	0.47	0.75	3.40
2011	14.26	69.41	0.29	1.48	0.20	0.21	0.06	9.54	0.07	0.03	0.06	0.03	0.48	0.73	3.15
2012	14.35	69.96	0.16	1.39	0.20	0.18	0.03	9.43	0.06	0.03	0.06	0.03	0.54	0.74	2.83
2013	14.28	70.64	0.19	1.19	0.20	0.14	0.01	9.07	0.05	0.03	0.00	0.03	0.51	0.90	2.74
2014	14.05	71.11	0.21	1.16	0.21	0.12	—	8.96	0.05	0.03	—	0.03	0.48	0.94	2.63
2015	13.62	71.52	0.23	1.04	0.21	0.19	—	9.25	0.03	0.02	—	0.03	0.46	0.87	2.53

注：水果不包含菠萝。

数据来源：马来西亚统计局、农业与农基工业部、马来西亚棕油局、种植及原产业部。

马来西亚的粮食储备理念不同于其他国家，其特点是股份私有公司垄断。BERNAS公司是负责调控全国稻米市场的稻米公司，其前身是国家水稻和大米局，1994年政府改革，BERNAS接管国家水稻和大米局的政府职能，开始管理国家大米储备、以保护价收购农民粮食和稳定粮食价格，并进行稻谷收购、加工和进出口贸易等商业活动。1996年，马来西亚对BERNAS公司进行了股份制私有化改革，以提高经济效益，减轻政府财政负担。1997年，BERNAS成为上市公司，但仍负责国家粮食储备管理和运作。政府为了使稻米公司更好地履行国家粮食储备和稳定粮食市场的社会职责，从公司成立开始就赋予其独家进口大米的权力。因此，BERNAS公司通过企业化管理和自主化经营，在取得可观利润的同时承担了保障国家粮食安全的社会职责。在马来西亚，BERNAS公司能够掌握和调动的粮食就是储备的粮食，它不仅包括仓库里的粮食，还包括国内外分公司在批发市场和零售店里的粮食。一般来说，马来西亚的粮食储备规模为3个月的需求量。

马来西亚由于其重经济产物轻粮食产物的生产结构，长期以来粮食自给率较低，使它成为世界著名的粮食进口国，对国际市场依赖较强，易受国际粮食市场波动的影响，但由于其粮食储备能力较强，同时政府也逐步认识到粮食安全的重要性，制定了保障粮食安全的农业计划，使其粮食安全在一定程度上得到了保障。

三、泰国、越南和印度尼西亚

泰国、越南和印度尼西亚由于国情和优越的自然条件，是世界著名的稻米生产国，历年稻米总产量较高(见图8-2)，但单产仍然较低。泰国和越南是世界大米主要出口国，而印度尼西亚部分粮食仍需进口。

1. 泰国

泰国素有“亚洲米仓”之称，是世界的稻米出口大国，在保障世界粮食供应中发挥着十分重要的作用。泰国稻米生产遍布全国，其中北方稻区(平原区、北部低地)灌溉条件较好，水稻单产最高；东北稻区(呵叻高原)是香米主产区，由于土壤瘠薄，生产条件较差，水稻单产最低；中央稻区(湄南河平原)是深水稻的集中产区；南部稻区(马来半岛、山区)以种植经济作物为主。泰国历年来粮食产量稳定，2016年稻米产量为2741万吨，木薯产量达到了3180万吨，玉米产量达到469万吨，稻米和木薯产量与2015年相比均有所下降，而玉米产量有所增加。从19世纪开始，大量的泰国稻米作为商品进入国际市场，1982年，泰国超过美国成为世界最大稻米出口国，占世界稻米市场份额的32%，此后，泰国

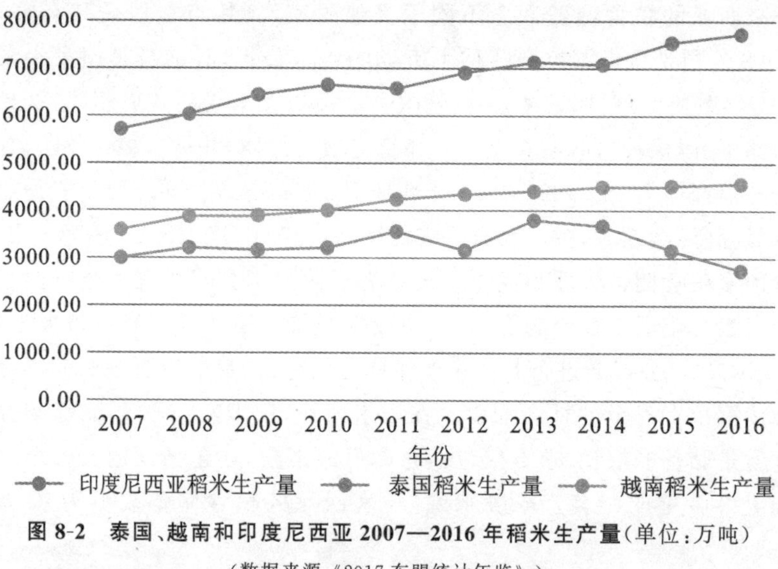

图 8-2 泰国、越南和印度尼西亚 2007—2016 年稻米生产量(单位:万吨)

(数据来源:《2017 东盟统计年鉴》。)

稻米出口占世界稻米市场份额一直较大,2016 年泰国稻米出口额达到了 44 亿美元。泰国木薯和玉米也经历了从无到有的发展,现在已是世界主要生产地和出口国。此外,泰国对其稻米价格制定了较多的保护政策,使其在出口方面具有一定的优势。

泰国作为粮食生产与出口大国,其粮食安全影响着世界粮食供应的稳定,泰国在粮食生产方面具有一定的优势,但情况不容乐观,其粮食单产较小,还不到美国的一半,近几年大米生产与出口量也明显下降。泰国面临巨大的粮食订单压力,每年有大量来自不同国家和地区的订单,在粮食收成较好时,这些订单尚能完成,但遇到自然灾害时,粮食产量下降,可能不仅无法满足订单需求,国内需求也难以供应,这直接危及本国甚至世界的粮食安全与稳定。此外,农民的种粮行为极易受粮食价格波动的影响,当粮食价格上涨时,农民种粮热情高涨,许多农民开始种植以前很少种植的三季稻,甚至四季稻,稻米产量猛增,但农资价格成倍增长,土地肥力也受到了一定的影响,这并不利于粮食生产的持续发展。由此看来,泰国想实现真正的粮食安全仍有很长的路要走。

2. 越南

越南是一个农业国,其农村土地面积占全国土地总面积的 95%,农业人口占全国总人口的 80%。越南在粮食生产方面具有较大的优势,粮食产量年年递增,尤其是稻米产量,近 10 年稻米产量一直位于世界前列,2016 年越南稻米总产量达到了 4564 万吨,超过了泰国的总产量,单位产量也有所提高。在第二次世界大战以前,越南曾是世界第三大大米出口国,但由于长期战争、自然灾害和政策失误,其逐渐由大米出口国变为了大米进口国。直到20世纪80年代实行农业生产体制改革后,农业生产才开始逐渐恢复,尤其是在1986年之后,政府高度重视农业,将粮食生产放在经济工作的首要位置。1986—1995年,粮食产量翻了一番。1988年,越南粮食产量已达到了1900万吨,是越南独立后第一次实现粮食自给,结束了多年粮食进口的历史。1989年是越南粮食生产历史上的一个分水岭,该年粮食产量突破2000万吨大关,不仅自给有余,而且出口了40万吨稻米,到2017年已连续29年出口稻米,且平均每年出口稻米量都较大。目前,越南在稻米出口方面是泰国十分有力的竞争对手。

越南自20世纪80年代实现粮食自给以来,粮食产量稳步增长,越南粮食供应得到充分保证,但这并不意味着实现了粮食安全。诸如仓储、加工、运输、价格和服务等方面的原因,农民缺粮和农村的贫困并没有完全消灭,这严重制约了越南粮食安全的全面实现。当前,越南粮食安全主要受以下因素的制约:①粮食单位面积产量较低。粮食单产虽然一直在提高,但与高产国家如日本、韩国相比仍有很大的差距。农业生产仍以人力和畜力为主,机械化程度较低。②农村产前产后服务滞后及基础设施不完善。仓储条件差、运输不发达、加工业发展滞后和市场信息不对称等导致大量粮食腐坏变质。③生产资料价格特别是化肥价格较高,农业生产成本较大,农民资金不足,且由于银行信贷制度不配套和不完善,农民获得贷款较困难。④增产不增收。由于粮食收购价格过低、农用物资价格上涨、农产品加工技术落后、农产品销售渠道不畅和鼓励农业发展的一些政策没有真正落实,尽管粮食产量增加,农民的实际收入却没有增加,他们的生活依然贫困。⑤粮食生产的区域不平衡。北方人多地少,而南方人少地多,且运输仓储跟不上,部分地区较容易发生饥荒。为解决这些问题,保障本国粮食安全,提高越南在国际稻米市场的地位,越南政府制定了粮食安全的战略目标,并且制定了一系列支持政策,在政府积极引导下,越南粮食安全的全面实现指日可待。

3. 印度尼西亚

印度尼西亚是东盟国家中国土面积最大的国家,据世界银行统计,2015年印度尼西亚农业用地面积达5700万公顷,占国土面积的31.5%,其中耕地面积为2350万公顷,人均耕地面积约为0.09公顷。印度尼西亚也是东盟国家中人口最多的国家,人口总量居世界第四位。在印度尼西亚经济结构中,农业一直占据着非常重要的地位。据印度尼西亚统计局相关数据显示,2013年农业产值约占GDP的14.3%,其中,种植业产值约占农业总产值的60%。粮食作物生产是种植业的基础,印度尼西亚主要粮食作物有水稻、玉米、大豆以及木薯等,2014年粮食作物产值占农业总产值的46.2%。在种植园种植的大多是经济作物，印度尼西亚的棕榈油产量世界第一，是世界最大的棕榈油出口国，天然橡胶和椰子的产量居世界第二，2014年庄园作物产值占农业总产值的13.3%。

印度尼西亚是东盟最大的水稻生产国，据东盟(ASEAN)统计，2016年印度尼西亚稻米产量约占东盟总产量的36.0%。近年来，其水稻种植面积、总产量和单位面积产量均呈上涨趋势。根据印度尼西亚统计局数据，2015年水稻收获面积为1411.66万公顷，稻米总产量为7539.78万吨。爪哇岛是最主要的农产品产区，东爪哇省、中爪哇省和西爪哇省是水稻主产区，共占2015年印度尼西亚总收获面积的41.69%，总产量的47.52%。印度尼西亚玉米产量占东盟总产量的50.63%。由于政府强调粮食自给，近年来玉米总产量和单位面积产量均呈递增的趋势。2009年玉米收获面积为416.07万公顷，而2015年收获面积则减少至378.74万公顷，总产量却从1762.97万吨增至1961.24万吨，这表明其单产水平有所提高。东爪哇省是印度尼西亚最大的玉米主产省，2015年总产量和收获面积分别占全国总量的31.26%和32.04%。其余产量较高的省分别是北苏门答腊省、楠榜省、南苏拉威西省、中爪哇省和西爪哇省。西爪哇省单产水平最高，达到了每公顷7.57吨，而东爪哇省单产仅为每公顷5.05吨，低于全国平均水平。木薯产量占东盟总产量的30.77%。2005年木薯收获面积达到了121.35万公顷，但总产量仅为1932.12万吨，而2015年收获面积降至94.9万公顷，总产量却达到了2180.14万吨，尽管收获面积减少，但是因单产提高，木薯总产量仍保持增长的趋势。北苏门答腊省、楠榜省、中爪哇省和东爪哇省是木薯的主产区，2015年合计占总产量的72.20%。印度尼西亚并不生产小麦，所需小麦主要依靠从美国、澳大利亚、加拿大和印度等国进口。近年来，印度尼西亚在逐步改变其农业生产结构不合理和生产技术落后的面貌，实现了粮食总产量稳步增长和粮食单产水平的不断提高。

印度尼西亚稻米总产量位于东盟国家的第一位，但其尚未实现完全自给，主要有两方面的原因：一是印度尼西亚人口众多，国内需求较为旺盛；二是长期以来强调热带经济作物的生产与发展，对粮食作物生产的重视程度还有待进一步调高。印度尼西亚要想更好地保障粮食安全还需减少对国际市场粮食供给的依赖，并实现粮食完全自给。

四、菲律宾、缅甸、柬埔寨和老挝

菲律宾历年粮食产量较高，但由于其人口众多，无法满足国内需求，因此，每年需从国外进口大量的粮食，极易受国际粮食市场波动的影响，粮食安全形势较为严峻。缅甸、柬埔寨和老挝是传统的农业国,经济发展较为落后,农业产值在GDP总产值中所占比重较大,农业发展对国民经济发展影响较大,这三国粮食生产与出口虽比不上泰国与越南,但与东盟其他国家相比仍具有一定的优势,粮食生产总量较为稳定,有部分粮食可出口国外,但由于受经济发展水平的影响,三国粮食安全仍不容乐观。

1. 菲律宾

谷物类粮食生产在菲律宾的粮食生产中占据绝对重要的地位,其总产量约占粮食总产量的99%,其主要的粮食作物为稻米和玉米。菲律宾的稻米产量总体上呈现出增长的趋势,尤其是2000年以来,稻米产量有较大幅度的提高,2016年稻米产量达到了1836.53万吨。菲律宾玉米产量呈现出较快的增长趋势,从整体上看其增长趋势与稻米基本一致,但其波动幅度小于稻米。粮食的单位面积产量反映一个国家粮食生产能力的发展水平。近年来,菲律宾的粮食生产力水平有了较大的提高,但谷物类粮食的单产水平明显低于世界平均水平。菲律宾的粮食总产量总体上处于增长的态势,但波动较频繁。菲律宾的粮食生产能力有所提高,但仍还有较大的提升空间,只有进一步加快解决土地问题、加强对农业的资金和科技投入,才能不断提高粮食生产力水平,保证粮食的有效供给,进而保障国内的粮食安全。

菲律宾一直是谷物粮食的净进口国,谷物的进出口主要用于调剂国内的余缺,因此,净进口的数量受国内消费需求的影响较大,并不具有规律性,频繁波动且波动幅度较大。菲律宾的谷物粮食对国际市场的依赖性较强,多数年份没办法实现自给,稻米、小麦和玉米基本上均为净进口。

菲律宾是东盟国家中人口第二大国,全国总人口超过一亿,各种开支因人口压力急剧增加,粮食的短缺更令其不堪重负。长期以来,菲律宾农业跟不上经济发展的步伐,这使粮食生产屡受拖累,粮食安全更成为其经济发展中的软肋,在历史上爆发了多次粮食危机。菲律宾的粮食安全问题主要表现在以下几个方面:①粮食产量不足,粮食自给较为困难;②粮食市场流通存在一定障碍;③粮食价格上涨和购买力下降。菲律宾粮食安全问题还突出表现在民众面临的“是否买得起”的问题,表8-2所列的是近10年来菲律宾消费者价格指数的情况,2015年食品价格指数较2006年上涨了59.2%,非食品的价格也出现明显的上涨。物价特别是粮食价格的上涨削弱了民众的购买能力,食品开支所占份额越来越大,导致居民生活水平下降。菲律宾也已成为所有的亚洲国家中极容易遭受国际粮价冲击的国家。

表 8-2 菲律宾 2006—2015 年消费者价格指数(以 2006 年的价格作为基期)

年份	2006	2007	2008	2009	2010	2011	2012	2013	2014	2015
消费者价格指数	100.0	102.9	111.4	116.1	120.5	126.1	130.1	134.0	139.5	141.5
食品价格指数	100.0	103.7	117.2	125.3	130.4	137.8	141.1	145.0	154.1	159.2
非食品价格指数	100.0	102.4	107.6	110.6	114.7	119.4	123.8	126.4	129.3	129.8

数据来源:亚洲开发银行(ADB)。

2. 缅甸

缅甸是一个以农业为基础的国家,农业劳动力共约 1370 万人,约占总人口的 26%,农业产值占国内生产总值的 37%左右,农产品出口额占其出口商品总额的 13.3%左右。水稻、小麦、玉米和豆类是其主要的粮食作物。稻米是缅甸传统的和主要的粮食作物,2005—2010 年稻米总产量稳定增长,2010 年产量达到了 3216 万吨,连续三年略高于泰国稻米产量,2011—2015 年,大米产量明显下降,2016 年产量有所回升,为 2907 万吨,但与 2005—2010 年相比仍存在一定的差距。在东盟国家中缅甸粮食生产尤其是稻米生产仍具有一定的优势。缅甸稻米出口量也较大,2014—2015 年度达到了 155 万吨,是国家创汇产品之一。豆类是缅甸第二大出口创汇产品,仅次于天然气出口。缅甸的豆类作物品种繁多,主要有扁豆、豌豆、木豆、绿豆、马豆、小红豆、腰豆和鹰嘴豆等。缅甸已成为东盟地区豆类种植的领头国家,是目前世界上仅次于加拿大的大豆类生产国家。缅甸种植的玉米分为旱季玉米和雨季玉米两种,旱季玉米主要种植在实皆省、仰光省、勃固省、曼德勒省、伊洛瓦底省、克钦邦、马圭省、掸邦和若开邦,而雨季玉米主要种植在克耶邦、克伦邦、克钦邦、钦邦、若开邦、实皆省、伊洛瓦底省、马圭省、掸邦和曼德勒省,其中掸邦玉米种植面积最大。目前玉米是缅甸主要的出口农产品之一,主要出口到中国。

缅甸的粮食自给是相对的,其粮食安全仍面临着许多问题。目前,缅甸粮食供应主要依靠本国的生产以及少量的国际援助,当发生自然灾害时,其国内粮食供应则会出现困难,粮食需求无法得到满足。长期以来,缅甸的粮食主产区是伊洛瓦底江地区,政府一直都是通过扩大种植面积来增加粮食产量。这种做法看上去是保持粮食产量稳定和维持自身供需平衡的最直接的方式。然而,对于许多环境脆弱的地区来说,不断扩大粮食种植面积,势必会带来环境恶化、土壤肥力下降和资源耗竭等问题,最终仍会影响粮食生产,导致粮食总产和单产迅速下降;当种植面积难以进一步扩大时,总产量无法继续提高,人均占有量也会随之下降,民众温饱问题无法解决。此外,缅甸的基础设施落后,贫困人口众多,恩格尔系数较高,这些都严重地制约了其粮食的供给与消费。

目前，缅甸粮食安全面临较大压力，要实现真正的粮食安全任重道远。但缅甸还有大量可耕土地尚未开发，只要加大农业资金和技术投入、提高农业科技水平和增强抗灾能力，粮食产量完全可以在中长期内满足国内的需求。

3. 柬埔寨

柬埔寨作为一个热带国家，就其自然环境而言，拥有十分优越的农业发展条件，土壤肥沃且水源充沛。柬埔寨平原面积约占国土总面积的46%，平原地区是其主要的产粮区，湄公河畔和洞里萨湖一度是东南亚著名的鱼米之乡。水稻是柬埔寨最主要的粮食作物，种植面积约占全部农田的90%，稻米收入占农业收入的三分之一，同时，稻米也是最重要的出口物资。2015年稻米总产量达到了932.4万吨，2016年略微有所下降，为922.7万吨，但稻米单产一直保持着稳定增长趋势。柬埔寨主要以稻米出口为主，其稻米的出口量从2009年的12613吨直线上升到2014年的387061吨，出口总额达到2.08亿美元，2016年出口总额已达到3.06亿美元，在东盟地区排名第四。其稻米主要出口至亚洲、非洲和欧洲，包括中国、中国香港、新加坡、俄罗斯、安哥拉、美国、英国、德国、荷兰和意大利等地。柬埔寨2014—2015年度稻米出口量位于世界第六，仅次于泰国、越南、印度、巴基斯坦和美国。出口量的大幅度增长得益于农业技术的快速发展和政府政策的扶持。稻米高质量的保证以及进口国家的需求量不断增加使得其大米的出口市场得到进一步的开拓。

但由于柬埔寨在粮食生产与粮食出口方面仍存在一些问题，使其粮食安全难以得到有效保障。在生产方面存在农民素质低、机械化程度低、农业基础设施落后、易受市场波动影响和农业科技水平落后等问题。具体包括：①土地权属不明晰限制了农业生产领域的投资，不良的土地改革政策的执行，导致了许多土地权属纠纷与冲突；②土地和劳动力的生产效率较低，农民的知识水平普遍偏低，许多农民不懂如何正确使用农药和科学施肥，加上机械化耕作的缺乏，致使土壤肥力较低，此外，种植技术落后，使农业生产一直都处于较低水平；③易受市场波动影响，由于农田基础设施落后和缺乏科技保障，农产品加工和销售渠道不通畅，其农业生产随着市场变化而存在较大的波动性；④缺乏融资和贷款渠道，虽然有一些小型金融机构或者银行可提供贷款，但贷款利息很高，而且要求有财产作抵押；⑤农业的公共支出较少；⑥由于曾遭受长期的战乱，农田基础设施受到严重毁坏，许多农田旱季缺水灌溉，雨季则遭受洪涝，有些地区正在建立或者维修排灌设施，但排灌的质量不太理想。在出口方面，由于国内收购价不断上涨，出口价格不具竞争力；在粮食产业投资环境方面，柬埔寨法制不健全，缺乏保护商业投资安全和保障经济稳定运行的法律，经营风险大，国际竞争力弱等。因此，柬埔寨要想实现自身粮食安全，提升在国际中大米出口地位，还需建立健全相关政策制度。

4. 老挝

农业是老挝的基础产业，农业产值约占国内生产总值的 60%，农业劳动力约占就业劳动力总人数的 90%，农业生产的波动将直接影响老挝的经济发展。水稻是老挝最主要的农作物，主要种植湿季山地水稻、湿季低地水稻和旱季水稻，种植面积最大的两个省份是占巴塞省和沙湾拿吉省。老挝 92%的水稻品种为糯米，非糯米品种主要位于浪南塔省和丰沙里省，两省共生产了全国 39%的非糯米品种。老挝 45%的稻米使用的是改良品种，使用改良品种最多的省份是沙湾拿吉省和占巴塞省。老挝 2014 年水稻种植总面积为 95.7 万公顷，总产量达到了 400 万吨。据相关数据显示，老挝稻米出口呈增长趋势，稻米出口总值从 2013 年的 1230 万美元增加至 2016 年的 3360 万美元，主要向泰国、越南和中国出口。老挝的种植业正朝着多元化种植发展，在老挝西北部，越来越多的农户种植经济作物(如蔬菜)，以适应逐渐开放的市场。在老挝，玉米是与水稻交替种植最常见的农作物，2014 年玉米种植面积为 243385 公顷，产量达到了 141 万吨。老挝共有约 4.79 万木薯种植户，主要分布在首都万象市、沙拉湾省和博利坎赛省，2014 年木薯种植面积为 60475 公顷，产量达到了 162 万吨。此外，农户种植了不同规模的蔬菜，常见的有大白菜、辣椒、洋葱、黄瓜和瓜类等，其他重要的临时农作物还有烟草、花生和芝麻等。

近年来，国际农业经济发展态势良好，老挝作为一个传统的农业国也表现出了强劲的增长势头，其粮食生产与出口也取得了一定的进步，基本实现了粮食自给，但实现真正的粮食安全仍然是一个尚未完成的目标。

第二节　与粮食安全有关的土地政策

一、新加坡和马来西亚

(一) 新加坡

1. 农业推进战略

新加坡长期面临着人多地少和资源匮乏的困境。为确保居民粮食安全，政府及时调整了农业生产目标，使其与居民食物消费升级步伐相一致。自 20 世纪 50 年代后期起，新加坡政府因时制宜地分三个阶段实施了农业推进战略：①1959 年至 20 世纪 70 年代中期，实施“农业重新安置计划”；②20 世纪 70 年代中期至 1986 年，实施“永久农地计划”；③1986 年至今，实施“农业科技园计划”。通过宏观政策的调控与引导，并配合前两项计划的实施，最终确保了新加坡城市农业向现代化阶段的平稳过渡。为配合上述战略实施，政府对农业管理重点进行了必要的调整：从 20 世纪 60 年代开始，开展农业培训、推广以及初级研发，20 世纪 70 年代进行生产基地的升级以及实施与规模化生产配套的疾病诊断、控制和监控项目，到 80 年代则开始构建农业科技园区，90 年代实施食品安全严格的检疫监督措施以及提升农业技术园区的科技水平，再到 2000 年以后加强对疾病风险的关注以及进一步提升农业生物科技。从中可以看到，政府保障粮食安全的举措水准不断提高：从初期的保障农业生产，到中间的规模化生产以及园区建设和设备升级，再到后来的食品安全的检疫和监督以及疾病风险防范等，高水准政策措施为新加坡突破自然条件制约实现粮食安全目标提供了制度保障。

2. 农业科技园

新加坡现代都市农业的发展是以建设现代化的农业科技园为载体，以追求高科技和高附加值为目标，最大限度地提高农业生产力。新加坡农业科技园由农业食品与兽医管理局(Agri-Food and Veterinary Authority，AVA)开发与管理。根据 AVA 2014—2015 年年度报告显示，新加坡共建有 6 个农业科技园，占地 1465 公顷，占国土总面积的 2.3%。每个科技园内都有不同类型的作业，如胡姬花园(出口多品种胡姬花)、养鸡场、养鱼场(出口观赏鱼)、豆芽农场、蘑菇园和菜园等，每个小农场平均占地 2000 平方米左右。这些农场致力于为全球农业投资者发展尖端农业技术提供平台，并聘请国内外农业技术专家传授并推广世界上最新的农业科技及相关农业产品。同时，农场还是农业生产和农业贸易的基地，并向全世界各地区，尤其是热带地区提供农业技术咨询服务，推广尖端农业科技。

农业科技园的基础设施建设由国家投资完成，然后通过招标方式租给公司或商人经营，科技园区内土地租赁或使用期限通常为 10 年，期满后优质企业可再延长 10 年，以此来激励运用高新技术的公司进行持续投资。适当延长土地使用期限对吸引高科技、高附加值的农业企业和工商资本是非常必要的。AVA 对农场的甄选和评估十分严格，坚持宁缺毋滥的原则，并确保农场的高端和高科技属性，经过近 30 年的发展，截至 2015 年 3 月，新加坡约有 260 个农场，235 个农场占地 625 公顷，另外 25 个农场占地 36 公顷，其他土地还未开发。

新加坡的农业科技园在做好鱼类、畜禽、蔬菜、果树、兰花以及其他观赏植物种养的同时，还发展农业旅游，并进行农业科技教育。每年有超过 600 万游客参观新加坡农业科技园。在农业科技园利用与保存的果树树种中，包含了许多生产和观赏两用的树种，这些树木主要应用于新加坡的花园城市建设，如龙贡、牛油果、黄晶果和蛋黄果等。新加坡主要是在城内小区和郊区建立小型的农、林、牧生产基地，这些基地不仅为城市提供了部分季节性农产品，而且取得了非常可观的观光收入。新加坡还在一些城市核心地段开发了一批以农产品加工体验、农产品销售、农业采摘和农业亲子活动为核心的农业体验综合类项目，并配备餐饮、KTV和影院等娱乐设施，大大增强了对民众的吸引力。

2014年，新加坡政府出资6300万美元设立农业生产力基金，其中，1000万美元用于支持农场研发，5300万美元用于鼓励农场提升技术。这些由新加坡出资创建的具有观赏休闲和出口创汇功能的高科技农业园区已经形成了完整的都市农业体系，并取得了良好的经济效益和社会效益，并为提高食物的自给能力，改善食物消费结构作出了重要贡献。新加坡在农业技术方面的创新弥补了土地资源方面的不足。此外，新加坡在现代化集约化农业科技园的基础上大力兴建科学技术公园。新加坡科学技术公园兴办十几年来，已成为工业研发活动和科学技术推广普及的中心，是世界十大科技公园之一。公园内兴建大型集约农场，并采用最新的适用技术运作，以提高农业产量和增加农业收益。农业专家、动物学家、蚕桑学家、微生物专家、遗传专家以及昆虫专家在内的科技专业人员都参与到了科技公园的组建和管理。肯特岗科技园已经成为新加坡基础科学和高新技术发展的重要孵化基地，园区内已逐步建立了技术示范中心、食品技术中心和分子生物细胞研究所等。一大批从事基础科学研究和高新技术开发的专业研发机构有力地促进了科技生产力的发展。

3. 垂直农业与农业产业投资

近年来，新加坡的农业发展正逐步向高空发展，其垂直农业在全球声誉显著。例如，天鲜农场在新加坡率先推出垂直种植蔬菜的技术，以此来优化农场土地利用，该农场仅占地3.65公顷，开发完成后平均每日生产目标为10吨叶菜，比传统地面农场的生产力高出五倍。

新加坡的农业产业投资在全球享有盛誉，除定位高端产业外，还有一个重要的特色是战略性生产存储，即利用自身在农业技术和食品安全方面的优势，在全球农业大国中进行农业战略投资，并将生产的农产品运输至国内，以缓解国内农产品短缺的压力。2012年，新加坡在中国吉林等地联合当地政府建立中新食品区，重点引进欧美国家的知名企业投资，共同打造世界现代农业示范区。

2009年，新加坡农业食品及兽医局出资2000万美元成立"食品基金"，主要用来帮助新加坡企业进行海外食品企业投资，扩展新的食品采购渠道和推进海外合同养殖等，以提升新加坡的食品如大米、猪肉、鸡肉、鸡蛋、鱼和绿叶蔬菜等的供给弹性，确保食物供应与价格的稳定。据新加坡政府网站显示，2013 年共有 71 个公司和 141 个项目享受扶持政策，蔬菜和鱼的产量分别增加了 360 吨和 550 吨。由于食品基金实施效果良好，2013 年，新加坡向食品基金增加了 1000 万美元。

由于新加坡土地资源匮乏，受其土地集约利用的思想影响，制定严格的土地利用规划，主要发展都市农业，利用高科技进行农业生产，提升并保持农业的高价值、高质量和高科技优势，最终使得国家粮食安全得到保障。

（二）马来西亚

1. 粮食生产发展的特点

自 1957 年独立以来，马来西亚的粮食生产大致经历了三个发展阶段。第一阶段为 1957—1970 年，粮食生产处于缓慢发展阶段。在此阶段，农业生产遵循的是传统的发展道路，即通过投入大量劳动力，开垦荒地进行种植，重点发展油棕和橡胶等热带经济作物，粮食作物产量极低，整个农业生产处于衰退期。当时，美国等少数几个发达国家农产品生产过剩，通过赠予、援助和抵押贷款等方式，向东南亚国家倾销大量的小麦和大米等粮食产品，这在很大程度上抑制了这些国家粮食生产的发展。第二阶段为 1970 年以后，马来西亚的粮食生产进入一个发展相对较快的阶段。20 世纪 70 年代初，国际市场粮食出现了严重的供不应求，导致粮食价格上涨，美国等发达国家将粮食赠予援助改为高价销售，直接加剧了马来西亚的粮食短缺问题。在此背景下，政府在重视经济作物生产的同时，开始关注粮食作物的生产，并采取了一系列的扶持措施，粮食生产的发展速度明显加快，产量迅速增加。第三阶段为 20 世纪 80 年代以后，特别是 80 年代中期以来，马来西亚粮食生产进入了发展停滞阶段，无论是粮食作物种植面积、粮食产量，还是生产投入和经济效益等都出现了明显的徘徊或下降的趋势。进入 21 世纪，马来西亚粮食总产量呈逐步上升的趋势，但其粮食自给率仍不高，2010 年的自给率仍在 65% 左右。

20 世纪 70 年代马来西亚的粮食生产之所以经历了一个相对较好的时期，是因为政府采取了一系列有效的扶持措施，这些措施主要包括：第一，政府推行土地开发计划，扩大了粮食作物和其他经济作物的种植面积；第二，政府加大农业投入，在粮食主产区兴修水利设施；第三，推广高产粮食品种的种植，并增加化肥的使用；第四，政府实施最低价格保障制度，保护了粮农的利益。得益于上述措施，农民的种粮积极性大大提高，生产效率和粮食产量也明显提高，粮食的自给率也得到了大幅度的提升。1979 年大米的自给率为 85%，达到了历史最高点。

2. 保障粮食生产的措施

扩大粮食生产是防止粮食供需矛盾进一步恶化的重要措施，为此而采取的措施应是扩大粮食种植面积，提高粮食生产能力。马来西亚土地资源丰富，土壤肥沃，但其农业用地面积极小。1993 年，其农业用地仅占全国土地总面积的 14.9%，比越南、菲律宾和泰国都要低。为此，政府决定在第 7 个五年计划(1996—2000 年)中推行“划定土地作为耕种”的计划，要求所有州拨出 2000—3000 公顷的土地作为农耕用地，并与农民签订临时地契，确保农民有自己的土地来种植粮食作物。

2008 年，全球发生粮食危机后，马来西亚政府就实施“粮食安全”政策，鼓励国内大规模的粮食生产，全面发展粮食作物，确保粮食供应。为扩大粮食生产的土地面积，政府计划在全国 13 个州的每一个州至少建立一个由专门机构管理的粮食生产园区。此外，马来西亚政府计划与一些国家进行策略性合作，以便把某些国家的某个地区作为其粮食生产的基地，这样不仅能增加粮食产量与粮食供应，而且还能节省成本。马来西亚已与印度尼西亚等国合作建立了部分海外粮食基地。

长期以来，马来西亚农业部门缺乏吸引力，农业劳动力短缺，在进行工业化的过程中，国家的各项政策，如贸易和税收政策等，都倾向于农业以外的其他部门，农业部门缺少政策扶持。马来西亚的工业化政策还使国家土地和资本逐渐向非农业部门转移，导致用于农业生产尤其是粮食种植的土地面积越来越小，2015 年稻田面积的比例已降到了 10%以下。马来西亚的农业经济形式既包括传统的小农经济形式，也包括大农场和大种植园经济。其中，小户自耕农所占比例较大，自耕农在小种植园主中的比例占到了 70%，但他们只拥有非常少的耕地数量。小户自耕农的存在意味着小农经济形式的存在，他们在规模较小的土地上用传统的耕作模式种植农作物，这使得农作物的总产和单产都处于较低的水平，严重影响了这些农民的收入，从而导致农村的贫困持续存在。在这种情况下，贫困农户也没有更多的资金、土地和设备等来提高粮食生产力，以获得更多的收入。面对小农经济的现状，许多自耕农都选择放弃农业生产，转而在城市中寻求更好的工作和生活，这直接导致大量农村土地无人耕种，出现了严重的撂荒现象。

为改变农村现状，马来西亚政府大力发展机械化农业生产，提高农业生产率，引进国外的农业机械和技术，并发展农业机械制造业；加大对农作物育种研究的投入，以培育出适合机械化操作的品系和品种；延长耕地使用期限，让农民放心地进行机械化生产投资，以确保农民有足够的时间收回其投入的成本。马来西亚农业发展方向是高度重视高附加值产品的研发，包括知识密集型的食物加工产品和与健康有关的、具有环保性和安全性的生物科技产品。马来西亚希望利用生物科技生产出来自动物、植物和微生物的产品，以满足高端顾客的需求和环境保护的需要。同时，用“工厂”的生产方式生产原料，大力发展无土栽培技术，从而解决劳动力不足和其他资源制约的问题。近年来，马来西亚利用由分子遗传开发出来的生物工程技术培育了不少新的品种和品系，这些品种和品系不仅有高产特性，而且具备抵抗病虫害侵蚀的能力。

3. 国家农业政策

马来西亚在国家农业政策中，提出了两个多样化。一是水平多样化，即促进和扩大粮食作物、经济作物和园艺等多种作物种植，同时大力发展与农业相关的产业，如旅游农业等。二是垂直多样化，即大力发展农产品加工业，如棕油工业、橡胶产品业和粮食加工业。马来西亚希望本国不仅是初级农产品的出口国，而且是东盟地区的商品加工中心。为了提高农作物的加工水平，马来西亚不仅鼓励国内资本参与农村地区的投资与开发，而且还积极引进外资在农村地区创办农工商联合企业。由外资和本国资本采用先进的生产组织形式联合创办了农产品加工企业、经济作物农场和畜禽饲养场等，它们将农产品和畜禽产品的生产、管理、加工、运输和销售连为一体，具有相当好的经济效益。

在国家农业政策中，马来西亚强调扩大粮食生产，全面发展粮食作物，减少粮食进口，建议加强农业部门与其他部门的联系，为农业部门寻求新的增长点。此外，将农、林、牧一体化发展作为扩大农民收入和实现农业可持续发展的重要途径之一。考虑到土地资源和原料的日益短缺，政府鼓励在同一块土地上将粮食作物、油棕和橡胶的种植与林木、竹子和药材的种植以及畜禽饲养结合起来，最大化使用土地。为进一步提高土地利用效率，政府考虑增加土地开发者搁置土地所需缴纳的税金。政策出台以后，这样的一体化农场不断涌现，各种动植物配套种养系统也相继建立起来。为了扩大小土地所有者的收入，政府联合各农业机构，如联邦土地发展局、油棕局、橡胶局、农业部、林业部和家畜服务部等积极推进各种计划，帮助他们建立起农、林、牧一体化的综合性农场。农、林、牧一体化种养不仅可以提高土地利用效率，实现土地集约利用，而且还可以增加农户的收入，农户每年在每公顷土地上可以增收 160 马元。另外，为了防止土地开发造成的大规模森林砍伐，马来西亚建立了永久性森林保护区，并对经济林区的木材砍伐数量和出口数量进行限制。

4. 农村改革

马来西亚政府推行农村改革，农村改革不仅能够转变农业结构和完善农业制度，还能够更好地促进农村与农业的均衡发展。通过农村改革，农村土地的分配以及人地关系有了明确的界定。在农村改革措施中，土地改革是非常重要的部分，“新土地开发”则是马来西亚进行土地改革的重要举措。“新土地开发”不仅能够扩大农村土地的总面积，也能够为农业现代化提供相应的支持，还能够减少农村地区的贫困人员和失业人员的数量。“新土地开发”主要是将新开发出来的土地按照面积大小分配给那些没有土地或者拥有少量土地的农民。随着“新土地开发”政策的实施，马来西亚新开发的土地数量不断增加，无论是东马地区还是西马地区，都开发出了相当丰富的土地资源。这不仅为马来西亚的农业发展供应了充足的土地，还使越来越多的农民拥有更多的土地，扩大其收入的同时也促进了农村经济的发展。为进一步促使农民有效并高效利用现拥有土地，马来西亚政府还实施了“现有土地再开发”政策。“现有土地再开发”政策主要是在贫困地区和农业生产率比较低的地区进行土地改种、复耕或联合开发，以提高土地利用效率和农业生产效率。马来西亚政府的相关部门针对不同的情况进行了一系列的现有土地再开发活动，不仅对那些实施效果不佳的土地项目进行再改造，还整合相应的政府土地使更多的农民获得更多的土地，同时还为失业的农村青年提供小块土地。通过对现有土地的再开发，经济作物和农作物的种植面积都大幅增加，该政策取得了良好的成效。

马来西亚政府希望采取上述措施，解决农业发展中的土地资源短缺、生产率低下、环境破坏和粮食安全等问题。随着新型农耕机械的出现，农业生产技术不断提高，农业生产规模也不断扩大，马来西亚务农者的生活水平也相应提高。从目前发展趋势来看，马来西亚农业正沿着“农业培养工业，工业发展农业”，即工业与农业协调发展的轨道前进，农业生产日趋专门化，农业经营逐步走向企业化，农业部门在整个国民经济中继续扮演着重要角色，粮食安全也将在推行国家战略与政策的过程中逐步实现。

二、泰国、越南和印度尼西亚

（一）泰国

泰国粮食生产所取得的巨大成就举世公认，除了得益于优越的自然条件和较好的农业基础外，一些政策因素也尤为重要。粮食是重要的农产品，粮食安全关乎人民的基本生活和国家经济社会的稳定与发展。泰国政府制定了一系列粮食政策应对世界粮食危机，刺激本国粮食生产，促进稻米等粮食作物出口，维护本国的利益与粮食安全。

1. 不同时期农业发展模式

泰国农业以前主要依靠扩大耕地面积来实现增产。许多农民为扩大耕地不断开垦林地和提高灌溉面积，这种方式虽然在过去几十年里大大提高了农业的产量，但从长远来看存在着局限性和弊端。大量砍伐森林严重破坏了环境和生态平衡，而且新开垦的土地质量并不高，单产水平也较低。20世纪90年代以后，耕地面积的扩张基本已走到极限，因此，泰国改变过去粗放经营的模式，转而依靠科技手段提高单产水平，逐步形成精耕细作型的可持续型农业发展模式。

2008年，严峻的世界粮食危机使泰国政府意识到只有提高农民的种粮积极性，才能确保粮食产量的提高进而从根本上稳定粮价。而要保护农民的种粮积极性必须降低农民的种粮成本，因此，泰国政府开始大量补贴农业生产资料，防止种子、农药、化肥和农机具等的价格上涨过快。另外，泰国政府为每吨稻米设定1万泰铢的保护性收购价格，以避免粮价波动过大给米农带来不利的影响。粮价上涨仅使泰国最大的农业集团收入可观，而几乎没有米农获得收益。不仅是农民，还有碾米厂等生产和加工的诸多环节，都没有获得粮价上涨带来的增值收益。泰国政府为此制定了行之有效的行业政策，并建立利益分享机制，力求把由于国际市场米价飙升带来的收益在米农和碾米厂、出口商等之间进行合理的分配。具体做法是促进农业合作社发展，分散的个体农民以农业合作社的形式联合起来，共同维护农产品价格，减少中间商压低价格收购的行为，为农民增收创造条件。

世界粮食危机是泰国整合农业的适当时机，包括对耕地资源、仓储系统、粮食加工、水利系统以及农业技术服务的完善等方面。泰国政府已批准一项长期战略计划，具体内容包括：①保护耕地资源。在未来的2—5年，政府将投资100亿泰铢保护农地，禁止农业用地转为非农业用地。政府还要求内政部加大对农用地契约的执法力度，制定规范农场主行为的相关政策，控制土地使用成本，避免农场主向农民收取高额地租。②重视农田水利系统和基础设施的投资，为农民提供低价甚至免费的服务，禁止农村水利完全市场化。2004年，泰国政府制定了促进投资法，明确规定给予利用泰国农业自然资源的外国投资项目以及农业基础设施投资项目特别优待。③建立粮食储备体系，保证米农的种粮收益。大多数农民并没有从粮价上涨中获益，因为稻米收获时他们缺乏存储设施，不得不出售大部分收成，使得一些有仓储条件的收米商和碾米厂借机囤积着稻米，等粮价上涨时售出以获取更高额的利润。④政府加大种子和种苗等的研发力度。除了政府向农民提供免费的农业技术服务外，还鼓励私人企业在农业生产各个阶段为农民提供服务，如提供种子种苗、生产设备使用以及其他相关技术指导，并包购所有农产品。⑤加快以本国农产品原料为基础的制造业和农产品加工业的技术升级。采用先进的设备和科学的加工技术，以及制定严格的稻米分级标准是保持并提升泰国稻米在国际市场上的竞争力的重要措施。此外，政府利用驻外领事馆牵线搭桥，或者专门成立有民营机构参加的“促进农产品出口小组委员会”，组团赴世界各地开展促销活动，以促进粮食出口。

2. 农业银行

泰国政府引导国内外资本和银行资金投向农业。政府设立了农业银行，为农民进行农业生产筹措资金。同时控制商业银行的贷款流向，为农民提供信贷支持。除了储备粮食抵押贷款的信贷政策外，泰国政府还要求所有商业银行必须直接向农户和地方农业组织贷出14%的信贷资金，规定农业贷款的利息不应以平均成本价为基础而应以边际成本价为基础确定。1988年，政府规定各商业银行向农业的贷款必须占上年存款额的20%，并规定其中的6%用于农用企业贷款，11%用于农业贷款。对于不能完成农贷指标的商业银行，规定差额必须存入国家农业合作银行，且本金不能提取。政府还明确规定，农业贷款的利息应低于商业贷款的利息，最高年利率不得超过14%（商业贷款利息为15%）。2003年，政府规定国内各商业银行要将20%的贷款用于农业贷款，还规定其中的70%必须直接贷给农户和地方农业生产合作社。此外，银行实行“整合型农业贷款计划”，银行在发放贷款的同时要帮助农民掌握市场信息，指导农民提高种养技术。

3. 农业合作社

泰国的合作社大致可分为7种类型，分别是农业合作社、土地转让合作社、渔业合作社、消费者合作社、服务合作社、储蓄与信贷合作社和信用合作社。合作社总体运营资金占泰国国内生产总值的18.61%。泰国农业合作社在当地农产品生产、加工、运输、信贷服务以及对外贸易方面发挥着重要作用。农业合作社是所有合作社中规模最大且成员最多的，农业合作社主要为成员开展农业技术培训，并为成员生产的农产品提供集中销售渠道等，以此来提升农产品产量和质量，提高农民生活水平。土地转让合作社的业务范围和农业合作社相似，包括为成员提供种植技术和现代灌溉技术的培训等，但其更注重土地发展方面的需求。渔业合作社约有110个，成员超过1.5万名。消费者合作社主要由批发业者和零售业者组成。服务合作社由拥有相同职业或遇到同样问题的人群组成。储蓄与信用合作社主要是为了促进会员储蓄并向他们提供贷款。信用合作社由成员合作组建金融机构，在经营农场、经营小本生意、建造住所和子女教育等方面为成员提供信贷支持。

泰国一直坚持“以农业立国”的方针，长期以来重视农业的发展，制定了许多促进农业发展的方针与政策，这些政策在保障泰国粮食安全，保证其粮食出口大国地位方面发挥了重要的作用。

（二）越南

越南土地政策的革新，极大地改变了越南的农村面貌，促进了农村生产力的发展和提高，对保障越南粮食安全发挥了积极作用，为越南成为世界主要大米出口国之一奠定了基础。其土地政策的革新坚持以土地全民所有制为前提，以农村家庭联产承包责任制为突破口，通过授予农民长期且稳定的土地使用权，以法律形式保障农民的经济主体地位，逐步推进土地使用权的商品化和土地经营的规模化。这个过程大致经历了以下几个阶段。

1. 第一阶段：农业集体化转为家庭联产承包责任制

20 世纪 80 年代以前，越南北方实行农业集体化制度，除允许农户保留 5%的自留地外，其余土地全部实行集体生产。1975 年国家统一后，南方的土地私有制开始改革，但并不彻底。1950 年，越南修改宪法，确立土地国有化，并全面推行农业集体化，农民由于不能自主经营，丧失了生产积极性，导致粮食供应紧张，人民群众怨声载道。为了避免计划矛盾，1981 年初，越南政府出台文件，决定将土地交给农业生产合作社中的生产组、生产队和劳动者本人使用，但是农民需要缴纳部分农产品。这是越南实行土地承包到户政策的前奏。1986 年，越南政府决定实行全面改革，逐渐加大了农村和农业各项政策的改革力度。1987 年，越南国会审议通过了第一部土地法，明确规定土地归全民所有，由国家统一管理，禁止各种形式的土地买卖，但允许转让土地使用权。1988 年 4 月，越共中央政治局颁布了《更新农业管理条例》，决定在全国推行家庭联产承包责任制，允许农民自主经营，将土地的使用权期限由原来的 2 年延长至 15 年。

2. 第二阶段：建立以“五权”为中心的土地权属制度

1993 年 6 月，越共七届五中全会提出要让农民拥有土地交换权、转让权、出租权、继承权和抵押权等“五权”。同年 7 月，越南国会颁布了第二部土地法，以法律形式确认了农民长期使用土地的权利和经济主体的地位，明确规定用于经营多年生作物的土地使用期限为 50 年，用于种植短期生长的农作物的农耕地和水产养殖地的使用期限为 20 年，农民可依法使用土地，期满后可延期；土地使用权可交换、继承和抵押，在规定情况下还可转让和出租，转让和出租的期限最多为 3 年。越南依据该法建立了土地使用权证书制度，规定由各地县政府统一颁发县长签字的土地使用权证，土地使用权证是赋予农民土地使用权的唯一的法律文件，土地使用权属的变更必须进行登记。到 20 世纪末，除了为地方公共需求预留的土地外，94%的农村土地分配到了农户手中，90%以上的农户拿到了土地使用权证。此后，越南分别于 1998 年和 2001 年对《土地法》进行修订和补充，并于 2003 年颁布了第三部土地法，将土地使用期限延长至 70 年，对国家和土地使用者的权利和义务作出了明确的规定，并对土地使用权的审批、转让、租赁和拍卖等作出了详细的规定。

3. 第三阶段：土地使用权的商品化和规模化经营

2001 年，越共“九大”提出建立和发展包括土地使用权交易在内的不动产市场。2006 年，越共“十大”进一步提出要保障土地使用权顺利转化为商品，使土地真正成为发展资本，要求早日解决农户耕地面积小且分散的现状，鼓励通过交换耕地使土地集中，鼓励土地出租或入股。2008 年 7 月召开的越共十届七中全会专门就“三农”问题通过决议，提出要在继续坚持土地归全民所有，国家在按规划和计划统一管理的基础上，完善土地法的修订和补充工作，更加有效地分配和使用土地，并于 2013 年颁布了第四部土地法。个人和家庭可以拥有长期稳定的土地使用权，延长土地使用期限，建立明确公开的土地使用权的市场运行机制，促进土地流转和集中，使土地拥有者可以将土地使用权作为资产投入到企业和公司中。

将土地分配给农民长期使用的政策调动了农民的积极性，极大地解放了农村生产力，促进了农业增产，改变了农村面貌。越南由革新前的粮食进口国一跃成为世界主要大米出口国之一，农业的基础地位得到了巩固，农村经济水平大幅度提高，农民生活长期贫困的状况明显改善，这对稳固政权基础、提高整个国民经济抵抗风险的能力和保障社会安定均具有重要意义。

农民在土地政策革新中获得的土地使用权成为其脱贫致富的初始资本，农民一方面可以精心耕种土地获得收成，另一方面可以通过土地转让、土地租赁、土地抵押和土地继承等方式获得财产性收益。这使得农民的社会地位、生产生活方式以及思维方式发生了重大转变。更重要的是，土地权属制度的建立为工业化、城市化进程中的农业发展奠定了制度基础。

土地权属制度的建立，促进了农业生产要素的流转，允许土地使用权交易使土地市场应运而生并逐步发展完善，对市场经济的发展和城市化、工业化进程产生了深远影响。土地使用权的流转推动了农村劳动力的转移，一些农民将土地租赁或转让出去之后，投身于第二产业或第三产业，促进了农村经济的多元化发展。还有大量农民工进入城市，为越南的工业化进程提供了充足的劳动力。

其次，土地权属制度的建立，促进了农村信贷市场的发展。越南实施消饥减贫计划，其中重要手段便是通过农村金融机构向农民提供优惠贷款。银行提供给农民的优惠贷款主要是小额贷款，金额低于 1000 万越南盾的贷款不必抵押；如需申请更高额度的贷款，可以用土地使用权证作为抵押。土地抵押成为越南比较发达的农村信贷市场的重要保障，对农村扶贫和经济发展发挥了重要作用。

最后，土地权属制度的建立，促进了农业规模化经营。越南政府鼓励并协助农民通过土地交换解决家庭联产承包制度带来的土地过于分散的问题，通过合法出租、转让和抵押土地使用权等方式将土地资源进行整合，实现规模化生产和联合经营。

在此背景下，20 世纪 90 年代出现了一种新型生产组织形式——庄园经济。庄园主可以与土地承包者联合经营，也可承包荒地荒岭或购买农民土地使用权进行土地连片经营，可雇用一定数量的劳动力，将农产品直接投放市场。这一形式的主要特点是突破了小农经济的框架，市场化、专业化和集约化程度较高。越南政府对庄园经济采取了先试点后推广的审慎态度，经过实践检验，认为其符合越南国情且具有独特的优越性，因此于 2000 年 2 月出台了关于鼓励和保护庄园经济长期发展的决议，明确规定了庄园经济的性质和地位，制定了具体管理政策，还明确规定允许现职领导干部和党员自营或参与庄园经济，并鼓励国内外投资。此后，庄园经济在越南农村盛行起来。庄园经济的发展壮大为农业实现社会化大生产和工业化创造了前提条件，对于引导越南农业走向现代化具有重要意义。

（三）印度尼西亚

1. 加强粮食供应与稳定粮价的措施

印度尼西亚是东盟主要的粮食生产国和消费国之一，近年来，全球粮食价格上升直接引起其国内物价上涨。2010 年的消费者物价指数上涨 6.96%，远远超过了政府所设定的 4%—6%的目标。为提高国内粮食供给，遏制不断上升的粮价，并保持充足的粮食储备，政府采取应急措施，决定从 2011 年 1 月起取消大米、玉米、面粉和饲料进口税；在国内粮价大幅上涨时将更多的库存大米投放到市场，以促使粮食价格下跌。政府还采取了一些特别的措施解决贫困地区的粮食短缺问题，将大米直接送到最需要的地方，以维护社会秩序，防止发生动荡。

为加强国内粮食供应，稳定国内大米价格，印度尼西亚总统在 2011 年下令实施以下几项措施：政府直接干预市场，调控大米和食用油等的价格；保证政府包括国家后勤事务局储备充足的粮食，避免不法分子的投机行为；确保国内市场供应充足，保证足够的储备量；通过调控出口税或进口税，把粮食价格调整到适当的位置；研究制定保护耕地的措施，避免其转化为非农业生产用地；提高国内粮食产量和质量；促进家庭和地区的粮食生产；依据法律制度防止非法进口和囤积粮食。

印度尼西亚确立了 2019 年粮食作物产量年增长率达到 2%—5%的目标，该目标旨在实现国家粮食自给自足，确保国家粮食安全，要想实现该目标必须保证一定数量的土地用于粮食作物的种植，因为印度尼西亚不同用途的土地存在较为严重的竞争，尤其是森林用地与农业用地之间存在较大的矛盾。因此，印度尼西亚于2009年和2010年严格定义了用于种植粮食作物的土地类型，并且积极保护耕地，禁止将耕地转为其他用途。

2. 农业政策

印度尼西亚先后出台了三份与农业政策相关的文件，即UU 41/2009、PP 105/2015和Permen Agriculture 7/2012。粮食安全是政府的首要议题，保护种植粮食作物的土地是保证这一点的关键。

UU 41/2009政策旨在保护生产粮食作物的土地免受经济发展、城市化、工业扩张和人口增长的威胁，并禁止生产粮食作物的土地转变为其他用途土地。UU 41/2009政策提出可持续农业用地这一概念，即为维护主权，实现国家粮食自给自足和提高抵御风险的能力，而提供基本粮食的农业用地，并规定水浇地、沼泽地和非淹没的填海土地和灌溉土地可作为可持续农业用地。在确定可持续农业用地时，必须考虑土地适宜性、基础设施的可用性、土地的技术潜力和土地集中的程度（规模）。为实现可持续的粮食生产，保证一定数量的可持续农业用地，必须基于人口的增长、食物消费需求、生产力增长和国家粮食需求编制土地规划。土地规划需在国家、省、地区和城市层面编制，分为长远规划、中期计划和年度计划。国家土地规划为省级规划提供参考，省级土地规划为市级土地规划提供参考。中长期土地规划包含规划目标，原有的农业用地面积，分析预测所需农业土地面积和土地储备量等；年度可持续土地规划包括具体的生产目标、粮食种植面积和分布、相关政策和融资渠道或手段等。

为保护可持续农业土地，可以划定农业可持续发展区、保证可持续农业耕地数量和可持续农业的土地储备，如果某个可持续农业区需要特殊的保护，该地区可以被指定为国家战略区域。UU 41/2009政策规定，为保障粮食生产，实现粮食安全，可实施增加土壤肥力、改良种子和幼苗的品质、种植多样化粮食作物、防治植物病虫害、发展灌溉、利用农业技术、发展农业创新、进行农业推广和保证充足资金等措施。为保证可持续农业用地的数量，可建立可持续农业农场，将种植粮食作物的土地规定为可持续农业用地，还可将非农用地转换为可持续农业用地，前两项可通过发展综合农业企业来完成，后一项主要通过废弃土地的再利用和开垦以前还没有被法律授予规定权利的林地来实现。可持续农业用地是在相关技术研究支持下进行的，需对土地适宜性进行识别与鉴定，完成可持续农业的区划图，提高农业创新能力，进行农业气候学和水文学的研究，充分发挥生态系统功能，并将社会文化和地方智慧融入粮食生产中。可持续农业土地的利用必须加强水土保持与污染治理。此外，该项政策还制定了一系列的保护与激励机制、监督机制和惩罚机制。

但是,这项政策实际上,并没有能够阻止不同类型土地的转换。由于棕榈油产品的收入高于其他农产品,稻田通常转化为油棕榈种植园。在印度尼西亚棕榈油产量最高的省份——廖内省进行的一项研究显示,2002 年至 2009 年间,8027 公顷的稻田转化为油棕榈种植园。这相当于 2002 年在廖内发现的稻田的 40%。一旦转化成功,油棕榈种植园变回稻田的可能性较小,特别是油棕榈树的寿命约为 25 年,这意味着需要用新的土地来替代失去的土地,以补偿粮食生产。从农作物种植园到其他用途的每年 10 万公顷的转化量不能通过每年 4 万公顷的新造林来平衡,这表明目前政策手段薄弱,可能导致间接土地利用变化,并危及多个政策目标的实现。土地用途的转变是寻求收益增加的结果,并且由于缺乏土地分类和其他政策的制约可能会加剧这一过程。此外,由于印度尼西亚农村土地以私有为主,并且许多土地权属不明,很难进行规模经营,无法进行机械化操作,因此其粮食单产较低,要使粮食产量增加,必须加快土地产权制度的完善。

三、菲律宾、缅甸、柬埔寨、老挝和文莱

(一) 菲律宾

菲律宾农业在其经济中占有重要地位,农业发展直接影响着该国的粮食安全。二战之前的殖民统治严重制约了菲律宾农业经济的发展,使其土地高度集中并形成了畸形的农业生产结构,即以经济作物种植为主,粮食等传统作物种植受到制约并迅速衰落。二战后,独立的菲律宾寻求经济发展,全面推行土地改革,并成为“绿色革命”的发源地之一。在二战后初期,得益于菲律宾政府实施的经济政策和土地改革,其农业发展取得了辉煌的成就,在 20 世纪 70 年代曾一度实现粮食自给。但之后粮食产量逐年减少,特别是 1983—1985 年间菲律宾爆发粮食危机,粮食产量迅速下滑,并一蹶不振。2008 年,世界粮食危机导致粮食价格大幅上涨,为稳定粮价,主要粮食出口国纷纷限制粮食出口,这加剧了依靠大米进口的菲律宾的国内粮食供求矛盾。菲律宾政府被迫向贫困人民分发粮票,购买廉价大米,但这使得政府财政负担过重。近年来,菲律宾重新意识到了农业的重要性,并将大力发展农业作为解决国内粮食安全问题的重要手段。独立后菲律宾政府进行多次土地改革,意在从国家制度安排方面促进农业发展,以解决国内粮食安全问题,但其实施效果并不尽如人意。

1. 不同阶段土地改革效果比较分析

回顾菲律宾土地改革历程,不同时期的改革对粮食安全产生了不同的影响(见表 8-3)。麦格赛赛政府时期(1953—1957 年)的土地改革政策并没有真正惠

及农民，由此引发了20世纪50年代的农业危机。马卡帕加尔政府时期土地改革的目的是为了解决已暴露出的粮食危机，但整体来说是不成功的。马科斯政府时期的土地改革中的“绿色革命”在很大程度上解决了国内粮食自给问题，但也带来了较严重的贫困问题。阿基诺政府时期的土地改革效果较好，粮食产量一直保持稳定增长，并实现了基本的粮食自给。深化推进综合土地改革法时期，主要包括拉莫斯政府、埃斯特拉达政府、阿罗约政府和阿基诺三世政府。这一时期，土地改革总体进展缓慢，其中拉莫斯政府取得的成就较高，阿基诺三世的土地改革将提高粮食自给率作为重要的执政目标之一，但其效果不尽如人意。

表8-3　不同阶段土地改革对粮食安全的影响比较分析

不同阶段的土地改革	粮食净进口占比/(%)	农业用地占比/(%)	政府农业支出占比/(%)	城市化比例/(%)	贫困人口比例/(%)	对粮食安全的影响
马卡帕加尔(1957—1965年)	9.34	26.59	—	31.08	—	不成功，未能真正有效实施
马科斯(1965—1986年)	3.27	32.01	4.93	36.50	34.90	前期改革失败，后期取得一定成效，但仅限于佃农，无地农民日益贫困
阿基诺(1986—1992年)	1.68	37.22	3.24	47.45	30.58	规模最大，范围最广，受益者最多，花费庞大
拉莫斯(1992—1998年)	8.65	37.52	3.51	48.26	24.86	取得一定成效，农业产值增加，经济恢复
埃斯特拉达(1998—2001年)	15.07	37.85	4.41	48.01	22.45	加快土改步伐，增加农业支出，提高土地利用率和生产率
阿罗约(2001—2010年)	13.90	38.72	4.74	48.23	21.00	实施国家经济复兴计划，重视农业发展
阿基诺三世(2010—2016年)	—	41.42	—	44.70	23.4	以提高粮食自给为目标，但效果不尽如人意

数据来源：联合国粮农组织数据库，世界银行。

2. 土地改革对粮食安全的影响

1）影响粮食产量

从粮食进口来看，1962年、1968—1970年、1978—1983年、1987年、1991—1992年菲律宾基本实现粮食自给，甚至在某些年份出口少量粮食。其中，1968—1970年和1978—1983年正处于马科斯执政时期，大规模推行土地改革，“绿色革命”促进了菲律宾农业生产，1967年高产水稻的推广使得菲律宾来年获得大丰收，1973—1974年实施的“稻米93丰收计划”和“玉米丰收计划”也使粮食产量大幅度增加。阿基诺政府时期，土地改革范围进一步扩大。政府实行贸易自由化政策，并于1986年取消农产品出口税，农民种粮积极性大大提高，粮食产量不断增加。1987年菲律宾不仅实现了粮食自给，还出口了11.5万吨粮食。埃斯特拉达任职期间，加快土地改革步伐，加大政府对农业投入，努力提高土地生产率和劳动效率，为20世纪90年代末的粮食增产奠定了良好基础。

2）政策的不彻底性和短期性

菲律宾进行了多次土地改革，但效果不佳的一个重要原因就是利益集团的不断阻挠。二战前的土地改革几乎没有触及地主土地所有权，二战后进行的几次改革虽然不断降低地主保留土地的上限，但土地分配仍然不公平，无地农民日趋贫困。有些改革者本身就是地主阶级出身，加上改革机构中的大多成员也是大庄园主，土地改革的短期性和不彻底性导致政策效果大打折扣，主要表现为以下几方面。

(1) 粮食增产的不连续性。

菲律宾多为种植园经济，且粮食生产与市场直接联系较少，主要依靠政府对国内粮食市场的管制。政策的不连贯性，再加上菲律宾多台风和水灾等自然灾害，导致粮食产量并不能保持持续稳定的增加。此外，菲律宾易受国际粮食市场的冲击，于1973年、1983—1985年、1995年和2008年多次爆发粮食危机。

(2) 农业土地面积较少。

菲律宾土地改革导致大量农业用地过早转变为非农业用地，农业用地面积增长有限。1987—2001年，菲律宾有近5万公顷农业用地转化为非农用地，被占用的农业用地主要用于工业和商业开发项目，在中吕宋岛和南他加禄区这两个主要粮食生产区内，大量的农业土地转化为其他用途土地，已经危及粮食安全。根据联合国粮农组织数据，从20世纪60年代到2012年，菲律宾农业用地面积年增长率仅为0.91%，2013—2015年农业用地面积停止增长，甚至在有些年份呈负增长。人多地少的矛盾改变了土地占有和使用的方式。粮食总产量的增加应主要依靠增加生产要素的投入、加大土地开发投资和种植多样化生物等措施的结合，而不应仅增加农业用地面积，且目前该国的农业用地扩张已接近极限。

(3) 农业生产效率低。

自20世纪80年代以来，菲律宾农业生产率的增长开始变得十分缓慢，有些时期甚至出现下降。20世纪60年代之前，农业的增产主要依靠的是土地生产率的提高，之后20年，由于粮食新品种的引进、推广和灌溉等基础设施的建设，农业产量有所提升，农业总产值也有所增长。但长期以来，菲律宾粮食单产水平较低，农业生产效率无法提高，导致农业发展缓慢。

(4) 农民生产投入不积极。

土地改革并没有从根本上改变土地分配不公的现象，无地和少地农民日趋贫困，导致他们没有足够的资金购买种子、化肥和机械等来提高农业生产率。此外，土地政策促使地主迫切将超出限额的土地进行买卖转让，因此他们无心加大对农业生产的投入来提高生产技术。世界银行数据显示，2003年农民消费化肥数量为每公顷172.77千克，到了2014年也仅为每公顷183.09千克，甚至在2013年只有每公顷71.75千克。1960—1980年，农业机械年增长率为7.5%，平均每100千米拖拉机数量只有16台。1984年后，农业机械使用量出现了较大幅度的增长，2000年每100平方千米耕地拥有116台拖拉机。

3) 过度城市化

土地政策改革的滞后性导致大量农村人口没有享受到土地改革带来的好处，农村贫困人口数量仍在增加。并且20世纪六七十年代的“农业机械化政策”进一步拉大了农村收入的分配差距，导致农业劳动力发生转移。农村劳动力的大量流失，导致农业发展缺少劳动力，发展缓慢；大量农村人口涌入城市，加速了城镇化发展，而超前城市化并没有带来充足的就业机会，反而使大量贫民聚居城市，失业率上升，实际工资下降，城镇居民实际收入减少，城市贫民增多。城市失业人口的增多导致劳动力的大量输出，使得经济外向型发展。菲佣的足迹遍布全球，大量的劳动力输出导致国内农业就业人数不足，粮食生产无法保证。而城市人口的不断增加以及饮食结构的变化也使得粮食需求不断增加，最终导致粮食供不应求。

（二）缅甸

缅甸独立前是英国的殖民地。1869年苏伊士运河通航后，国际稻米销售市场相应扩大。为了增加稻米出口量，英国在1876年颁布了土地和赋税法令，规定任何人只要如期向政府纳税，并连续耕种12年的土地就可以变为私有财产，由此在缅甸确立了土地私有制。1889年，政府又颁布了一项法令，宣布上缅甸的土地归殖民政府所有，只有长期耕作的土地才可获得私有权。在英国统治下，缅甸的稻米出口量和耕地面积都出现了明显的增长，并成为当时世界上最大的稻米出口国，享有“亚洲的米仓”的盛誉。缅甸是一个在稻米种植上具有较大优势的国家，但在缅甸仍有30%的贫困人口在为获得维持基本生存的食物而奋斗努力。根据联合国粮农组织的数据显示，缅甸一直是东南亚地区饥饿程度较高的国家。

1. 粮食安全保障措施

为了确保粮食生产安全，缅甸政府调整土地政策，扩大粮食种植面积。土地是粮食种植的基本条件，缅甸政府为了促进粮食增产，积极调整土地政策，并颁布了系列法律法规。1991年11月颁布了《缅甸中央关于空地、闲地、荒地管理委员会的职责与权力的命令》，同年12月又颁布了《缅甸空地、闲地、荒地管理实施细则》，鼓励农民利用空地、闲地和荒地从事种植业、养殖业以及相关产业的发展。1998年又颁布了《缅甸修改空闲地管理条例》，扩大种植农作物的面积，并规定利用空地、闲地和荒地进行种植的，完成种植后每次可再批2023公顷，直至累计达到20230公顷，并且取消了“有外国人参加的组织需经国家投资委员会批准才能提出土地申请”的这一规定。通过几十年来对土地政策的调整，缅甸2007年的空闲土地比1990年下降了约8倍。此外，2012年颁布的《农业土地法》和《空地、闲地和荒地管理法》也对缅甸提高粮食产量、发展农业生产产生了较大影响。

为了保障粮食供给安全，缅甸政府采取了以下措施：成立“缅甸农产品贸易公司”；政府干预稻米出口以保障粮食自给；稳定国内粮食价格；保障粮食流通；构建现代化的粮农物流体系，加强对粮食储备的管理。为了保障粮食的消费安全，缅甸政府主要从以下几个方面采取措施：一是使生产结构与消费结构相适应；二是形成科学化的消费观念与方式；三是保证粮食消费满足不同地区和不同收入水平的人群需要。

越南和印度等国也有兴趣在缅甸开展农业投资，越南计划在缅甸租用2023公顷土地种植稻米和其他长期作物，印度准备向缅甸提供2亿美元贷款用于农业灌溉。通过这些措施盘活闲置农用地，扩大农业用地面积，以促进粮食增产，实现粮食自给，保障粮食安全。

2. 农业政策的演变

缅甸独立后农业政策的变迁过程，可分为以下几个阶段（见表8-4和表8-5）：吴努政府时期、奈温执政期和军政府执政期。前两个时期的农业政策逐渐使缅甸丧失了其最大稻米出口国的优势，使其粮食安全形势日趋严峻，后经过第一次农业改革，粮食问题在一定程度上得到了缓解，但实现真正的粮食安全还有很长的路要走。

表 8-4　缅甸独立初期的农业政策

	吴努政府时期(1948—1962 年)	奈温执政期(1962—1988 年)
农业政策的选择	①排斥外资; ②作为世界上最大的稻米出口国,缅甸将稻米作为换取外汇的主要手段,而不仅仅是国民生存的基本物质保障	① 推行国家主导型的计划经济,对大型和中型企业实行国有化; ② 把农业部门的剩余资金转移、抽调到国营部门,以此作为发展国营经济的原始积累; ③ 人为压低农产品价格,垄断农产品出口
政策执行结果	① 国际稻米价格的猛降和稻米的滞销使预期的工业发展计划所依赖的唯一财政基础受到了严重破坏; ② 国内政治局势发生动荡; ③ 世界第一稻米出口国的地位还未撼动,粮食安全问题也还没有提到议事日程上,但是随着国内动乱和分裂活动的加剧,农业前景不容乐观	① 农民的种稻积极性下降,供需缺口日益加大; ② 政府财政赤字增加

表 8-5　军政府执政时期的农业政策

	军政府执政时期	
	第一次农业改革(1988—2003 年)	第二次农业改革(2003 年至今)
农业政策的选择	① 减少稻米收购量; ② 解除农产品垄断出口禁令; ③ 1992—1993 年引入夏季水稻项目	① 2003 年缅甸当局计划取消最初的农产品统购计划,但保留公务员及军队的稻米配给体制; ② 2003 年 4 月 23 日正式颁布包括出口条例在内稻米自由交易法令,政府不再直接从农户手中征购稻谷。除政府机构外,缅甸国民均可从事稻谷和稻米交易,交易价将随行就市,但不允许任何人或者任何单位垄断经营; ③ 2004 年初,缅甸政府宣布取消稻米配给制度,以个人现金补贴代替稻米配给; ④ 2004 年,缅甸政府收回了稻米出口垄断权,出口控制权掌握在政府手中
政策执行结果	①第一次农业改革基本上达到了预定的目标,激发了农民生产的积极性,提高了粮食产量,稻米以满足国民需要为主,淡化了作为外汇来源的功能,粮食安全形势有所缓解; ②第二次农业改革正在进行中	

（三）柬埔寨

1. 不同时期的农业发展战略

长期以来，柬埔寨粮食生产形势较为严峻，一方面是由于农户占有的土地面积较小，无法进行大规模的生产，导致粮食单产水平难以提高，另一方面是因为大量耕地存在安全隐患，农业用地面积无法得到保证，导致粮食总产量波动频繁。1989 年柬埔寨颁布土地法，承认私人土地所有权，并规定平均每人可拥有 0.15—0.2 公顷土地，但不得超过 5 公顷。截至 1994 年 8 月，政府已批准 39400 户土地申请者的申请。虽然分配了土地，但农户的土地问题并没有完全解决。一般来说，一个五口之家，拥有 2 公顷的耕地才能保证粮食需求的最低要求，但是在柬埔寨，79％的家庭占有的土地面积不到 1 公顷，而 1959 年仅有 42％的家庭土地占有面积在 1 公顷以下。1961 年，全国每户家庭平均占有的土地面积为 2.2 公顷，而 1989 年每户家庭平均才占有 1.2 公顷。即便如此，这些土地还因各种原因持续被分割。此外，据联合国粮农组织调查，长期的战乱使得柬埔寨约有 20 万公顷的耕地需要排雷后才可使用，且地雷数目高达 450 万枚。至少 10％的土地因地雷无法利用，且排雷的任务十分艰巨。据统计，1994 年柬埔寨的耕地面积仅为 175 万公顷，而 20 世纪 60 年代单水稻种植面积就达了 240 万公顷，虽然 2015 年增加到了 380 万公顷，但耕地利用率仍较低。

自 1989 年开始，柬埔寨实行土地承包合同制，废除生产组后实施的农业和土地政策主要包括：农民可以长期使用土地，并且不缴纳土地税；鼓励开垦荒地发展生产，并推行农业私有经营；改变农村经济所有制结构，倡导农业经济的自由化；加强对农村农业的指导和管理，并建立相应的组织形式；完善农业的基础设施建设；为满足农民生产的资金需求，为农民提供小额贷款。

2003 年，政府制定了农业发展的十年规划，该规划从微观层面到宏观层面进行了详细的制定，具体内容包括：加强对土地的管理，明晰土地使用权和其他土地权利；加大农村水利设施和基础设施建设的投资力度；加大农业资金投入力度，为农民提供有关农业种植的优惠贷款；加强农业优良选种和生产的技术研究与投入，促进粮食增产和农业生产现代化；依据本国国情借鉴发达国家的先进农业种植经验，引进先进的农业机械设备，实现农业机械化生产；重视农产品加工，积极拓宽农产品的销售渠道；根据各村情况进行农产品改革；重点关注特色农业的发展，并发展创新型农业；推行渔业、林业和牧业等方面的改革；严厉打击农林牧业违法经营。总体来看，柬埔寨农业发展条件非常优越，具有巨大的发展潜力，农业经济具有较大的增长空间。

2005年柬埔寨农业、林业和渔业部制定了提升农业部门功能的战略政策——《农业部门战略发展计划(2006—2010)》,主要内容包括:政府加大资金投入,促进农业多样性与集约性发展;在全国土地所有权范围内,加快土地及其相关权益的分配;增加拥有灌溉设施的土地面积;通过建立健全农民用水分类制度,提高水资源管理效率;促进农业市场开发和农业研究发展,完善种子、肥料等的分配与管理,加强农村信用社资金的分流;将农业知识与信息技术推广到广大农村地区;积极鼓励除国家农业部门之外的私人直接进行公共投资;进一步开发更边远的地区,并进行必要的基础设施建设;推进"一村一产"运动,提高农民的自信心和创造能力。

在柬埔寨国王的领导下,柬埔寨政府制定了"四角战略"政策,该战略明确提出要促进农业部门发展,把促进经济快速增长和消除贫困作为首要任务。农业、林业以及渔业部门制定了农业发展战略规划。为提高经济增长速度而制定的模块有:加强农业部门发展;进一步完善基础设施建设;促进私营部门的就业和开发人力资源。加强农业部门发展的主要措施包括提高农业生产力和实现生产方式的多样化。该战略意在将农业作为新的经济增长点,从而改善人民生活,减少贫困。在这一方面,相关部门主要通过增加国内生产要素的投入来实现农业集约化,创造更多的就业机会,保障经济的可持续增长。

农业战略发展规划(2009—2013年)不仅是"四角战略"的配套政策,也是符合国家最新的战略发展计划,其目标是为经济增长作出贡献。农业战略发展规划作为一项长期政策,主要是为了保障民众的粮食安全,提高农业生产总值在国内生产总值的贡献。

2. 农业合作社

农业合作社是柬埔寨农业发展的重要组织形式。柬埔寨农业合作社的数量不断增加,成员数量也不断增加,农业合作社的专业化程度越来越高,但农业合作社存在区域发展不均衡的问题。农业合作社在柬埔寨农业生产和发展中发挥着重要的作用,成立农业合作社的目的是促进农产品增产,扩大农产品的市场占有量,并增加农民收入。同时,社员也可获得各式各样的技术培训,而且有更多机会接触并了解现代化的种植知识。随着农业合作社的发展,农民生活条件得到改善,收入水平有了提高。柬埔寨农业合作社相关法律规定,每个合作社都必须设立储备基金作为其粮食交易的保证,设立教育基金,以加强社员知识和技术的培训,还要有其他基金,如建设道路和学校等公共基础设施。在过去,由于各种原因,大量农民离开农村到城市或其他地方寻求工作机会和更好的生活,导致农村大量土地抛荒,农村劳动力严重短缺,农村经济发展缓慢。农业合作社的设立和发展创造了很多新的就业机会，很多农民选择继续留在农村工作生活。通过农业合作社的建立，农民的种植技术水平越来越高，农村机械化水平也明显提高，粮食增产在一定程度上得到了保障。

（四）老挝

在老挝人民民主共和国成立初期，老挝对农业实行社会主义改造，推行农业集体化和合作化，建立农业合作社，但多年的生产实践证明这一组织形式并不适合老挝的农业发展，不仅没有提高粮食产量，还严重制约了老挝农业甚至国民经济的发展。面对农业生产中出现的诸多问题，政府积极应对，制定相关的政策，并采取有效措施推动农业现代化，促进农业发展。

1. 立法确权

1993 年 5 月，老挝政府颁布了土地法，该法明确规定，农业生产者可保有土地的占有权、使用权、转让权、出租权和抵押权，并允许老挝公民转让、继承和出售所占有的土地。土地法的颁布与实施，从根本上解决了土地权属不清的问题，提高了农业生产者的生产积极性，使得各项农业生产经营活动顺利进行，极大地解放了农村生产力，为粮食生产奠定了制度基础。

2. 改革农业所有制

1980 年，老挝正式开始对农业生产合作社进行合并与整顿，并向中国学习实行耕地家庭承包责任制。1980 年 6 月，老挝人民革命党党中央发布了《关于整顿农业合作化运动中若干问题的紧急指示》，调整了 1978 年颁布的《关于农业合作社的暂行规定》和《在全国开展农业合作化运动的决议》中的不合理条款，将土地、鱼塘、菜园和牧场等分配给农民，由农户承包经营生产，并提出加大农业投入，改善农田水利灌溉设施和基础设施，建立农业实验中心等措施。1984 年后，老挝政府逐步解散了国营农场，并将土地和其他生产资料分配给各农户，鼓励农民从事专业化生产或因地制宜发展多样化经营。在调整了上述农业政策后，老挝的农业生产自 1981 年后便有了显著的发展。尽管老挝的农业生产受到气候条件的制约，每年的农业总产量都有较大幅度的变动，但总体上呈增长的发展趋势。1987 年，老挝政府向承包土地的农户颁发了《土地证书》，以法律形式对农民的土地占有权、使用权、收益权和转让权进行了确认，农户可以自行决定其生产经营方式。在 20 世纪 90 年代，老挝就已经基本实现了土地等生产资料的私有化和土地经营的自主化。

3. 减免农业税

在 1980 年 8 月，老挝颁布了关于农业税收的公告，宣布废除农业生产中按农产品产量征税的政策，即废除了少产少征税、多产多征税的政策，把1976年农业条例中规定的按农户收成征税的政策改为按土地质量高低征税的政策，并规定新开垦的荒地农田可免税3—5年。1989年修订了原有的税收制度决议，着重调整了农业税的税率，不同程度上降低了各种农作物的征收税率。1993年3月，老挝颁布了土地税法，将相关农业税收的减免上升到国家法律的层面，并规定了8类可免税的农业用地，包括：①用于农业试验和研究的土地；②残疾人员和军烈家属用于农业生产，且面积在2公顷以内的土地；③失去劳动力的家庭及麻风病患者经营的土地；④人均产量不超过150公斤的山区农户所经营的土地；⑤因自然灾害遭受的损失在70%以上的农户所经营的土地(损失在21%—70%的农户则按损失的实际比例减税)；⑥坝区新开垦3年以内的农田；⑦山区新开垦5年以内的农田；⑧种植果木和经济作物的农田(该类农田免税的具体方法是按所种品种成熟期的快慢分别免除2—5年的税)。该法以土地质量的优劣及其产量为征税依据，坚持差别化征税原则，完善了过去的税收制度，加重征收抛荒土地的税，并对开垦荒地、保护土地等活动减免相应的农业税。此外，鼓励农业生产者交换剩余的农产品，并提高农产品的收购价格，极大地激发了农民生产经营的积极性。

4. 改善基础设施

老挝农业生产基础设施落后，尤其是交通运输条件严重制约了老挝的农业发展。政府已经意识到交通运输等基础设施对农业生产发展的重要性，近年来政府正通过独资或合资的方式加强农业基础设施建设，具体做法包括：重点开发农业生产项目；加大政府资金投入力度；改善农业水利设施建设和引进国外先进的生产设备等，从而推动老挝农业的现代化发展。

5. 将农业发展融入消灭贫困的国家战略中

老挝将农业发展战略融入消灭贫困的国家战略中。在国家发展战略中明确提出到2020年彻底消除贫困，为了实现这一目标，老挝于2001年针对农业发展制定了中长期的国家发展战略，农业生产在国民经济发展中占据着基础性地位，推动农业发展是消除贫困的重要途径。为促进农业发展，具体做法包括：提高农产品的技术含量；引进和推广科学的农业管理方法；提高农业劳动力素质；建立健全农产品交易市场；鼓励农业生产经营的自主化和自由化；促进农业生产现代化。

（五）文莱

2009年文莱制定了多项促进农业发展与增长的措施。

(1) 基本鼓励政策。加快引进和推广新技术，促进农业增产；鼓励与外国企业开展农业合作；政府加大在土地、基础设施及病虫害控制等方面的投入。

(2) 特别鼓励政策。政府继续为农业物资提供价格补贴，种子、杀虫剂、除草剂、化肥和农业机械等基本农业物资均可获得政府50%的价格补贴。

(3) 农业扶持补贴。根据第5个"五年发展规划"中的"水稻价格扶持计划"，政府继续以补贴价收购国产水稻；为商业化蔬菜种植农户提供设备支持；农业发展服务部门为企业提供技术服务，包括食品卫生及安全服务和兽医服务等。

(4) 市场促进计划。促进农产品的国内销售和对外出口，引导农户科学安排生产计划，合理利用市场。

(5) 企业拓展计划。鼓励和支持为国家农业发展做出贡献的企业，包括增加划拨用地，改善基础设施等。

此外，文莱积极与各国开展农业合作，例如，与菲律宾联合开发水稻新品种；与中国合作，引进适合文莱生态环境的优良粮食品种和先进的种植技术，并鼓励各国到文莱进行投资。文莱为确保国内市场稻米供应，实现水稻自给，除建立食品囤积制度和计划扩大粮食储备外，政府将逐步扩大水稻种植面积，并加强水稻种植的国际合作。

第九章

保障性住房政策

东盟各国的房地产市场目前正处于发展阶段，各国发展不平衡，房地产业的发展很大程度上依赖于其经济的活跃程度。随着东盟经济体的建设，东盟各国的房地产业发展也慢慢活跃起来，加上旅游业的发展，到东南亚的游客逐年增多，旅游业的发展极大地带动了房地产业的发展。为了吸引外资，东盟各国也制定了相应的外商投资优惠政策，房地产业吸引了不少外资，在一定程度上促进了其国内房地产业的发展。

新加坡和马来西亚，这两个国家在东盟各国中属于经济水平发展层次较高的，房地产市场发展已经相对成熟，新加坡历来是亚洲较大的境外房地产投资者之一，也是其邻国马来西亚较大的外国投资者之一；菲律宾、印度尼西亚、柬埔寨、越南、泰国等国房地产市场目前发展潜力很大，尤其是泰国和越南，加上其旅游业的发展带动了房地产业的发展；印度尼西亚、柬埔寨房地产业也处于上升阶段，只是由于其土地产权问题引起各类土地纠纷，一定程度上影响了外资的流入；缅甸、老挝、文莱的房地产业发展还不成熟，房地产市场还有待发掘。

房地产业的发展对居民住房权利的保障起到积极作用。但住房问题仍是世界性的难题，各国经济发展阶段不一样，人民的生活水平和文化习惯也存在较大差异，对住房的需求也是多样化的。东盟近年的住房市场情况如表 9-1 所示。

表 9-1 近年来东盟各国首都的住房发展指标

国家	年份	房价收入比	市中心租金/m²(美元)	郊区租金/m²(美元)	市中心房价租金比	郊区房价租金比	抵押贷款占收入的百分比/(%)	负担能力指数
泰国	2011 年	24.1	7.4	5.83	13.53	17.17	215.63	0.46
	2012 年	29.9	3.71	4.99	26.99	20.04	249.38	0.4
	2013 年	20.62	4.88	4.27	20.48	23.4	177.32	0.56
	2014 年	19.91	5.27	4.07	18.99	24.56	176.25	0.57
	2015 年	19.24	4.93	3.95	20.28	25.29	167.5	0.6
	2016 年	22.26	4.39	3.75	22.8	26.64	188.55	0.53
	2017 年	19.45	4.16	3.98	24.02	25.13	158.86	0.63
新加坡	2011 年	17.13	3.76	4.14	26.62	24.16	108.26	0.92
	2012 年	16.6	3.53	4.61	28.35	21.69	106.28	0.94
	2013 年	25.64	3.56	4	28.12	24.98	164.52	0.61
	2014 年	23	3.77	4.28	26.52	23.38	145	0.69
	2015 年	21.76	3.56	4.06	28.12	24.61	136.69	0.73
	2016 年	23.17	2.74	3.19	36.52	31.33	144.38	0.69
	2017 年	21.63	2.75	3.65	36.41	27.39	134.33	0.74
菲律宾	2011 年	13.81	4.31	6	23.18	16.68	294.61	0.34
	2012 年	14.69	4.84	9.72	20.64	10.29	275.46	0.36
	2013 年	28.16	3.33	4.77	30	20.94	372.02	0.27
	2014 年	15.36	7.28	7.83	13.73	12.77	177.86	0.56
	2015 年	11.26	7.4	7.91	13.52	12.64	113	0.88
	2016 年	15.79	5.4	5.23	18.51	19.11	160.82	0.62
	2017 年	12.19	7	4.3	14.29	23.27	127.5	0.78
越南	2011 年	12.5	5.64	11.64	17.73	8.59	149.76	0.67
	2012 年	29.46	8	10.03	12.5	9.97	381.01	0.28
	2013 年	34.59	4.12	7.56	24.3	13.23	486.29	0.21
	2014 年	24.8	4	5.54	25.03	18.06	330.5	0.3
	2015 年	26.02	3.28	4.92	30.48	20.34	325.73	0.31
	2016 年	35.58	2.56	5.23	39.07	19.13	373.9	0.27
	2017 年	37.15	3.69	7.44	27.09	13.45	388.41	0.26

续表

国家	年份	房价收入比	市中心租金/m^2(美元)	郊区租金/m^2(美元)	市中心房价租金比	郊区房价租金比	抵押贷款占收入的百分比/(%)	负担能力指数
印度尼西亚	2011年	10.41	11.77	12.58	8.5	7.95	89.52	1.12
	2012年	12.64	10.07	11.33	9.93	8.82	141.41	0.71
	2013年	14.93	9.12	5.78	10.97	17.29	166.97	0.6
	2014年	17.51	6.76	5.61	14.8	17.84	192.67	0.52
	2015年	23.69	6.5	5.41	15.4	18.49	284.43	0.35
	2016年	22.62	5.91	5.7	16.93	17.54	278.72	0.36
	2017年	16.85	5.83	5.25	17.15	19.04	205.25	0.49
马来西亚	2011年	6.69	3.46	4.48	28.87	22.33	51.19	1.95
	2012年	5.09	7.06	5.85	14.16	17.09	40.11	2.49
	2013年	8.8	5.4	5.47	18.52	18.29	69.67	1.44
	2014年	9.23	5	5.77	19.99	17.32	74.57	1.34
	2015年	9.53	5.6	5.4	17.85	18.51	75.84	1.32
	2016年	9.65	4.82	4.85	20.74	20.6	74.75	1.34
	2017年	8.94	5.21	4.82	19.21	20.73	68.5	1.46
柬埔寨	2013年	45.45	3.32	2.49	30.14	40.18	563.01	0.18
	2014年	10.29	16.06	11.86	6.23	8.43	123.32	0.81
	2015年	9.75	13.31	10.42	7.51	9.6	101.51	0.99
文莱	2013年	1.73	33.69	9.21	2.97	10.86	14.25	7.02
	2014年	1.75	34.95	6.84	2.86	14.62	14.48	6.91
	2015年	2.98	19.65	9.06	5.09	11.04	22.47	4.45
缅甸	2014年	36.03	6.22	5.17	16.08	19.33	426.8	0.23
	2015年	32.15	8.47	2.23	11.81	44.84	380.88	0.26
老挝	2015年	18.63	13.04	10.25	7.67	9.76	187.03	0.53

人们常常用“房价收入比”(房价与家庭年收入的比值)来衡量一个地区居民购房能力和房价高低,并以发达国家房价收入比一般维持在3—6倍之间作为参照。但由于在数据的来源和选取、对计算指标的界定、不同国家和地区实际情况

等方面的差异，图 9-1 的数据仅供参考。

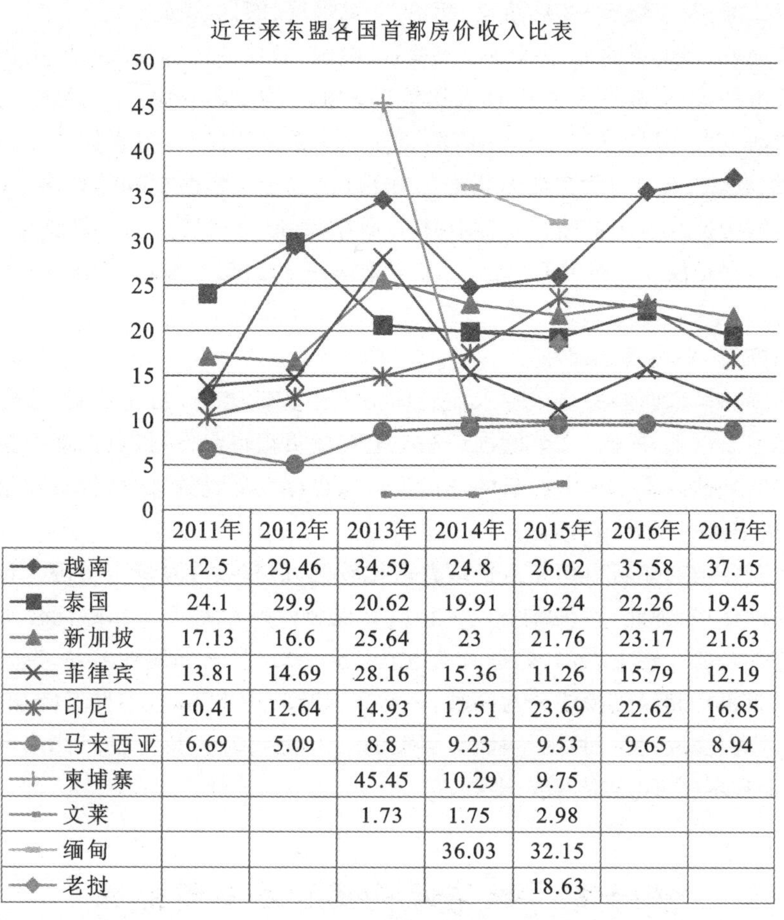

	2011年	2012年	2013年	2014年	2015年	2016年	2017年
越南	12.5	29.46	34.59	24.8	26.02	35.58	37.15
泰国	24.1	29.9	20.62	19.91	19.24	22.26	19.45
新加坡	17.13	16.6	25.64	23	21.76	23.17	21.63
菲律宾	13.81	14.69	28.16	15.36	11.26	15.79	12.19
印尼	10.41	12.64	14.93	17.51	23.69	22.62	16.85
马来西亚	6.69	5.09	8.8	9.23	9.53	9.65	8.94
柬埔寨			45.45	10.29	9.75		
文莱			1.73	1.75	2.98		
缅甸				36.03	32.15		
老挝					18.63		

图 9-1　近年来东盟各国首都的住房收入比图

数据来源：https://www.numbeo.com/cost-of-living/prices_by_country.jsp。

通过以上数据我们可以知道东盟整体的房价收入比都很高，除了文莱，其他国家全部都在 6 以上。近年来随着经济发展，外商投资的涌入，极大地推动了东南亚各国住房产业的发展。根据近年东盟的住房收入比指标的情况，我们可以将东盟国家分为以下几类。

第一类：越南、缅甸。

如图 9-1 所示，越南和缅甸的房价收入比一直处于较高的位置。越南近年来的住房收入比呈现快速上涨趋势，2017 年一度达到 37.15，房价持续走高，住房收入比居高不下；而缅甸的房价收入比也基本在 30 以上，所以，越南和缅甸的住房可支付能力都很低,基本保持在0.2—0.3之间。

第二类:新加坡、印度尼西亚、菲律宾、柬埔寨、泰国、老挝。

新加坡、印度尼西亚、菲律宾、柬埔寨、泰国、老挝的住房收入比在东盟各国处于中等水平,不过基本上住房收入比都高于10。新加坡和泰国住房收入比相对平稳波动不大,但是维持在较高水平,高于大多数东盟国家,由于住房保障措施良好,新加坡2017年的负担能力指数为0.74,仅次于马来西亚和菲律宾;印度尼西亚目前的房价收入比虽然在东盟整体上不算高,但是住房收入比在上涨,菲律宾和柬埔寨则是波动下滑趋势,老挝虽然可供参考的数据不多,但是2015年的住房收入比也达到了18.63。

第三类:文莱、马来西亚。

文莱和马来西亚的住房收入比整体上处于较低水平,尤其是文莱,住房收入比基本在3以下,所以,文莱的国民基本上都能负担得起住房,负担能力指数远远高于东盟其他国家。马来西亚的住房收入比也比较低,居民的房价负担指数相对较高,居民购房压力相对较小。

东盟各国的住房负担能力指数普遍比较低,仍有数百万城市贫困人口仍然没有足够的住房,为此,各国都出台了相应的保障性住房政策。保障性住房政策一般而言都是由政府主导的,但是有的也有社会组织、私营部门的参与,东盟保障性住房政策根据其保障模式分为两种:一种是以政府为主导的,主要有新加坡、马来西亚、越南、文莱;另一种则是社会共同参与型,由政府和其他组织共同支撑保障的,主要有泰国、印度尼西亚、菲律宾。

第一节　政府主导的住房保障体系

政府主导型的住房保障国家以新加坡、印度尼西亚、越南、文莱为代表。政府主导下的保障性住房往往有强大的资金支持,通常是指根据国家政策以及法律法规的规定,由政府统一规划、统筹,提供给特定的人群使用,并且对该类住房的建造标准和销售价格或租金标准给予限定,是具有社会保障作用的住房。

一、新加坡

新加坡住宅市场以政府分配为主,市场出售为辅。新加坡80%以上的人口居住在组屋,商品房市场总体上不太活跃。新加坡作为一个人口多、土地面积紧张的国家,在保障房的建设、运行方面政府必然要进行干预。无论是保障性住房的建设、分配都有政府政策的影子。新加坡政府从1959年独立以后就开始关注中低收入人群的住房问题，经过半个世纪的努力，具有针对性的措施使新加坡的住房保障性政策取得了令人瞩目的成绩。据新加坡建屋发展局2011年统计数据显示，到2011年年底，共有310万人在公租屋工程中受惠，公租屋政策普及人口占全国的80%以上，完善的制度设计使约94.7%的公租屋居住者取得了公租屋房产。

新加坡的组屋类似于我国的廉租房和经济适用房，这种住房可以享受住房公积金贷款和房款优惠等。公共组屋的兴建和管理由建屋发展局负责，由于公共组屋的土地、建设、补贴等费用开支，导致政府一直入不敷出，尽管如此，政府还是不遗余力地大力支持。新加坡保障房发展的两大动力源泉分别是公共组屋和中央公积金。

（一）公共组屋政策体系

公共组屋其实可以分成用于出租的“组屋”和用于出售的“公屋”，前者主要是用来解决低收入家庭的住房问题，后者主要是用来解决中等收入家庭的住房问题。新加坡居民住房问题的解决得益于其实施独特的“居者有其屋”的住房保障政策。政策通过专门机构运作（建屋发展局）、强大的金融支持（住房公积金政策）、政府扶持及严谨的住房分配与管理制度，极好地解决了新加坡住房保障问题。

1. 设立主管机构

1960年，新加坡成立国际发展局和建屋发展局，前者主要负责发放优惠给购买者以及提供住房贷款的任务，后者是新加坡的法定公共租屋建设机构，负责统一投资和组建保障性住房。建屋发展局每五年制定一次计划，来保证保障房的顺利建设，现在保障的公共组屋解决了新加坡80%的国民的居住问题。其住房建设启动资金来源于政府的长期贷款和政府补贴。整个住房建设的投资活动过程即项目立项、建筑工程承包、产业出售或管理。无论是私人投资住房建设，还是政府投资建房，都必须通过招标形式确定建筑承包商。

2. 建立以公积金储蓄为核心的住房金融体系

完善的公积金制度是新加坡解决居民住房问题的重要保障，为新加坡组屋的建设和“居者有其屋”计划提供了强大的金融支持。所有新加坡公民和永久居留的居民，都必须参与公积金储蓄。政府将一部分公积金用于组屋建设，或购买政府为住房建设贷款和补贴而发行的债券，间接支持组屋建设。通过这种政策，获得稳定的建设资金，避免承担商业贷款的高额利息。

新加坡对于公共组屋的金融支持主要是赤字补助金和贷款。前者的主要去向是针对建屋发展局，因为公共组屋的出租和出售价格均低于市场的正常水平，赤字是不可避免的，其缺口部分必须依靠政府的补助。后者的主要去向则是建屋发展局的建设资金，建屋发展局可以从新加坡政府以低于市场的利息取得贷款，用于建房和行政方面的开支。至于偿还贷款则要依靠出售组屋的资金。在每年中低收入人群中，其购房的贷款有 80%的款项是由建屋发展局发放的，其发放的利率也是较低的，与公积金相比只多出 0.1%，而且贷款期限较长，一般为 6—30 年。购房者每月向该局偿还的本息则来自其所缴纳的公积金，政府除了给予建屋发展局以正常的贷款，还给予其更新融资贷款，该款项的发放主要是考虑到租户需要对住房进行修缮。

3. 配套的税收政策

为防止土地投机，新加坡还规定，一个家庭同时只能拥有一套组屋。另外，业主出售购买时间不足 1 年的房屋，要缴纳高额的房产税，这对抑制炒房和商品房价格暴涨非常有效。新加坡政府长期坚持以政府分配为主、市场出售为辅的原则，在房地产市场上牢牢掌握了主动权，既解决了大部分国民的住房问题，也有效地平抑了房价。新加坡全国约有 90%的人安居在组屋中，而商品房的购买者主要是收入较高的二次置业者、投资者或者外国公民。

4. 严格的房产市场交易规则

新加坡组屋的地契为 90 年，政府对售卖公屋的市场交易有严格的规定。

(1) 保障性住房的租金和房价采用政府限价的方式确定，实行低租金和低房价政策。组屋的租金和房价不是由市场决定的，而是由政府定价。为了照顾低收入家庭购买组屋，政府为其提供补贴，实在无力购买的，允许其租住组屋。为符合条件的组屋买主提供高达两次的优惠贷款，偿还期长达 25 年，贷款数额与偿还期限依据申请者的收入与年龄而定。

(2) 公屋在售出的头 5 年内只有部分产权，5 年后方获得完全产权，因此在头 5 年内，公屋不允许在住房市场上交易，只能回卖给政府，政府按原价收回，且不收租金。

(3) 新加坡人每户只能拥有一套组屋，但有两次购买组屋的机会，在已购组屋居住满五年后可再次申请购买更大更好的组屋，但必须在第 6 个月之内出售现有组屋。

(4) 建立公开组屋市场，售价一般比组屋原售价高 2—4 倍，且对购买资格有限制，必须是 21 岁以上的新加坡公民且有核心家庭。组屋交易需要在建屋发展局办理登记和审理手续，政府对公屋交易抽取低于 25%的附加费。

5. 建立完善的进入标准和退出机制

新加坡制定了详细的租住或购买组屋申请资格标准。公共住房申请资格中包含如公民权、有无私人房产、收入水平和家庭构成等条件。按照标准购买住房，才可享受优惠。超过规定，多出部分提高房价，以限制居民过多占用住房。同时，采取分级优惠办法，购买住房面积越小，享受优惠越多。分配优先权由申请时间次序来决定，操作简单，易为公众接受。

新加坡公共组屋的管理和运行非常完善，依靠公共组屋来解决住房问题的人口占总人口的80%以上(2011年统计结果)，其中更是有95%以上的家庭取得了公共租屋的房产。

(二) 中央公积金

在新加坡的保障房政策中贡献最多的就是中央公积金制度。中央公积金不仅为公共组屋的建设提供了一个稳定的、持续性的资金来源，还为购买公共组屋的家庭提供贷款业务，是名副其实的新加坡保障房金融的核心。中央公积金制度在本书前文中已经做了详细介绍，此处不再赘述。

综上所述，公共组屋和中央公积金是新加坡保障房发展的两大动力源泉。新加坡保障性住房体系如图9-2所示。

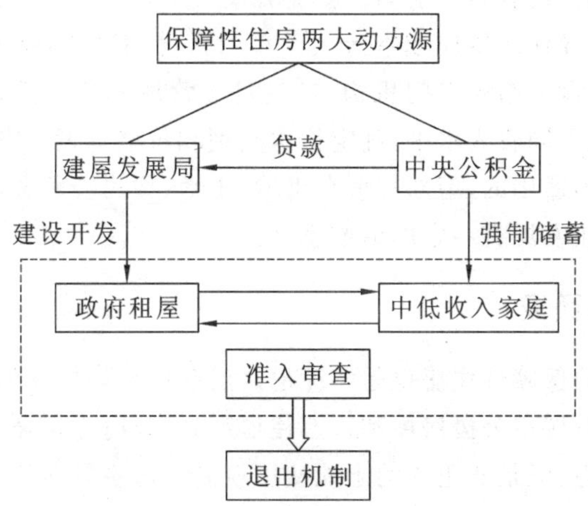

图9-2　新加坡保障性住房体系图

新加坡的公屋类似我国的经济适用住房，是一个介于私有和公有之间权属类型的住房品种。它是没有土地权属的，它的价格不是由房屋的成本决定，而是由国民的平均收入而定的，它的价格与成本之差部分是由政府承担的，因此70%以上的人都能买得起公屋。总的来说，新加坡的住房保障政策优点有以下几个方面。

第一，保障人人有其屋的支持体系。新加坡的人人有其屋，是以80%的公屋为主体，18%私有房屋为辅，2%的政府出租房为补充的住房制度作为保障的，这种制度使大多数人有其屋。这种支持体系首先是靠强势有效的政府来保证的，新加坡的建屋局是代表政府行使这方面权利的主体，而必要的法律保障也为政府做到强势、有效提供了必要支持，比如新加坡在拆迁方面规定：只要被拆迁区域内80％的业主认同所持有的物业定价并同意拆迁，政府就可以依法对这个区域内不同意被拆迁的人实施强拆，新加坡是没有因为钉子户的蛮横而影响发展商开发的。

第二，长期有效、稳定的政策保障了新加坡的地产业的稳健持续发展。土地公有及政府提供土地，保证了地产业的稳定发展，房价高时多供土地，房价低时少供土地；政府每年的公屋供给总量控制保障了地产市场的稳定；政府在房地产业方面的民族政策规定了一个区域内各民族所占的比例并且分住；中心城区＋卫星城镇（功能较齐全）的城市发展模式，使新加坡的房屋价格较均衡，价格市场的稳定也促进了房地产业的健康发展。

新加坡是世界上公认的住房问题解决得比较好的国家之一，也是没有产生房地产泡沫的国家。新加坡模式的优点是政府主导住房供应，满足大部分住房需求，最大限度压缩投机者炒房空间。新加坡模式的缺点在于只适用于小国。对于大国而言，政府主导住房供应成本太大。总而言之，其组屋制度有许多值得我们借鉴的地方：一是设立组屋专门机构，二是对公营房屋实行优惠的土地和金融政策，三是按居民的不同收入水平，确定住房类别和价格政策。当然，照搬照抄新加坡模式对我国是不适用的，但新加坡在组屋、土地、住房公积金等方面的管理经验仍对我国房地产业发展有一定的借鉴意义。

二、印度尼西亚

印度尼西亚的保障性住房也是印度尼西亚政府长期关注的重要问题，其保障性住房政策主要有城市公援房屋和百万住房计划，政府为保障低收入者的住房问题做出了很多努力，但是非正式的土地使用权制度占主导地位，所以，印度尼西亚目前的保障性政策面临的阻碍很大。

1. 城市公援房屋

印度尼西亚城市公援房屋采用三种方法：第一种方法是社区改善计划，例如甘榜计划，主要是针对低收入及中等收入的居民的。第二种方法是向中等收入的居民供应的低密度的核心房屋。由政府建造房屋的核心部分，包括技术上最复杂的厨房、厕所，然后由住户逐步扩建。由于这种方法的土地使用率不高，只能在郊区或城市中有大片空地的情况下才能使用。第三种方法是针对较少的高收入居民，政府给予长期贷款，在私人房屋市场购买房屋。此外，对其他高收入居民的住房，则完全不予公共援助。

从印度尼西亚的例子中，可以看到城市的公援房屋政策并非只能采用一种方法，而是要根据国家/政府的资源条件和居民的实际需要来决定，政策的制定与国家经济发展有密切的关系。

2. 百万住房计划

2015 年，印度尼西亚推出百万住房计划，即年底建造 100 万个民用住房，为国内低收入家庭带来福利。该项目旨在帮助低收入家庭，尤其是那些居住条件恶劣的居民能够拥有条件相对良好的住房。

《印度尼西亚商报》报道，印度尼西亚政府宣布至 2016 年 12 月 30 日，百万住房计划实际达到 80.5169 万个单位住房，占指标大约 80%。印度尼西亚公共工程及民房部(PUPR)住房供应局长称，低收入民众(MBR)住房建设达 56.9382 万个单位，而非低收入民众住房 23.5787 万个单位，每年百万住房计划完成率持续提高。为推动百万住房的落实计划，政府部门和机构、地方政府、开发商、银行以及民众携手共进。在百万住房计划中，政府通过公共工程及民房部住房供应局也为低收入民众提供房屋供应量达 11.1796 万个单位，分为出租组屋、特别住房，以及自立住房；部门/机构的住房建设共 1.6923 万个单位；地方政府 12.18 万个单位、房地产开发商 26.5747 万个单位；通过其他融资便利的住房建设2.183 万个单位；企业社会责任公司 320 个单位；民众 3.2586 万个单位。

为了改善低收入人群的住房状况，印度尼西亚非正规住房部门一直值得关注。印度尼西亚主要的住房生产形式仍然是自建的新增住房。印度尼西亚大多数人口将通过非正式的增量过程获得住房，几乎所有城市的一半以上的新房子都是自建的，大部分地区通过其他途径获得，如继承或赠予。仅小部分的居民从开发商或其他类型的建筑商处购买了新的住房。虽然增量式住房是世界各地重要的住房解决方案，但它实际解决问题上的效率不高。其提供不符合许多穷人需求的补贴租赁公寓，并被其他收入群体购入。

鉴于低收入住房的复杂性，许多城市只有重新开展非正规住房改革方案(没有规范土地所有权)，但缺乏具体的方案。大多数公共住房机构的效率低下，因为他们没有从非正规住房发展中吸取教训。政府需要促进私营部门提供各种低收入住房类型，最好能提供满足穷人需要的经济适用住房，保证土地使用权的灵活性和适应性。印度尼西亚的情况与非洲一些国家类似，非正式的土地使用权制度占主导地位。此外，政府官员的寻租空间大，对保障性住房的有效推进造成了一定的阻碍。

总的来说，印度尼西亚的住房工作做得相对较好，住房供应相对有弹性，但是住房市场监管需要改革，其住房政策还应着重于改善现有的增量生产体系，例如通过促进住房小额融资和政府促进土地获取等。

三、越南

越南建立社会主义制度后，与中国类似，越南对城镇居民实行了福利住房制度，主要采取单位实物分房、分地建房和低价租房等方式。随着城镇化的发展和居民生活水平的提高，原有的福利住房制度已难以满足居民日益增长的住房需求。为解决大中城市里的住房问题，越南推进住房商品化改革，逐步取消福利制度，允许房地产企业购地开发商品房。2010 年 4 月成立了房地产市场和住房政策的越南政府指导部门，这是越南政府房地产市场调控管理机关，各地方据此成立指导部门，但是活动比较分散，未能满足要求。

越南房地产市场虽起步较晚，但市场化程度比较高，房地产市场注重追求高利润，发展中高档住房建设，对中低收入群体的需求关注不够。2010 年以来，越南加大保障性住房规划建设力度，以缓解城镇中低收入群体住房紧张状况。但由于存在资金瓶颈等问题，并没有实现预期目标，越南也在致力于通过国内借贷、利用外资和国外借贷等渠道解决融资困难。

（一）保障性住房政策内容

社会住房（过去称作“社会住房”，后改称为“低收入者住房”）政策已经写进了 2005 年越南住房法。为低收入群体服务的社会住房和保障住房受到国家的鼓励。

1. 对投资者

为鼓励投资者参与保障性住房的投资和建设，政府对住房建设实施了很多优惠政策。比如，免除土地使用或租用的费用，以及减免与此相关的税收。但是，商业性开发的项目业主，如果占地面积大于或等于 10 公顷的土地，就必须拿出 20%面积的土地建设低收入保障房；投资商自有土地并登记注册建设低收入保障房；项目业主获得划拨土地用来建设低收入者的保障房。从政策层面来说，住房供应商还能在投资信贷上获得扶持，同时获得免费设计方案，并且政府负责投资项目范围外的技术基础设施等。新的亮点是购买方还能从商业银行贷款中获得政府提供的利率优惠扶助。

2. 对保障人群

越南住房法体现了越南政府在住房问题上的路线、主张和政策，为各种经济成分参与发展、改造、建设住宅，以及对住房工作的管理、使用、运作、交易和持续发展提供了法理依据，为国家的经济发展与政治稳定提供了坚实保障。保障性住房只是在住房法出现后，政府才开始致力于制定严格的住房计划，由中央住房和房地产政策指导委员会发起建设。

2009年,越南政府将重点放在制定新的政策,发展公益性住房上。这一政策旨在为产业工人、学生和城市地区低收入的人们提供住房。目标是在2015年为60%的学生和50%需要住房的工业领域的工人提供住宿。为了激励开发商,政府允许其经济适用房增加楼层作为对开发者的激励,每个住房单位一般设计为50—100平方米之间。不过迄今为止,开发商的主要构成还是国有企业。为了激励开发,开发商允许赚取10%的利润率。2009年9月21日越南政府颁布了第4372/QD-UB号决定,提出了2009—2015年基本解决工业区—加工区—高新区工人住房问题的流转房建设计划。2010年,政府颁布了第71/2010号决议,规定实施《住房法》的细则和实施办法,其中补充了由国家使用财政资金,投资建设社会性住房,专门用来出租。截至2010年9月,工业园区职工住房项目登记了24个,基本上是从2009年至2015年期间,在全国范围内进行建设的,总面积约75万平方米,价值2.6万亿越南盾,可以容纳12.5万名工人。关于学生的住房问题,已登记的194个住房项目中,94个是专门为33万名学生提供住房的工程,总额为5500亿越南盾,从2010年和2011年的国家预算中支付。约有190个低收入住房为约70万人提供了17万个单位。

2013年,越南国家银行发布了"关于住房补贴的通知"草案,根据草案和贯彻这一政策,国有商业银行截至2015年底,至少要把贷款总额的3%用于以下对象的住房贷款,包括公务员、雇员、武装力量、低收入人群。国有银行将14亿美元用于支持5个国有企业,商业银行以再融资的方式向上述银行贷款。贷款利率2016年基本稳定在6%;贷款期限方面,可以购买、租赁、分期付款、最低贷款期限10年及以上,现在最多5年,享受租住这些住房的对象是干部、公务员、事业单位员工、职业军人,在经济区、工业区、出口加工区、高新区的工人中的低收入群体,以及越南政府规定的其他对象,如还没有购买或租住公有住房,或者住房面积低于人均5平方米以下,或者所居住的房子只是暂住或已经属于危房等。同时城市的社会住房必须是生活小区的房子。所以说,社会住房其实就是低收入保障房,只能租住。

近年来,政府积极推进社会住房项目政策,保障性住房项目增加了住房项目数量和住房数量,帮助了低收入人群解决住房问题。

(二)评价

首先,对于投资者来说,虽然投资保障性住房建设项目的投资者可以收到以下投资奖励,但是越南吸引投资者参与保障性住房投资的进程非常缓慢。2011年才发放仅有一个国有投资者超过1000亿美元,2012年仅发放两个投资者的参与,并由国家拥有2050亿美元,直到2013年底增加了10个其他私人投资者项目。第一,因为在经济适用房的早期实施政策,让投资者获得贷款的条件太困难了。第二，在经营活动中，经济适用房项目投资者获得的利润太低(仅占投资总额的6%左右，而利润型商品房项目可占总投资的20%—30%)，尤其是可租住的房屋。第三，越南几乎所有的保障性住房项目都必须在5年内(租用或长期购买)才能出售，导致投资完成后的投资回收期将会延长10—15年。第四，越南的程序管理仍然非常复杂，员工的能力不足导致了延误。但即使业主获得项目审批，也不能轻易向银行借款，困难重重。尽管政府有指导方针，可借贷的金额很少，再次拖延了时间。对于投资者来说，这是一个不太有吸引力的业务项目，效率低下，建设成本和服务成本将更加昂贵。

其次，对低收入人群来说，获得贷款支持购买社会住房或在使用住房的过程中仍然困难。第一，低收入者必须证明他们的收入低，没有房屋或者住在狭小面积条件下的租赁房(小于5平方米)；然后经过企业或其所在地的确认，通过一系列复杂程序，所以很多手续多难完成。另外，低收入者在处理这些问题时必须面对另一个问题，即从银行获得住房贷款。当然，买家必须证明住房信贷的偿还能力，这意味着借款人的收入越高越容易获得贷款。显然，这将与经济适用房制度的目的与对象界定不匹配。此外，在抵押贷款方面，州政府只支持购房者购买低于70平方米的经济适用房。第二，越南的经济适用住房制度提供的社会住房产品不够多样化，似乎不适合低收入人群。房子的价格仍然很高，而购房者的按揭贷款却不长，容易成为低收入家庭的经济负担。第三，即使这些住房项目已经完成，由于面积狭小(居住在40平方米的公寓中的10—12人)，公寓对于员工并不是很有吸引力，所以人均居住面积仅为每人3—4平方米，低于国家规定的平均生活空间标准。除此之外，其他生活条件也不符合工人的需要，也是工人不太关心这个项目的一个因素。越南统计局的数据显示，截至2014年第二季度，社会住房的总土地面积只有400公顷用于住宅建筑的建设，这个数字还远远没有达到预期。

越南建设部报告显示，在保障性住房执行的开始阶段，保障性住房的最大问题是财政资金。近年来，越南经济适用住房政策已经根据实际发展情况和人民收入情况进行了调整，为满足人民群众的需要和未来发展创造了更多的机遇。直至政府向投资者发放贷款条件61号通知，为企业创造有利条件，投资者获得政府更多的服务支持，保障性住房项目数量有所增加。截至2014年年底，已有102个登记项目，2015年预计新增项目40多个。

四、文莱

文莱国家住房计划自20世纪70年代开展以来，已完成建设房屋1.99万间，但仅满足52%符合条件的申购者。据统计，文莱每年新增补贴住房申请者约

2000 人,并以每年 500—750 人的速度增加,而新建住房总量只能满足不足一半的申请需求。根据计划,文莱发展部住房发展局在 2014 年启动了兰拨卡南地区高层建筑建设计划。文莱全国目前仍缺乏住房,政府正加强国家住房计划推行力度,文莱在 2014 年完成 6256 间房屋建设,建成房屋总数提升至 2.62 万间,满足 68%的申请者需求,并在未来进一步加速住房建设速度,到 2021 年实现申购者 5 年内可入住新房。

因面临土地不足的问题,文莱国家房屋发展计划将不再兴建独立房屋,而将以 6—7 层的公寓来取代。文莱高层公寓建设,于 2012 年在兰拨卡南地区展开。文莱人口分布不均,摩拉区人口尤为密集。

根据文莱房屋发展局统计,建屋计划自 20 世纪 70 年代实施以来,约 48504 人申请分配房屋,但此期间政府仅完成约 1 万间房屋,导致不足 20%的房屋申请者获得房屋,等待政府分配房屋的申请者逐年增加。低收入者住房需求与可用土地资源稀缺之间的矛盾日益突出,建设高层公寓将成为化解这一矛盾的重要途径。文莱公寓市场供不应求,企业可密切关注,择机进入,重点关注摩拉区、都东区等人口密集区域公寓项目的开发。

第二节　社会共同参与的住房保障体系

社会共同参与保障性住房的国家其保障性住房不仅有政府的参与,而且还引入了私营部门、非政府组织和社区,极大地扩大了保障性住房的融资渠道,促进了政策的可持续发展。当然,这种模式也或多或少的会存在一些问题,如何在保证住房数量需求的同时保证保障性住房的质量对政府来说是一个不小的挑战。这类保障住房主要代表国家有:马来西亚、泰国和菲律宾。

一、马来西亚

(一) 住房政策体系

马来西亚和新加坡一样,政府在解决中低收入家庭住房问题中占主导作用,马来西亚的保障性住房体系相对完备。从组织机构,到法律法规、再到金融服务体系,严格的收入划分标准和资格审查制度以及规范化的廉价住房建设标准,整套政策体系层层嵌套。

1. 搭建完善的组织机构，坚持统筹规划，分层管理

按法律要求,马来西亚政府成立国家房屋部,负责住房保障制度的落实。政府从中央到地方分为三级，负责住房建造及管理的部门，在联邦一级的是房屋及地方政府部，负责制定住房政策、整体规划及拨款，下设国家房屋局；州政府提供土地，下设房屋管理局，负责配合联邦政府执行既定的住房政策计划。根据联邦政府的整体规划制定本州规划，组织项目招投标，协商金融机构提供优惠房屋贷款等。马来西亚的土地可私有，分为永久拥有和租赁两种形式，其管理分配以及转变用途的权利也在州政府；市政府一级的管理部门是市政局，负责通过电脑化注册系统审查申请购房者资格。

2. 建立和完善相应的住房法规

明确住房建设和住房政策的管理机构，构建住房制度的框架体系，为实现住房计划目标提供法律和组织保证。一方面以法律为依据成立专门机构来实施法律规定的各项保障措施；另一方面通过法律来引导和规范其他经济主体的行为，鼓励其服务于住房保障的整体目标，从而保证住房政策的执行和实施。其相应的住房法规有 1976 年城镇规划法令、1995 年乡镇规划法令、1966 年房屋开发商管理与执照法令等。

3. 完备的金融服务体系

这是推进住房市场化运作、提高购房能力、改善居民住房条件的重要途径。首先，对于低收入的购房者，马来西亚政府还为低收入购房者提供低息贷款。马来西亚规定，凡是购买每平方米 3500—4200 令吉的廉价房，购买者银行提供相关证明材料，经审批后，可获得优惠房贷。马来西亚在不同阶段实施了“公共低成本住宅计划”和“综合性人民住房计划”，这些计划均较好地解决了居民住房问题。

其次，实行强制性住房储蓄，建立住房公积金制度，不论政府或企业均设有个人住房公积金账户，每月从工资中提取 8%，用人单位提取 12%放入该账户，需要买房时，可凭购房证明提取使用公积金，如不用于购房，到 55 岁时可全部取出。

最后，对开发商采取经济和行政手段相结合的方式。一方面，马来西亚政府为低价房开发商提供优惠政策。马来西亚财政部设立流转基金，用于支持参与廉价房建设的房地产开发商，凡建造低成本房屋的用地成本，由政府在开发商交房时补偿给土地拥有者。政府还成立国家住房融资公司，向房地产开发商提供融资服务。另一方面，采取行政措施，鼓励企业参与廉价屋建设，政府规定 1982 年以后各类房地产企业必须提供其建房总量的 30%的廉价屋，与政府一起向全社会提供，并将其作为企业的一项社会责任。在一些地理位置欠佳或对廉价房需求不大的地区，为鼓励私人企业参与低成本住宅建设的积极性，州政府可根据本州情况适当缩小比例或采取其他变通的办法，如确因地价太贵不适宜建廉价屋，或整体规划等原因，企业可通过向政府补偿或参与异地廉价屋的建造等方式弥补。建成后以政府以指导价格出售给符合条件的购买者。1998 年马来西亚政府还出台了廉价屋的“四档价格政策”，每套 2.5 万—4.2 万马币不等，根据房屋地理位置和类型确定。

4. 建立严格的收入划分标准和资格审查制度

规定不同收入阶层所能享受到的保障待遇以便控制不同保障手段和水平的对象和范围，使低收入居民成为真正的受惠者。凡家庭月收入少于 1500 马币的个人均可向州政府提出申请，并向当地房屋局提供有关收入证明。当地房屋局对其资料进行审核。除收入水平以外，申请购房的弱势人群比如单身母亲、家中多位受赡养者以及残疾人等将优先购房。

5. 制定住房发展计划，规范廉价住房建设标准

廉价屋最小建筑面积约 60 平方米。在建造技术标准上，遵照马来西亚建筑工业发展局确立标准。开发商需提供充足的基础配套设施，相关部门应提供其他的完善措施，如会所、商店、祈祷室、游乐场等。

（二）住房供应发展阶段

自 1971 年以来，马来西亚的住房供应制度可分为四个阶段，即贫困者住房（1971—1985 年）、市场改革（1986—1997 年）、贫民窟清洁（1998—2011 年）和国家经济适用房计划（2012 年至今）。住房供应阶段受政治经济变化的影响，住房政策和政府住房方案也在不断变化。

1. 廉价屋计划

廉价屋计划即对低收入人群实施公共低成本住宅计划，以销售方式创新解决住宅问题。

20 世纪 90 年代中期，马来西亚政府实施了公共低成本住宅计划，即由政府筹资兴建的以低于市场价格出售的住宅项目，联邦政府向州政府提供项目贷款，由州政府统一领导实施，国家房屋局具体操作。出售对象是家庭月收入不高于 1500 马币的家庭。公共低成本住宅计划实施后收到一定成效，但因为州政府以低于市场价格出售住房，回收资金十分有限，难以归还联邦政府的贷款，往往要动用州财政其他收入补贴，因此在 2002 年，政府开始实施人民住房出售计划。在新计划下所有原属公共低成本住宅计划下的项目改为联邦政府的项目。联邦国家房屋局直接负责选址及筹资，全部土地成本及基础设施成本的 50% 由联邦政府补贴，州政府只提供土地，此计划的实施加速了房屋的选址、建造和出售进度。2001—2005 年，私有企业建造中低成本住宅 15.84 万套，完成计划的 118.2% 。

2. 租屋计划

租屋计划是对非法屋住户和特别困难户实施的综合人民房屋计划，以出租方式解决其住房问题。非法屋住户是指在他人私有土地或政府公共土地上私自建造简易住房并长期居住的人，以马来人和印度人居多，多数房屋建造简陋，缺乏规划，居住区人口十分密集，严重影响了城乡建设及规划发展。特别困难户是指无经济来源或收入极低、无能力购买廉价房的人群。1998年，政府制定了综合人民房屋计划，使大量的非法屋住户搬离了简易房，很大程度上解决了他们的住房问题，降低了城市贫困程度，为城市整体规划发展扫清了阻碍。2006—2010年，政府计划投资27.9亿马币再建造50000套廉租屋。

从1971年到2010年，私营和公共部门已经建成了130多万个低成本住房单元，以解决全国穷人的住房需求，大大减少了生活在贫民窟的人数。为了解决不断增长的中等收入群体和改善性住房需求，到2020年之前，计划在未来5年内建设100万套经济适用住房，主要是通过国家保障性住房方案实施。

但是，马来西亚的住房分配政策一直为人们所诟病，住房维护和管理仍然是政府需要解决的重大问题。马来西亚低成本住房供应的主要问题不是生产，而是较差的住房分配制度，阻碍了政府为所有符合条件的低收入人群提供平等的机会。其问题具体体现在：

1）中产阶级的住房供应不足

20世纪70年代以来，以低成本补贴的贫困人口住房及富裕的豪华住房数量众多，但中产阶级的住房供应不足。而且，随着人们生活水平的不断变化和人民群众的收入水平的提高，低收入群体希望提高生活质量。一般人以为中高收入群体能够照顾自己，负担得起自由市场的价格。然而现实情况是，房价飞涨使得中等收入群体几乎不可能购房，而且他们大部分都不符合现有的公共住房申请资格。

2）政策标准的定义不同

联邦政府和州政府机构在经济适用住房供应的最高销售价格和目标群体中使用不同定义，联邦政府和州政府的计划也制定了自己的资格标准。每个程序都有自己的具体目标组。例如，"马来西亚公务员房屋计划"只针对公务员负担得起的家庭，而联邦政府直辖区经济适用房住房方案只适用于居住在联邦政府领土的人们。2015年，联邦政府拨出13亿令吉用于"人民房屋计划"，预计建设8万套住房。联邦政府资助可负担得起的公共房屋计划显著增加，政府必须补贴每个公屋单位售价的20%—75%。特别是为中等收入人群解决住房问题。因此，2012年以后，政府不仅大量涉及低收入住房，还涉及中等收入者的住房问题，以大量补贴来解决住房负担能力问题。

3）缺乏私营部门的参与

马来西亚的保障性住房政策长期依赖政府财政，缺乏足够的私营部门的参与。没有私营部门的参与，就不可能减少该国的贫民窟数量，为人民提供适当的房屋;多年来,高水平的公屋补贴的单位成本上涨,但销售价格和租金都保持在低水平,很少调整。政府保障性住房方案提高了中产阶层对房屋所有权的期望,国家对住房供应的参与需要联邦政府的大量财政拨款,如果没有限制,长期来看可能在财政上不可持续。联邦政府需要积极助推的经济适用住房供应,以便立即解决人民的住房需求。所以,从长远来看,联邦政府应该向私营部门负责提供中产阶级的经济适用住房。

2012 年之后马来西亚的住房配置结构发生了重大变化,联邦和州政府让私人开发商专注于高成本住房,并与中等收入人群的政府保障性住房计划竞争。联邦政府通过设立特殊机构参与经济适用住房建设,明显改变了中等收入人群的住房配置结构。同样,全国各国政府也开始在私人开发商的合作下开展自己的经济适用住房计划。同时,私人发展商和国有企业将注意力集中在高成本住房(每单位 40 万令吉以上)和少数经济适用住房供给,并与政府经济适用住房计划进行适当竞争。

二、泰国

1. 公援房屋政策

公援房屋政策印度尼西亚也有,但是泰国比印度尼西亚的情况更为复杂。泰国最低收入的居民大都住在棚户区或租用私人的房屋居住。政府供应贫穷居民的公援房屋只在大城市才有。据泰国的文件资料,棚户区在城市中所占的比重很低。政府援助解决城市房屋主要在土地方面,即土地细分项目。

土地细分项目是由国家房屋署在城市边缘地价便宜之处提供大量土地出售。这种土地设施简陋,仅以井供水,无下水道,无道路铺装。由于住房者需要有一定的储蓄来购买土地,并且有足够的收入支付上下班交通费用。这样,这类项目的主要住户必然是高收入及中等收入的居民,绝大多数的贫穷居民是难以问津的。这类项目主要是采用财政方法,住户通过长期偿还贷款的办法来置地建房。但是能取得贷款的居民必须具备几个先决条件:其一,这些人必须要有长期的、固定的工作,有正式单位给予保证就不属于最贫穷的居民;其二,这些居民必须了解贷款有关的法律财政条件和手续,所以,他们必然是受过一定教育的;其三,这些居民还必须具备与法律及财政机构交涉的办事能力。这些居民必然是知识分子、中等收入者,所以说,财政方法并不适宜。

在泰国政府对低收入居民出售保障房,低收入者买房需先付首期费用,其余分 15—20 年还清。对于这种房屋,政府的建筑及工程标准均按照专业性要求有最低限度标准,所以建造费用不可能降到很低。更大的问题还在于较高收入的居民只能在私人房屋市场租房或买房,他们在私人房屋市场所得到的房屋甚至比政府公援房屋的标准还低。因此,就出现了对政府公援房屋的非法买卖,即由低收入者获得公援房屋之后转卖给高收入者,这种现象还相当普遍。

由此可见,在泰国,由于政府所建的公援房屋与私人房屋相比较,在资金、标准等方面未加审慎考虑,与居住者的实际收入及生活水平脱节,从而产生了上述不正常的情况,即公房建成后,原计划的对象——低收入居民并不可能享用这种房屋。上述两种公援房屋的真正受惠者都是中等以上收入的居民。

2. "扶贫安居房"项目

泰国政府为建设"扶贫安居房"项目提供土地和必要资金补助。泰国政府2003年开始在曼谷及周边地区推行"扶贫安居房"项目,旨在以低价为月收入不足1.5万泰铢的家庭提供住房。根据该计划,政府出面在全国范围内圈地,通过征用皇室土地、购买私人土地等途径,保证"扶贫安居房"项目的用地来源。同时,泰国政府为每套房的建设提供补贴,与房地产公司签订承建合同。"扶贫安居房"项目的住宅包括普通民用住宅、联排别墅和独立小楼等不同户型,最高房屋售价每套不超过39万泰铢。

此外,由泰国政府住房银行出面为"扶贫安居房"项目的购买者提供贷款。核实家庭月收入后,购房者支付房屋总价20%的首付款,之后连续月供,最低月供为1500铢,5年后就能获得拥有房屋产权的抵押证。对于无法支付首付款的购房者,该银行提供特殊贷款政策:连续24个月在该银行账户存款每月0.1万—2.5万铢不等的存款,购房者可以贷到存款额80倍的款项用于购房。

"扶贫安居房"项目问世以来,为泰国中低收入家庭解决住房问题提供了希望,但由于政府监控不严,有关开发商为赶工期低质交房的报道一直不断。在泰国,尽管政府为低收入居民提供购房低息贷款和补贴,但是由于房屋建筑和工程设有最低的专业标准,建筑成本较高,大大超过低收入居民的实际支付能力。因此,由低收入居民获得政府公共援助房屋之后转卖给高收入居民,政府公援房的非法买卖现象在泰国比较普遍。

3. 班曼康计划

在过去十年,泰国政府的政策和参与工作主要是直接为低收入者建造住房,这项工作得到国家住宅局的大力资助,但这种资助所能承受的规模十分有限。目前的参与式计划和合作行动越来越盛行,当前扶贫住房面临的主要挑战是探索社区参与的最佳实践。

20世纪80年代以来针对城市贫困和住房问题,泰国政府采取了不同的举措。但实际上,举措没有达到效果。在几个项目和计划失败之后,泰国政府意识到需要一种有效的方法,并采取了以需求为导向和参与性的班曼康计划。

社区主导是班曼康计划的特点,规划过程涉及社会各个阶段,并根据现实的融资方案和城市的更大背景来考虑居民需求，目的是建立社区，建立社区的机制是以集体储蓄组织为基础，后来称为“米拉米兰”(MM)。MM是储蓄和贷款催化剂，也是国家发展和改革委员会的成员，合作社是在人民共同生活的基础上制定的。

在社区主导的住房中，公民通过参与设计过程确保公民最高的参与形式。社区主导的住房成本较低，具有透明度高和集体决策的特点，社区管理的储蓄和贷款计划是社区主导的强有力工具。如果储蓄组织与提供资本的机构联系在一起，那么它们可以为扩大本地化金融活动提供便利，并且可以为低收入社区提供发展所需的资金，把社区个体贫困家庭作为一个整体组织起来的机制可以减缓富人的渗透。此外，班曼康解决了官僚的耗时问题，每个活动都通过储蓄组织向社区负责，但是，该计划的弱点是社区与公用事业服务机构谈判的范围有限。

三、菲律宾

菲律宾的城市人口很多，近一半的人口生活在城市，而且农村居民还在不断地涌入大城市，导致城市住房供应紧缺，城市贫穷居民只能生活在非正式住房，为了保障居民的住房问题，保障性住房政策一直在改进。政府的保障性住房政策主要有：“租转售”的住房政策、住房援助计划、吸引私有部门参与社会化住房的投资和建设，其中私营部门在保障房建设上占了很大一部分比重。

为鼓励中低收入者购买政府建造的低成本住房，菲律宾政府推出了一套“租转售”的住房政策，租房者在支付一段时间的房租后可以将已付房租转化为购房款，以较低的成本价购买住房。根据此项政策，租客前5年内每个月支付大约1000比索的租金，5年之后，住户可以根据自身情况选择购买或是继续租用住房。如果选择购买住房的话，之前交的租金可以转化为购房款，剩余的房款则以分期付款方式支付，如果住户一开始就选择“租转售”购买方式，则可以享受更多的优惠。

解决中低收入者的住房问题是菲律宾政府的重点问题之一。截至2000年7月菲律宾仍有大约320万城市家庭缺少住房，政府计划在2004年之前将这一数字减少一半。为方便于中低收入者购买住房，政府已经把购房贷款的利率从16%降低到了9%，分期付款的期限也从25年延长到了30年。

政府计划在5年内每年建造35万套住房，其中21万套为售价在18万比索以下的房屋。为实现这一目标，菲律宾在解决住房问题方面采取了一系列措施。首先是加强领导。1999年10月菲律宾总统埃斯特拉达下令设立“大众住房总统委员会”并亲自担任主席，统一确定政府住房政策目标及实施方案。另外，菲律宾政府又对相关的政府机构进行了一系列改组，使整个住房工程从批地、筹集资金兴建房屋、建房保险、房屋销售和售后管理等方面都有专职的机构负责。其次是为消费者购房创造有利条件，减少房屋空置率，推动住房方案的顺利运行，所以如何确保贫困户有能力购房是政府住房计划能否成功的关键。

由于解决住房问题要大量资金，除了国家的直接投资以外，吸引私营部门的参与至关重要。菲律宾政府估计实施 5 年建房计划需要至少 2000 亿比索的资金，其中约四分之一由政府所属的金融机构负担，其余资金则计划由私营部门负担。因此，如何有效动员私营部门参与政府的住房计划也是住房问题能否最终解决的关键之一。在动员私营部门资金方面，政府的主要做法是在各方之间架起沟通的桥梁，为住房计划的顺利实施提供保障，这种桥梁作用主要通过国营的“住房保险和担保公司”实现。当开发商和购房者向银行或其他金融机构申请建房或购房贷款时，该公司提供贷款保险，一旦开发商或个人不能如期偿还贷款时，该公司则承担偿还贷款的义务，并没收开发商或购房者的有关财产。为配合政府住房计划的推行，菲律宾一些研究机构也大力研制适合本国国情的新型建筑材料，以便在保证住房安全和美观的前提下降低住房成本。

菲律宾的住房计划也取得了一些成果。2000 年前 5 个月菲律宾政府向 19 万户家庭提供了住房，使政府的住房计划有了一个良好的开端。但是，这一住房计划的推行仍然面临一些问题。由于贫富分化严重，即使政府在购房条件方面有很多优惠，仍然有相当一部分家庭无力购房。此外，如何防止部分开发商的不法行为也是政府面临的一大挑战。

1992 年，政府通过了“城市发展和住房法”。总体而言，该法旨在通过采取有效的政策来调控和指导城市发展，从而确保菲律宾人获得住房的基本权利以及城市土地的合理使用和发展。该法为城市寮屋居民提供了一定的保障措施，限制了政府的移民安置工作，并将社区抵押贷款计划作为规范土地使用权的工具。私营部门在住房和城市化进程中的作用得到明确和加强。阿基诺和拉莫斯政府一直注重把公共资金送到有需要的家庭，并积极鼓励私营部门的参与。“城市发展和住房法”还规定了国家城市发展和住房框架，为菲律宾的城市化进程提供依据。政策要求城市规划体系将非正规住房部门纳入其规划之中，并将这些地区建成社会化的住房区，要求地方政府确保城市贫困社区，由收入最低的 30％的居民组成，有充足的医疗、供水和卫生设施，并建议支持非正规部门与地方政府合作，以此来增强可持续性。这项政策要求将 80％的国家住房预算用于社会化住房。

2015 年，菲律宾 10884 号法令对城市发展和住房法进行了修订，为了鼓励私营部门参与保障性住房建设，政府减少和简化私人开发商参与的资格认证，要求在不同的地方设立一站式审批办公室，自申请者申请被批准后的 90 天内就可以拿到许可证和执照，与此同时，社会化公寓项目要求细分和共管公寓的开发商，保证项目中的社会化住房至少要占15%,项目成本费用至少5%。为此,房屋和城市发展协调委员会和国家经济发展管理局应共同决定设置单独的社会化的住房价格和社会化的住宅项目,并对其进行强制性审查。此外,社会化住房的创业项目无论是地方政府单独承担还是地方政府与其他私人开发商合作或与非政府组织合作,都应按照规定提供社会化住房并正式认证,但如果开发者没有完成该项目的开发,要么在一定程度上承担责任,要么参加一个新的项目社区计划。如果违规,将受到不少于50万比索的罚款;第二次违规则暂停执照3—6个月,并处罚款50万比索;第三次违规则直接取消营业的牌照。

在2010年7月至2015年12月期间,住房机构的直接住房援助计划向894569户家庭提供了价值为313.607亿比索的住房援助,援助包括资金、开发地段购买房屋或家庭装修材料。还有2012年的经济适用房贷款计划(AHLP)为最低工资收入者提高住房贷款,AHLP提供贴息利率4.5%—6.5%,具体利率取决于借款人的收入和贷款额。这个方案的最高可贷数额是75万比索。自2012年实施以来,共有27068名成员受益。为扩大融资渠道,Pag-IBIG基金与菲律宾的协会合作,给Pag-IBIG基金会的会员融资,这项计划向Pag-IBIG会员提供住房贷款购买住宅地块。从2010年7月起,Pag-IBIG的会员数量已经从877.7万增长到2015年12月的1588.9万,随着获得会员资格人数的增加,会员的储蓄也从103.32亿比索增加到307.11亿比索。

总的来说,菲律宾的保障性住房政策相对全面,保障对象包括低收入人群、受灾居民安置、军队和警察,住房保障的金融机构多样化,保障措施也相对全面。

Reference

[1] Michael Lee. The community mortgage program: An almost-successful alternative for some urban poor [J]. Habitat International, 1995, 19(4).

[2] Michael Lee. The evolution of housing finance in Indonesia: Innovative responses to opportunities[J]. Habitat International, 1996, 20(4).

[3] R. ACramb, J. N. MGarcia, R. VGerrits, et al. Conservation Farming Projects in the Philippine Uplands: Rhetoric and Reality[J]. World Development, 2000, 28(5).

[4] T.Firman. Major issues in Indonesia's urban land development [J].Land Use Policy, 2004, 21 (4).

[5] Grace B. Villamor. The rise of protected area policy in the Philippine forest policy: An analysis from the perspective of Advocacy Coalition Framework (ACF) [J]. Forest Policy and Economics, 2006, 9(2).

[6] U.Myint Aung.Policy and practice in Myanmar's protected area system[J].Journal of Environmental Management, 2007, 84(2).

[7] Guillaume Lestrelin. Measuring participation: Case studies on village land use planning in northern Lao PDR [J]. Applied Geography, 2011, 31(3).

[8] M. Zainor Asmawi, Azrin MdDin, et al. Financing Coastal Land Use Planning: A Case Study of LUAS, Malaysia[J]. APCBEE Procedia. 2012(1).

[9] Vera Horigue, Porfirio M.Aliño. Marine protected area networks in the Philippines: Trends and challenges for establishment and governance[J]. Ocean & Coastal Management, 2012(64).

[10] Olaniyi A O, Abdullah A M, et al. Assessment of drivers of coastal land use change in Malaysia [J]. Ocean & Coastal Management, 2012(67).

[11] Marlyana Azyyati Marzukhi, Dasimah Omar, Oliver Ling Hoon Leh, Re-appraising the Framework of Planning and Land Law as an Instrument for Sustainable Land Development in Malaysia[J]. Procedia -Social and Behavioral Sciences, 2012, 68 (12).

[12] Paavo Monkkonen. Urban land-use regulations and housing markets in developing countries: Evidence from Indonesia on the importance of enforcement[J]. Land Use Policy, 2013(34).

[13] Nur Amalina Zulkifli, Alias Abdul Rahman, Peter van Oosterom, et al. The importance of Malaysian Land Administration Domain Model country profile in land policy [J]. Land Use Policy, 2015, 49(12).

[14] Bussara Sripanich, Vilas Nitivattananon, Ranjith Perera. City development fund: A financial mechanism to support housing and livelihood needs of Thailand's urban poor [J]. Habitat International, 2015(49).

[15] Marion Glaser, Annette Breckwold, et al. Of exploited reefs and fishers - A holistic view on participatory coastal and marine management in an Indonesian archipelago[J]. Ocean & Coastal Management, 2015, 116(11).

[16] Arnim Scheidel, Katharine N. Farrell, Small-scale cooperative banking and the production of capital: Reflecting on the role of institutional agreements in supporting rural livelihood in Kampot, Cambodia[J]. Ecological Economics, 2015(119).

[17] Jonathan Rigg, Albert Salamanca, Eric C. Thompson. The puzzle of East and Southeast Asia's persistent smallholder[J]. Journal of Rural Studies, 2016(43).

[18] Syafiee Shuid. The housing provision system in Malaysia,

Habitat International[J]. 2016(54).

[19] Kioe Sheng Yap. The enabling strategy and its discontent: Low-income housing policies and practices in Asia[J]. Habitat International, 2016(54).

[20] Md. Ashiq Ur Rahman, Md. Zakir Hossain, Md. Enamul Kabir. Operationalizing community-led housing in practice: Lessons from Bangkok, Thailand and Mumbai, India [J]. International Journal of Sustainable Built Environment, 2016,5(2).

[21] Nor Aisyah Jamalludin, Farah Zaini, Khadijah Hussin. Development of Underground Land in Malaysia: The Need for Master Plan of Urban Underground Land Development [J]. Procedia - Social and Behavioral Sciences, 2016(219).

[22] Lukas Giessen, Muhammad Alif K. Sahide, et al. Blocking, attracting, imposing, and aligning: The utility of ASEAN forest and environmental regime policies for strong member states[J]. Land Use Policy,2017(67).

[23] Dao Minh Truong, Masayuki Yanagisawa, Yasuyu kiKono, Forest transition in Vietnam: A case study of Northern mountain region[J].Forest Policy and Economics, 2017(76).

[24] 林克明.印度尼西亚土地关系史简述[J].南洋问题研究,1979(3).

[25] 柴强.马来西亚的土地制度[J].中国土地科学,1988,2(4).

[26] 何平.殖民地时期柬埔寨的地主土地所有制及其影响[J].印度支那,1989(4).

[27] 马小军.论近代泰国土地制度的变革——与日本明治维新的比较研究[J].东南亚,1991(1).

[28] 吴建军.东南亚国家高地开发的经验[J].世界农业,1992(11).

[29] 马腾,宗继芳.泰国的住房金融[J].中国房地产金融,1994(1).

[30] 郭彦弘,吕俊华.东南亚地区的房屋政策[J].国外城市规划,1995(2).

[31] 胡楚寿,李春亭,刘增绂,等.关于菲律宾、印度尼西亚农业政策性银行经营体制的考察报告[J].农业发展与金融,1996(7).

[32] 吴桐,孟祥舟.印度尼西亚房地产税制概览[J].中外房地产导报,2002(21).

[33] 陈志波,陈颖.老挝土地法律制度研究[J].云南大学学报(法学版),2005(2).

[34] 刘丽.越南的土地审批制度及其相关问题[J].国土资源情报,2006(10).

[35] 范香梅,彭建刚.印度尼西亚农村中小金融机构的生存与发展对我国的启示[J].亚太经济,2006(4).

[36] 雷修明.新加坡房地产投资信托(S-REITs)研究[D].厦门:厦门大学,2007.

[37] 何平.缅甸殖民地时期的地主土地所有制[J].世界历史,2007(4).

[38] 赵松.越南的土地征用、收回与补偿[J].国土资源,2007(8).

[39] 谢小蓉,傅晨.世界粮食危机中泰国粮食政策研究[J].东南亚研究,2008(6).

[40] Kwomin MAR, Jongbo WOO,哲伦.新兴国家土地管理畅谈系列之六:印度尼西亚的土地行政管理[J].资源与人居环境,2009(21).

[41] Michael Bruton, Jamilah Mohamad, JIN Chang, Chenly Wong,哲伦.新兴国家土地管理畅谈之四——马来西亚的土地政策与规划[J].资源与人居环境,2009(11).

[42] Chanhda HEMMAVANH.老挝砍伐森林的动力和土地保护策略[D].杭州:浙江大学,2009.

[43] 边明社,赵仁平.中国与东盟各国税收制度比较[J].东南亚研究,2010(3).

[44] 吕开宇,申兆群.新加坡粮食安全政策及启示[J].中国食物与营养,2010(11).

[45] 胡继银,蒋艾青.文莱达鲁萨兰国水稻生产现状[J].中国种业,2010(3).

[46] Soonvileath Oukham(欧可晗).FDI在老挝土地投资中的管理策略研究[D].杭州:浙江大学,2011.

[47] 王正立.老挝土地管理机构[J].国土资源情报,2011(3).

[48] 张丹凤.菲律宾土地管理机构概况[J].国土资源情报,2011(2).

[49] 彭成娅,谢元态.亚洲发展中国家推动合作社发展的经验及启示[J].中国农民合作社,2011(3).

[50] 高中.法治二元论视角下新加坡土地征收低补偿规则研究[J].苏州大学学报(哲学社会科学版),2012,33(4).

[51] 王正立.印度尼西亚土地征用制度研究[J].国土资源情报,2012(7).

[52] Vilaylack Tounalom.老挝城市土地市场的现状,问题和改革路径[D].杭州:浙江大学,2012.

[53] 苏克轩.越南土地制度的变迁、现状及展望[J].经营与管理,2013(12).

[54] 钱树静,侯敏.缅甸农业政策及粮食安全问题的演变[J].东南亚研究,2013(3).

[55] 刘军.殖民统治时期马来西亚的土地制度[D].昆明:云南大学,2013.

[56] 钱树静,侯敏.马来西亚粮食安全政策及其启示[J].广西财经学院学报,2013,26(2).

[57] 王红晓.中国与东盟国家之间的财产税协调问题研究[J].税收经济研究,2013,18(1).

[58] 毛良祥,岳永兵,黄洁.中国与东盟国家土地税费政策比较与借鉴[J].国土资源科技理,2013,30(1).

[59] 农玉训.越南河内国家房地产市场管理初步研究[D].广州:华南理工大学,2013.

[60] 周喜梅.泰国农用地百年改革及其对我国的启示[J].东南亚研究,2014(6).

[61] 徐建玲,陈期婷.菲律宾土地改革和粮食安全研究[J].东南亚研究,2014(6).

[62] 谢潇波,地权归公.地利留民——新加坡土地产权制度简述[J].国土资源导刊,2014,11(12).

[63] 刘颖.探究马来西亚农业政策及其农村经济发展措施[J].世界农业,2014(8).

[64] 杨静林,王茜.殖民地时期菲律宾土地制度与土地问题[J].农业

考古,2014(1).

[65] 谢义维. 主要发达国家住房保障制度及中国的实践研究[D].长春:吉林大学,2014.

[66] 仇志军.菲律宾土地改革:进程、成效与展望[J].世界农业,2015(10).

[67] 毛铖.菲律宾土地私有制与农业规模化变迁启示[J].亚太经济,2015(5).

[68] 高国力.新加坡土地管理的特点及借鉴[J].宏观经济管理,2015(6).

[69] 金利. 柬埔寨经济特许地纠纷问题及化解研究[D].南宁:广西民族大学,2015.

[70] 彭邦妮.柬埔寨农业合作社发展的问题研究[D].长春:东北农业大学,2015.

[71] 叶前林,何伦志.越南推进农村土地改革的经验及启示[J].世界农业,2015(2).

[72] 梁梦茵,汤怀志,范金梅.新加坡"多规融合"的启示与借鉴[J].中国土地,2015(2).

[73] 卢为民.城市土地用途管制制度的演变特征与趋势[J].城市发展研究,2015,22(6).

[74] 武有忠. 越南胡志明市低收入者住房保障政策研究[D].南宁:广西大学,2015.

[75] 惠春,姚珊.农地经营权抵押的国际经验和启示——以越南和泰国为例[J].世界农业,2017(4).

后记

Postscript

本书从酝酿、下笔至完成，正好经历了中国的“一带一路”倡议被世界上越来越多的国家认可、接纳，并积极响应。尤其是今年，东盟十国全体成员国都派代表参加了在北京召开的“一带一路国际合作”高峰论坛，不仅显示出东盟对中国倡议的坚定支持，更重要的是，他们与中国一道都对共建“一带一路”抱有美好的希望和向往。在此背景下，对东盟各国的了解显得格外重要。

东盟是东亚地区以政治、经济合作为主的最大的区域集团，其建立加快了东亚区域经济一体化的进程，提高了东盟各成员国在国际社会的地位。近年来，中国与东盟的合作日益深化，21 世纪海上丝绸之路的建立也使中国与东盟各成员国的联系更加紧密，因此，关于东盟各国的研究也显得更加迫切。土地是经济发展的基础性要素，任何活动都离不开土地的支撑，全面了解东盟的土地政策与制度对于完善东盟研究有着重要的意义。

本书参阅了大量国内外土地相关的理论和实践层面的基本资料，较为系统地介绍了东盟各国的土地政策，以及与土地相关的法律法规，引用了该领域学者们的一些观点和实例，总结了东盟土地政策的特点及发展态势。在内容安排上，全书共九章，分别为东盟土地资源概况、土地产权制度、土地利用政策、土地市场政策、土地金融与税收政策、征地制度与纠纷解决、土地政策与 FDI 发展、土地政策与粮食安全、保障性住房政策。同时，为便使读者加深理解，本书部分章节还列举了相关案例。

本书可以作为土地资源管理、土地利用规划、农业经济管理、资源与环境保护以及相关专业的参考书，也可供有兴趣了解东盟区情的读者参阅。

由于东盟各国的土地制度还处在动态完善过程中，加之作者水平有限，可供参阅的资料有限，书中难免存在疏漏之处，真诚希望广大读者对本书的不足与错漏给予批评指正。

感谢华中科技大学东盟研究中心提供的国内外学术交流平台！ 感谢华中科技大学公共管理学院谭术魁教授、卢新海教授、黄栋教授的大力支持和指导！感谢刘岁、黄纯两位硕士研究生在本书撰过程中所做的大量基础性工作！ 感谢华中科技大学公共管理学院东盟各国留学生，他们为本书撰写提供了丰富的参考资料。

作　者
2019 年 4 月